岳麓山辛亥史话

罗军强　刘　赞◎著

湖南人民出版社·长沙

《岳麓山辛亥史话》编委会

编委会主任：肖雅瑜　蒋祖烜

编委会副主任（按姓氏笔画排名）：

王金华　刘雄辉　杨淑岚　但　斌　胡　佳　廖高鹏

主　　编：杨淑岚

副　主　编：曾常清　喻寄宏　周　永　王　艳　彭志浩　彭　浩

执行主编：葛　艳　陈　洁

执行副主编：陈　言　符　琳　唐雅璇　陈　琴

著　　者：罗军强　刘　赞

鸣　　谢：湖南省文化艺术基金会

深圳东方港湾投资管理股份有限公司

序（一）

　　岳麓山为钟灵神秀之地，儒、释、道在此交融，文脉源远流长、影响深远。尤其是辛亥革命前后，十数年间民主、自由、科学元素交相辉映、相得益彰，岳麓山的文化底蕴、精神内涵进一步充实，湖湘文化重镇的地位更加突出。

　　罗军强、刘赞先生的大作《岳麓山辛亥史话》，聚焦 1903 年到 1918 年发生在岳麓山的重大事件，探求前因后果，梳理还原细节，缅怀先烈先贤，文史并茂，让历史风云如在眼前。关于岳麓山和辛亥革命的著作为数众多，但以此角度入题者，这应该是第一部，称得上填补空白之作，出版此书实是可喜可贺。

　　良史之笔。从史事的一点出发，构思推衍成文，甚至以轶事、八卦增添趣味，是一般史话著作的特点。该书虽然名曰《岳麓山辛亥史话》，实为严肃著作，叙述客观严谨，情感内敛，而褒贬自见，颇具太史公笔意。所有事件、人物均有所本，言之有据，对于个别不同说法，也力求全面陈述，不以一家之言武断。史料取舍、观点引证，科学严谨，近乎遵循学术规范，所以该书可视为准学术著作。虽然部分细节，例如人物对话、场景等来自作者或他人构思，但契合时代背景、情节和人物性格，达到了细节真实与历史真实的统一。

赤子之情。百年回望，那些人和事已经远去，甚至被淡忘了。但是，作者以极大的热情、极负责的态度、极崇高的敬意，坐冷板凳、搜求故纸堆，甚至田野考古，努力钩沉拾遗，还原历史真相，体现了当代知识分子的人文担当。尤其是刘赞先生，不畏艰辛、担当作为，历经数年搜寻整理，盘点了岳麓山辛亥人物墓葬详细数据，发现了黎尊、谢晋、周岐等辛亥人物墓葬线索。近期，又闻岳麓山风景名胜区管理局正积极推进"岳麓山文化资源整理与数字化建设"项目。今人今事，足以告慰地下英灵。细细读来，如身临其境，常常让人泪下，自然是因为先烈先贤的丰功伟绩和高尚情操，也离不开作者的一腔赤子之情。

资政之文。西方哲人有名言：历史是一堆灰烬，但灰烬深处有余温。岳麓山沉淀的辛亥革命文化是独特的也是不可复制的，它是时代造就的，有其必然性，也有其偶然性。其物质遗产和精神遗产融为一体，彰显出湖南人"心忧天下、敢为人先"的思想境界。在全面建设社会主义现代化国家、推动高质量发展的今天，先烈先贤的民主精神、科学精神、斗争精神和奉献精神，依然具有顽强的生命力，值得我们认真学习和继承，这有助于讲好湖南故事，也可以转化为谱写中国式现代化湖南篇章的磅礴力量。作为湖南人，尤其是各级党政领导干部，深入阅读此书，借古鉴今，潜移默化，可以厚植文化底蕴、增强为政之德、增长理政之才，何乐而不为？

笔者自小便与岳麓山结缘，少年时常游于爱晚亭、黄兴墓、蔡锷墓、蟒蛇洞、响鼓岭等景点，深刻感受了岳麓山人文的厚重，全面接受了革命先驱的精神熏陶。早年，由于各方规划滞后，街区、公园、校区、军事驻地等多方矛盾时有、争纷不断，受长沙市委的委托，我曾主持协调解决矛盾、化解难题，做到各方接受、大家满意，算是对岳麓山的规划建设和保护发展尽了一份绵薄之力。今日刘赞先生奉此书稿诚恳索序，于是欣然命笔，作此短文以飨读者。

萧雅瑜

2024 年 7 月

序（二）

  岳麓山海拔不高，只有300.8 米。公元268 年，僧人竺法崇在此建立古麓山寺，开启湖湘宗教文明先声，后经历代高僧加持，至南北朝时期进入香火鼎盛阶段。520 年许，少年欧阳頠在麓山寺旁结庐苦读，成就大将军之路，被传为一方佳话。此后文人墨客纷至沓来，唐代诗人张九龄、宋之问、杜甫、韩愈、刘禹锡、柳宗元、僧齐己等或是在此把酒言欢，或是临行送别，或是唱和吟咏，从此儒佛文化在这里汇聚交融。976 年，潭州太守朱洞创建岳麓书院，迎来鸿儒巨学，开辟"会讲"先河，成就湖湘文宗学府，奠定湖湘文坛历史地位。1478 年，吉简王朱见浚在山顶修建"洞真观"，给这座山烙上了"儒释道"共融的文化符号。近代以来，湖湘文化繁荣昌盛，英才豪杰层出不穷，曾国藩、左宗棠、胡林翼、彭玉麟等中兴名臣宵旰图治，谭嗣同、唐才常、熊希龄等维新先师革新图强，黄兴、蔡锷、蒋翊武、宋教仁等辛亥先驱图国忘死，抗日战场上湖湘儿女血染山河救亡图存。长久以来，此山人文荟萃、书院弦歌不绝，不断加持在这座青山之上的文化光环，使她成为湖湘文化的精神高地，历久弥新且愈加浓厚。

  《岳麓山辛亥史话》是罗军强先生继《岳麓山宗教史话》《岳麓山抗战史

话》两部著作之后撰写的第三部岳麓山历史文化书籍。他在岳麓山工作了13年，对这里怀有深厚的感情，特别是调到湖南银行学校从事教学工作后，他倾注了大量的时间和精力，翻阅了海量的典籍和文章，聚集埋葬在岳麓山的辛亥革命人物史料，以重大历史事件为线索，构建出一幅波澜壮阔的辛亥革命历史画卷。2021年初，受罗军强先生委托，岳麓山风景管理处刘赞着手本书的内容修订和资料整理工作，增补了黄兴、蔡锷、蒋翊武、陈天华、姚宏业、焦达峰、谢晋等人物情节，新的内容使本书的感染力、可读性进一步增强。同时，通过组织墓葬清查，掌握了黎萼、周岐等部分毁失不存以及迁移的墓葬线索，使人物墓葬附表的资料更加翔实。

通读书本，虽内容着重述史，引用了一定的古文原作，但正是因为这些原汁原味的史料，读起来让人感觉到心潮澎湃、热血沸腾，可谓穿越时代、神交古人。从清末时期谭嗣同、唐才常喋血维新，湖南地方会党首领"重阳节游山会"开篇，到黄兴、宋教仁、陈天华等创立华兴会，到中国公学创办、革命思想传播，再到公葬陈姚二君、萍浏醴起义、戊申广州之役、抢米风潮、保路运动、武昌起义、光复长沙，在近代民主革命中，湖南人的贡献和作为可谓惊天动地。虽然辛亥革命建立了民主共和政体，但其后来的进程也是异常坎坷，在之后的几年里，一批批湖南人浴血牺牲，但很快另一批湖南人又勇敢地站立在民主革命的潮头。从二次革命到护法运动再到护国运动，湖南人以"心忧天下，敢为人先"的精神，担当起民族复兴的重任，策动了全国范围参与的民主运动，把民族理想凝聚成翻天覆地的磅礴伟力，挫败了复辟帝制的阴谋。

2021年，习近平同志在纪念辛亥革命110周年大会上指出："以孙中山先生为代表的革命党人发动了震惊世界的辛亥革命，推翻了清朝政府，结束了在中国延续几千年的君主专制制度，近代以来中国发生的深刻社会变革由此拉开了序幕。这是中国人民和中国先进分子为实现民族独立、人民解放进行的一次伟大而艰辛探索。"岳麓山上的辛亥人文历史，就像一幅气势恢宏的画卷，深深地镌刻在中华历史的丰碑上，彰显了辛亥烈士们在山河破碎中艰难探索、在民族危机中为国献身的坚定信念和使命担当。经过近代以来的长期艰苦奋斗，中国人民创造了令世界刮目相看的伟大成就，迎来了民族复兴的光明前景。实现中华民族伟大复兴是全体中华儿女的共同光荣，也是全体中华儿女的共同使命。读史可以明志，通过此书，我们可以从过去、现在、未来相统一的历史维度，回顾岳麓山上辛亥烈士们的历史轨迹，分析湖湘文化的文化自信渊源，展望中华民族伟大复兴的梦想，探索以史为鉴知兴衰的现实路径。

新时代、新发展、新征程，我们要以习近平新时代中国特色社会主义思想为指导，维护核心、不忘初心、坚定信心、保持恒心，奋力谱写中国式现代化的湖南篇章，努力实现"三高四新"美好蓝图，加快推进高质量发展，绝不辜负这个伟大的时代。

是为序。

2024 年 7 月

目　录

一

岳麓山游山会

清末，湖南地区会党数量众多，包括洪门、哥老会、三合会、洪江会等，它们向来提倡"反清复明"，会众包括地主士绅、农民、手工业工人、小商贩、士兵、城市平民和无业游民等，身份多样且分布极广，这些人最具反抗精神。把这些分散的会众组织起来，成为一支有组织的反清力量，是推翻清政府腐朽统治的紧迫任务。谭人凤组织的岳麓山游山会，就是想把湖南这些分散的会党组织起来，引导他们走上反清革命的道路。

谭人凤（1860—1920）

谭嗣同与唐才常，史称"浏阳二杰"，谭嗣同因戊戌变法失败，于1898年血溅北京菜市口，唐才常因自立军起义失败，1900年于武昌紫阳湖畔被砍头。湖南志士的殉难，给湖南人以巨大的震动。鲜血，使许多原先徘徊于改良与革命之间的人士幡然领悟到，想通过清廷来拯救中国，无异于与虎谋皮。他们毅然走上了反清革命的道路。

1903年10月28日是重阳节，这一天秋高气爽，风和日丽，省城长沙河西的岳麓山上，湖南各地会党负责人与代表齐聚一堂，举行重九节游山会。此次游山会的召集人，为湖南新化的谭人凤[①]先生。谭人凤，当年已经43岁，是一名颇有声望的老秀才。在家乡办学时，他就热衷于联络会党，曾召集一些江湖上的朋友在那里开山堂，取名卧龙山，他自己做山主。后来又在宝庆府城（邵阳）分设一个山堂，与湖南各地的会党首领多有接触。由于年龄较长，以教书为业，一些会党成员曾是他的学生，都很敬重他，尊称他为"石屏先生"。

湖南会党人数众多，分布极广，山堂林立，派系复杂，主要有金龙山、腾龙山、泰华山、锦华山、楚金山、金凤山、天台山，而每一个府、州、县又另设有不少的山堂[②]。这些分散的会党组织处于一种"各地自为统属，绝少联络运动"状态，因此，把这些分散的会众组织起来，成为一股有组织的力量，是一项十分紧迫的任务。此次选择在岳麓山集会，主要是湖南地方组织"哥老会"首领邓海山，他早在1892年便已谋划起义。他在湖南的醴陵、浏阳、攸县和江西的萍乡、宜春、万载、安福、莲花等地都发展有大量会徒，组织名字取岳麓山、武功山中各一字，合称为"武岳山洪福堂"，邓海山被推举为此堂"正龙头"。至1894年，哥老会发动的起义被清政府强势镇压，邓海山等一干首脑被清剿殆尽，其余各地会众闻风四散。本次集会主要是湖南的各个山堂，组织者谭人凤13岁中秀才，16岁参加洪门组织，在乡间有"托塔天王"之称，在湖南的会党中无人不知，被党内称为"谭胡子"。同时，他也是卧龙山的山主，所以联络会党、组织岳麓山重九节游山会得到了广泛响应，湖南地区的各个山堂均派出负责人或代表参加。

谭人凤常年在外奔波，从事排满兴汉革命，已经有了对付清政府的一套丰富

---

① 谭人凤（1860—1920），字石屏，湖南新化县永靖团福田村（今隆回县鸭田镇南湾村）人，近代中国著名的民主革命家、爱国主义者和社会活动家。
② 饶怀民：《论辛亥革命时期湖南会党的特征》，《湖南师范大学学报》（社会科学版），1993年第4期。

经验，为了开好这次会，谭人凤做好了充分的准备工作，早在几个月之前，就派出联络员分赴各个山堂秘密联络。鉴于清政府对革命党的严厉管控和镇压，活动都是秘密进行。在开会的沿途，都安排专人负责安全保卫工作，包括上岳麓山的沿线，都布置了众多眼线，一旦有风吹草动，可以及时分散走人。在举行会议时，周围都安排了暗哨放风把守。

湖南各山堂派来出席岳麓山游山会的代表详见以下：

岳麓山游山会代表一览表

序号	县份	代表	序号	县份	代表
1	浏阳	征义、树义、忠义、普兴各堂	12	桑植	李晖部
2	湘阴	公义、仁义、先胜、豪杰、复明各堂	13	石门	陈绪儒部
3	宁乡	复祖堂	14	沅陵、溆浦、辰溪	袁高连部
4	醴陵	富国、四海、文星、忠义各堂	15	益阳	刘道美部
5	邵阳	运会、报国各堂及义和军	16	武冈	罗玉堂、任北海部
6	安化	黄汉会	17	衡山	贺见教、刘积厚部
7	新化	乌龙会、百旗山	18	宁远	杨得清部
8	巴陵	兰谱会	19	郴州	李能通部
9	宜章蓝山	三合会	20	资兴	黄薄宰部
10	常德	至孝、治国、替天、忠义各堂	21	湘乡	曾广八部
11	永顺	彭益南部	22	省城	邹代藩、李燮和

谭人凤召集这次岳麓山游山会的目的，是想把湖南各会党、山堂的名义、规章、行动统一起来，"抱部落主义以自雄"，壮大革命力量。

谭人凤在家乡教书时，即以好骂出名，当地几个土豪劣绅几乎被他骂了个遍。他与朋友相处也以好骂著称，然而一骂之后，朋友间毫无成见，仍和好如初。他在地方上很有威信，乡里每有争议，必请他去排难解纷。他在家庭中也很有威信，每早必持旱烟袋杆子敲侄辈的房门，喊他们起来出早工。他常说："三早当一工。"侄辈们跟他年纪差不多，都很敬畏他，乐于听命。

代表们在岳麓山顶云麓宫旁的一块空坪席地而坐，谭人凤站立在代表前，交代了这次岳麓山游山会的活动议程后，发挥他作为教书先生口才好的优势，对到会的代表发表了一番即席演讲：

各位江湖朋友：

今天把大家请到一起来，就是想做一点大事。我们晓得，走江湖的，种类很多。想做大事，也有不少。没有志气，只想寻几个钱度日的，也有好多。以前会党诸君就是起事，也没有什么思想，不过图奸淫掳掠四字。或者借个名目，说是复明灭清，或者说是扶清灭洋。一点团体没有，上的上山，下的下水，一切事做不出来。但江湖的豪杰，一定是爱国的男儿，平生愤恨外族侵凌中国，所以结集党羽，无非是想为汉种出力，搭救同胞；绝不是为一人的富贵。须知做事以得人心为主，若是纪律不严，人人怨恨，这怎么能行得去呢？我起初恨各处乡团，不应该违拒太平王（太平天国），后来晓得也难怪他。太平王的部下，不免骚扰民间，人心都不顺他，因此生出反对来。若太平王当日，秋毫不犯，这乡团也就不阻抗他了。所以我劝列位朋友，将来起事，这人民一定不可得罪的。又现在各种会党，彼此都不通，不知蚊子最小，因为多了，那声音如雷一般。狮子最大，单独一个，也显不出威风来。各做各的，怎么行呢？一定要互相联络，此发彼应才行。我更有句话奉劝诸位，我们内里的事情，没有办好，轻举妄动，这也是犯不着。

……

你看洋人这么样强，这么样富，难道生来就是这么样吗？他们都是从近二百年来做出来的。莫讲欧美各国，于今单说那日本国，三十年前，没一事不和中国一样。自从明治初年变法以来，那国势就蒸蒸日上起来了；到了如今，不但没有瓜分之祸，并且还要来瓜分我中国哩！论他的土地人口，不及中国十分之一，因为他能够变法，尚能如此强雄。倘若中国也和日本一样变起法来，莫说是小小日本不足道，就是那英、俄、美、德各大国恐怕也要推中国做盟主了。可恨满洲政府抱定一个"汉人强，满人亡"的宗旨，死死不肯变法，到了戊戌年，才有新机，又把新政推翻，把那些维新的志士杀的杀，逐的逐，只要保全他满人的势力，全不管汉人的死活，被杀的都是汉人，包括我们湖南人谭嗣同。及到庚子年闹出了弥天的大祸，才晓得一味守旧万万不可，稍稍行了些皮毛新政。其实何曾行过，不过借此掩饰掩饰国民的耳目，讨讨洋人的喜欢罢了；不但没有一线光明，那黑暗倒反加了几倍。直到又是我们湖南人唐才常，闹起了自立军，还搭进了许多湖南会党的朋友，还是被满人所杀。到了今日，中国的病，遂成了不治之症。我汉人本有做世界主人的势力，活活被满人残害，弄到这步田地，亡国灭种，就在眼前，你道可恨不可恨呢？

近来各报章载道，俄国把全国的海军四分之三调到东方，英国照会两江总督魏光焘说，伊国也要照俄国派一个极东大总督驻扎江宁，长江七省重要的地方，都要修筑炮台，驻扎重兵，限四日内回信。又称英国已派兵到西藏，由西藏取四川，做首尾并举之计。德国在胶州的工厂，昼夜加工，预备开战。日本把兵尽调到台湾，法国把在越南的兵尽调到广西边界。于今好比火线相连，只要一处放火，就四处响应，遍中国二十二行省，都如天崩地坼一般，没有一块干净土了。好险呀！好怕呀！火烧到眉毛边了，还不知痛，真真是无知觉的蠢东西，连禽兽还不如哩！

痛呀！痛呀！痛呀！你看中国地方这么样大，人口这么样多，可算是世界有一无二的国度了。那里晓得自古至今，只有外国人杀中国人的，断没有中国人杀中国人的，这是甚么缘故呢？因为中国人不晓得有本国的分别，外国人来了，只有稍为比我强些，逐拱手投降，倒帮着外国人杀本国人，全不要外国人费力。……如清朝在满洲的时候，那八旗兵总共只有六万，若没有那吴三桂、孔有德、洪承畴一班狗奴才，带领数百万汉军，替他平定中国，那六万人中国把他当饭吃，恐怕连一餐都少哩！到后来太平天国有天下三分之二，将要成功恢复汉人江山时，又有湘军三十万人，替满洲死死把太平天国打灭，双手仍把江山送还满洲，真个好蠢的东西呀！恨的是曾国藩，只晓得替满人杀同胞，不晓得替汉人争权利。当曾国藩出将入相，功高盖世的时候，本可以水到渠成，恢复汉人江山，曾国藩怕招满人政府的忌讳，所以闭口不说也不做，保全自己的禄位，却把那可以得到的汉人天下丢了。你道可恨不可恨呢？

你看堂堂中国，还是四夷小国所称的天朝大国吗？到如今，由头等国降为第四等国呀？外洋人不骂为东方病夫，就骂为野蛮贱种，中国人到了外洋，连牛马也比不上。

自从俄国复占了东三省之后，瓜分的话，日甚一日，外国的人，都替中国害怕，人人都说中国灭种的日子到了；哪里晓得自皇太后以至大小官员，日日在颐和园看戏作乐，全不动心。今年谒西陵，用银三百万，皇太后的生日，各官的贡献，比上年还要多十倍。明年皇太后七旬万寿，预备一千五百万银子做庆典。北京不破，断不肯停的。马玉崑在某洋行买洋枪三千杆，要银数万两，户部不肯出；皇太后修颐和园，八十万银子又有了。

你看这等情形，这个满清政府还可扶助吗？中国自古以来，被那君臣大义的邪说所误，任凭什么昏君，把百姓害到尽头，做百姓的，总不能出来说句话。不知孟夫子说道："民为贵，社稷次之，君为轻！"君若是不好，百姓尽可另立一个。何况满洲原是外国的鞑子，盗占中国，杀去中国的人民无数，是我祖宗的大仇。于今他又将我四万万汉人尽数送入枉死城中，永做无头之鬼，尚不想个法子，脱了他的罗网，还要依他的言语，做他的死奴隶，岂是情愿绝子绝孙绝后代么？那满洲政府，明知天下不是他自己的，把四万万个人，做四万万只羊，每日送几千，也做得数十年的人情。人情是满洲得了，只可怜宰杀烹割的苦楚，都是汉人受了。那些迂腐小儒，至今还说，忠君忠君，遵旨遵旨，不知和他有什么冤孽，总要把汉人害得没有种子方休！天！哪项得罪了他，为何忍下这般毒手呀？

只有中国人从来不知有种族的分别，蒙古满洲来了，照例当兵纳粮，西洋人来了，也照样当兵纳粮，不要外种人动手，自己可以杀尽。禽兽也知各顾自己的同种，中国人真是连禽兽都不如了。俗话说得好，汉种是一个大姓，黄帝是一个大始祖，凡不同汉种，不是黄帝的子孙的，统统都是外姓，断不可帮他的，若帮了他，是不要祖宗了。不要祖宗的人，就是畜生。

世间之上，最能做事业，最能得名誉的，莫过于家富的人。盖没有资本的人，随便做什么事，都是力不从心。譬如现在要推翻满清政府，枪炮少得很，如能独捐巨款买枪炮千支万支；或因军饷不足，捐助军饷，那功劳比什么人都大几倍。你看自古换朝的时候，受尽苦楚的，不是那富户吗？《扬州十日记》上所载，满兵将到扬州，那些富户一文钱不肯出，及城破了，争出钱买命。一队去了，一队又来，有出过万金，终不免于死的。我乡父老，相传明末的富户，被满兵捉去，把竹丝所做的大篮盘，中穿一心，戴在颈上，周围点火，要他说出金银埋在何处。尽行说出，仍旧以为不至有此数，就活活烧死。满洲入关的时候有什么饷？偏偏有人替他积着，早若是拿出来打满洲，满洲哪里还有今日呢？诸君当知国保了，家财自在，国若不保，家财断不能保住的。列位此刻尚见不透，没有日子了。

最后讲会党之间的团结，我们会党各有自己的山堂，山堂有大小、新旧之分，一定要摒除成见，团结一心，才能成就驱除满清，恢复中华的大业。要以合时宜为主，万不能执拗。即有不合，彼此都要和平相商，不可挟持私见。《诗经》上说得好："兄弟阋于墙，外御其侮。"现在什么时候，还可做那阋墙之事么？我们有新旧之分，在满人看起来，就没有新旧，只要是汉人，一样的下毒手。故我剖心泣血，劝列位总要把从前的意见消除，才是好哩。

列位诸君，这救国救种的事，大家一定就要勇任了。前死后继，百折不回……

与会者莫不同仇敌忾，意气激昂。谭人凤也被这种激动的场面感动，喟然叹曰："黄冠草履之民，谁无尊亲之血气；四海九州之内，何非故国之山河！"

随后，谭人凤的姻亲，省城代表，42岁的邹代藩[①]站起来接着讲话。他是一个读书人，熟读史书，关心时政，曾考取县学附生，补廪膳生，捐了个光禄寺署正（从六品）。戊戌变法期间他曾参与清末维新运动，创办新化速成学堂、罗洪小学。他讲话不紧不慢，娓娓道来：

各位同胞，刚才石屏先生的讲话，都是肺腑之言，请大家一定要牢记在心。

---

① 邹代藩（1861—1922），字价人，湖南新化县罗洪村（今隆回县罗洪乡）人。中国民主革命家。1903年冬，他和周震麟编写了宣传品《血泪书》，宣传反清革命。1905年加入中国同盟会。1911年辛亥长沙起义成功，他任宝庆军政分府都督。中华民国成立后，担任湖南湖田局局长。

我接着讲一点中国的历史。中国被外族统治，不只是现如今的满清，五百多年前的元朝，就是蒙古人统治中国。这个外族统治中国搞了多长时间呢？不到一百年。最后被朱元璋推翻，建立了明朝，我们汉人的明朝。

蒙古人统治中国时，将人分为四等：一等是蒙古人，二等是色目人，三等是汉人，四等是南人。南人就是南宋时期的汉人。我们湖南人当时就是南人，属于四等人。元朝末年，就像如今的清朝一样，吏治腐败，贪污剥削愈来愈严重。政府卖官鬻爵，贿赂公行。官吏敛括的花样无奇不有。所属始参，曰拜见钱，无事白要，曰撒花钱，逢节，曰追节钱，生辰，曰生日钱，管事而索，曰常例钱，送迎，曰人情钱，勾追，曰赍发钱，论诉，曰公事钱。蒙古贵族和喇嘛僧的跋扈，官吏的贪污，地主豪强的专横，与日俱增。以元顺帝为首的蒙古皇室，也是"丑声秽行，著闻于外"。横征暴敛，苛捐杂税名目繁多。全国税额比元初增加20倍，大批蒙古贵族抢占土地，而中原连年灾荒，更使得百姓破产流亡，无计为生。元朝的统治，就像现在满清的统治，已经走上了崩溃的道路。

朱元璋，是安徽凤阳人，幼时贫穷，曾为地主放牛。年少时当过和尚，25岁时参加郭子兴领导的红巾军反抗元朝，朱元璋反抗元朝时的年龄，和在座的各位不相上下。他以"驱逐胡虏，恢复中华"为号召，得到了广大汉人的支持。他统一江南，北伐中原，直逼元朝京城大都，元顺帝带领三宫后妃、皇太子等弃城而走，全部逃往蒙古草原。蒙古人在中原九十八年的统治结束，朱元璋取得了在长城以内地区的统治权，中国再次回归到汉族建立的王朝的统治之下，同时丢失四百年的燕云十六州也被收回，建立了明朝。那一年叫洪武元年（1368），已经是五百三十八年前的事情了。朱元璋不是什么达官贵人，也没有显赫身世，只是一个放牛郎出身的人。但他聪明而有远见，神威英武，收揽英雄，平定四海，纳谏如流，求贤若渴，重农桑，兴礼乐，褒节义，崇教化，制定的各种法规都很相宜，前所未有。

明朝共传十六帝，享国二百七十六年。明朝被满人灭亡，有以下原因：

一是土地兼并严重，造成大量流民。明末，土地的大量被兼并，使得无数农民无地可种，从而流离失所，明末流民的数量到底是多少无法统计，但有一个数字比较能够说明问题，李自成带着只有50来人的队伍，轻骑走河南。河南流民听说后，纷纷前来投奔，李自成一下子发展到了七八万人的队伍。说明当时的流民实在是太多了。

二是朝廷赋税增加，农民苛捐杂税沉重。从明万历四十八年（1620）至崇祯十年（1637），明朝的赋税竟然增加了6倍。过度地征税，在很大程度上导致了明朝的灭亡。崇祯二年（1629）崇祯皇帝大规模裁减驿站，李自成不幸被列入裁员名单之中，失业下岗，当时正值农民起义风起云涌，24岁的李自成杀死驿站上司，出了被裁员的恶气，加入起义军中，从此走上推翻明朝政权的道路。

三是军队纪律涣散，严重害民扰民。朝廷发不出军饷，剿贼剿寇的官兵便到处害民扰民。当时，朝廷用官军剿"寇"，而百姓望"寇"剿官军，可见民心所向。这样的军队早已军心涣散，不能打仗。明朝守北京大营的军队是40万人，死于战场的只有二人，可见人心军心早已不想打了，明朝的气数已尽。

四是攘外安内军事失败，内忧外患元气大伤。就实力较量而言，明朝实际上是在内忧外患、内外夹击两重打击下走向灭亡的。

五是用人和策略上失误。军事将才被冤杀罢斥，自毁长城错过良机。崇祯皇帝中了满清皇太极反间计，将袁崇焕凌迟处死。在他统治的17年中，换了14个兵部尚书，被他杀死或逼得自杀的督师或总督，除袁崇焕外还有10人，杀死巡抚1人、逼死1人。这些对于崇祯皇帝来说，无疑是自折股肱，适以利敌。

明朝灭亡的这些原因，满清政府全部都已经显现，程度有过之而无不及。康熙年间，俄罗斯已侵入黑龙江的边界；道光十八年，英吉利领兵三千六百人侵犯沿海七省，破了许多城池，到了道光二十二年才讲和，准他在沿海五口通商，割去香港岛（属广东省），又前后赔他银子二千一百万两。亡国灭种的祸根，早已埋伏在这个条约里了，可怜中国人好像死人一般，分毫不知。

到了咸丰六年，英、法两国破了广东省城，把两广总督叶名琛活活捉去，后来死在印度。咸丰十年，英、美、俄、法四国联兵，把北京打破，咸丰帝逃往热河，叫恭亲王和四国讲和，赔银八百万两，五口之外，又加上了长江三口。以后到了光绪十年，法国占了越南国，后一年英国又占了缅甸国，那中国的势力，越发弱下去了。光绪二十年，日本国想占高丽国，中国发兵往救，连打败仗，牛庄、威海卫接连失守；遂命李鸿章做全权大臣，在日本马关和日本首相伊藤博文订立和约，赔日本银二万万两，另割辽东（即盛京省）七城，台湾一省。后来俄国出来说日本不应得辽东，叫中国再加银三千万两赎还七城，日本勉强听从。俄国因此向中国索讨谢敬，满洲遂把盛京的旅顺、大连湾奉送俄国。各国执了利益各国均沾那句话，所以英国就乘势占了威海卫，德国在先占了胶州湾，法国照样占了广州湾。（旅顺在盛京省，威海、胶州俱属山东省；以上三处，俱是北洋第一重门户。广州湾属广东省。）那时已大倡瓜分之说；把一个瓜分图送到总理衙门（就是于今的外务部），当时也有信的，也有不信的，但不信的人多得很。

到了庚子年义和团起事，八国联兵打破北京，这时大家以为各国必要实行瓜分中国了。不料各国按兵不动，仍许中国讲和，但要中国出赔款四百五十兆（每兆一百万）两，把沿海沿江的炮台拆毁，京师驻扎洋兵，各国得以上各项利益，遂把兵退了。

满洲以五百万的野蛮种族，尚能占中国二百六十年，若各国以七八万万的文明种族，分占中国，怎么能恢复呢？我听多少人说，国已亡了，惟有预备瓜分以后的事。我不知他说预备何事，大约是预备做奴隶吧！此时中国虽说危急，洋兵还没深入，还没实行瓜分，等到四处有了洋兵，和俄国在东三省一般，一言一语，都不能自由，纵你有天大的本领，怎么用得出呢？那就不到灭种不休了。要革命的，这时可以革了，过了这时没有命了。一刻千金，时乎时乎不再来，我亲爱的同胞，所有兄弟，请把兴汉灭满的事业担当起来！凡属炎黄种子，急宜奋起图存，誓驱鞑虏出关，否则瓜分之日立至！

30 岁的李燮和[①]，也是受邀的一位省城代表。1900 年，李燮和到长沙求学，得识黄兴、刘揆一等人，与谭人凤联系密切。作为湖南会党代表，他参加了浙江反清团体龙华会的活动，特向与会代表作了报告：

龙华会成立时间为光绪二十七年农历五月十三日，相传这天是三国名将关羽

---

① 李燮和（1873—1927），字柱中，号铁仙，湖南安化县蓝田（今涟源市蓝田街道）人。光复会元老，参与了华兴会的一系列反清活动，曾与谭人凤等策划在湖南宝庆（今邵阳）一带组织起义，组织上海起义。曾参与筹安会。1916 年后，李燮和隐退。

的磨刀日。今年是他们成立两周年，我去参加了他们的庆典活动。龙华会的前身是洪门的终南会。是由湖南人创办的。

左宗棠平定太平军以后，以整顿营务为借口，遣散大批军官回湖南原籍。当时原籍湖南的湘勇营官何步鸿和朱武二人，因家乡没有亲人，便流落金华。二人原是洪门中人，对清政府兔死狗烹、遣散军队这一举措非常不满，一气之下便开辟山堂，成立终南会，誓死要与清军相对抗。如此看来，终南会算是哥老会的一个分支。终南会的新副刘家福曾发动反清起义，后遭失败。光绪二十七年（1901），会主何步鸿病逝，会副朱武因事也离开浙江，一时之间，终南会处于群龙无首的状态，会众之间你争我夺、人心涣散，严重影响了终南会的内部团结。

时任新副的浙江金华人张恭、永康人沈荣卿、武义人周华昌三人见此情形，从大局出发，积极商讨，决定接手。新开山堂叫什么名称呢？张恭建议：自古以来，民间传说，弥勒菩萨降世，天下太平幸福，弥勒出生，是坐龙华树下凡的。现在社会上有民谣："若要天下真太平，除非龙华会上人。"顺应民意，新山堂就叫"龙华会"或"龙华山"。沈、周一致同意，把新山堂定名为"龙华会"。这个命名有利于联络人心，引起当地人民群众的共鸣。

龙华会成立时日，张恭就以为关王爷拜寿为名，在关王殿大宴宾客，邀请很多金华的士绅官僚，使其喝得烂醉而归。半夜，张恭则又私自打开了金华的雄胜门，号召会众三四百人集结于关王殿，在关王神像面前斩鸡沥血，义结金兰，正式创立了龙华会。在开山仪式上，全体会众共发宏誓，要求"驱除鞑虏，万死不辞，若盟异心，神人共殛"，以沈荣卿为正会主，张恭和周华昌任副会主，当时龙华会党徒号称五万人，实则二万数千人，总部就设在金华兰溪。张恭深知要进行反清革命，必须唤醒民众的道理，他于1903年组织了戏班子——李庆福班，戏班除了演戏，还从事联络会员，发展组织，传递情报，掩护同志和散发进步书刊等活动，是龙华会的一支重要力量。

龙华会在内部组织管理方面也较为严密。龙华会命红旗管理其事，用五言四八句为字号次第，而以中间一字为总红旗，督理一县党军事宜。余四字分作东南西北四区，为散红旗，分头理事。如另有事故，则特派一亲信干员以总理数县事宜，事平则去之。由此可见，龙华会在内部协调、组织管理等方面相当严密，各级分工也较为明确，一旦事发，计划可层层下达，具有较高的有效性和灵活性。

龙华会内部的纪律管理非常严格。龙华会源自早期的哥老会组织，会众之间彼此以兄弟相称，而且不仅仅体现在下层会众之间，也包括首领与会众之间。如张恭常与龙华会会众荣辱与共、肝胆相照，平日里对他们和颜悦色地善为开导，生活上也关心备至，有会众吃不上饭的，

岳麓山道义堂票布样式

他必背米上门救济；寒天有缺衣少棉者，他也会解衣衣之；有一时周转不过来而缺正当用钱者，他也毫不吝啬地借贷或奉送，从不摆举人老爷的架子，体现了张恭等龙华会首领的个人魅力和博大胸襟。

在龙华会内部纪律管理方面，张恭等人的要求却极为严格。要是有不听话的会众，犯有奸盗等情事的，轻则他虎起面孔，予以严厉训斥；要是屡教不改或情节极其恶劣的，只要查有实据，他便吩咐"刑堂"，按帮规处理，毫不留情，也不许别人说情。正是这样的刚柔相济，从生活上悉心关照，从纪律上严格要求，才使得龙华会在会党中有很大的影响力。

龙华会在联合其他会党势力方面，具有很强的包容度，龙华会曾在其会规中明确提出："若有别部山堂来归附者，均以藩属之礼遇之，不直接统辖其党"，浙江各地会党大多都是自立门户，分散于各个山头，他们正在奔走，联络徐锡麟、秋瑾、竺绍康、王金发等人，团结浙江各支会党，准备成立新的组织。

李燮和报告完毕，谭人凤手提一个陶制"扑满"①，内装制钱，激昂慷慨地说："现在我们的山堂名义太多了，若不把名称、规章、行动统一起来，必然会被敌人如同吃肉一般一块一块地吞咽下去。我们现在规定湖南所有的会党，统一称为岳麓山道义堂(后改为联合山堂)。我今提出八个字的口号，请各位牢牢记住，并请转告所有龙兄虎弟，一齐记住。这八个字就是："同心扑满，当面算清。'"说毕，将"扑满"往地上一掷，砰然一声，"扑满"粉碎，钱散满地。与会者皆起立欢呼，齐声喊道："谨遵帅令！"

邹代藩补充说明道："这次的集会，我们商量本拟在岳麓山头举行，因避忌敌人的耳目，曾改为云盖寺②，现决定就改在此地。以后我们的联合名义，就用岳麓山。"

最后谭人凤对大家说："各自珍重，以后另有'上福'（即书信）。"随即发给与会代表早已经准备好的山堂凭证，散会。

① 扑满，古代储钱的一种盛具，类似于现代人使用的储蓄罐。先民们为储存之便，用陶作罐形或匣形的器具，顶端开一条能放进铜钱的狭口，有零散铜钱即投入其中，装钱只有入口，没有出口。钱装满后将其敲碎取之，"满则扑之"，故名"扑满"。
② 云盖寺（海会禅院），位于湖南省望城县五峰乡云坪村石牛塘（今岳麓区莲花镇五丰村石牛塘组），唐代末年创建。传说建造此寺时，雾气环绕，似云雾覆盖一般，故名"云盖寺"，是唐、五代、北宋时期的著名禅宗寺院。两宋以后，经元、明迄清，不少文人骚客游览到此并留下笔墨。清光绪《善化县志》载：云盖寺有"田一百九十七亩五分"。辛亥革命后，寺院逐渐衰落，房舍失修，形同小庙，已非佛教丛林光景。抗战时期，长沙市区一些佛教徒曾移居云盖寺避难，光复后离去。现寺院无存，遗址依稀可辨。

二

华兴会——内地革命之先声

中国的资产阶级民主革命以 1894 年孙中山在美国檀香山创立的兴中会为起点，其发展的显著特点是先从国外发轫，后向国内渗透。而"开中国内地革命之先声"的，则是 1904 年 2 月 15 日在长沙创立的中国近代资产阶级革命团体——华兴会。华兴会会长为黄兴，宋教仁、刘揆一为副会长，会员发展到五六百人，绝大多数是留日归国的学生和明德、修业、实业等学堂的学生，也有少数新军和巡防营的进步人士，这些人构成了华兴会的领导层。1905 年 8 月 20 日，中国同盟会在东京成立，华兴会并入同盟会。此后，在浩瀚的革命历程中，很多湘籍革命党人的命运和归途都与岳麓山产生了巧妙的联系。

华兴会的骨干主要是留日学生，湖南是清末留日学生最多的省份之一，这些留日学生大多数成为辛亥革命的先驱力量。湖南的留学教育起步于中日甲午战争以后。甲午战争打破了"湘军无往不胜"的神话，使一向自负的湖南人产生了求知于外洋，挽救民族危亡的强烈渴望。湖南士人纷纷远渡重洋，留学国外。

中国派学生出国留学，始于曾国藩，1872 年到 1875 年间，由容闳倡议，在曾国藩、李鸿章的支持下，清政府先后派出四批共 120 名学生赴美国留学。留学幼童计划实施的前几年，留洋学生由各省自行派送，各省学费相差非常悬殊，少的一年七八百两银子，多的一年有两千两，有失公平。清政府调查后决定，每人每年一千二百两，即每月一百两。这每月一百两中，二十两是"修金"，即学费，八十两是食宿零用。根据情况的不同发放方式也有区别：如果学校提供住宿餐食，则由使臣统一缴费，每月发给每人十两银子做零用。有的留学生家庭经济比较拮据，也可以申请每月给付家里十两赡养费，以免去留学人员后顾之忧。毕业之后，还有一个游历阶段，让留学生们在欧洲各地转转，看看"诸名厂及一切艺术"，每人大概可以领到四五百两银子。当时国内亟需西学人才，每年每省送出去多则四十人，少则十人，地方教育预算处处吃紧。

了解一衣带水的日本在明治维新之后为何变得强大，是吸引中国学子留学的主要因素。清末至民国的数十年间，数万人到日本留学，涌现出一大批杰出人物。留学日本相对欧美来说比较便宜和便利。甲午战争之后，中国人去日本，像去上海一样容易，不需要签证。去日本的船票很便宜，到横滨最贵的头等舱不过五十四银元，到长崎最便宜的三等舱才六银元。

1898年，湖南巡抚陈宝箴决定选派学生前往同文同种、路近费省、后来居上的日本留学。发榜不久，戊戌政变发生，新政取消，陈宝箴被革职，派遣出国留学之事因之搁置。戊戌运动失败后，原长沙时务学堂的一些学生应梁启超之召，赴日本东京大同高等学校留学。他们当中，有后来参加自立军起义的林圭、秦力山、蔡钟浩、田邦璇、李炳寰等，有后来领导护国战争的爱国将领蔡锷、担任南京临时政府教育次长的范源濂。当年这批自费去日本的留学生开创了湖南自费留学之先例。

鉴于去日本留学的学费和住宿费都比较便宜，当时张之洞等封疆大吏提倡国内的知识分子留学日本，此后六七年间，数以万计的中国学生从上海或天津上船，往日本的福冈、长崎、东京进发。一些没被官派留学选上的，就选择私人自费留学，而自费留学还是去日本的多。

据《日本早稻田大学中国留学生章程》（1905）记载，专为中国人设的"清国留学生部"预科学费为每年日银三十六元，本科学费是日银四十八元，如果继续上"大学高等预科"和"大学部"，清朝留学生与日本学生缴同样学费，各分三期，高等预科总计日银三十七元五，大学部日银三十三元。当时，日银两元相当于华银一元。也就是说，早稻田大学高等预科的学费，最贵也不过每年十七两银子。

1902年初，湖南抚院开始改革教育制度。8月，先派胡元倓、陈润霖、周家纯（即朱剑凡）、俞蕃同、刘佐楫、俞诰庆等12人（实际成行11人）留学日本东京弘文学院速成师范班，这是湖南第一批官费留学生，年龄均在30岁以下，多半出身科举，学成回国成为湖南的师资和校务主持人。

1902年，杨昌济参加赴日留学考试，获官费留日资格。次年，由私人资助路费，杨昌济等21人赴日游学。1903年，湖南当局派遣第二批留日学生24名，学习师范或理、法、工科，他们有义务回国之后担任中小学及实业学堂的3年教职。

1902—1903 年湖南部分科举出身留日学生一览表

姓名	县籍	科举	姓名	县籍	科举	姓名	县籍	科举
俞诰庆	善化	举人	胡元倓	湘潭	拔贡	仇世匡	邵阳	附生
龙纪官	湘乡	附生	陈润霖	新化	附生	陶思曾	安化	附生
俞蕃同	善化	监生	曾继梧	新化	附生	王闿宪	善化	附生
王履长	长沙	举人	黎承福	湘潭	附生	戴修礼	武陵	廪生
仇 毅	湘阴	监生	朱德裳	湘潭	廪生	陈尔锡	湘乡	廪生
颜可铸	湘乡	廪生	陈家瓒	善化	附生	吴家驹	湘潭	附生
李致桢	龙阳	举人	刘岳纶	衡山	贡生	舒修序	溆浦	廪生
朱 杞	湘乡	附生	刘颂虞	善化	附生	梁焕均	湘潭	附生
刘佐楫	醴陵	廪生	黄圣清	临湘	廪生	张学济	芷江	拔贡
汪都良	善化	廪生	杨昌济	长沙	廪生	石陶钧	邵阳	廪生
吴友炎	武陵	拔贡	彭世俊	蓝山	廪生	廖名缙	泸溪	拔贡
陈天华	新化	监生	成风韶	蓝山	廪生	杨毓麟	善化	进士
杨 度	湘潭	举人	魏肇文	邵阳	监生	谭心休	邵阳	举人

清代科举考试分为四级，分别为秀才、举人、贡士、进士考试。

考试资格：在私塾、社学、义学学习的学生，称为童生，具有考试资格。

秀才：清朝的秀才，考取比较严格，考生通过县试、府试以后，还要通过院试，才能叫秀才。秀才中的一等是廪生，其次为增生（增广生员）和附生（附学生员）三种。廪生，就是秀才经过岁考和科考两试成绩优秀者。廪生政府每月给廪食，并有资格被选为贡生。增生和附生，遇有廪生因各种原因出缺，由岁试中名列一等的增生和附生递补。

举人：秀才参加省一级的考试，通过后叫举人。举人成为国家在编官员，享受俸禄。

贡生：是地方政府如县、州、府乃至省政府向朝廷推举的，经过学政选拔，成绩特别优秀的生员，推荐为国子监的学生。拔贡，指由各省学政对各学生员进行专门考试，选其优者充之。

贡士：举人参加礼部举行的会试，考中者称贡士。

监生：即国子监学生。贡生被送入京师国子监学习深造，肄业后由吏部派任知县、县丞、教谕等官职。

进士：考取贡士的人参加殿试，也就是在京城保和殿由皇帝举行的考试。殿试后根据成绩将考生分为三级，称"三甲"。头甲三名，称进士及第，其中第一名称状元，依次为榜眼、探花。二甲若干名，称进士出身；三甲称同进士出身。考中进士后，都将授予官职。

1903年，张之洞奉命拟订了《奖励游学毕业生章程》十条，其中规定，凡在日本普通中学堂五年毕业，得有优等文凭者，给予拔贡出身，分别录用。凡在文部省属高等学堂及程度相当的各类实业学堂三年毕业，得有优等文凭者，给予举人出身，分别录用。凡在大学堂专学一科或数科毕业，得有选科或普通科文凭者，给予进士出身，分别录用。凡在国家大学堂及程度相当的官立大学堂毕业，得有学士文凭者，给予翰林出身。凡在国家大学堂五年毕业，得有博士文凭者，给予翰林出身外，再给予翰林升阶。原有翰林、进士、举人、拔贡出身回国者，各视所学程度，给予相当官职。凡在日本政府所指定的私立学堂毕业者，视其所学程度，一律酌给举人或拔贡出身。

黄兴（1874—1916）

1905年到任的湖南巡抚端方，曾前往西洋考察，颇识时代潮流，任上极力主张建立留学政策，颇重师资、法政、警察、银行等各类新式人才培养，1905年湖南派遣黄萱祐等20名女学生赴日本实践女校习速成师范，首开湖南女子留学风气，意义重大。1904年，全国留日学生3000余人，湖南有800余人，占总数的1/4。

清政府早期官派留学，有科举功名的举贡生员是首要人选。湖南的留学实行官费、私费同时并举，自费留学生也都以举贡生员为主。1905年，清政府实行新政，废除科举，留日学生大多出自实行新学的各学堂。据清政府《学部奏咨辑要》的统计，留日学生中学习速成师范的"居百分之六十"。湖南留日学生也大部分学习师范。这些留日学生很多都走上了反清革命的道路，成为黄兴、陈天华、蔡锷那样的"流血革命"者，还有更多的则回国从事教育，成为胡元倓那样的"磨血革命"者。

湖南第一批官费留日学生，都于当年学成归国。他们中有5人在长沙从事教育事业。俞诰庆回国后担任了湖南师范馆监督，后又任湖南学务公所总文案兼省城各小学的总监督，成为湖南抚院主持教育的得力干将。俞蕃同回国后与龙绂瑞等人一起在长沙创办了湖南民立第一女学，以后又历任湖南高等学堂教育长兼监督、湖南中路师范学堂教育长、求忠学堂监督等职。刘佐楫回国后与胡元倓一起创办了明德学堂，并曾一度担任明德学堂监督。胡元倓和陈润霖则因为他们分别创办、经营明德学堂和楚怡学校的三校一园而彪炳湖南教育史册。

1902年6月，湖广总督张之洞从两湖、经心、江汉三书院选派学生30多人赴日本东京弘文学院学速成师范，定期八个月毕业，学成回国后充任学堂的师资。

华兴会成立会址纪念馆（长沙西园龙璋宅）

　　黄兴①从两湖书院被官派出国。在日本留学时，黄兴与陈天华、杨毓麟②等共同创办了宣扬革命理论的《游学译编》刊物。当时，邹容所著《革命军》、陈天华所著《猛回头》《警世钟》、杨毓麟所著《新湖南》，以及各省留学生所著宣传革命的其他各种小册子影响很大，引起清政府查禁报刊、停止留学生官费。

　　1903 年 6 月，黄兴从东京弘文学院学速成师范毕业，他以军国民教育会"运动员"的身份从日本回国，抵达上海，见到自湘来沪的长沙明德学堂监督胡元倓。胡元倓承其请回湘后"来明德共事"。旋偕章士钊赴泰兴、南京，先后访见泰兴

① 黄兴（1874—1916），中国近代民主革命家，湖南长沙人。1893 年入长沙城南书院读书。1896 年考中秀才。1898 年保送到武昌两湖书院，1901 年毕业。1902 年保送日本留学，1903 年创立华兴会，任会长。1905 年在日本结识孙中山，大力支持孙筹组革命组织同盟会。黄兴是辛亥革命时期的先驱和领袖，中华民国的创建者之一，与孙中山常被时人以"孙黄"并称。1916 年 10 月 31 日，黄兴病故于上海。1917 年移柩长沙，同年 4 月 15 日国葬于长沙岳麓山。
② 杨毓麟（1872—1911），字笃生，中国近代民主革命家，湖南长沙人。15 岁进学，1897 年中举，次年成进士，分发广西知县，未赴。1902 年 4 月东渡日本留学，入早稻田大学。1903 年由日本携带炸弹潜赴北京，暗杀慈禧未果。参与组建华兴会。1906 年萍浏醴起义爆发，杨毓麟准备在上海响应，但未能如愿。1908 年被留欧学生监督蒯光典聘为秘书，随行至英国。1909 年赴英国苏格兰爱伯汀大学读书，1911 年在英国听闻黄花岗起义失败，悲愤交加，留下遗书，于 8 月 5 日赴利物浦海边蹈海自尽，终年 39 岁。杨毓麟逝世后，旅居利物浦的华侨为杨毓麟召开追悼大会，以彰义烈，并将其安葬于利物浦墓园。

知县龙璋、留日归国学生魏肇文①。8月，黄兴抵武昌。清政府对黄兴在日本留学时从事的革命活动大为不满，湖北学务处文学堂总提调梁鼎芬对其申斥，给予不派职务的惩处（按清政府规定，官派留学生毕业归国，要安排相应的职务）。黄兴到武昌后，随即在各处发表演说，抨击清政府的内政外交。黄兴的讲演激怒了湖广总督张之洞，他责令捉拿黄兴。

黄兴无法在武昌立足，于是回到长沙。受胡元倓之聘，他任长沙明德学堂教员，主持该学堂新办的师范速成班，同时在经正、修业、实业和民立第一女中、安徽旅湘中学兼任教员，以教书作掩护，暗中开展民主革命活动。在居留长沙的岁月里，黄兴利用明德学堂教员的身份创办了一所名为"东文讲习所"的日语学校，向学生灌输革命思想，长沙城内一时"排满革命之谈充塞庠序"。同时，他还大量翻印如邹容的《革命军》、陈天华的《猛回头》《警世钟》等革命书籍，散发到军商各界，与社会各界的许多进步知识分子建立了广泛的联系。黄兴的革命活动遭到地方保守绅士的控告，幸遇明德学堂校董龙璋等人担保得以解围。此后，为以全部时间和精力致力革命，也为使明德学堂不受牵连，黄兴辞去明德学堂教员之职。

1903年11月4日，黄兴以庆贺自己三十寿辰为名，办酒席两桌，邀约刘揆一、陈天华、章士钊、杨毓麟、宋教仁、谭人凤、魏肇文、胡瑛、周震鳞、彭渊恂、徐拂苏、柳聘农、柳继忠、秦毓鎏、吴禄贞、苏曼殊、翁巩、张继、陈方度、梁镇中等二十余人，在长沙保甲局巷彭渊恂家集会。席间大家一致认为如果不组织革命团体、积极进行反清革命，就不能够挽救国家的危亡，有的人激动得声泪俱下。于是大家决定结盟，团结奋斗并商议筹设革命团体等事项。会上决定成立华兴会，拟定在长沙连升街设立机关。为避免引起清政府的注意，以"兴办矿业"为名，对外称"华兴公司"。其骨干均为公司股东，入会者均称"入股"。"股票"即会员证，会员通信也都用商号做化名，并以"同心扑满、当面算清"为口号，隐含"扑灭满清"之意。

---

① 魏肇文（1884—1955），湖南邵阳人，当时在籍两江总督魏光焘第三子，1902年赴日留学，是华兴会创始成员、同盟会会员，湖南省图书馆首任馆长。

1904 年 2 月 15 日，华兴会借除夕聚宴之机，在龙璋①的西园寓所正式举行成立大会。到会者除发起人外，另有省内外百余人。会上，黄兴被推为会长，宋教仁、刘揆一为副会长，同时还确定了"雄踞一省，与各省纷起"的战略方针，以"驱逐鞑虏，复兴中华"为号召。

华兴会成立后不久，会员即发展到五六百人，绝大多数是留日归国的学生和明德、修业、实业等学堂的学生，也有少数新军和巡防营的进步人士，这些人构成了华兴会的领导层。为了扩大革命势力，黄兴等还争取了湖南哥老会首领马福益的合作，另设联络会党的外围机关同仇会，统领了近十万秘密会党，构成了华兴会的基本队伍。

华兴会的主要骨干大多是拥有科举功名的留日学生。如黄兴、宋教仁、谭人凤都是秀才出身，刘揆一、陈天华、章士钊为监生，而杨毓麟则是进士出身。当时华兴会在湖南的骨干具体分布如下：

宋教仁在常德中学，刘揆一在醴陵渌江中学，谭人凤在新化中学，在长沙的则有章士钊、张继、曹亚伯以及一班革命教师和学生。章士钊往来长沙一带，担任联络工作，柳聘农担任各地秘密革命机关的交通联系，刘揆一侧重联络会党，周震鳞侧重联络文武学堂的教师和学生，黄兴统筹全局。这些拥有科举功名的留日学生，是新式教育的影响使他们跨越了出身、地位、职业与财富的差别，聚合到了一起，成了推翻封建旧制度的掘墓人。

华兴会建立了相当庞大的组织系统。它的总机关"华兴公司"设在长沙南门外。在长沙小吴门正街设立东文讲习所，名为教授日文，实为华兴会活动机关；又在东长街设立作民译社，作为华兴会的宣传和联络机关。此外，在醴陵设立渌江学堂，刘揆一任监督，负责调度各路发难事宜。许多会员分赴其他各府、县开展活动，华兴会成为湖南革命运动的中心组织。华兴会还在省外设立"上海爱国协会""华兴会湖北支部"，使其活动超出湖南一省。为筹集起义经费，

---

① 龙璋（1854—1918），湖南攸县人。出身世家，光绪年间举人，晚清时历任江苏如皋、沐阳、上元、泰兴、江宁等知县及候补道。在此期间结识黄兴、蔡锷、宋教仁等辛亥革命志士，暗中资助革命，资助款前后达 20 多万银元。他是同盟会会员，曾参与领导辛亥革命、二次革命、护国战争。

华兴会部分成员 1905 年在日本留影
前排左 1 黄兴、左 3 胡瑛、左 4 宋教仁、左 5 柳大任
后排左 1 章士钊、左 3 程家柽、左 4 刘揆一

黄兴变卖了自己在长沙县凉塘的祖屋及祖遗田产 300 余石，广大会员也纷纷捐款。
通过努力，共筹得军费 5 万元，通过"上海爱国协会"从国外购买长枪 500 支、
手枪 200 支。为解决武器不足的问题，华兴会还利用明德学堂的理化实验室制造
了一些炸弹。

　　黄兴在归国前夕曾和刘揆一共同商量革命的方法。黄问刘回国以后如何进行
为好？刘揆一说："种族革命，动员学界是可以，但难以尽快取得实效，要想快
速取得胜利，可以依靠会党，他们很团结。"黄兴也认为："洪会党人与我们有
一致宗旨，团结已久，惟在等待时机，正如炸弹既实，待吾辈引火而燃。"

　　在湖南各会党中，势力最大的当数洪江会，其首脑马福益祖籍陕西扶风县，
祖上迁至湖南醴陵。义和团运动后，民心浮动，清廷大肆清理会党，马福益正是
通缉对象。刘揆一的父亲刘方峣此时正在县衙当差，与地方各种组织间都有着微
妙的联系。在知晓马福益被通缉后，他秘密嘱咐刘揆一向马福益通风报信，使之

得以顺利脱险。为感谢刘家的救命之恩，马福益对刘揆一以"恩哥"相称。

鉴于华兴会会员中多数是留日学生和新军中当兵的人，恐怕与洪江会的接洽不方便。黄兴便通过刘揆一的弟弟刘道一前往湘潭，与会党首领马福益进行联络，共同商讨起义计划。同仇会的组织仿效日本的办法，设将佐尉军阶衔级别，规定将佐尉各军阶职务。黄兴自己担任大将，兼同仇会会长。刘揆一任中将，负责掌握陆军事务。马福益任少将，负责管理会党事务。

1904年春，黄兴和刘揆一原本想约马福益在湘潭县城见面，为了避人耳目，他们穿着短便衣和钉鞋，头戴斗笠，在一个大风呼啸、雪花飘飘的夜晚走了三十多里，在湘潭县茶园铺一个岩洞中会见。三人烤着熊熊的柴火，席地而坐，各自倾吐自己的意见和抱负，准备在11月16日（即光绪三十年十月初十）慈禧70岁生日全省官吏在省城长沙玉皇殿举行庆祝仪式时乘机起义。还计划省城以武备各校学生联络新军和巡防营为主，洪江会的成员协助，外面分五路响应；并以洪江会成员为基础组成起义部队，由军人和有知识的学界人员担任指挥。马福益派洪会党中的谢寿棋、郭义庭组成浏阳和醴陵军队；申兰生、黄人哲组成衡州军队；萧桂生、王玉堂组成岳州军队；游得胜、胡友堂组成常德军队；邓彰楚、谭菊生组成宝庆军队，等候华兴会派遣指挥与监军的人员。并且共同推举黄兴为主帅，刘揆一与马福益为正副总指挥。

马福益与黄兴、刘揆一会谈后不久便在株洲雷打石附近的一个寺庙里举行正式开堂典礼。开堂典礼非常隆重。马福益在会上发言道，现在本山堂众已至万人，势力远及江西、湖北等省，控制不无困难；幸有先代遗传，可资遵循，这是我们对内的行动。至于对外，现在孙中山、黄克强（即黄兴）先生等，正领导进行反清斗争，已与我们取得联络，我们必须奋力参加，以达到推翻满清之目的。

1904年7月，黄兴回到武昌，其弟子、华兴会会员胡瑛热烈欢迎他的到来。当时，胡瑛与刘静庵、宋教仁等在武昌组建了革命机关"科学补习所"，又与宋教仁在武昌成立华兴会支部。科学补习所双方约定由湖南发难，湖北响应。随后，科学补习所投入紧张的准备工作：胡瑛负责武汉方面的指挥并兼任华兴会湖北支部总理；吕大森兼任施南及四川华兴会支部总理，与康建唐赴施南组织响应，周维桢、张荣楣赴四川联络会党；何自新赴荆州、宜昌联络会党；刘静庵负责发动

华兴会长沙起义部署图

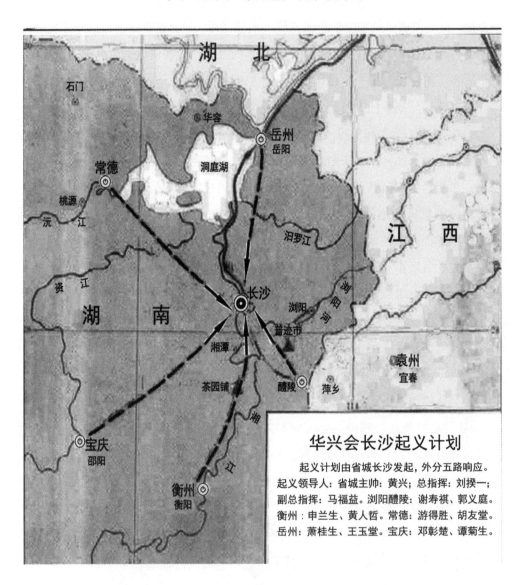

华北

石门

华容

岳州
岳阳

洞庭湖

常德

桃源

沅 江

汨罗江

江 西

资 江

长沙

湖 南

浏阳

浏阳河

普迹市

湘潭

茶园铺

醴陵

萍乡

袁州
宜春

宝庆
邵阳

湘 江

衡州
衡阳

华兴会长沙起义计划

起义计划由省城长沙发起，外分五路响应。
起义领导人：省城主帅：黄兴；总指挥：刘揆一；
副总指挥：马福益。浏阳醴陵：谢寿祺、郭义庭。
衡州：申兰生、黄人哲。常德：游得胜、胡友堂。
岳州：萧桂生、王玉堂。宝庆：邓彰楚、谭菊生。

华兴会长沙活动地点图示

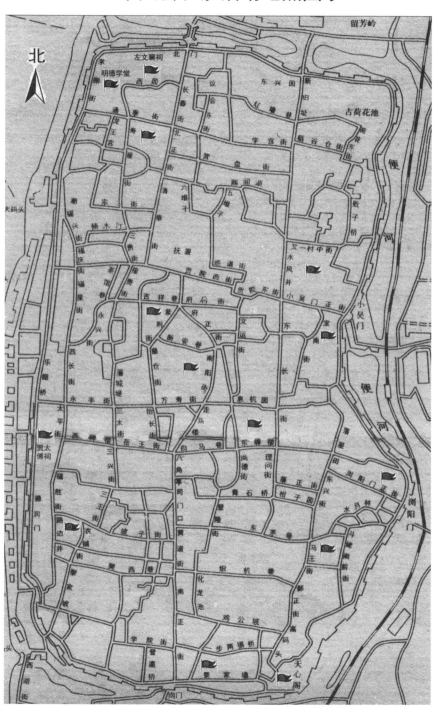

马队，张难先负责发动工程营。其余各地、各校均有专人负责，宋教仁赴长沙与黄兴联络，曹亚伯为湘鄂联络员；华兴会从上海购买的军械分给科学补习所的部分由胡瑛、王瑛到江西湖口运回。科学补习所还确定了行刺计划，只待长沙发难，就立即行动，由王汉行刺湖广总督张之洞，易本羲行刺鄂军首领张彪。

1904年10月，陶成章与蔡元培、龚宝铨等在上海创立光复会，推蔡元培任会长，陶成章任副会长，并担负联络会党之重任。陶成章在留日学生组织"军国民教育会"时，结识黄兴。为响应黄兴策划的长沙起义，陶成章赶到金华会见龙华会的张恭，跟随戏班活动于金华、义乌一带，密商了浙江的行动计划：长沙起义三天，浙江举旗反清，先袭取金华、衢州、严州（今建德），然后兵分三路，一路由金华之师堵截杭州清兵，并取下浙江；一路从衢州出兵江西，以应长沙；一路由严州进军皖南，以扼南京。

1904年9月23日（农历八月十四日），浏阳县普迹按照惯例举行牛马交易大会。从清末年间开始，普迹的八月物资交流会在中南五省久负盛名，数以万计的客商从川、贵、滇等省聚集普迹。会间，商贾如云，物资品种繁多，贸易红火。同时曲艺、小调、花鼓、湘剧、杂戏、皮影等民间艺术也在会间绽放光彩。这一天，黄兴和刘揆一、徐拂苏、陈福等前往普迹再度与马福益会面。陈天华当时化名郑天然，从南昌赶来参加这次会见。马福益将他所管辖的各部下负责人姜守旦、龚春台、冯乃古等一一介绍与黄兴见面。黄兴一行人隆重地举行了为马福益授予少将衔的仪式，以扩大影响，发动群众参与革命，造大声势，授衔仪式由刘揆一代表黄兴会长主持。在这次会见时，黄兴给了马福益长枪20支、手枪40支、马40匹。同时还决定，等大批枪械从上海陆续运到后，立即提前发动起义。这样，原来准备在长沙玉皇殿预埋炸药的事，就没有进行。由于这次"仪式庄严、观者如堵"，对革命运动起了巨大的宣传鼓动作用。自此以后，相继加入哥老会的成员非常踊跃，约有十多万人。

为了给起义积蓄力量，马福益经常骑马巡视各石灰窑厂，还到浏阳、萍乡一带活动。他在雷打石时，曾经亲自挑选了会党成员中身强力壮且具有才干的人当头目，带领他们深更半夜在山林中操练军事，还亲自教他们学手枪，步枪的射击技能。

华兴会、同仇会、哥老会的活动逐渐引起了官方的注意，清廷加强了对华兴会等活动的侦缉。加上华兴会组织发展较快，华兴会起事的事情泄露。

据徐珂《清稗类钞·会党类》记载："甲辰（1904），福益与黄兴等谋，遣人至广西，结纳各首领，及三合会青帮、白帮各小会，谋设一总会曰华兴会，入会者岁纳会费一元，积至百万，购军器起事。未久，而陆亚发起事于广西，攻柳州，夺洋枪五千支，粤督乃大发兵剿之。亚发急告福益，令起事于湖南。福益方创华兴会，事虽未集，而亦虑时机之失也，适浏阳八月有普济大会，四方之人群集，福益乃招集三十六正龙头、七十二副龙头，分中东南西北五路，约以十月十日同时起兵。会谋泄，九月十五日，南路正统萧桂生、西路副统游得胜均被捕。后又捕得福益，斩之于浏阳西门外。亚发军亦挫，遂为官军所擒。"

马福益的手下萧桂生、游得胜被清军捕获后，被迫供出了华兴会起事的秘密，一时间，清兵纷纷出动，四处缉拿黄兴等起义领导人，长沙的各秘密机关均被破获。当时湘抚的通缉文称：

署理湖南巡抚部院陆为咨行事：案据醴陵县会营拿获会匪萧桂生、晏荣询、陈亭三名，连同起获伪令印、票布、票板等件，押解来省。当经批司饬发长沙府审办。又据营勇盘获会匪游得胜一名，亦经由司饬发并办去后。兹据长沙府知府颜守钟骧禀称：遵经督同局员提犯研讯，据萧桂生供认，先听从未获之王甫臣领票为匪，后经其父查出缴票首悔；复听从未获之萧龙等，倡立岳麓山票会，更名萧汉，派充正龙头；又听从未获之马福益，派充华兴票会中路副办，放票邀人。据游得胜供认，系属游勇；先听从未获之傅友蛟，入凤凰山公义堂票会，派充江口；又听从马福益入回轮山佛祖堂会；又听从马福益帮同未获之楚庶其，前往常德，散放同仇、华兴会票各不讳。并据萧桂生供，曾听马福益并与未获之刘军、黄老师等说，放华兴票，叫同仇会，各省都有，七月方到湖南，在外国买有洋枪三百多枝，九月初间到湖口，月内即可运到湖南。东洋学生，已回来多人，约期起事等情。开具供折，禀请惩办前来。据此，本署部院查该匪等，隐恶已久，居心叵测，罪不容诛，即经札饬将该匪游得胜、萧桂生二名，照章正法，以昭炯戒。其所供私运军火，潜谋起事，虽系风影之语，原难尽信；且逮案之犯，伏法受诛，递谋败露，匪胆已寒，当不敢以身尝试。惟匪首马福益等漏网未获，党羽既布，隐患方长。际此邻氛不靖，伏莽滋多，查拿防范，均不可不严。除分饬各属，认真防范，一体严密查拿外，合行开单，咨明查照。希即通饬各属，一体查拿各逸匪犯，务获究办。切饬各洋关，遇有轮船抵口，务须认真稽查，以免匪徒私运军火，混迹滋事，合即咨行，须至咨者。计粘抄各匪名单一纸。计开：在逃各匪马福益，即马乾，回轮山佛祖堂山长。萧龙，岳麓山正龙头。尹坤，副龙头。王甫臣、傅友蛟，湘乡人。凤凰山僧楚庶其，又名楚树琪，湘潭人，系同仇会西路总办。萧海四、黄老师、刘军、郭芬、谢树其，湘潭人。萧克昌，宁乡人，南路总办。徐老师即徐策球。李庆文，湘潭人，本名晏能，前犯富有票，改姓李，到常德卖草药。刘老师、黄近午、刘林生，又名勤宜。柳老师，梨市人。彭老师、陈天华、徐庶棠，衡山人，南路总办。谢合兴，浏阳人。晏永臣，醴陵人，东路总办。尹汉庭，湘潭人。刘正敖，善化人，北路总办。

从湘抚的通缉文来看，岳麓山堂、华兴会、同仇会、凤凰山公义堂、回轮山佛祖堂在积极放票邀人，准备起事。通缉的名单有25人，黄兴、陈天华、刘揆一都在通缉名单之列。

华兴会长沙起义失败的消息被当时媒体报道，光绪三十年（1904）12月25日发行的《东方杂志》第十二期中的"各省军事纪要"刊登了相关消息。

湖北：鄂督张制军访悉鄂、湘等处有党人意图作乱，札饬缉捕委员获到萧桂生、游得胜二名，并搜出命旗、印信、华兴票布、札文等件。讯据供称：此项华兴票名曰革命同仇会，共五百余人，系日本留学生所倡，已办有枪械药弹等军装，拟分五路起事，总会设在日本等语。因督饬各属严密防缉，又电致驻日本华使妥为访察防范。

湖南：某县有黄某者，纠合同志，拟起革命军，乘势割据，与粤匪联为一气。近已捕获四人正法。

黄兴得到龙璋、黄吉亭[1]牧师的帮助，化装后逃离长沙，抵上海，旋赴日本。宋教仁、陈天华、刘揆一等也相继东渡。马福益逃往广西，不久又回到湖南洪江，改名佑衡，准备以洪江为根据地，重新部署起义。次年，马福益在萍乡被捕，在长沙遇害。1905年夏，孙中山到日本，会见黄兴、宋教仁、陈天华等，商洽联合组织全国性的革命团体。在同盟会筹备期间和成立以后，华兴会会员绝大多数会员先后加盟入会，不少人成为同盟会的领导骨干。

　　华兴会从1904年2月15日成立到1905年8月20日同盟会成立后结束，仅存在一年半的时间，并最终以起义失败告终。但华兴会的成立和起义，推动了两

长沙市基督教北正街堂，原名中华圣公会三一堂，华兴会起义失败后，黄兴曾在此避难，在黄吉亭牧师帮助下，化装后逃出长沙。现大门内墙上保持有黄兴题词："耶稣圣名，敬拜宜诚；辞尊居卑，为救世人。"

---

[1]　黄吉亭（1868—1954），湖北武昌人。中国近现代基督徒民主革命先驱，中华圣公会首任会长。1902年由武昌圣公会会长调任长沙圣公会会长，随之成立日知会长沙分会，宣传革命思想，广招会员，宋教仁、陈天华、刘揆一、胡瑛等先后入会。除传讲福音外，他也借基督舍身救世等宣传革命，深受学生和军人的欢迎，前来参加聚会者甚众。他的基督教信仰和救国之志对湖南军界、学界影响很大。华兴会起义失败后，他掩护华兴会革命党人逃离长沙。

湖革命运动的蓬勃兴起，并对同盟会的组成和发展起了很大的促进作用。它培养了一大批进步青年，使民主共和制度深入人心，影响十分深远。华兴会是中国内地建立的第一个地域性的资产阶级革命团体，它推动了内地其他革命团体的建立，为全国统一的资产阶级革命政党的建立奠定了基础。

华兴会有明确的革命宗旨和行动方略。由于甲辰长沙起义的流产，革命曾处于严重危机之中，华兴会的文件包括革命秘密计划、会员名册等未能保留下来。其革命宗旨虽然尚无文献记载，但我们完全可以从黄兴、陈天华、刘揆一等留日期间，宋教仁在武昌普通中学堂时的反清革命思想，发现其思想脉络。黄兴在华兴会成立会上的演说，揭示了华兴会的革命宗旨为"驱除鞑虏"。宋教仁在华兴会起义事败后，曾感慨高歌"谋自由独立于湖湘之一隅兮，事竟败于垂成"。其行动方略，即以武装起义，"雄踞一省与各省纷起"为革命方略。这在推翻清朝封建统治、建立新的民族国家的目标上，与后来同盟会"驱除鞑虏、恢复中华"的纲领是一致的；而其革命方略，也与后来反清革命斗争的主要形式和历史进程基本相同。

华兴会以新型知识分子为主体。留日归国的知识分子和国内各种新式学堂的师生充当了华兴会的领导人和骨干，因而使这一团体具有明确的指导思想和革命目标。同时，华兴会十分注重联络会党和军队，建立了联络会党的同仇会、运动军队的黄汉会，仅准备参加起义的会党群众即有两万人之多。

华兴会得到部分官员、士绅和其他人士的支持。黄兴和其他华兴会领导人还利用同学、亲友的关系，影响和争取了社会上层部分士绅、官员的同情和支持，如清在籍刑部侍郎龙湛霖、翰林院编修谭延闿、江苏泰兴知县龙璋，明德学堂监督胡元倓，清政府湖南学务处总办张鹤龄，兵备处总办俞明颐以及龙绂瑞、陈树藩等士绅，传教士黄吉亭等。因此，在起义消息泄漏、黄兴等遭到缉捕的时刻，由于他们的同情和庇护，黄兴、宋教仁等华兴会领导人和骨干分子得以安全脱险，无一被捕，革命力量得到保全。这些同情革命的官绅，直接或间接地赞助和支持了革命。龙璋为长沙起义赞助经费，其创办的轮船公司曾准备作为华兴会运输枪械之用。陈树藩时为明德学堂教师，其弟陈季藩及子侄陈嘉会、陈嘉祐等一并参加了华兴会。由于有了这些千丝万缕的联系，后来这一批同情或赞助过革命的官绅在辛亥革命高潮到来之时，大多都投入了革命的阵营。

造就了湖南反清革命队伍。华兴会的成立及其活动，为湖南革命形势的形成与发展打下了坚实的基础，使湖南成为我国辛亥革命的重要地区之一。华兴会成立最重要的成果，就是塑造了卓越的革命领袖黄兴和以他为核心的革命家群体。早在留日期间，黄兴以其坚定的革命信仰和优秀品质成为革命青年中的佼佼者，被推为"归国实行革命第一人"。黄兴意志坚定、博学多才、虚怀若谷、团结同志，具有很高的威望和号召力，成为华兴会的核心人物。他流亡日本以后，组织数省留日学生成立革命同志会，在日志士群起响应，时人评价"留东青年，以黄兴为革命实行家，多倾向推重……黄可操东京革命志士之牛耳"。其后，华兴会与兴中会的联合，直到同盟会的成立，黄兴起了至关重要的作用，并成为同盟会中与孙中山并称的杰出领袖。

培养出一批湖南革命领导人。华兴会的成立塑造了一个令人瞩目的湖南革命家队伍。华兴会的其他领导人和骨干，如宋教仁、刘揆一、陈天华、谭人凤、刘复基、蒋翊武、刘道一、杨毓麟、章士钊、李燮和等，他们有的在留日期间即立志反清，有的在加入华兴会之后走上革命道路。他们都义无反顾，矢志不渝，为革命作出了重要贡献。华兴会会员众多，士气高昂，对于建立同盟会起了举足轻重的作用。据统计，在1905年7月30日的同盟会筹备会上，与会79人，其中湖南会员20人。据同盟会最初两年名册，共有会员979人，其中湖南会员158人。可见，同盟会成立初期，华兴会是其中一支很大的力量。

华兴会筹划的甲辰长沙起义虽然流产，其领导人和骨干分子也大多流亡东去，但其产生的影响却是不可估量，时人誉之为"中国内地革命之先声"，湖南的反清革命运动从此风起云涌，不可阻遏，并有力地推动了全国革命运动的发展，使湖南成为中国辛亥革命的主要地区之一，为辛亥革命的发生奠定了基础。华兴会发动的甲辰长沙起义，可以说是辛亥武昌起义的一次预演。

三

蹈海英雄陈天华

陈天华（1875—1905），湖南省新化县人，中国近代民主革命家，华兴会创始人之一，中国同盟会会员。1903年留学日本，参与组织拒俄义勇队和军国民教育会，次年回国参与组织华兴会，筹备发动长沙起义。1905年在东京与宋教仁创办《二十世纪之支那》杂志；辅佐孙中山筹组同盟会，起草《革命方略》；《民报》创刊后任编辑，为抗议日本政府颁布的《关于准许清国留学生入学之公私立学校之规程》（简称《取缔规则》），留下万余言《绝命辞》呼吁国人坚忍奉公、力学爱国。12月8日，在日本东京大森海湾愤而蹈海殉国，时年30岁。陈天华一生忧国忧民、宣传革命，是辛亥革命时期杰出的鼓动家和宣传家。所著《猛回头》和《警世钟》成为当时宣传革命的号角和警钟。其去世后，遗体运回长沙，与姚宏业一同被公葬于岳麓山。

陈天华（1875—1905）

陈天华，原名显宿，字星台，又字过庭，别号思黄。其2岁丧母，家境贫寒，父亲陈善是一个落第秀才、乡村塾师。天华5岁起由父课读。他天资聪颖，学习刻苦，同时替人放牛或提篮叫卖，过着半流浪生活。9岁嗜读《左传》《资治通鉴》，尤爱民间说唱弹词，经常仿效这些文体编写短篇通俗小说与山歌小调，很受乡亲们的欢迎，一时都称他为"神童"。他16岁时，有一天路过驿亭，在墙上挥笔题写了"莫谓草庐无俊杰，须知山泽起英雄"的诗句，抒发了他澄清天下、救亡图存的志向。1895年，陈天华随父迁居县城，仍以做小贩维持生活，后经人帮助得以进资江书院读书。戊戌变法期间，又考入新化实业中学堂。当时正值维新运动在湖南迅速开展，加之新学广为流传，使他受到很大的启迪。为读《资治通鉴》，他几乎废寝忘食，数月之间，就通读了这部卷帙浩繁的史书。

陈天华常到资江书院旁听，也按照对正式生的要求上交作业。一天，院长邹苏柏批阅作文，见陈天华那篇几千字的文章写得非常精辟生动，便破例允许他借阅书院藏书。一部《二十四史》，陈天华"整日整夜细心研读"。他"每读书至奸佞乱朝、夷狄猾夏，制度废弛之所由"处，常掩卷长叹，忧愤不已。

邹苏柏爱才心切，对在新化一带盛名已久的士绅陈御丞说："你们族里出了个奇才，你当周济周济！"他介绍了陈天华的非凡才干，陈御丞当即答应每月供给陈天华三斗米、一串钱。从1896年至1897年，陈天华正式就读资江书院。自此，他不必为生计发愁了，全身心都投入读书中去。他一方面学习中国文化，另一方面研究中国现状，富国强兵的愿望越来越强烈地燃烧在心头。

1897年10月，湖南巡抚陈宝箴倡导新学，在长沙创立时务学堂，陈天华被录为外课生。他勤奋学习学堂规定的经学、子学、文学、西学等课程，尤其潜心钻研西方新学。次年春，新化实业学堂开办，陈天华以优异成绩考入该校，在此就读两年。他博览新学群书，广涉中西史志，"拾阅新学中书报残纸，慨然欲任天下事"。

1898年9月8日，《湘报》149号刊登了《新化县童生陈天华等〈公恳示禁幼女缠足禀〉并批谕》。陈天华等大声疾呼："为禁革敝俗，恳示通行，事禀妇女缠足，于古无征……害及天下万世"。要求政府"出示晓谕，以觉愚俗，而变颓风，则不惟二万万女孩馨香顶祝，而强种保族之举，亦略见一端矣"。

1900年春，陈天华考入省城岳麓书院，成绩名列前茅。6月，因父亲去世，他星夜徒步回家奔丧，由于过度悲痛，得了一场大病。第二年，他继续在新化实业学堂读书，成绩优异，写文章更是出了大名。有位有名望的地方官员非常器重博学多才的陈天华，想将爱女许给他为妻。这时，陈天华已是26岁的大龄青年，从祖父、父亲到他，都是一脉单传。按照"不孝有三，无后为大"的古训，他是该娶妻生子了。可是陈天华却没有成家的打算，他说："匈奴未灭，何以家为！天下方多故，安能再以儿女私情累我乎？国不安，吾不娶！"

1903年初，陈天华入省城师范馆。3月，陈天华以监生的身份，由新化实业学堂资助赴日本留学，入东京弘文学院师范科。同年4月，沙俄妄图吞并我国东北，向清政府提出了7项要求的"密约"，俄国代理公使声称要"断然取东三省归入俄国版图"。4月29日，中国留学生在东京锦辉馆召开拒俄大会，黄兴、陈天华到会演讲，并组织了有500人参加的"拒俄义勇队"（后更名为"拒俄学生军"），准备开赴东北，与沙俄侵略军决一死战。几天后，参加者超过1000人。陈天华一方面积极参加实弹射击、军事操练；一方面积极宣传抗俄保国。他咬破左手中指，写了几十封《敬告湖南人》《复湖南同学诸君书》的血书，邮寄至湖南各校，大声疾呼："要革命的，这时可以革了；过了这时没有命了！""苟万众一心，舍死向前，吾恐外人食之不得下咽也。中国之存亡系于诸君，诸君而以为中国亡，则中国亡矣；诸君而以为中国不亡，则孰能亡之？"血书抵湖南，抚台赵尔巽"亲临各学堂，将天华血书宣布，并揭之官报，令各府、州、县开设武备训练所"。听者为之激昂，各地纷纷办起武备训练所。"拒俄学生军"不久被清朝驻日公使蔡钧下令解散，5月11日，黄兴、蔡锷、陈天华等以"拒俄学生军"为基础，新成立另一个革命团体"军国民教育会"，以"养成尚武精神，实行爱国主义"为宗旨，由拒俄御侮转为武力反清。陈天华看到帝国主义列强张牙舞爪、清政府一再妥协的现实，决心以笔作武器，进行革命宣传，以唤起国人觉醒。他和杨毓麟发起创办了《游学译编》和《新湖南》两种杂志，介绍欧美资产阶级民主思想和政治学说，宣传民主革命，鼓吹民族独立。从1903年初夏到仲秋，陈天华用通俗文艺说唱形式写成了震惊中外的反帝革命宣言《猛回头》与《警世钟》。这两本书联系实际、夹叙夹议、明白如话，鲜明地表达了反对帝国主义的思想，表现出大无畏的英雄气概。他还在《猛回头》中提出了10条救亡图存的革命主张，形成了一套初步的资产阶级革命方案。

陈天华的这两本小册子，在日本和中国广泛流传，其影响之大甚至超过了章太炎的《驳康有为论政见书》和邹容的《革命军》。当时，湖南、湖北和江西一带凡能识字者都喜欢读这两本书。1936年毛泽东与斯诺谈话中回忆30年前读《警世钟》对自己的影响说："我现在还记得这本小册子的开头一句，呜呼，中国其将亡矣……我读了以后，对国家的前途感到沮丧，开始意识到国家兴亡、匹夫有责。"清政府对出版和代售该书的书商横加罪名，严令学校监搜，唯恐流传，结果反倒更加促使这两本书的传播，有些小学堂里的少年儿童四处募捐资金翻印传播。上海租界这本书也屡禁不止。尤其在巡防营和新军里，兵士奉之为至宝，有些人还把它当作湘剧的南路北路来唱，思想言论深受影响，退伍后又将其传播民间。其效力之大不可言喻。

陈天华还写了大量充满爱国激情的不朽作品，如《国民必读》《中国革命史论》《论中国宜改创民主政体》《现世政见之评决》《最后之方针》和中篇小说《狮子吼》等，为辛亥革命的舆论准备作出了出色的贡献。

1903年冬，陈天华作为军国民教育会"运动员"，与黄兴回国策划起义。11月4日，他和刘揆一、宋教仁、杨毓麟等以庆贺黄兴30岁生日为名，举行秘密会议，决定组织革命团体——华兴会。不久，长沙起义事败，因被清政府搜捕，陈天华不得不于1904年3月再次东渡日本。

1905年7月19日，孙中山抵达日本横滨，下旬前往东京，对孙中山翘望已久的留日学生把他当作"中国英雄中之英雄""四万万人之代表"。经杨度、宫崎寅藏等人介绍，孙中山会见了在留学生中颇具影响的华兴会首领黄兴，两人畅谈革命形势，相见恨晚。孙中山建议，兴中会与华兴会联合，共同致力于革命。

7月28日，孙中山访问《二十世纪之支那》杂志社，与陈天华、宋教仁等湖南人士会面。孙中山继续对华兴会骨干做思想工作："现今大势及革命方法，大概不外联络人才一义，中国现在不必忧各国之瓜分，但忧自己之内讧……故现今之主义，总以互相联络为要。"（《宋教仁日记》）孙中山忆及上一年广西会党派人到香港"招纳人才"的事，强调革命党中坚应对各地的民众起义加强领导的必要性。孙中山的谈话高瞻远瞩、切中时弊，大家同意了孙中山关于组党的建议。孙中山把这次接见湖南人士的谈话命名为《与陈天华等的谈话》。

7月29日，华兴会成员对孙中山的建议进行讨论，黄兴、陈天华都主张集体参加孙中山计划组织的革命大团体，黄兴则"主形式上入孙逸仙会，而精神上仍存吾团体之说"，最后决定"个人自由"。实际上华兴会的主要骨干人物都接受了孙中山组织全国性政党的主张。

7月30日，孙中山邀约各省（除甘肃外）有志于革命的留日学生及旅日华侨70多人在东京赤坂区桧町三番黑龙会址开会，与会者有兴中会、华兴会、光复会、科学补习所的成员和其他组织的成员，大家都是以个人身份而非团体名义出席会议。这次会议讨论和商定成立共同的组织，取名"中国同盟会"，以"驱除鞑虏，恢复中华，创立民国，平均地权"为革命纲领。在黄兴的提议下，由孙中山带领与会者举行宣誓加盟仪式。陈天华与黄兴、宋教仁、马君武等8人被选为起草同盟会章程的负责人。

8月13日，陈天华、黄兴、宋教仁又在东京麴町区富士见楼组织留学生和华侨举行规模空前的欢迎孙中山大会。宋教仁致欢迎词，孙中山发表了演说，1300余人挤满了会场，还有数百人站在街边旁听。孙中山在演讲中阐释了民族

1905年底，同盟会机关报《民报》同仁在日本东京合影。前排左2程家柽、左3黄兴、左4陈天华、左5章士钊，后排左1宋教仁。

民主革命的主张，驳斥了中国目前"只可立宪，不可革命"的保皇谬论，呼吁人们革命救国，发奋自强，建立一个屹立于世界的头等民主共和国；热切希望革命志士努力奋斗，推进革命进程。他满怀自信地说，只要我们善于利用我国固有的优越条件，"取法乎上"，采行革命手段，"决不要随天演的变更，定要为人事之变更"，我们就能以异常之速度，完成一突飞猛进之进步，20 年之后，我国的国力就不仅"突驾日本"，甚至"比美国还要强几分"。孙中山的演说，博得与会者阵阵掌声。欢迎大会的召开揭开了同盟会正式成立的序幕。孙中山在会上的演说词由陈天华整理。后来《民报》创刊，陈天华出任经理及撰述员，他撰写《纪东京留学生欢迎孙逸仙事》一文刊于《民报》第一号。

8 月 20 日，中国第一个资产阶级革命政党中国同盟会在东京赤坂区灵南坂日本友人坂本金弥宅内召开成立大会，到会者百余人。这天下午，与会的中国革命志士举行庄严宣誓，表示了革命的志愿："当天发誓：驱除鞑虏，恢复中华，创立民国，平均地权，矢信矢忠，有始有卒，如或渝此，任众处罚。"成立大会通过了同盟会章程草案，赞同以十六字纲领为本会宗旨，决定在东京设立同盟会本部，把宋教仁、程家柽等人创办的《二十世纪之支那》杂志改组为同盟会机关报——《民报》。大会一致推举孙中山为总理，黄兴为执行部庶务，协助孙中山主持本部工作。在黄兴离开东京后，执行部庶务一职相继由张继、朱炳麟、孙毓筠、宋教仁、刘揆一等担任。总部之下设执行、评议、司法三部；于国内外分设 9 个支部，各省区成立分会；大会还授权孙中山、黄兴、章炳麟等制订同盟会《革命方略》，包括《军政府宣言》《对外宣言》《略地规则》等 11 个文件，以供各地革命党人武装起义时使用。这 11 个文件于 1906 年秋冬间制定出来。

1905 年 11 月，对近代中国产生重大影响的《民报》正式在日本东京创刊。孙中山亲自撰写了发刊词，提出了著名的"民族、民权、民生"诉求。"三民主义"第一次见诸报端，有关民主革命的重磅文章也随之一气抛出。创刊号共刊载 17 篇文章，陈天华一人就占了 7 篇。

在 1903 年写作《猛回头》时，陈天华还有着强烈的排满思想；在 1905 年初，又一度幻想过君主立宪。而在 1905 年末，他成为了民主立宪思想的播火者。他明确提出，中国人民推翻腐朽的清朝政府后，所能建立的"最美最宜之政体"，

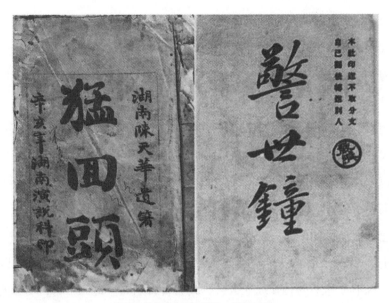

陈天华的遗著《猛回头》《警世钟》

就是共和政体。

在其小说《狮子吼》中，陈天华描绘了一个令人怦然心动的共和理想国。在他的幻想中，甚至看到了一本金字标题的《共和国岁计统计》："全国大小学堂三十余万所，男女学生六千余万。陆军常备军二百万，预备兵及后备兵八百万。海军将校士卒共一十二万，军舰总共七百余只，又有水中潜舫艇及空中战艇数十只。铁路三十万里，电车铁路十万里，邮政局四万余所，轮船帆船二千万吨。各项税银每年二十八万万圆，岁出亦相等。"

1905 年底，陈天华关于民主共和的思考达到巅峰之际，他的生命却因为一个偶发事件走向终结。

日俄战争结束后，战胜国日本要求清政府从速转让沙俄在东北强租的土地、铁路、矿藏等，作为交换，日本政府于 11 月 2 日颁布了《取缔规则》，约束留日学生参与反清政治活动。

该规程其实有"规范学制、完善教育"的积极一面。陈天华起初对此尚能保持冷静。虽然他觉得该规程是"剥我自由，侵我主权"，但他同时也认为，"日本政府对其本国教育秩序进行规范是无可指责的，而且从《取缔规程》所列内容来看也是符合实情的"。

《取缔规则》因为干涉了中国留学生的行动，遭到了强烈反对。当时约有1万多中国留学生涌入日本，其中约有3000多人"欲进校而不能""欲归国而不可"，只能在社会上闲游。一些野鸡学校乘机牟利，"受到日本各界严厉指责"。留学生鱼龙混杂，少数人常常"出入于酒楼妓馆"，毁坏了中国留学生的形象，日本政府整顿留学教育的积极意义反而被湮没了。

陈天华并不赞成罢课这样的群体政治活动，担心留学生不能统一行动，贻人口实，因此拒绝了宋教仁约其撰写文章支持留学生运动的要求，表示不愿意"徒以空言驱人发难"。但另一方面，他又深深被留学生的热情所感染。陈天华始终将中国的未来寄望于"中等社会"，主张通过中等社会对下等社会的教育、领导，来完成革命救国。而当时的留学生群体，就是陈天华心目中的"中等社会的中坚力量"。虽然对部分留学生的素质低下他也有诸多批评，但总是希望能有所改观。

不幸的是，陈天华担忧的状况果然出现了。留学生内部意见混乱，行动散漫，留日学生总会干事杨度不再出面，推给干事曾鲲化，曾亦不肯担负其责。当时肄业于日本实践女校的秋瑾无奈痛哭一场，痛斥中国人办事虎头蛇尾，表示此后不愿意再与留学生共事了。

大规模的抗议行动仍在进行中。12月7日，《朝日新闻》报道："东京市内各校之清国留学生八千六百余人集体停课。"该报评论："此盖由于清国留学生对文部省命令之解释过于偏狭而生不满，以及清国人特有之放纵卑劣性情所促成，惟其团结之力则颇为薄弱。"

《朝日新闻》对中国人的轻蔑言辞极大地刺激了陈天华，但这又并非空穴来风。悲观愤懑的陈天华于当晚写下了《绝命辞》，希望以死劝诫国人，"坚忍奉公，力学爱国"，同时还写了一封《致留日学生总会诸干事书》。

12月8日清晨，陈天华一如平日，神色自若地盥洗、阅报，吃完早餐后出门时，他向同宿舍的一位同学借了两元钱，别人还以为他要付刻印费。陈天华独自乘车来到朝霞映照的东京大森海湾，纵身跳入茫茫无际的大海，壮烈殉国。他本是弄潮好手，平日又注重锻炼，现在却要自沉大海，这是何等的决绝和勇敢！

12月9日，留学生公推秋瑾为召集人，在留学生会馆的"锦辉馆"召开追悼会。据日本学者永田圭介所著《秋瑾——竞雄女侠传》记载，在陈天华的追悼会上，秋瑾宣布判处不肯集体回国的留学生"死刑"，还拔出随身携带的日本刀，大声喝道："投降满虏，卖友求荣。欺压汉人，吃我一刀！"正在南洋的孙中山听闻陈天华蹈海的消息，哀悼不已。1917年，又一代革命青年东渡日本探索救国真理，19岁的周恩来十分仰慕陈天华，写下"难酬蹈海亦英雄"的壮丽诗句。

绝命辞

陈天华

呜呼！我同胞！其亦知今日之中国乎？今日之中国，主权失矣，利权去矣，无在而不是悲观，未见有乐观者存。其有一线之希望者，则在于近来留学生日多，风气渐开也。使由是而日进不已，人皆以爱国为念，刻苦向学，以救祖国，即十年二十年之后，未始不可转危为安。乃进观吾国同学者，有为之士固多，可疵可指之处亦不少。以东瀛为终南捷径者，目的在于求利禄，而不在于居责任，其尤不肖者，则学问未事，私德先坏，其被举于彼国报章者，不可缕数。近该国文部省有清国留学生取缔规则之颁，其剥我自由，侵我主权，固不待言。鄙人内顾团体之实情，不敢轻于发难，继同学诸君倡为停课，鄙人闻之，恐事体愈致重大，颇不赞成；然既已如此矣，则宜全体一致，务期始终贯彻，万不可互相参差，贻日人以口实。幸而各校同心，八千余人，不谋而合，此诚出于鄙人预料之外，且惊且惧。惊者何？惊吾同人果有此团体也。惧者何？惧不能持久也。然而日本各报，则诋为乌合之斥，或嘲或讽，不可言喻。如《朝日新闻》等，则直诋为"放纵卑劣"，其轻我不遗余地矣。夫使此四字加诸我而未当也，斯亦不足与之计较，若或有万一之似焉，则真不可磨之玷也！

近来每遇一问题发生，则群起哗之曰：此中国存亡问题也。顾问题有何存亡之分？我不自亡，人孰能亡我者？惟留学而皆放纵卑劣，则中国真亡矣。岂特亡国而已，二十世纪之后有放纵卑劣之人种，能存于世乎？鄙人心痛此言，欲我同胞时时勿忘此语，力除此四字，而做此四字之反面：坚忍奉公，力学爱国，恐同胞之不见听而或忘之，故以身投东海，为诸君之纪念。诸君而念及鄙人也，则毋忘鄙人今日所言。但慎毋误会其意，谓鄙人为取缔问题规则而死，而更有意外之举动。须知鄙人原重自修，不重尤人，鄙人死后，取缔规则问题，可了则了，切勿固执，惟须亟讲善后之策，力求振作之方，雪日本报章所言，举行救国之实，则鄙人虽死之日，犹生之年矣。

诸君更勿为鄙人惜也。鄙人志行薄弱，不能大有所作为，将来自处，惟有两途：其一则作书报以警世，其二则遇有可死之机会而死之。夫空谈救国，人多厌闻，能言如鄙人者，不知凡几！以生而多言，或不如死而少言之有效乎！至于待至事无可为，始从容就死，其于鄙人诚得矣；其于事何补耶？今朝鲜非无死者，而朝鲜终亡。中国去亡之期，极少须有十年；与其死于十年之后，曷若于今日死之，使诸君有所警动，去绝非行，共讲爱国，更卧薪尝胆，刻苦求学，徐以养成实力，丕兴国家，则中国或可以不亡，此鄙人今日之希望也。然而必如鄙人之无才无学无气者而后可，使稍胜于鄙人者，则万不可学鄙人也。与鄙人相亲厚之友朋，勿以鄙人之故而悲痛失其故常，亦勿为舆论所动，而易其素志。鄙人以救国为前提，苟可以达救国之目的者，其行事不必与鄙人合也。今将与诸君长别矣，当世之问题，亦不得不与诸君略言之。

近今革命之论，嚣嚣起矣，鄙人亦此中之一人也。而革命之中，有置重于民族主义者，有置重于政治问题者。鄙平日所主张，固重政治而轻民族，观于鄙人所著各书自明。去岁以前，亦尝渴望满洲变法，融合种界，以御外侮。然至近则主张民族者，则以满、汉终不并立。我排彼以言，彼排我以实。我之排彼，自近年始；彼之排我，二百年如一日。我退则彼进，岂能望彼消释嫌疑，而甘心愿与我共事乎！欲使中国不亡，惟有一刀两断，代满洲执政柄而卵育之。彼若果知天命者，则待之以德川氏可也。满洲民族，许为同等之国民，以现世之文明，断无有仇杀之事。故鄙人之满也，非如倡复仇论者所云，仍为政治问题也。盖政治公例，以多数优等之族，统治少数之劣等族者为顺，以少数之劣等族，统治多数之优等族者为逆故也。鄙人之于革命如此。

然鄙人之于革命，有与人异其趣者，则鄙人之于革命，必出之以极迂拙之手段，不可有一毫取巧之心。盖革命有出于功名心者，有出于责任心者。出于责任心（者），必事至万不得已而后为之，无所利焉；出于功名心者，己力不足，或至借他力，非内用会党，则外恃外资。会党可以偏用，而不可恃为本营。日俄不能用马贼交战，光武不能用铜马、赤眉平定天下，况欲用今日之会党以成大事乎？

至于外资则尤危险，菲律宾覆辙，可为前鉴。夫以鄙人之迂远如此，或至无实行之期，亦不可知。然而举中国皆汉人也，使汉人皆认革命为必要，则或如瑞典、挪威之分离，以一纸书通过而无须流血焉可也。故今日惟有使中等社会，皆知革命主义，渐普及下等社会。斯时也，一夫发难，万众响应，其于事何难焉！若多数犹未明此义，而即实行，恐未足以救中国，而转以乱中国也。此鄙人对于革命问题之意见也。

近今盛倡利权收回，不可谓非民族之进步也。然于利权收回之后，无所设施，则与前此之持锁国主义者何异？夫前此之持锁国主义者，不可谓所虑之不是也；徒用消极方法，而无积极方法，故国终不锁。而前此之纷纷扰扰者，皆为无效。今之倡利权收回者，何以异兹？故苟能善用之，于此数年之间改变国政，开通民智，整理财政，养成实业人才，十年之后，经理有人，主权还复，吸收外国资本，以开发中国文明，如日本今日之输进之外资可也。否则争之甲者仍与之乙，或遂不办，外人有所藉口，群以强力相压迫，则十年之后，亦如溃堤之水，滔滔而入，利权终不保也。此鄙人对于利权收回问题之意见也。

近人有主张亲日者，有主张排日者，鄙人以为二者皆非也。彼以日本为可亲，则请观朝鲜。然遂谓日人将不利于我，必排之而后可者，则愚亦不知其说之所在也。夫日人隐谋，所谓司马昭之心，路人皆知，即彼之书报，亦倡言无忌，固不虑吾之知也。而吾谓其不可排者何也？"兼弱攻昧，取乱侮亡"，吾古圣之明训也。自有可亡之道，岂能怨人之亡我？吾无可亡之道，彼能亡我乎？朝鲜之亡也，亦朝鲜自亡之耳，非日本能亡之也。吾不能禁彼之不亡我，彼亦不能禁我之自强。使吾亦如彼之所以治其国者，则彼将亲我之不暇，遑敢亡我乎？否则即排之有何实力耶？平心而论，日本此次之战，不可谓于东西全无功也。倘无日本一战，则中国已瓜分亦不可知。因有日本一战，而中国得保残喘。虽以堂堂中国，被保护于日本，言之可羞，然事实已如此，无可讳也。如耻之，莫如自强，利用外交，更新政体，于十年之间，练常备军五十万，增海军二十万吨，修铁路十万里，则彼必与我同盟。夫"同盟"与"保护"，不可同日语也。"保护"者，自己无实力，而唯受人拥蔽，朝鲜是也。"同盟"者，势力相等，互相救援，日英是也。同盟为利害关系相同之故，而不由于同文同种。英不与欧洲同文同种之国同盟，而与不同文同种之日本同盟。日本不与亚洲同文同种之国同盟，而与不同文同种之英国同盟。无他，利害相冲突，则虽同文同种，而亦相仇雠；利害关系相同，则虽不同文同种，而亦相同盟。中国之与日本，利害关系可谓同矣，然而实力苟不相等，是"同盟"其名，"保护"其实也。故届今日而欲与日本同盟，是欲作朝鲜也；居今日而欲与日本相离，是欲亡东亚也。惟能分担保全东亚之义务，则彼不能专握东亚之权利，可断言也。此鄙人对于日本之意见也。

民国时期的陈天华纪念邮票

　　凡作一事，须远瞩百年，不可徒任一时感触而一切不愿。一哄之政策，此后再不宜于中国矣。如有问题发生，须计全局，勿轻于发难，此固鄙人有谓而发，然亦切要之言也。

　　鄙人于宗教观念，素来薄弱。然如谓宗教必不可无，则无宁仍尊孔教；以重于违俗之故，则并奉佛教亦可。至于耶教，除好之者可自由奉之之外，欲据以改易国教，则可不必。或有本非迷信，欲利用之而有所运动者，其谬于鄙人所著之《最后之方针》，言之已详，兹不赘及。

　　近来青年误解自由，以不服从规则、违抗尊长为能，以爱国自饰，而先牺牲一切私德，此之结果，不言可想。其余鄙人所欲言者多，今不及言矣。散见于鄙人所著各书者，愿诸君取而观之，择其是者而从之，幸甚。语曰："君子不以人废言。"又曰："鸟之将死，其鸣也哀；人之将死，其言也善。"则鄙人今日之言，或亦不无可取乎？

通知留学生总会诸干事书

陈天华

干事诸君鉴闻：

闻诸君有欲辞职者，不解所谓，事实已如此，诸君不力为维持，保全国体。不重辱留学界耶？如日俄交战，倘日本政府因国民之暴动而即解散机关，坐视国家之灭，可乎否乎？今之问题，何以异是，愿诸君思之。

陈星台先生《绝命书》跋

宋教仁

此吾友陈君星台《绝命书》。劳斋每一思君，辄一环诵之，盖未尝不心悁悁然悲而泪泫泫然下也。曰：呜呼，若君者，殆所谓爱国根于天性之人非耶？

当去岁秋，湖南事败，君与劳等先后走日本，忧愤益大过量，时时相与过从，谈天下事，未尝不哽咽垂对坐涕泣而道也。今岁春，东报兴瓜分谣，君愈愤，欲北上，冀以死要满廷救亡，殆知无裨益，而思以一身尝试，绝世人扶满之望也。既而友人沮之，不遂行。然其常言曰："吾实不愿久逗此人间世也。"盖其抱死之目的以俟久矣！

居无何，留学界以日人定学则，议群起力争。始劳斋挽君曰："君能文，盍有所作以表意见乎？"君曰："否。徒以空言驱人发难，吾岂为耶！"越数日，学界则大愤，均休校议事，君犹无动。迄月之十一日，其同居者则见君握管作文字，至夜分不辍。其十二日晨起食毕，自友某君贷金二元出门去。同居者意其以此作付剃厕也，听焉。入夜未归，始怀疑。良久，有留学生会馆阍者踵门语曰："使署来电话称，大森警吏发电至署，告有一支那男子死于海，陈其姓，名天华，居神田东新社者"云。呜呼，于是知君乃死矣！痛哉！天未明，劳偕友人某氏某氏赴大森视之。大森町长乃语曰："昨日六时，当地海岸东滨距离六十间处，发现一尸，即捞获之。九时乃检查身畔，得铜货数枚与书留（寄信保险证），余无他物，今既已殓矣。"则率引我辈观之。一檐凄然，倭式也，君则在焉。复审视书留，为以君氏名自芝区御门前邮达中国留学生总会馆干事长者。当是时，君邑人已有往横滨备棺衾，拟厝于华人墓地，乃请二人送君尸于横滨，甥与某等乃返。抵会馆，索其邮物。获之，则万言之长函，即此《绝命书》也。一人宣读之，听者数百人，皆泣下不能仰。夫以君之所志，使其所怀抱得毕展于世，无少残留，则吾民族受其福祚，其所造于中国前途者，岂有涯耶！而乃竟如是已焉，吾人得毋有为之悼惜不置者乎！

虽然，吾观君之言曰："以救国为前提。"又曰："欲我同胞时时勿忘此语，力除此四字，而做此四字之反面：坚忍奉公，力学爱国，恐同胞不见听或忘之，故以身投东海为诸君之纪念。"又曰："中国去亡之期，极少须有十年；与其死于十年之后，曷若于今日死之，使诸君有所警动。"盖君之意，自以为留此身以有俟，孰与死之影响强，吾宁取夫死以觉吾同胞，使共登于救国之一途。则其所成就较以吾一身之所为孰多耶？噫！此则君之所以死欤？君之心则苦矣。

吾人读君之书，想见君之为人，不徒悼惜君之死。惟勉有以副乎君死时之所言焉，斯君为不死也已。乙巳十一月晦。强斋谨跋。

四

姚宏业与中国公学

姚宏业（1881—1906），字剑生，号竞生，也叫姚洪业，中国近代民主革命家，湖南益阳人。1903年春入长沙明德学堂速成师范第一班学习，次年7月留学日本弘文学院，后进入大阪大学。1905年10月经黄兴介绍加入同盟会，1906年因抗议日本文部省颁布的旨在约束中国留学生活动的规则而回国，在上海与秋瑾、于右任租屋创办中国公学，开民间自办新学之先河。因守旧官绅多方阻扼，加之诽谤流言，于1906年3月27日悲愤投黄浦江而殁。他的侠义殉身让国人深受触动，也使中国公学得到巨资相续，从而成功奠立。此后，吴淞中国公学逐渐发展成包括文、法、商、理四院17系的综合型大学，并增设了中学部。教师中有于右任、马君武、陈伯平、梁启超、张东荪等人，学生中有胡适、冯友兰、吴晗、何其芳、罗尔纲、吴健雄等人。

姚宏业（1881—1906）

1905 年 11 月 2 日，日本文部省颁布了《取缔规则》，共有 15 条细则，另加一附则。该规则以整顿不合格学校和取缔品行不良的留日学生为由，加强了清政府留日学生监督和对学生的管理权，部分规定涉及限制留日学生自由的问题，还有对品行不良学生的管束规则。这些规定刺激了留日学生的民族自尊心，引起了留日学生群起反抗，并进行罢课抵制，演变成大规模的抗议风潮。

抗议风潮的发生，与革命党在留日学生中的发展有密切的联系。1905 年 8 月，同盟会在日本东京成立，在留日学生中的影响迅速扩大，由此引起清政府的疑忌。为整顿留日教育、打击革命派，清政府急需日本政府的支持和配合。日本政府为迫使清政府在东三省善后事宜的交涉中做出让步，于是颁布《取缔规则》，加强清政府驻日使馆对留日学生监督和管束的权力，在一定程度上满足了清政府希望限制革命派在日本发展的要求。日本文部省次官木场在一次谈话中提到，"留学生之中，属革命派者甚多，彼等经此次省令，蒙受一大打击，殆无疑也"，这也从另一个侧面反映了日本政府发布《取缔规则》，实际上有针对留日学生中革命派的目的。

留日学生抗议日本文部省《取缔规则》的风潮，深受革命派之影响。发动风潮者大多是留日学生中的革命党人，且多为同盟会中的激进派。留日学生在风潮中分为两派，与同盟会会员对该事件意见不统一有关。当时，秋瑾、宋教仁、胡瑛等主张留日学生全体退学归国，谓即可从事革命。胡汉民、汪精卫、朱执信等则坚决反对，认为此次纵出于最恶之动机，也可以运动打消之，且同盟会新成立之机关报《民报》刚发刊第二期，若一哄归国，无异为根本之摇动，使仇外者快意，所谓相率归国即行革命属幼稚之见。由于意见分歧，留日学界中主张罢课归国的一派组织留日学生联合会负责，主张复课的一派组织留日学生维持会负责。在抗议风潮发生之始，联合会占据主导，并推动风潮的持续扩大，但到后期，因部分同盟会会员有保存实力的想法，故抗议风潮声势逐渐衰退。

清政府在应对风潮的过程中，对罢课学生进行安抚，广为劝导，力图平息罢课风潮。为孤立革命党及归国学生，清政府派官员驻沪负责遣散归国学生事宜，劝令学生迅速回籍，不准在上海逗留。当时由清驻日公使杨枢通知日本各校，对于风潮中的领导者胡瑛、田桐、宋教仁、韩汝庚等人"概不收容"，并奏请清政府"咨行各省督抚，通饬内地各学堂不准收录"。到 1906 年 1 月中旬，留日学生返校复课，归国之学生大部分或返回原籍，或返日复课。由此，罢课风潮渐止。

虽然在日本的罢课风潮逐渐停歇，但是部分留学生归国自办学校的计划与行动并未废止。虽有督抚所派官员的劝抚和日本文部省的和缓措施，以及维持会之复课倡议，然经联合会之鼓动，仍有部分留日学生出于义愤坚持罢学归国。据当时的《申报》记载，1905 年 12 月 11 日归国人数仅有 231 人，而至 12 月 15 日，则达到 2000 余人，运送行李之车络绎不绝。归国的留日学生人数最多时有 3000 余人。

罢课归国的学生仅为留日学生的一部分，真正坚持留沪自办学校和未返日复课的学生更属少数。这少数坚持自办学校以维护民族尊严，践行民族自立的学生革命党人不在少数。中国公学的发起人大多数是同盟会会员，如担任副干事的朱剑后来成为同盟会江苏分会的重要成员，担任庶务的姚宏业和谭心休（1912 年 5 月任中国公学校长）都是华兴会成员，后来担任干事的张邦杰和黄兆祥、学监彭施涤和梁维岳、会计孙性廉、教习马君武等都是同盟会会员。当时留在上海的 300 余人中，同盟会籍者将近百人，中国公学被认为是革命党的大本营。

中国公学兴办之初困难重重，一个重要原因即在于其具革命色彩，得不到官绅的扶持。上海各界人士初见一大群剪发易服的学生自办学校，多起猜疑，官吏指为革命党，社会疑为怪物，故赞助的人很少，经费困难。官府的疑忌是确定无疑的。早在日本，公使杨枢即认为，"密探学生风潮，为孙文逆党煽动，藉抵抗文部命令为名，现结死党三四百人，各携凶器，胁众回沪，以租界为护符，实行革命，聚众起事"。张之洞也认为取缔风潮"谋乱是实，其抵抗文部命令全系饰词附会"。基于这样的认识，清政府对归国留沪的留学生采取严格限制的手段，饬令上海地方官府对削发且着西服的归国留学生加以管束，并派官员驻沪负责遣散归国学生事宜，劝令学生迅速回籍，不准在上海逗留。

已回到上海的两千多学生穷愁冻饿于上海街头，欲哭无泪。商会早先答应出资另办学校，这时候扯皮推诿，资金难以落实，学校办不起来，清廷视归国的学生为捣乱分子，不予理睬，连普通民众也将学生们看作危险人物，敬而远之。有些客店的老板竟因怕惹麻烦而拒绝学生住店。快要过农历年了，学生们害怕遭家人斥骂，虽然忍冻受饿，可大家不敢回家，踯躅于上海滩上。

1906年1月9日，留学生总会事务所召开第一次各省代表会议，1906年1月13日，由于日本文部省部分修改《取缔规则》，清政府留日监督处要求所有归国学生返回日本复课。归国学生召开各省代表第二次全体会议，议定行止，议决："我辈归国初心为兴学耳，勿论东京交涉为失败之交涉，纵不失败，长此俯仰随人，长依赖外人之根性，堕独立国民之精神，非丈夫也，我辈只知兴学挽回教育权耳，不知其他。乃以多数之决议为兴学之初步。"且经决议，定校名为中国公学。曾极力鼓动学生归国的湖南人姚宏业奔走各方，筹建新校，秋瑾、蔡元培等人也积极为学校筹措资金。1906年1月17日，各省代表第三次全体会议召开，确定学校章程，并确定学校机关与职员。3月4日，学校租定越界筑路之北四川路的新靶子路作为校址。但此时，有许多学生已重返日本，公学只招收了三百余名学生入读，另有50多名学生要求退学，并登报对公学大加诋毁。接着公学经费告竭，姚宏业出外募捐，却处处碰壁，无人理睬。

1906年3月27日，陈天华灵柩抵达上海之后，姚宏业悲痛失望之余，仰天大啸说："我以死来感动国人吧，但愿我死之后，公学能摆脱困境，我生既于事无补，我死也就不足为惜！"于是大哭一场，留下遗书，投黄浦江而死。

姚烈士宏业遗书

呜呼！我所最亲爱最希望最眷恋中国公学之诸同事诸同学，我所最亲爱最希望最眷恋全国四万万同胞中之官，之绅，之兵，之士，之农，之工，之商听者：我今蹈江死矣，将永与君等别矣。但恐我死以后，君等或不知我死之故，因忍死须臾，与君等为一诀别之言。古人云："人之将死，其言也善。"君等其听之，其听之，虽无才，无勇，无学，无识如我者，亦勿以人废言也。我之死为中国公学死也，为中国公学死，既不啻为我全国四万万同胞死也。同胞同胞！我欲述我舍父母弃妻子捐躯蹈江之苦衷，我请先言中国公学与中国前途关系之重。

中国公学者，因内地学堂之腐败，不足以培养通才，与列强共竞生存于二十世纪淘汰惨酷之秋，故创此公学，注重德学，以谋造成真国民之资格，真救时之人才者也。此其关系之重一也。

溯中国公学之所由起，盖权舆于留日学生争取缔规则之故，夫此次之事当与否，今姑勿论。然公学虽为振兴教育而设，究其要素，已含有对外之性质，盖彰彰乎不可掩矣。故中国公学，不啻我中国民族能力之试金石也者。如能成立发达，即我国之人能力优胜之代表也；如不能成立发达，即我全国人能力劣败之代表也。此其关系之重二也。

中国自今以往，有大问题焉，将糜无量大英雄，大豪杰之心血，之脑血，之颈血，之舌血，之泪血，以解决之，尚不知其能否？则省界之分是也。夫今日省界之分，初见端耳，铁路以分省界故而不能修；矿山以分界省界故而不能开；学界又以分省界故而屡起冲突，操戈同室。庄子曰："天下事创始也细，将毕也巨。"今日之冲突，一笔一舌，将来之冲突，一铁一血。夫鹬蚌相持，渔夫伺其旁，可惧也。夫惟中国公学熔全国人才于一炉，破除畛域，可以消祸于无形。此其关系之重三也。今日中国人心之害有二，弱者既俯仰随人无爱国思想；强者又妄诞无忌野蛮招祸。

今日中国人心之害有二：弱者既俯仰随人，无爱国思想，强者又妄诞无忌，野蛮招祸，往事无论矣，此二害不除，中国前途之祸，未有艾也。而中国公学设在上海，为各国势力侵入之焦点，我同学见外人之恣横，则可生其爱国之心；见教案之损失，则可消其野蛮之气，将来此等教育普及全国，则可以鼓铸强健文明之国民。此其关系之重四也。

考各学术之进化，莫不有民立学堂与官立学堂相竞争，相补救而起：如美国之有耶路大学，日本之有早稻田大学之类，皆成效大著，在人耳目。今我中国公学实为前途民立大学之基础，若日进不已，其成就将能驾耶路大学与早稻田大学而上之。而不然者，民气将永不伸，即学术将永不振，而中国亦将永无强盛之日，此其关系之重五也。

有此五端，然则凡居中国土为中国人者，其必以万众一心维持我公学成立，扶助我公学发达，不待再计决矣。且我同志等组织公学之苦衷，亦有可为四万万同胞一白者：人情所最畏者祸耳，当客岁初归国时，蜚语四起，留学生居上海者，俱有头颅不保之虞，我同志为兴学故，弗顾也。人情所最思念者室家耳，谁无父母，谁无妻子，客岁归国之同学，皆归家一探问，而我同志为兴学故，旅居沪上无一归者。人情所最不忍牺牲者学耳，而我同志之留学也，又多半官费，且多寒家，自费不能留学。一不东渡，势必至于官费裁撤，而我同志等为兴学故，置裁撤官费而不恤，是不惟牺牲目下之学问，并将来学问亦牺牲之矣。人情所最嗜好，而终日营营者权耳利耳，而我同志等之组织此公学也，以大公无我之心，行共和之法，而各同志又皆担任义务，权何有，利何有乎？而我同志等所以一切不顾，劳劳于此公学者，诚以此公学甚重大，欲以我辈之一腔热诚，俾海内热心之仁人君子，怜而维持我公学成立，扶助我公学发达耳。

乃自开办以来，学生已二百余，共集十三省人矣。学科虽未十分完善，然非中国内地学堂之所能及，此则我之所敢断言者也。而海内热心赞助者，除郑京卿孝胥等数人外，殊寥寥：求助于政府无效，求助于官府无效，求助于绅商学界又无效；非独无效，且有仇视我公学，诽谤我公学，破坏我公学者。我同志等虽拮据号呼，然权轻力薄，难动听闻。噫！无米之炊，巧妇不能，中国公学之前途，真不堪设想矣。嗟夫！嗟夫！岂我辈之诚心未足感人耶？岂我中国之人心尽死耶？不然，何以关系重大如我中国公学者犹赞成者少而反对多也？我性偏急，我诚不忍坐待我中国公学破坏，致外强以中国人为绝无血性之国民，因而剖分我土地，渐灭我同胞，而亲见此惨状也。故蹈江而死，以谢我无才，无识，无学，无勇，不能扶持公学之罪。

夫我生既无可补，即我死亦不足惜，我愿我死之后，君等勿复念我，而但念我中国公学。我愿我诸同学，皆曰无才，无学，无勇，无识，如某某者，其临死之言可哀也，而竭力求学，以备中国前途之用。我愿我诸同事皆曰无才，无学，无勇，无识如某某者，其临死之言可哀也，而振起精神，尽心扩张，无轻灰心，无争意见，于各事件不完善者补之，不良者改之，务扶我中国公学为中国第一等学堂，为世界第一等学堂而后已。我愿我四万万同胞中之官，之绅，之兵，之士，之农，之工，之商，皆曰无学，无识，无才，无勇，如某某者，其临死之言可哀也，而贵者施其权，富者施其财。智者施其学问筹画，以共维持扶助我中国公学。即向来之仇视我公学，诽谤我公学，破坏我公学者，我亦愿其哀我临死之言，翻然改悔，将仇视诽谤破坏公学之心，尽移于我既死之一伤心人之身。则我虽死之日，犹生之年矣。

嗟嗟！碧海无边，未尽苌弘之血；白人入室，难瞑伍胥之眸。我死后如有知也，愿此一点灵魂，与我中国公学共不朽！

中历三月二日灯下书。

在中国公学陷入困境之际，学校发起人姚宏业为引起各界关注，投水自尽，引起各界震动，于是清朝政府和社会各界纷纷解囊相助，扶助中国公学。端方是清政府出洋考察五大臣之一，属于清政府中的开明人士，在历任封疆大吏期间，鼓励学子出洋留学，被誉为奋发有为、于内政外交尤有心得之人。1904年，他代任两江总督时，即创建暨南大学，之后他调任湖南巡抚，半年内便建有小学堂80多所。为扶助中国公学，端方每月为中国公学拨银1000两，派四品京堂郑孝胥为监督。1906年4月10日，中国公学在上海正式开学。开学后，共招学生318人，来自13个省。分大学班、中学班、师范速成班、理化专修班。此后，清政府又拨吴淞炮台湾公地百余亩作为建筑基地，大清银行借银10万两作为建筑费。1909年，吴淞中国公学校舍在炮台湾落成。

姚宏业投海自尽，之所以能引起社会各界的震动，在于其将中国公学的成败与民族能力的优劣联系在一起。当时报刊中呼吁捐助中国公学者即提出"谓公学不成，吾中国此后决无一可成之事"，而"吾同胞之哀烈士哀公学哀中国者，必望其成立公学始"。由此可见，中国公学得以维持，实际上得益于民族主义的建设诉求。

端方（1861—1911）

姚宏业在其遗书中还提到，"考各国学术之进化，莫不有民立学堂与官立学堂相竞争，相补救而起：如美国之有耶路大学，日本之有早稻田大学之类，皆成效大著，在人耳目。今我中国公学实为前途民立大学之基础，若日进不已，其成就将能驾耶路大学与早稻田大学而上之。而不然者，民气将永不伸，即学术将永不振，而中国亦将永无强盛之日"。中国公学创办之初衷,即在于纠官办学堂之弊,行自治共和之制,以为学界表率。而对官办的失望和对民立的厚望,本身就反映了革命思潮中民治民主的观念。

中国公学的创办具有深刻的民族主义内涵。留日学生联合会以日本政府歧视中国学生为由,为维护民族尊严起而抗议,并倡议罢课归国自办学校,以实现民族的自立自强。学校创办之初即仿照同盟会的民主体制在校内实行学生自治的体制,亦可见当时民主观念的影响。此外,中国公学意在破除省界以合群力的设想也是革命思潮的应有之意。中国公学创立的初衷及其实践多与当时的革命观念相呼应,反映了时代潮流的嬗变对新式学堂的影响。

学生自办学堂,不仅反映民族自立的意识,同时也包含着民主革命的意识。中国公学的创办有两大涵义,一是中国长此派遣学生出洋留学而不自办学校,终非久计。二是创办与外国大学同等程度之学校,必集全国才智而为之,不可操自政府。前者为自树高深知识之泉渊,不复仰给外邦;后者为委教育事业于社会,初不依赖国家。中国公学不但是要收回教育权,以摆脱对外洋的依赖,而且确定了民立教育的体制,以摆脱官府的管束。中国公学体制上特殊的内涵在当时校内外的各种表述中都可以得到确证,比如官方委派的监督郑孝胥在中国公学开学式上的演说中说:"窃愿诸公力守目下共和之法,就平等中选举办事之员,授以权限,明其义务,相率服从,以为天下学界自治之表率,庶几可以内执谗言之口,外夺强梁之气。诸君勉之!"

姚宏业谈及中国公学创办之意义时曾提及,"中国自今以往有一大问题焉……则省界之分是也。夫今日省界之分,初见端耳,铁路以分省界故而不能修,矿山以分省界而不能开,学堂以分省界故而屡起冲突,操戈同室。庄子曰:天下事创始也细,将毕也巨。今日之冲突一笔一舌,将来之冲突一铁一血。夫鹬蚌相持,渔夫而伺其旁,可惧也。夫惟中国公学熔全国人才于一炉,破除畛域,可以消其祸于无形"。消除省界其意旨也在于消除内部分化,合群力,以实现民族自强,这也是清末革命普遍的观念。

新式学堂的兴办对于破除省界多有助力,来自不同地域的学生朝夕共处,超越地缘纽带而形成新的共同体。在中国公学内,消除省界之成效显著。由于中国

1916 年中国公学在上海江湾文治路举办十年校庆会

公学校内学生省籍分布较广，所以与上海本地学校的教育有很大的不同，特别是对于国语的推广。当时上海还完全是上海话统治的世界，各学校全用上海话教书，学生全得学上海话。中国公学是第一所用"普通话"教学的学校。学校里的学生，四川、湖南、河南、广东的人最多，其余各省的人也差不多全有。大家都说普通话，教员也用普通话。胡适初入学时，只会说徽州话和上海话，但到中国公学不久也就会说普通话了。普通话的推广，对于省籍意识的消除及超越地缘的交往是极其重要的，而新式学堂正好提供了这样的场所和实际的生活场景。

中国公学成立后，校内集聚了一批革命党人。在很多人的回忆中，中国公学的校园成为革命党聚集的一个重要场所。据早期中国公学学生朱经农讲，"还有不是中国公学学生而常常和我们来会谈的，如秋瑾、陈英士先生等，也彼此声息相通。教师中间如马君武、于右任、沈曼云、梁乔山诸先生，都是革命领导者。章太炎出狱后，也躲在中国公学，然后乘船赴日本。蔡松坡先生也来住过。戴季陶先生偶尔一来，他给我们的印象是年纪很轻，日本话说得非常漂亮。我生活在这种环境中，革命思想愈加浓厚"。

中国公学由倾向于革命的留日学生创办，其与位于东京的同盟会总部有着直接的联系，而且学校处于上海这个具有全国影响的辐射中心，由此，中国公学在清末革命中成为同盟会总部与中国内地的革命党联系的重要纽带。当时同盟会总部也有意以办学为掩护，将中国公学作为同盟会的一个联络站，负责日本、上海和内地同盟会的联络工作。中国公学的师生流动性较大，一定程度上可以反映当时中国公学作为革命机关的枢纽作用。有同盟会与中国公学之间的人员流动，如川籍革命党人任懋辛以中国公学教习的身份掩护，从事革命活动，安排很多从日本回国的同盟会会员到中国公学任职。有原本在校的学生返回原籍从事革命活动的，以湘籍革命党人居多。还有原籍的学生因在校学生的引介慕名而来，后来成为革命党的。当时中国公学校内革命气氛浓厚，吸引了一大批倾心革命的青年投考。学生入校后之第一事，即剪发易装，虽由此冒革命党之嫌疑不顾。也有中国公学师生从上海转赴日本东京从事革命活动。还有一些因在原籍从事革命受到官府缉拿而暂避中国公学的。

晚清时期的上海，是中国的报业中心和舆论中心，从当时革命报刊的实际影响来看，上海的革命报刊比革命党在日本、南洋和香港地区的报刊对于内地社会的影响更直接。上海作为清末革命最重要的宣传基地之一，对于民国代清的革故鼎新影响至深。民国初年，前清遗老恽毓鼎即认为"清室之亡，实亡于上海"，而上海报馆是导致清亡的一个重要因素，他在日记中写道"况宣统之季，构乱之奸徒，煽乱之报馆，议和逊位之奸谋，皆聚于此"，从一个侧面反映了上海的革命报刊对清末革命的贡献之大。

中国公学的师生创办报刊以宣传革命，对于清末革命宣传作出了重要贡献。其中有重要影响的就是《神州日报》和《竞业旬报》，前者是中国公学参与创办发行，后者是中国公学学生成立的竞业学会独立创办发行的刊物。《神州日报》于1907年4月2日创刊。创办人多为复旦公学与中国公学的师生，其中于右任、邵力子、张邦杰、钟文恢、梁乔山等人均为发起人。自1905年3月《警钟日报》被迫停刊以来，上海地区已经有很长一段时期没有革命派的日报出版，《神州日报》的创刊和它的宣传，使读者耳目为之一新，因而受到欢迎，发行量超过万份，成为当时上海地区最畅销的报纸之一。和同时期的大多数革命派报刊一样，该报

《竞业旬报》（1906年创办）

以"上中社会"为主要对象，尤其侧重于学生和新军，创刊伊始即宣布："凡我全国官私公立各学堂以及各省军营均常年致赠一份，以备公阅，不取报资。"对个别的学生订户则实行半价优待。其目的一是为了配合各地同盟会组织在新军和青年学生中进行革命发动工作，二是企图通过他们把民主革命的思想影响扩散于全社会。

中国公学学生创办的《竞业旬报》更是宣传革命的重要媒介。留日返国学生谢寅杰约集中国公学学生蒋翊武、杨卓林、刘尧澄等数人发起竞业学会，并组织发行《竞业旬报》，竞业学会"专吸收我同学为会员，十分之八皆我同学，而《竞业旬报》编辑，几全为我同学担任，即如无党籍之（胡适之），亦常写诗文登载"。据胡适回忆，《竞业旬报》的宗旨由创刊的编辑傅君剑提出，共有四项：一振兴教育，二提倡民气，三改良社会，四主张自治。其实这都是门面语，骨子里是要鼓吹革命。他们的意思是要"传布于小学校之青年国民"，所以决定用白话文。《竞业旬刊》是当时少有的提倡使用"普通国语"与白话文的报刊，其目的一方面是为了开启民智，借助浅显易懂的白话文，以推进下层社会的启蒙；另一方面则是希望以"统一中国的言语"来达到"联合中国的人心"的目的。

中国公学师生还直接参加革命活动。据胡适回忆，他的班级同学多有参与革命活动，如廖德瑶、杨卓林死于端方之手，饶可权死于辛亥三月广州之役，熊克武、任懋辛皆参与过广州之役，任懋辛还曾经同汪精卫、黄复生到北京谋刺摄政王，任鸿隽学制炸弹，为革命做准备。可见，当时的中国公学已然是一个革命大机关。晚清多次革命起义中都有中国公学师生的身影，如参加徐锡麟安庆起义的马宗汉、陈伯平二人，参加武昌起义的蒋翊武、刘化欧等人，皆是中国公学学生或教职员。

中国公学还通过资助经费的方式赞助革命事业，据熊克武在后来的一份呈稿称："王故校长敬芳在前清宣统年间，为维持本校，奔走南洋，承诸侨胞认捐银一百七十余万圆，将汇上海。适武昌举义，王君谒总理于海外，商提此款移作革命军费，王君遵交册籍，承示：'此为暂时挪用，俟成功后，本党照偿原款，且更加补助。'"

在辛亥革命时，中国公学师生也多投身革命。1911 年 7 月 31 日，为推动长江流域的革命运动，中国同盟会中部总会在上海成立。中部总会的成立，对上海地区的革命有很大推动作用。辛亥年，革命事起，中国公学学生大半往投革命军，如后来校董会所言："此次光复，树勋立业之人多有出自中国公学者。"

中国公学是中国第一所私立大学，也是一所全国性的大学。胡适认为："二十年来，上海成为各省学生求学之地，这风气不能不说是中国公学开出来的。"由于中国公学是由留日学生所办，革命的风气很浓。学校处在清政府的眼皮底下，很多革命党人不得不用假姓名。学校著名的革命党人有秋瑾、于右任、马君武、沈翔云、彭施涤、宋跃如、熊克武、蒋翊武、饶可权、任懋辛等。熊克武、饶可权、任懋辛都参加过黄花岗起义，饶可权是黄花岗七十二烈士之一，任懋辛曾和汪精卫、黄复生一起刺杀摄政王，马宗汉、陈伯平跟随徐锡麟刺杀安徽巡抚恩铭并遇难，蒋翊武是武昌起义总指挥。任鸿隽是中国现代科学的主要奠基人之一，他从

1928 年中国公学大学部学生会执监委员全体合影

中国公学赴日本东京高等工业学校学习工业化学，目的就是要制造炸弹。学生们还创办了《竞业旬报》，宣传革命思想。中国公学的宿舍常常是革命党人的旅馆，章太炎、陶成章、戴季陶、陈其美等人都经常住在这里。

民国创立后，曾对革命有功的中国公学本应得到一个更好发展的契机，原本得孙中山、黄兴等革命领袖的赞助，可以获得巨额的发展基金，却因政治变动，孙、袁之间政权易手，发展的契机转瞬即逝，甚至反不如晚清时期。在民国初期的六七年间基本上处于勉力维持的境地。中国公学在民国初年的命运起伏从一个侧面反映了其与清末革命派的渊源关系。

中国公学与晚清革命之关系十分密切，"学校由爱国运动而起，由革命志士创办，故校内爱国革命空气极为高涨，学校创成为革命之枢纽机关，教职员及学生则多献身革命，助成开国大业。"中国公学与晚清时期革命的渊源关系，体现了近代中国危机不断加剧的背景下新式学堂学生脱离常轨而参加革命的趋向，这也成为清政府覆亡、革命成功的重要社会背景。

左舜生在总结辛亥革命的经验时说："孙文在清末提倡革命，一直到辛亥的成功，其所依据以为革命之最重要基础的，不外三个：其一为学生，其二为华侨，其三为新军。学生供给革命的思想，华侨供给革命的金钱，新军供给革命的实力。"他认为，革命之所以在屡受打击之下仍然能够取得成功，是把这三种力量运用得恰到好处的结果。因此，中国公学从成分上来定义，它既是一所新学学校，也是一个师生共同参加的革命组织。

五

～公葬陈、姚惊天动地～

陈天华与姚宏业相继蹈海，震动了学界，四海同悲。从两人的遗书可以看出，他们都是用自己的牺牲来唤求大众觉醒，激励大家继续革命。把烈士遗体运回湖南，并用一种高规格的形式来安葬，以此让他们的革命精神永远留在人们心中，成为了革命党人最重要的任务之一。1906年5月，禹之谟等革命党人领导长沙广大爱国学生举行了一场声势浩大的公葬湘籍英烈陈天华、姚宏业的斗争，使得英雄魂归故土，首开辛亥革命烈士入葬岳麓山的先河。此事被毛泽东誉为"惊天动地可纪的一桩事"。

宁调元（1883—1913）

华兴会起事失败以后，长沙的革命形势一度陷入低潮。清朝湖南当局为加强对青年学生的防范，1905年，长沙善化堂学务处监督俞诰庆（湖南善化人，举人出身，湖南官派留日学生，时任长沙善化各小学总监督）在长沙"整顿学风"，开除进步学生，严禁集会结社。

然而，革命已成为一股不可遏止的潮流，广大爱国进步学生并没有因为高压而屈服。1905年，他们又成立了自己的长沙善化学生自治会，公推华兴会会员禹之谟为会长。不久，禹之谟受黄兴委托，在长沙组建了同盟会湖南分会。1906年5月，禹之谟、宁调元①等革命党人领导长沙广大爱国学生举行了一场声势浩大的公葬湘籍英烈陈天华、姚宏业的斗争。

1905年12月8日，陈天华在日本东京大森海湾投海自杀，希图以自己的牺牲来唤起群众的觉悟。消息传到湖南，引起了湖南学界的巨大震动。

1906年1月1日，北京的《华字汇报》第四页报道了陈天华之死的消息。

陈君天华死事述略

阴霾四塞，霹雳一声，以五尺躯为同胞死，呜呼！烈哉！我思陈君涕下，能仰此次本会抵抗规则事起，君虽未预而固必争者也。初七日，君阅日本新闻纸见有指斥我留学生为放纵卑劣者哭，而谓同寓者曰，管理规则尚非亡国亡种之问题，以四百兆同胞之代表之留学生，而被指为放纵卑劣，此真亡国亡种之惨祸也。吾等不洒此耻，尚何面目见人乎？傍晚挑灯属草缕缕万言，同寓者索观拒不许，初八日早餐，既遂外出。午后十一钟同寓忽有留学生会馆门番叩门曰，馆中顷接公使署电话云，使署刻接大森电报，本日午前一时，顷海滨有支那男学生死体漂着，面麻身长五尺五寸，检身畔有致清国留学生会馆函一件，署名陈天华云云。始君之出也携一稿，并洋银二元，同寓者意其有所付印也，未之异至是检书箧得有其先尊人事略在焉，乃信益大恸。初九日本会得君绝笔一组，即曩夜所属草者也。呜呼！烈哉！君讳天华，字星台，湖南新化县人，《警世钟》一书即君笔也，死之年三十云。述者曰君死矣，茫茫渤海，长留精卫之魂，莽莽圆舆，徒有大招之赋，乃闻犹有谓君以别，故死者嗟嗟，为此言者，吾不知其果何心也。以余读君

① 宁调元（1883 — 1913），中国近代民主革命烈士，湖南醴陵人。1904年加入华兴会，次年留学日本，并加入同盟会。与禹之谟组织公葬陈天华、姚宏业，萍浏醴起义爆发后，回国策应，在岳州被捕，入狱3年。出狱后赴北京，主编《帝国日报》。后赴广东任三佛铁路总办。二次革命期间来沪，参与讨袁之役。后赴武汉讨袁起义，二次革命失败后，宁调元不幸被捕，1913年9月25日在武昌英勇就义，年仅30岁。

绝笔一书，慷慨流涕，系因此次之规则固已，而于团体之际，指点征结，尤三致意焉。呜呼！君之死岂徒然哉，君之意盖愤吾辈团体之脆弱，行将贻外人口实也。不惜以一死为吾辈作海潮音，作狮子吼，君一死而吾八千余人之团体，庶可更生，八千余人团体既生，则吾四万万同胞可不至于死，君志微，君心苦矣。不然就君之书，以窥君之素抱蕴之宏，期许之巨，高瞻伟识，持重矜练达天知命，岂故悻悻而出于此者，乃不幸竟出于此，谁实为之哉？彼肆口雌黄者，吾真不解其无筋无血，何以竟至此也。所望我同人协瞻，同怀坚逾金石，无负死者，此一片热衷，则即谓君犹不死也，亦无不可。（各校联合会同人公布）

1906年1月14日，上海《申报》第2版报道了湘省学界对陈天华之死的动态。

详志会议湘省学生投海事

湘省学界因日本颁布取缔规则，致新化学生陈天华有自投东海之事，故于接到留学界来电后，即约定本月初五日各学堂派人至学务处会议，闻是日与会者均系各学堂正副监督及有职务之人，佥谓此次投海者为湖南人，须将湖南部分之留学生全班退学，而湖南各学堂所聘之日本教习亦一并辞退，以图抵制。至留学生退学后须派人东渡率同回湘，如有不愿退学或逗留该处不与同回者，异日即不认为湖南学界中人。议定后即公举郭桐伯太央宗熙马仲吾孝廉邻翼等四人，即日赴东担任其事，于初八日启行。会议之次日，学界中人相约至南城天心阁行追悼会遥祭陈天华，到者数百人。

1906年1月19日，上海的《新闻报》第一版报道了北京追悼陈天华大会的情况。

追悼陈天华大会

京师自陈天华蹈海消息传布后，学界大为震动，曾在湖广会馆设奠追悼，大学堂及译学馆学生到者数百人，近又发传单，各学堂学生定于十五日在陶然亭特开追悼大会，闻者无不踊跃，亦可见义烈之感人深矣。

1906 年春天，秋瑾和易本羲（1912 年公葬于岳麓山云麓峰，谭延闿题“就义成仁”）、禹之谟等一批留学生为陈天华扶灵回国。1906 年 3 月 27 日，陈天华灵柩抵达上海。出于对陈天华之死的感伤和对时局的愤慨，当时在上海筹办中国公学的湖南益阳人姚宏业因筹备中国公学遭清廷与顽固士绅阻挠，且目睹国内民族危机深重而投黄浦江自尽，死前草留遗书，求各界以其身死共助中国公学之成。

陈天华、姚宏业都是湖南人，两人同样投水而死，引起上海社会的震惊和轰动。因为姚宏业是中国公学的创办人，又是中国公学的教员和干事，所以中国公学在 4 月 29 日举行公葬两位湖南人的会议。会上宣读了姚宏业的遗书和陈天华的《绝命辞》。到会的 1000 多人很多都是中国公学的学生，大家痛哭流涕。同盟会湖南分会会长禹之谟决定，把陈、姚二人的灵柩运回湖南。

爱国志士陈天华、姚宏业的忧愤自杀，在湖南各阶层爱国群众中，特别是青年学生中引起了巨大的反响。禹之谟和革命党人宁调元、覃振、陈家鼎等人立即组织各校学生自治会开会。

谭延闿（1880—1930）

1906 年 5 月 20 日，长沙各界近千人在左宗棠祠（现湘春路工人文化宫）为陈、姚二烈士举行追悼大会，禹之谟在会上的演说“极为动人”，台下听者悲愤万状，群众高呼革命，声势惊天动地。会议当场议决将他们公葬于岳麓山，以激扬民心，反对封建统治。旋即由学生自治会选派学界代表陈天华同乡苏鹏迎接陈、姚烈士灵柩回湘。

当时参加陈、姚二烈士追悼大会的谭延闿也表示积极支持。谭延闿晚清翰林出身，1904 年科举考中会元。整个清代，湖南籍士子中会元者，仅谭延闿一人。有了“翰林”这个资本，他在湖南颇具人望，在湖南湘绅中具有较高的影响力。1904年，明德学堂开办的这年夏天，谭延闿从北京会试归来，应邀来校参观，当即热心表示赞助，并愿为学堂负筹措经费。他手上并没有钱，他的妻子方夫人陪嫁的金器首饰不少，他就取出兑换，支援了开办明德学堂的经费。当时想办教育的学人看到他这样热心，就把创办其他私立学堂的立案、请款和拨给校舍等事情请他出面以减少阻力，他都答应下来，顺利地解决了问题。当时，湖南学堂之多，学生之众，为各省之冠。国内外学人来到湖南参观的，莫不惊异赞赏，这与湖南的开明士绅支持教育有很大的关系。

然而，陈、姚公葬岳麓山一事却遭到俞诰庆伙同湘绅领袖王先谦与孔宪教、陆鸿逵等人的阻挠，他们向巡抚庞鸿书告状，引起官府的介入。原先支持公葬的湘绅谭延闿等人顶不住，临阵退缩，准备改变原议，但禹之谟、宁调元等意志坚决，毅然进行。

禹之谟和宁调元领导学生，要求清政府同意陈、姚公葬于岳麓山，遭到湖南巡抚庞鸿书拒绝。俞诰庆多方阻挠，并亲自到各学堂训话，说陈、姚主张革命并非爱国，革命即是造反，造反即是大逆不道，并声言已接到巡抚部院谕示，绝不能听其埋葬于岳麓山。

俞诰庆1905年5月由湖南巡抚端方委派充当长沙善化学务处总监。俞到任后，便以"整顿学风"为名清退进步学生，严禁学生集会结社，收缴各学堂演习"洋操"所用的木枪，改用哑铃，"以遏乱萌"；同时，他还强迫学生每月朔望向"至圣先师"孔子牌位行三跪九叩大礼，饬令各学堂悬挂"上谕"匾牌，上镌"一曰尚忠，二曰尚贤，三曰尊孔"等字样；又普遍印发湖广总督张之洞亲撰的《学堂歌》，强制学生唱：

……

维新党，多躁狂，奉劝少年须安详。自由字，莫误讲，法律范围各国章。民权字，莫狂妄，法主暴虐乱民张。我伦理，莫逾荡，外国爱亲敬君王。我圣教，莫抛荒，文明国粹保久长。看日本，改西装，孔教汉学最尊仰。革命话，莫鸱张，悖逆之名不可当。入外籍，莫炎凉，身后遗产归公帑。女平权，莫改常，外国议院无女妆。叛逆报，莫受诳，此辈甘作会匪党。哥老会，烧杀抢，犹如黄巢与献闽。中国好，外人想，赖有共主坐朝堂。国无主，瓜分亡，渔人得利乘鹬蚌。好兄弟，不阋墙，何况背主取灭亡。

众同学，齐奋往，造成楚材皆贤良。文善谋，武知方，学中皆是国栋梁。荀卿子，歌成相，此歌劝学略摹仿。中国盛，圣教光，黄种尊贵日蕃昌。上孝慈，下忠良，万年有道戴吾皇。

凡学生整列入学时、放学时、整列移动时、出队操演时、行步俱以歌为节，上六字缓读，每一字一步，此六字略一停顿，下七字急读，七字共四步。

俞诰庆企图通过这些整顿措施，将爱国的学生群众重新拉入"忠君""尊孔"的轨道，但成效甚微。

署理湖南巡抚庞鸿书亦命臬司传禹之谟讯问，力图阻挠禹之谟的公葬活动。面对淫威，禹之谟正气如虹，"今台湾、胶州、广州（湾）、大连等地皆为外人所占领不惜，独以中国人葬中国一抔土，反不能容乎？"臬司哑口无言，对他不便作出处理。苏鹏出发后，长沙、善化学生自治会为公葬陈、姚做了许多组织动员群众的准备工作，并募款汇往上海中国公学同盟会会员谭心休，以接济苏鹏的赴日旅费。

陈、姚烈士的灵柩从上海到湖南都走的水路，沿长江直上湖北，然后入洞庭湖，溯湘江运抵长沙，秋瑾、刘道一等全程护送，一直随船到小西门码头。1906年5月23日（农历闰四月初一），陈、姚葬礼正式举行。省城学生全部出动。禹之谟、宁调元等人组织了以湖南高等工业学堂、湖南法政学堂、湖南商业学堂，省立第一中学、明德学堂、广益学堂、周南女校、惟一学堂、南路公学、经正学堂、修业学堂、雅礼中学、福湘女子中学、兑泽中学，湖南优级师范、中路师范，还有湖南陆军小学、明耻小学堂、民立第一女学堂、修业附小、长沙信义小学堂、明德中学附小、周氏家塾小学部、楚怡小学堂等学生为主体的1万多人的送葬队伍，由教职员率领，分两大队从朱张渡、小西门两处过江前往岳麓山，队伍绵亘十余里。学生们身穿白衣白裤，整队在码头接灵，工商各界及市民也手持白花倾城而出，前来送葬。灵柩在小西门接受祭奠后，横渡湘江，前往岳麓山。送葬队伍乘坐的小船千余艘，也一齐渡江。送葬人群涌上岳麓山，白衣与白花汇成一片，远远看去，仿佛一片白雾。哀歌婉转，隔江传来，缓缓飘落长沙城中。

一队由禹之谟领头，抬着陈天华烈士的灵柩，送葬队伍的最前面是禹之谟写的挽联："杀同胞是湖南，救同胞又是湖南，倘中原起义，应是湖南。志士竟捐生，两棺得赎湖南罪；兼夷狄成汉族，奴夷狄不成汉族，痛鞑虏入关，乃亡汉族。国民不畏死，一举能张汉族威。"另一幅为宁调元撰联禹之谟书写："其所生在芳草美人之邦，宁赴清流葬鱼腹；以一死作顽民义士之气，奚问泰山与鸿毛。"

一队由宁调元领头，抬着姚宏业烈士的灵柩。两队均穿白衣，擎白旗，在庄严肃穆的气氛中行进。庄严浩荡的送葬队伍在禹之谟等人的统一指挥之下，迈着沉重的脚步缓缓前行，观者倾城塞路。学生高唱哀歌，身穿白色制服，自长沙城中望去，全山为之缟素。军警呆立旁观，不敢干涉。到达岳麓山后，举行了隆重的下葬仪式，禹之谟、宁调元等多人发表演说，盛赞陈、姚生平事迹。日本友人宗家小林彦五郎、美国友人吴德施、孟良佐野先后发言，表达对陈、姚的哀悼和敬意。公葬之后，宁调元、陈伯平及众多爱国志士都赋诗著文讴歌陈天华烈士。孙中山为陈天华蹈海殉国题"丹心侠骨"，表达深切悼念。宋教仁慨叹："呜呼！使天而不亡我汉族也，则烈士之死，贤其生也，使天而即亡我汉族也，则我四万万人其去烈士之死之年几何哉？呜呼痛已！"

葬礼出乎意料的顺利。反动当局并未善罢甘休。当天傍晚，群众散开以后，参加挖土竖碑的学生最后渡江返城时，10余名同学遭到军警的非法拘捕。指使

陈天华、姚宏业烈士墓

者便是学务处总监俞诰庆。各阶层人民愤愤不平，禹之谟前往交涉也毫无结果。

公葬是对湖南革命力量的一次检阅，也是一次对晚清封建王朝的示威。以俞诰庆为代表的清朝官吏坐不住了，由学务处出面张贴布告，指责各学堂学生"纷纷扰动，任意出堂，游行街市，开会喧嚣"，限令将陈、姚二烈士灵柩克日迁葬。布告声言："如有违抗之人，严拿到案惩办。"面对高压，禹之谟、宁调元刚强不屈，连日在天心阁等处集会抗议。于是，学务处再次布告，宣称"除将著名痞徒访拿究办外"，明令禁止开会演说、停课、聚众喧哗、私送传单等"恶习"，杀气腾腾地表示："害马不去，稂莠不除，欲其保全美质，又乌可得！"

为了营救被捕学生，打击俞诰庆的嚣张气焰，学生们密切注视俞诰庆的行踪。6月19日晚上，俞诰庆正在樊西巷一家妓院嫖宿，被学生当场抓获。愤怒的学生们将他和妓女一同押解到药王街镜中天照相馆，将俞诰庆送给春苔的"十分春色无人管，一径苔痕带雨青"的对联接于两旁，以叱其无耻。随后，由禹之谟主持在濂溪阁（今西长街）召开了有五六百人参加的公审大会。俞诰庆只得俯首认罪，并答应立即释放在押学生。当时有人作了一副对联："天华千古，敕华千古；新化一人，善化一人"，意指陈天华的爱国精神流芳千古，而俞诰庆（字敕华，善化人）则是一个可耻的遗臭万年的家伙。

1906年6月8日，上海的《申报》报道了《湘省巨绅阻葬烈士之风潮》：

新化陈天华益阳姚洪业两烈士灵柩现已载运回里，湘省各学堂学生遂于上月二十七日在左文襄祠举行追悼大会，本月初一日合葬于岳麓山前，送殡者约有数千人，葬后有湘省巨绅多人迭次谒见抚院，面陈岳麓山向例不准安葬坟茔，往年有岳麓书院山长罗慎斋前辈暨湘乡曾文正公曾经奏请入葬，均为本省士绅阻止。现在陈姚两留学生竟敢公然入葬，并未知照地方绅董，殊属藐玩谬妄，应请从严究惩，勒令迁葬云云。惟学界中人于开会追悼时，已当众宣告，谓如有人出而阻葬，则必持坚不让。故一闻众绅禀请饬迁之信，各学堂即连日至天心阁等处开会集议，劭帅左右为难，不得已一面电达军机处及学部，请示办法，并另电商同乡瞿大军机张管学大臣，一面饬学务处派人往各学堂解散。闻各学堂近日意见亦颇纷歧，且有因此而别生枝节者，未知如何了结也。

1906 年 6 月 29 日上海的《申报》连续报道《湘垣学界之恶风潮》：

湘省各学堂学生，自将已故游学生陈天华、姚洪业两人灵枢合葬岳麓山，经学务处示谕迁葬后，各学生纷纷会议，力图抵抗，除屡经各堂监督劝谕解散外，犹有横议阻抗者，故至今风潮犹未少息。

1906 年 8 月 8 日，美国出版的华侨报纸《中西日报》报道了《哀湘省官绅之仇及死烈士》：

……

追悼陈先生者，则以学界为最多，陈虽非为取信留学生而亡，而其死也，则仍以外人诋我学生放纵卑劣之故，是陈固以一死而勉学生，即无非望学生之有成，以振皇汉之民族耳。陈籍湖南，是固湖南山水之光也。姚君宏业，与陈同籍，死事虽不若陈之昭彰，然以身殉学，亦称烈士。此次两灵枢归葬故里，湘省学界中人，闻而义之，爰议公葬之于岳麓公地，义也！亦礼也！盖二君既为国民而舍生，则国民宜报之以不死，湘人与二君有香火情，学界中人又于二君有狐兔感，区区岳麓一块土，吾知未足以书记念二君之情，但仅以学界中人公葬者，固恐追悼建像，必招顽绅劣官之干涉，不如留待他时，而不图湘劣官绅仇及死者。即此岳麓一席地，亦复吝而不与，迫之迁葬，无怪学界中人，以此故而在天心阁开大会议，到者六百余人，均愿以死争迁葬之事，虽学务处严示而不恤，两道员禁阻而不能，即至张臬欲请庞抚派兵严捕，而学界中人亦不惧矣。可痛哉！湘省官绅之仇及死烈士哉！若辈官绅之心肝脑髓，吾不知其若何，但使彼辈自思百年以后，必与陈姚二君同为枯骨，然试问此骨谁香谁臭？此名又谁存谁没？学堂有不朽之日，即陈君有不死之时，若辈官绅，生则尸居余气，死则草木同腐，今毛仇视没世必称之烈士，能迫迁陈姚二君香骸于岳麓之外，能驱除陈姚二君灵魂于学生之心乎？平心而论，陈君为外人之诋学生放纵卑劣，而以一死戒学生，于吾国学界前途，固大有影响，即湘省官绅仇视之于生前，亦当原谅之于死后。况学界公葬之公地，此学生之感情，又与官绅无涉，必取死者而仇视之，岂遂足为生人戒乎？今昔不

毛泽东（1893—1976）

同时，愈以形官绅之顽固，而增陈姚之记念耳。朝菌不知晦朔，蟪蛄不知春秋，湘省官绅，顽钝无知若此，亦可哀哉。

禹之谟主持公葬陈、姚两烈士和惩处俞诰庆以后，湖南当局恼羞成怒，取缔了学生自治会。6月30日，学务处再次勒令陈、姚墓于6月28日迁葬，学生纷纷集会表示抗议。支持学生的湖南学务处总办张鹤龄在巨大的压力下，于6月20日卸任。禹之谟不能在长沙安身，回到湘乡，后被捕入狱，受尽酷刑，于1907年被清政府杀害。辛亥革命后归葬长沙，与陈天华、姚宏业长眠于巍巍麓山。

这次公葬陈、姚与痛惩俞诰庆事件，是同盟会湖南分会成立后领导的青年学生和各界群众对清政府的一次政治大示威，也是湖南革命势力与反动势力的一次正面交锋。当年13岁的毛泽东正在距省城70公里的家乡湘潭韶山读私塾，也耳闻此事，印象深刻。1919年8月4日，他在《湘江评论》第4号中说，"这是湖南惊天动地可纪的一桩事"，并追述当日情况：四月一日，长沙省城大小学生全体发动，分从朱张渡、小西门两处渡河。鲜明的旗帜和洁白的衣服，映着火红的日光，哀歌高唱，接二连三地延长十里以外。军警呆立路旁观看，哪敢张声。这次毕竟将陈姚葬好。官府也忍气吞声，莫敢谁何。湖南的士气，在这时候，几如中狂发癫，激昂到了极点。但官府既怀恨在心，过了些时，便借着问题将禹之谟杀了！

公葬陈天华、姚宏业及因之而起的俞诰庆案、禹之谟案、学界新旧势力之争等，构成了1906年湖南学界风潮的主要内容，它与自立军起事、华兴会成立、长沙起义、萍浏醴起义、长沙抢米风潮等一样，同为湖南辛亥革命史上的重大事件，具有不可低估的意义。

六

侠骨千秋禹之谟

禹之谟（1866—1907），字稽亭，湖南湘乡青树坪（今属双峰县）人，同盟会会员，近代资产阶级民主革命家、实业家。禹之谟是辛亥革命准备时期殉难的烈士。因组织了惊天动地的公葬陈天华、姚宏业烈士的活动，遭清政府记恨，于1906年8月10日在长沙被捕入狱，秘密解往湘西靖州，备受酷刑，坚贞不屈。1907年2月6日，被杀害于靖州东门外。他就义前高呼："我为救中国而死，救四万万人而死！"时人有挽联，称禹之谟为"侠骨千秋"。1912年10月，湖南都督谭延闿委人将禹之谟遗骸从湘乡青树坪迁葬至长沙岳麓山。

禹之谟（1866—1907）

禹之谟先世素以耕读为业，其祖父禹荣达知书达礼，曾任塾师多年，循循以"志行高洁为尚，己饥己溺为怀，讲信修睦为重，辅世长民为务"教育学生，作为入世之门，并兼作家训，以示儿辈。又将其手建住宅命名"贻则堂"，取《尚书·五子之歌》"明明我祖（指大禹），万邦之君；有典有则，贻厥子孙"之义。其子孙类能谨遵彝训，不坠家风。禹之谟亦多受熏陶。禹之谟6岁启蒙，12岁丧母，15岁走入社会，到邵阳一家商店学徒，求学期间，学书学剑，不屑为科举谄媚之学；入店学徒，亦不惯商场不讲诚信，尔虞我诈之经营术，不久便辞店回家，潜心自学史鉴、经世文钞、船山遗书等著作，旁及历算、书法、金石之学。其少年同学等状其意态"提三尺剑，挟一卷书，早识先生有侠骨"，"性激烈，读书晓大义，不事帖括，与谈，辄竖奇论，余窃虑其不令终焉"。这里所谓"奇论"，盖指有悖"三纲五常"等"大不敬"之言，而一般人所不敢言者。居乡期间，他与农民、小手工业者、小商贩、小作坊主等有较广泛的接触与交往，熟谙人际关系，深知民间疾苦。农忙季节他参加农业生产劳动，每遇地主豪绅欺压贫苦农民，则愤愤不平，"暗中为受苦农民出主意，写揭帖或状纸与土豪劣绅作斗争"。天灾年份，舅父刘献廷趁农村饥荒囤积粮食、闭门不粜，禹之谟十分气愤，他不避亲故鼓动农民成群结队到舅父家闹粜，并当众骂舅父"财猪"。后来禹之谟被清廷逮捕，其舅父竟向官府写"送死为禀帖"，要求处死外甥。

禹之谟一生不信鬼神，他曾到当地一所神庙取出两个木偶给小孩子们做玩具。这点贯彻他的一生。临刑前他嘱托他表弟李益轩殓收遗体时不要另穿衣服，不要焚烧钱纸、香烛。他与长沙基督教圣公会牧师黄吉亭友善，但并非信徒。在店期间，邻居一悍妇殴辱其姑，他闻讯闯进其家，将该妇女揪至市上痛加斥责，其家人出而诘难，他"片言折之，皆弭首去"。可见禹之谟青少年时期即心怀大义、不畏强暴、敢怒敢言。

1886年，20岁的禹之谟赴南京，开始10年幕游生活。这10年适在中法战后至中日甲午战败之间，外寇入侵，清廷腐败，民生凋敝。他以其叔禹骏烈（时任两江总督刘坤一幕僚）之介绍，投入营幕，担任文书、军需一类职务，他"办事勤谨，待人谦逊，极为官兵敬重"。他往还江、浙、皖、鲁、闽等省，"所过辄识其地志士"和会党人物。他饱览长江沿岸形胜，凭吊洪杨遗迹，缅想扬州十日嘉定三屠之惨，以及鸦片之战的南京城下之盟，抚今追昔，油然萌故国河山之感，遂赋诗明志"匣中三尺水，跃起作龙鸣。有鬼哀风雨，何人托死生？祇今无季子，在昔见荆卿。清夜飞腾志，时时为尔萌"，精诚报效国家民族和人民的心志跃然纸上。1894 年甲午战争后期，湘军继淮军赴前线御敌，禹之谟时充办理江南转运津局德州分局派运军械委员，被选派自江苏清江浦一带接运军械至天津，限"无分昼夜，飞速运达"，再从天津出山海关运至辽东、辽西各战场，"经敌垒、冒重险，卒完所事"，以劳绩获五品翎顶。在战地日军烧杀掳掠，百姓流离失所，虽有一二将士奋勇力战，但在清政府的妥协投降政策下，全线溃败，割地赔款，丧权辱国。有志之士痛心疾首，奋起挽救祖国危亡。禹之谟身历战地，感受更深。他知清政腐朽，再不可与有为，遂决计抛弃翎顶，脱离清政府的羁绊，从此以国民身份走上救亡图存的大道。十年后，他在狱中上诸伯母书云："侄十年来，不甘为满洲之奴隶，且大声疾呼，唤世人无为奴隶。"

1896 年，禹之谟向往实业救国，"在上海研习矿学有年，并在扬子江流域沿岸考察矿区，试图开采，屡兴工程，辄因阻力而止"，由此他感悟到，仅有单纯的经济手段，而没有政治上的各项支持，是难以成功的。1897 年，湖南的维新新政蓬勃兴起，他于 1898 年回到湖南，与谭嗣同、唐才常等人有所接洽，赞赏他们"开议院""兴民权"的主张。百日维新失败，谭嗣同等人死难，他认为"倚赖清政府改行新法，无异与虎谋皮，遂力倡革命救亡之说"。

1899 年，唐才常在上海筹设正气会，翌年春改名自立会，创设自立军。6 月在上海召开国会以及开办富有山堂，定期举行武装起义等一系列活动，禹之谟始终参与谋划、并负担运输枪械、弹药之责。因事机失密，自立军汉口领导机关遭破坏。7 月 28 日，他甫从上海运械抵汉尚不知情，"入唐寓，逻骑满室，他处变不惊，从容应对，得脱。"禹之谟参与唐才常组织的各项活动，并非认同唐的"讨贼勤王""拥护光绪帝复辟"的政治主张和"日月所照莫不尊亲，君臣之义如何能废"的思想感情，而是赞赏其武装反抗清政府最顽固的反动势力。因为禹之谟早在甲午战后，心里早已不存在什么"君臣之义"了，他不仅反对清政府对汉民族的压迫，而且反对一切封建专制制度，"假使现在仍是明朝的汉人专制的皇帝，我们也要推翻他"。自立军起事失败后，禹之谟逃亡南京，筹足川资，10 月东渡日本。在日期间，他结识了孙中山、黄兴、陈天华等人，积极参加中国留学生的各种活动。他一方面学习纺织和应用化学知识，并到东京千代田、大阪等工业区从事实际操作，务期娴熟技艺，以便回国办厂。另一方面他广交留日志士，积极参与他们组织的各项爱国活动。多方面吸取资产阶级革命思潮，留心考察日本变法图强的方针和经验。

1902年，禹之谟从日本购买织机回国，在安徽省安庆用其所学开设阜湘织布厂。生产全过程的各个环节，无不一手操办。与此同时，还一如既往进行革命宣传活动，"短衣异帽，持指挥刀，发刺刺不剃，对人谈革命事激昂慷慨"。

1903年，禹之谟利用从日本带回来的铁木混合织机，在湘潭县城设织布厂，生产毛巾，其产品质优价廉，畅销各地。1904年迁厂于长沙北门，规模逐渐扩大。禹之谟创办织布厂成功，他人纷纷仿效，湖南近代织布工厂"一时创设不少""湘省工业之发达，盖自此始"。光绪末年，省内豫丰昌、永和祥等4家纺织机坊，年产织染布2万多匹，而且这些厂全部集中在湘潭，此地成为晚清纺织布中心。禹之谟兴办工厂，旨在振兴实业，抵制洋货倾销，挽回利权，促进社会经济发展。并非专为家人解决生计，更不是作为个人发财致富之手段。他把自己的经营活动严格纳入社会之中，与社会有机地联系在一起，力促社会经济整体水平之发展。为此他尽心尽力办好自己的工厂，使之在经营、管理上有所创造，从而在市场竞争中立于不败之地。他告诫子弟全心全意办好工厂"若因循不进或一蹶不振，其将负罪于社会也深矣"，并将精心培养的全能熟练技工输送到衡阳、常德、宁乡、湘乡各邑织布厂充当教习，传布工艺、技术。他对来厂参观、询问办厂经验者，无不尽情以告。工厂还作为掩护革命工作进行之场所，凡秘密筹划多在此集议，又在厂内设间书报阅览室，购置各种革命书刊，供青年、学生来访者阅读，以启迪青年思想。长沙开港以后，帝国主义大量倾销商品，形势咄咄逼人。他办厂能取得成功，主要依靠职工的同心协力，他自己和家人都参加厂里的生产劳动，"他和职工同寝食、同起坐、同工作、同商量、同谈笑，有如一家父子兄弟之亲密，毫无劳资长属之区别"。在分配上，"他和职工支给同样的薪资，绝无私自多取，生徒（包括工厂附设的工艺传习所学生）除供给衣食外，酌予津贴，家贫者较多给，由大家共同商定。他的这种自奉俭约、待人忠厚的品德，为全厂职工所翕然心服，莫不把发展工厂的业务，爱惜工厂的财产，当作每个人应有的责任"，工厂俨然是一个小规模的生产联合体。由于禹之谟精诚爱国、敢于任事，且具有出色的宣传和组织才能，他深得各界群众的拥戴，被公认为湖南工、商、学各界的代表，分别被推举为湖南商会会董、湘学会会长、湖南学生自治会总干事。

1903年，黄兴归国，"主讲明德、经正两校，每授史课，昭示民族大义，传播革命种子"，禹之谟不时前来与其畅谈，密商革命大计。

1904年，黄兴等组建华兴会，图谋武装起义。禹之谟加入华兴会，结识一批革命党人，又加入日知会。为便于开展革命活动，他将工厂由湘潭移往长沙小吴门附近，不久又扩建移迁至北正街圣公会隔壁。时焦达峰等青年志士来长沙求学，与革命党人交游，禹之谟极赞赏其革命志节，特意培养，"凡秘密筹划，多使参与，达峰以是增益不浅"。对魏宗铨当亦如是。长沙起义不成，黄兴等华兴会领导人逃离长沙，经上海转赴日本。禹之谟虽"深感于黄兴等之行"，湖南的民主革命事业急需有继起的组织领导者，他不辞辛劳，欣然奋起承担这项艰巨重任。

1905年4月，由易本羲主盟，禹之谟加入同盟会，同时应黄兴函托，与陈家鼎等人创立同盟会湖南分会于长沙天心阁，被举为首任会长。嗣移北正街湘利黔织布局内，陈家鼎主持之。同盟会湖南分会尽量吸收学界中之优秀者为会员，组织《民报》发行网，常在天心阁召开学生、军警、工商各界会议，大力宣讲同盟会的革命纲领，又在群众经常聚首的游乐场所、茶楼、酒店散发革命书刊和传单。由于禹经常出入群众之中，"城乡小儿、老妪皆能状其意态，步履所至，争相指望曰：此必禹某也"。

1905年9月，日俄战后，俄国战败，双方在美国朴茨茅斯签订和约，俄国将其在辽东半岛的租借权转让予日本，报载清政府与日本密约将以福建抵换辽东，为列强瓜分中国时，它可以退处关外，预留地步。禹率同人通电致诘，又电各省并力反抗，清政府惮而止。禹亦"名噪湖湘"。

1906年春，禹之谟力倡粤汉铁路湖南段（当时简称湘路）改归商办。他认为：粤汉铁路的筑路权，自美商合兴公司手中赎回以后，初归官办，继而绅办，久无成效。故在商会成立大会上，他发表演说呼吁商界奋起自办。商会于五月电达商部获准由商人自办。两次筹款即达两百余万元。后来，清政府又发布"铁路是国

禹之谟创办的惟一学堂（今湖南师大附中）

家要政，必须官督商办"。10月26日，他在狱中闻讯，立即分别致函留日诸同志和省城同学诸君，表明官督商办的实质是：督者执其权，办者仅供资财，这样款归（督者）中饱，谁肯解囊投资，资本无着，势必借外债，后果将不堪设想，以数百万赎回之路权，又将丧失殆尽，且湖南与之俱亡。谓余不信，试观三千万赎回之辽东，随转而送之俄人，辽东为建房发祥之地，尚尔，有故何爱于湖南？欲存湖南，必争路权。他认为商界中人魄力不足，必得学界为之申援，故说争路权者，商学界之天职，责无旁贷。还要求学界于开会之际，为他宣布此意，以为愚者一得之见，供大多数国民采择。后来吴玉章在《论辛亥革命》一书中述及"禹之谟就是资产阶级中反对借外债筑路的一个积极的鼓动者，在做商会会长时期如此，在牢里也如此，并把他反对借外债筑路作为他的遗嘱"。

1906年5月23日，禹之谟等主持公葬陈天华、姚宏业烈士于岳麓山。禹之谟短衣大冠，负长刀指挥，观者倾城塞路。官方奉命把守渡口，拦阻灵柩通过的兵丁在这种形势下不敢执行命令，鹄立河边看热闹，有的还表示同情。禹后来被捕，官吏诘其主葬陈、姚事，他厉声曰："今台湾及胶州湾、广州湾、大连湾皆为外人占领不惜，独以中国人葬中国一抔土，反不能容乎？"慷慨陈词，问官词屈。

在1905—1906年的短短两年中，由禹组织领导开展的各项革命运动和社会活动有：实行抵制美货，电阻割闽换辽，力争"粤汉铁路（湖南段）改归商办"，公葬陈天华、姚宏业烈士于岳麓山等。同时，他还组织了"湘学会""湖南学生自治会"，创办了"湘乡旅省中学堂"和"惟一学堂"（后改为广益中学）等。除此之外，还应学生之请，主持批斗长沙、善化学务处总监俞浩庆的无行事件。最后代表湘乡学生，提取奸商畅远盐行浮收盐税充作办学经费赴县署交涉严词责难县官事件。在以上所列的运动中，如实行抵制美货一项，禹之谟首先领导工业学堂的教职员进行宣传，并把有关反对美帝国主义的报纸和刊物关照商会各董事，随时向各业广泛宣传。又用湘省同人名义发布宣传刊物多种，于是长沙商会王铭忠等召开全省绅商抵制美货禁约会，到会市民、绅商、学生约4000人成立湖南办理抵制美货事务公所，开展抵制运动。

禹之谟在开展革命斗争的同时，还不遗余力兴办学校。清末废科举，原有各州县设在省城长沙的试馆闲置起来，1905年，他与王礼培等县籍人士协议，就长沙新安巷湘乡试馆创办湘乡驻省中学（今湘乡一中），首捐百金为之倡。"创办之初，邑人异议，禹奔走神瘁，极力组合，厥后以次撑持，始初具规模"。当时湘乡人士，"曾指定若干人为筹备员，实际上一切为此而奔赴部署的责任，皆由他一人负之"。

1905年4月12日，他创办惟一学堂。1905年，长沙经正学堂甲班学生十余人因不满主持校务者的措施愤而退学，教职员黎尚雯、石广权诸先生不忍心让他们失学，便自动随这些学生在校外义务授课。禹之谟以这些爱好自由而不愿受压迫的学生深堪造就，即借湘乡试馆组织一个学堂，命名"惟一"。惟一学堂由禹主办，黎尚雯、石广权、邹代藩、陈安良等先生努力经营，以培养革命人才，推翻清朝统治，实现资产阶级民主政治，"保种存国"为宗旨。禹之谟和一些同盟会员在这里宣传革命思想，策划革命工作，惟一学堂也因此引人注目，其他学堂的有志青年慕名而来就读的日益增多。

禹之谟只顾多办学校、多收学生、多出人才，1906年，他与谭心休、石广权（蕴山）、王子鑫等人在长沙黄泥塅邵阳试馆创办驻省邵阳中学堂，"衡州、永州各府在省的新派知识分子亦由禹推动，依照湘、邵办法，相继就衡清试馆及永州试馆开办中学，其他各县仿照办理的也不少"。仇鳌、彭枚生等在长沙开办之"民立第一中学""得力于禹之谟的帮助很大"。郴州刘次源办学曾遇到困难，求助禹之谟得到解决。他自己创办了惟一学堂，办学艰辛难尽述，耿耿精诚都付与了莘莘学子。一时民立学堂如雨后春笋，每一学堂都有几个积极分子与禹之谟联系，禹之谟就成了新学运动的核心人物。他还主张驻省湘乡中学招收学生不以湘乡籍为限，后来韶山的毛泽东能顺利进入这所学校便是因为先已有了这项规定。

禹之谟的办学宗旨是：针对帝国主义对我国实行的亡国灭种政策，提出与之对立的存国保种方略，把希望寄托在青年学生一代，勉励他们做东亚之华盛顿。他赞赏同学们在大风浪中不畏强权、排除干扰、独立自主地成立学生自治会。希望他们再接再厉，以百折不回之气概振刷精神、步调一致、勇往直前，毋少懈怠、毋少退让，以自治会为政党会、新国会之基础，再进一步联络社会各界共同创立群治大会，为各省倡，使之成为一群与清政府对抗的政治实体。其办学方针是学校不设监督、监学，尊重学生的独立、自尊、自主、自治、自强精神，自觉为国家民族的利益，为社会的兴旺而学习。在他的教育方针影响下，永州籍学生唐喺（拓庄）曾说："天下兴亡，匹夫有责。吾辈当继禹先生之志，奋发有为，不可徒读死书，以猎功名富贵。"辛亥参与湖南光复后，唐喺随罗良干（即罗介夫）、曾杰、周岐等人组织暗杀团，怀弹北上，于烟台制造炸弹，谋刺袁世凯等民贼，不慎因炸弹炸裂牺牲。

禹之谟的这种做法，当时舆论誉之为"惟一学校之共和"，希望湖南各校学生起而效法之。一时四方有志之士俱来学习，宜章彭遂良、彭涛、彭昭、彭旭兄弟同来就读，公葬陈天华、姚宏业，彭遂良担任学生队先行队长，后回湘南开展反清革命斗争。1911年宜章光复之役，彭遂良和彭昭同时殉难。

1906年暑假，禹之谟为解决驻省湘乡中学的常年经费问题，偕王礼培等四人率暑假回乡学生一百余人赴湘乡县署交涉，要求县署协同追缴县城畅远盐行历年浮收之盐税附加款充作办学经费，申言"食盐加税，已违人道，浮收巨额，民命更危，倘不能根本撤销，亦应将浮收之款，移充办学堂之经费，免入贪囊"。

县令借词规避，说什么不属县署职责范围，不能做主。禹严词责难之，同去学生怒将县署高悬之县官德政匾取下来砸烂，县令陶福增恼羞成怒，复受俞诰庆等之贿赂收买，以禹之谟"率众哄堂塞署"等上告湖南巡抚部院。巡抚庞鸿书遂据此下令逮捕定谳。

1906年8月10日，禹之谟为湘乡盐案在长沙被捕入狱，这不过是清政府借端发难。实际上，是由于禹之谟这几年组织领导和开展的革命运动符合工商学等各界人民的根本利益，深得各界人民的拥护。人民的觉醒，形成了一股不可阻挡的力量，撼动了封建统治者的根基，矛盾集中到了湖南工、商、学等各界的总代表禹之谟身上，这是必然的。当时湖南学界中俞诰庆等头面人物，性善忌，"以禹之谟所为不利己"，则群起谋害之。有人进言于张之洞谓"不杀禹不足以寒革命党之胆"。有人面陈庞鸿书，谓"不杀禹无以正学界人心，并"怂恿清学部主事湘阴范源濂唆使学部责令庞鸿书捕禹"，"于是学部始下电拿之令"。他们顾虑现有指控不能据以定罪，便分批分途"在湘运动绅界、官界罗织之，以及出没金陵、沪上、苏杭等处，运动报界诬陷之"。禹本人在家书中云："我之不容于虏，故也。加以群小构陷，置之死地，意中事也。"他早已料到这些人蠢蠢欲动了，诚如刘道一烈士在《汉帜》上著文称"此等人之名托志士，实则死奴，其心已不可问，况又遇利之所在，不惜牺牲同类，以取快于贼中"！禹初入狱时，善化县令王章棋以禹是长沙一位有名望的人物，"待他尚不虐"。半月后移监，解往靖州，临行时还"赠送银洋八元，作零用"，途经常德时，县令廖芷才"待他甚优，临行送钱六千文，且殷勤慰送"。可见官场个别人物对他的敬重，盖由他对社会所作的贡献。到达靖州后，禹在靖经商的本家、亲友和学生等多人络绎前往狱中探问。双峰籍同盟会员陈树人（陈荆）与宁调元等人作《湖南黑暗记》，为禹之谟鸣冤。在得知禹之谟被押解至靖州后，不远千里自上海返湘，后又从长沙徒步至靖州探监，禹之谟十分感激，"来则使我忘为狱居，去后又是郁郁相思"。这段时间他在狱中尚不寂寞，敌人禁锢了他的行动，却禁锢不了他的意志。他曾作联寄怀"暂藏丰城剑，待著羑里书""师拿破仑，学马志尼"，取"义不当死，则慎以全身"之意。他亦曾对绅、学界为之翻案表示"静听好音"。入狱既久，他渐感不安，乃忧愤而提笔与友人书云："捕拿下狱，不遂我杀身之志，幽居无聊，又不能尽建设之义务，恨如何之！"禹之谟身陷囹圄，仍心忧天下，在狱中他关怀的仍是国家民族的前途、本省的现势、湘学会和学生自治会的健康成长，曾分别致函学界探询。其次是嘱咐家人：不论男女，继续参加社会生产劳动，各尽社会生利之道，这不仅是安家之长策，抑且为社会增幸福。

10月27日，靖州知州金蓉镜上书巡抚岑春蓂据按察使庞鸿书转饬清帝谕旨，蓄意罗织谓："奉谕饬拿孙匪党羽，穷及在境潜藏，而禹犯近在囹圄，似未可舍而不图，乞岑春蓂按照该犯现状，并据杨犯所指供词，饬提该犯禹之谟就地惩办。"岑春蓂12月15日批复："该州申请按照现犯罪状，并杨怀三现指供词，将该犯就地惩办，其中不无窒碍，应毋庸议。如果事有危迫，电禀不及，准予当机立决。"

金蓉镜蓄谋杀禹的机会终于来到，立即于31日下午及元月1日下午开堂提讯："你为何到这里来？"禹以长沙府尹周儒臣所控各"罪"对，全部遭到金蓉镜否认，希图逼禹供认为革命党人，再穷追其他党人踪迹，以便一网打尽。禹之谟从金蓉镜的讯问词中隐约得知，金蓉镜已掌握他挽陈、姚的挽联内容，自知不免一死。作为一个革命党人，他早已将生死置之度外，趁敌人尚未挥动屠刀之前，1月3日，他遗书全国同胞"躯壳死耳，我志长存"，勖勉同胞不要惧怕清政府的斧钺铁枷，宁可受牛马般的宰割而死，万勿为奴隶般屈膝而生。金蓉镜两次提讯未能得到想要的供词，怒而呼左右将禹重新带镣（两月前经具保开释）。禹之谟在狱中度过了人生最后的时光，每日以严复翻译的英国社会学家"斯宾塞"所著《群学肄言》反复玩味探索，感叹我国人之社会意识、社会公德太匮乏了。

1907年1月31日至2月2日深夜，金蓉镜两次开堂提审禹之谟，严刑逼供，跪铁链，压木棍，熏椒于口鼻，扎钢针于指甲，吊打鞭笞，香火灼胸背，筋骨剥落，血肉尽横飞，残酷至极！所讯无非是逼迫他供认自己是革命党人，但他只字不吐真情。金问，你们同志有多少？禹凛然回答，不计其数。金又问是何姓名？禹答，无姓不有。金接着问，孙文叫你们做什么事情？禹答，救国保种。金续问，如何救法？禹答，杀人放火。金问，你们要杀哪一个？禹答，应杀者即杀。金问，你们与孙文同党有何好处？禹义正词严地答道，好处就是革命！

2月3日，禹之谟于发回最后一封家书，虽在刑余气息奄奄之际，他犹念念不忘全国人民尚处在专制政权的统治下，"而专制的凶暴政治有进无已，将来四亿同胞，其苦惨可想而知。我死矣，哀哉同胞"！他表明自己未能完成救国救民的夙志，是最大遗憾！临刑前他大呼："禹之谟为救中国而死！为救四万万人而死。"大有死得其所、重于泰山之慨。

禹之谟被捕前夕，诸多友人劝其暂且避匿，藏器待时。他根据不同对象作出不同的回答。一是时间不允许。他答曰："俟河之清，人寿几何？今何时也，尚可待乎？人人皆待，天下将谁待耶？"二是空间无隙地。他大恸曰："死耳，夫复何言！吾湖南人不往，湖南将焉往？倘他日，异族下一令曰：屠杀汉人。吾汉人又将焉往？前途莽莽，其各勉旃，无以我为念。"三是他不怕死。认为"各国改革，孰不流血，吾当为前驱！"四是自己反思，责未尽，志未酬，何以偿故友相知之谊。何以慰大众厚望之托。其弟想托友人设法加入英国国籍，庶可避祸。禹之谟以乞怜帝国主义为巨耻！坚持不可，遂中止。待至在狱中受酷刑，靖州有人悯其惨者，以鸡豚进，之谟知其中有毒，谢之曰："大丈夫光明磊落，如白日青天，禹之谟岂畏死者，若畏死，则不至此地矣！"

1907年2月6日凌晨，金蓉镜在靖州城西门外设置临时刑场。禹之谟面对十字木绞架，昂首挺立，向金大喊："为何绞之？吾热血不流，辜负我满腔心事矣！"金说："汝辈素讲流血，今日偏不给你流血，何如？"禹之谟凛然笑道："好！好！免得污坏我的赤血。"随即高呼："禹之谟为救中国而死！救四万万人而死！"遂英勇就义，终年41岁。

嗣后，在靖经商的族人与亲友一起，将禹之谟遗体用火板（薄木板做成的匣子）浅葬于靖州城西打马鞭河边（今靖州酒厂外河边）。春节后，烈士家人将其遗骸运回家乡。

中华民国成立后，南京留守府留守黄兴呈请临时大总统追赠禹之谟为"陆军左将军"衔，恤其遗族。民国元年（1912）10月，湖南都督谭延闿派员至湘乡将禹之谟墓葬由湘乡青树坪迁葬至岳麓山麓山寺北侧。12月进行公祭，谭延闿亲自撰写了《祭禹之谟烈士文》，黄兴执绋前导，并向禹之谟家属赠送印有"就义成仁"四字的特制纪念章。

湖南司法司次长陈尔锡挽禹之谟联

遗书一卷，侠骨千秋，岳色苍茫，公可无朽。

其命维新，斯人何处？祠堂香火，魂兮归来。

民国学者朱启寰挽禹之谟联

昔日公葬人，今日人葬公，麓山无恙，好与陈天华、姚宏业诸烈话旧。

治世道殉身，乱世身殉道，鼎镬诚甘，只恨金蓉镜、庄赓良二贼未诛。

陈恕挽禹之谟联

因麓山死，以麓山名，陈姚倘有灵，自应化鹤归来，相将携手迎知己。

抱天下才，为天下忧，黄黎犹余恨，未克黄龙直捣，能不拊髀思先生。

1944 年，湖南沅江籍的曹石人就任靖县县长，有同盟会员禹瀛（祖籍邵阳，家住靖州）自外返靖，谋商修禹之谟烈士纪念亭。曹石人欣然赞同，首发倡议，得靖县各界人士响应。当年 7 月 7 日，禹之谟烈士纪念亭建成，坐落在靖县体育场东侧（今靖州县二中大门处）。亭由亭阁、亭台组成，亭阁为木质方形，高丈余，内竖曹石人亲笔书就的"禹之谟烈士纪念亭"长方牌匾，嵌有陈树人从靖州秘密带回的禹之谟《遗在世同胞书》、谭延闿祭文、都督府秘书曹孟其作《禹之谟侍珍》及曹石人的《禹烈士纪念碑记》等碑刻。亭台高数尺，条石砌就。纪念亭庄严、肃穆，引人起敬，时有游人前往瞻仰，祭悼烈士英灵。

禹烈士纪念碑记

曹石人

按：一九四三——一九四四年，禹之谟就义地靖县，在县体育场东侧兴修了禹烈士纪念亭。亭内刊有禹之谟《遗在世同胞书》、谭延闿祭文、曹孟其《禹之谟传》以及这篇石碑文。现亭已圮毁。这篇碑记是根据禹坚白辑录的《禹烈士史事》转抄的。

靖之邑，于古为州，居湘西边鄙。以其去省治远，而又为千万峰峦所屏蔽，故向之目为元凶巨憝者，往往以此为流配之所，利傺之场；时或置之酷吏，图以严刑峻法，媒孽成谳。盖欲取其囿于一隅，可以尽掩人之耳目耳。乃靖人士触于其目，怵于其心，而益发扬蹈厉，为天下先。观乎湘乡禹稽亭烈士之绞缢靖之西域也，靖人士为之感奋兴起，至今弗坠；以是奔走革命者班班出，遂益信清吏淫威，翅可张其暴戾，而不可移我强哉矫矫之民也！

岁辛未，余以宣导来此，得识烈士就义惨状，而其正气之度越前修，垂光史册，使顽夫廉、懦夫有立志者，尤丙午殉难时目击诸人能曲曲道。越一纪，余捧檄重临兹土，旧令尹秦君以邑贤达构亭纪念之意相告，因叹此邦人士所感弥深，而追恩弥永。今兹盛举，其亦景行行止，私心向往之诚，借一亭为之表襮欤！抑将俾纪念亭成，俾后之来者，知烈士之正气万古常新，而酷吏之淫威一文不值欤！余乃深题之。

不数月，栋宇聿成，矗立县体育场之首，观之者莫不兴正气孔长、我武维扬之感。是亭之建，将不仅纪念烈士已也；亭成之日，适"七七"七周年纪念，倘人人以烈士"困心衡虑"之心为心，斯抗战建国，终必底于成也。吾人读烈士遗书，使其俟之百世而不惑，后之人当亦有感奋而兴起者矣！爰刻烈士传、遗墨于亭，更沘笔而为之记。

建亭醵资者众，董其事者则张孟华、吴君庭、龙骧、唐振之、禹瀛、尹琴川、覃筱藩、娄伯雄、梁经书、祝体仁、廖子丰诸君云。

中华民国三十三年七月七日靖县县长沅江曹石人敬撰并书

七

萍浏醴起义

萍浏醴起义，是以黄兴为首的原华兴会会党筹划的一次重要的反清武装起义。1905年，中国同盟会在日本东京成立以后，中国的资产阶级民主革命进入以武装斗争为主要形式的新阶段。这时，湖南的革命条件日益成熟，革命形势日趋高涨。1906年，同盟会东京本部抓住这一时机，在以长沙为中心的湘赣边界地区，即江西萍乡、湖南浏阳和醴陵，策动和领导了一场大规模的武装起义，即著名的萍浏醴起义。起义因准备不充分以失败告终，其策划和领导者刘道一壮烈牺牲。中华民国成立后，刘道一、曹庄夫妇遗骸迁葬至岳麓山清风峡。

刘道一（1884—1906）

同盟会成立后，孙中山、黄兴等主要负责人开始把武装起义提上了议事日程，他们商议派遣党人回国促进革命。前期，由于甲辰长沙起义失败，大批党人身份暴露遭到清廷追捕，无法以正常身份回国。此时，刘揆一的父亲刘方峣也因长沙起义牵连，被关进狱中，其年迈多病，急需营救。刘揆一作为华兴会首脑位于通缉之列不便返湘，同在日本留学的胞弟刘道一便自请回国营救父亲。刘道一刚回长沙，其父被无罪释放，他在家服侍数月返回日本。

回到日本后的刘道一正好赶上同盟会成立，被吸收入盟，担任书记、干事等职。由于他精通英语、日语，熟悉湖南各地方言和会党之间的"行话"，加之口才极佳，是回国组织工作的最佳人选。为发展湖南革命，同盟会东京本部特派刘道一、蔡绍南回湘"运动军队，重整会党"，准备再次起义并指示他们："欲规取省城，宜集合会党于省城附近之萍、浏、醴各县，与运动成熟之军队联合，方可举事。"

孙中山让黄兴出面找刘道一谈话，要他由日本横滨潜回国内。离行之际，黄兴特别嘱咐刘道一："告以今之倡义，为国民革命，而非古代之英雄革命。洪会中人，犹以推翻满清，为袭取汉高祖、明太祖、洪天王之故智，而有帝制自为之心，未悉共和真理，群雄争长，互相残杀，贻害匪浅，望时以民族主义、国民主义多方指导为宜。"又说："革命军发难，以军队与会党同时并举为上策，否则亦必会党发难，军队急为响应之，以会党缺乏饷械，且少军队训练，难于持久故也。且甲辰一役，会党分为五路，势远力涣，遭调不灵，疏忽致败。今欲规取省城，宜集合会党于省城附近之萍浏醴各县，与运动成熟之军队联合，方可举事。现时会党，多潜伏于萍乡安源诸矿山上，正可利用矿场等处，为组合机关。而军队方面，新军多驻省会，巡防营分驻各府县，水师分驻湖河上下游，惟新军兵精械良，官佐皆学生出身，多有与吾辈通声气者，运动较为容易。巡防营虽难比肩新军，然官与兵多洪会中人，以洪会同志游说之，不难归顺。水师则船械均其窳败，只可临时收作运输之用。姑就次策言之，使以会党万人，组成整齐军队，发难于浏醴，而直扑长沙，各军队能反戈相应，占据省垣重地，军装局既为我有，党军得补充而训练之，并择精明强干之会党，为便衣敢死队，以手枪炸弹扰害外来敌军后方。"

从1905年元月下旬到1906年冬差不多两年的时间里，刘道一按照黄兴的安排嘱托，三次往返于家乡与日本之间，为萍浏醴起义做好了组织准备工作。他和蔡绍南一起，四次组织会党召开会议，共同策划起义事宜。分别是：长沙水陆洲会议、萍乡蕉园会议、萍乡慧历寺会议和萍乡高家台会议。1906 年夏在长沙组织的水陆洲会议，再次受命回国的刘道一和蔡绍南约集在长沙的革命党人蒋翊武、刘崧衡、覃振、刘重等和会党首领龚春台等共 38 人，在水陆洲附近的一条船上秘密举行。这是关系到"萍浏醴起义"全局的一次重要部署会议。会上分析了湖南的革命形势，传达了黄兴关于起义的指示，决定以发动浏阳、醴陵、萍乡一带的会党为主，联合省城同情和支持革命的士兵，制定起义的策略方针。会议进行了具体分工，蒋翊武、覃振、刘岳峙、易本羲、唐支夏、刘斐、刘承杰、成邦杰、杨熙绩、禹瀛、刘戣、向瑞彝、柳继贞、胡典武、葛天保、黄贞元、曹武、荆嗣佑、胡国梁、李云璈等 20 余人负责运动新军；蔡绍南、龚春台、刘崧衡、张尧卿、彭邦栋、刘重、周治华、周果一、黄人障、李国柱、江自任、凌汉秋、李九、瞿光炆、邓玉林等 15 人担任联络巡防营，部署会党任务。约定在军队运动"成熟"后，在阴历十二月底，清吏"封印"①之时举行起义，"占据省垣重地"，光复全省，进而将革命事业扩展到全国。此提议得到与会人员的一致赞同。

会议还按照黄兴的指示，刘道一留驻长沙主持全局，并负责与同盟会东京本部及各方面的联系。蔡绍南则回到他的家乡萍乡县上栗市，与原来在这一带从事会党工作的魏宗铨一起，负责发动和组织会党。湖南、江西两省交界的浏阳、醴陵、萍乡地区，山堂林立、民风强悍，是哥老会在长江中游的一支——洪江会的活跃之区。1904 年黄兴领导的华兴会起义失败以后，洪江会首领马福益被捕殉难，其会党群众"誓复仇，益倾向革命党，继续图大举"。省城长沙，自"公葬陈姚"和"禹之谟狱"之后，士气更为高涨，1906 年初，长江中下游地区连降暴雨，洪水泛滥，长达数月，长沙与浏醴萍一带灾情十分严重，百姓到处逃亡，阶级矛盾迅速激化。

当时，萍、浏、醴一带会党众多，互不相辖。为了把各派力量联合起来，纳入同盟会的领导之下，蔡绍南等以力量最强、人数最多的洪江会为基础，吸收

---

① 封印，指清朝官吏在农历春节前将代表权力与地位的印绶封存起来，暂停办公的仪式。

哥老会的其他派别和武教师会，组成了一个统一的会党组织——六龙山号洪江会。经过蔡绍南、魏宗铨等人艰苦细致的工作，7月，各派会党首领在萍乡蕉园举行开山堂大典暨成立大会，推举龚春台做大哥，以忠孝仁义堂为最高机关，下设内八堂（即文案、钱库、总管、训练、执法、交通、武库、巡查）和外八堂（即第一至第八路码头官），各司其职，设活动机关于麻石①。然后众头领歃血为盟："誓遵中华民

山 河 我 還

忠孝仁義堂		第路第號

奸奇遇水得龍六　三寸二來三寸一
山江定孝忠憑全　業漢承一連五四

洪江会票布样式

国宗旨，服从大哥命令，同心同德，灭满兴汉，如渝此盟，人神共殛。"口号是："六龙得水遇中华，合兴仁义四亿家；金相九阵王业地，乌牛白马扫奸邪。"又有内口号"同德"，外口号"擒王"。入会会员则仍以票布为凭证，票面横书"还我河山"，左书"忠孝仁义堂"，右注"第几路第几号"，中书会员姓名。票底另有七绝诗一首："一寸三来二寸三，六龙得水遇奇奸，四五连一承汉业，全凭忠孝定江山。"

此后，洪江会组织迅速发展起来，矿工、农民等纷纷加入，不数月间，势力蔓延到江西萍乡、宜春、分宜、万载、湖南浏阳、醴陵各县。蔡绍南等人深受鼓舞，便指示各部门首领加紧起义的各项准备工作，其本人则与魏宗铨同去上海，拟联络沪、港、粤等地革命机关，届时呼应湖南的起义，然后赴日本东京同盟会总部，向孙中山报告起义事项，请求接济新式军械，并请示起义日期。

---

① 麻石，清末萍浏醴起义的发源地。从江西进入湖南，首先到达的一个集镇就是麻石。这里原来是吴国和楚国的交界处，现在是湖南省醴陵市、浏阳市和江西省上栗县两省三市的交界所在，同时又是鞭炮祖师李畋的故乡。

蔡、魏离湘后，萍浏醴地区群众的反清活动日益扩大。由于醴陵会党为马福益报仇心切，各地会党常在晚上利用庙宇、禅寺聚集会员开会，扬言要攻打县衙门，杀尽贪官污吏，为马福益报仇；还利用僧侣、道士、看相算命等类人到处散布"天下即将大乱，洪家（洪江会人）自有天神保佑，百事其昌"。麻石中秋佳节（10月2日）的庙会，聚众达万人，人群喧嚷，谣言纷起。加入洪江会的慧历寺僧人假托神言，向香客们暗示"天下即将大乱，将有英雄铲富济贫"，甚至直言"洪江会即日起事"。因此，地方富室乡绅惶恐万分，纷纷逃往醴陵城避难，以致泄露机密，引起醴陵知县汪文溥的警惕。汪知县一面指挥巡防营加强戒备，并派部分巡防营士兵进驻白兔潭，以防不测；一面向湖南巡抚告急，请求增派巡防营来醴陵进剿。10月7日，萍、浏、醴三县联合出兵，进攻麻石，会党猝不及防，不战而散，第三路码头官李金奇牺牲，接着又有几名会党首领遇难。

麻石之变，起义形势急转直下。龚春台急电上海，请蔡、魏两人急速返湘。蔡、魏回到湖南以后，又赶到萍乡上栗市，与龚春台等于12月3日在高家台召集各路码头官举行紧急会议，商讨起义的时间问题，但会议意见不一。一部分首领要求提前举事，一部分首领则主张等国外军械运到后再发动，直至天晓仍无结

萍浏醴起义地麻石

果。洪江会激进分子廖叔宝不待会议结果，自率两三千人跑到麻石，张开"大汉"白旗，首先发难。事已至此，蔡、龚、魏等只得立即宣布起义，并约浏阳洪福会首领姜守旦、浏阳普迹哥老会首领冯乃古同时举兵响应。一场声势浩大的武装起义在仓促中于1906年12月4日正式爆发。

12月6日，集中于麻石的义军2万多人头系白布包巾，手持土枪土炮、大刀、锄头，向上栗市进发，清军望风而逃。起义军攻占上栗后整编了部队，称为"中华国民军南军革命先锋队"，由龚春台为都督、蔡绍南为左卫都统领兼文案司、魏宗铨为右卫都统领兼钱库督粮司。龚春台发布《中华国民军起义檄文》（蔡绍南执笔），历数清王朝十大罪恶，宣布要推翻这个腐朽的王朝，"建立共和民国，与四万万同胞享平等之利益、获自由之幸福。"接着，洪江会主力所在的浏阳、醴陵也先后发动起义，与上栗遥相呼应。不到10天，起义军即达万多人，声威播及长江中游数省。

中华国民军起义檄文

黄帝纪元四千六百零四年，岁次丙午十月吉日，中华国民军南军革命先锋队都督龚，奉中华民国政府命，照得鞑虏原系东胡异族，游牧贱种。自汉、隋、唐、宋以来，久为我中华汉族之寇仇，有明末造，鞑虏逞其凶残悍恶之性，屠杀我汉族二百余万。据我中华，窃我神器，奴沦我同胞。我黄帝神明之胄四百兆之众隶于奴界，已二百六十年于兹。汉族为亡国之民，中华隶犬羊之宇，凡我叔伯昆仲诸姑姊妹，曷任伤心！太平天国起义师于广西，势公驱逐鞑虏，恢复中华，以雪灭国之耻。乃曾国藩、胡林翼等不明大义，囿识种界，认盗作父，呼贼作君，竭湘军全力，自戕同种，致使汉族得恢而复湮，胡氛将灭而又振。湘人之罪，涸洞庭之水，不能洗其污，拟衡岳之崇，不能比其恶。凡我湘人，实无以对于天下。今者划清种界，特兴讨罪之师，率三湘子弟为天下先，冀雪前耻，用效先驱。特数鞑虏十大罪状，昭告天下，以申挞伐。

鞑虏逞其凶残，屠杀我汉族二百余万，窃据中华，一大罪也。

鞑虏以野蛮游牧之劣种，蹂躏我四千年文明之祖国，致列强不视为同等，二大罪也。

鞑虏五百余万之众，不农不工，不商不贾，坐食我汉人之膏血，三大罪也。

鞑虏妄自尊大，自谓天女所生，东方贵胄，不与汉人以平等之利益，防我为贼，视我为奴，四大罪也。

鞑虏挟"汉人强，满人亡"之谬见，凡可以杀汉人之势，制汉人之死命者，无所不为，五大罪也。

鞑虏久失威信于外人，致列国乘机侵占要区，六大罪也。

鞑虏为借外人保护虏廷起见，每以汉人之权利赠与外人，且谓与其给之家奴，不若赠之邻邦，七大罪也。

鞑虏政以贿成，官以金卖，致政治紊乱，民生涂炭，八大罪也。

鞑虏于国中应举要政，动以无款中止，而宫中宴饮，颐和园戏曲，动费数百万金，九大罪也。

鞑虏假颁立宪之文，实行中央集权之策，以削汉人之势力，冀固虏廷万世帝王之业，十大罪也。

其余种种罪恶，不能尽书，特举大略，以昭天讨。凡我汉族同胞，无论老少男女、农工商兵等，皆有殄灭鞑虏之责任，务各尽尔力，各抒所能，以速成扫除丑夷，恢复汉家之鸿业。至现在为虏廷官吏者，宜革面反正，出郊相迎，若仍出曾、胡之故智为虏出力者，以鞑虏视之，歼杀无赦。现在为虏廷将弁营勇者，宜闻风响应，倒戈相向；若仍湘军之故智，死力相抗者，以鞑虏规之，歼杀无赦。本督师建立义旗，专以驱逐鞑虏，收回主权为目的，凡本督师所到之处，即汉旗恢复之处，农工商贾，各安其业，不稍有犯；外国人之生命财产，竭力保护，不稍有犯；教堂教民，各安其堵，不稍有犯。当知本督师只为同胞谋幸福起见，毫无帝王思想存在于其间，非中国历朝来之草眜英雄以国家为一己之私产者所比。本督师于将来之建设，不但驱逐鞑虏，不使少数之异族专其权利；且必破数千年之专制政体，不使君主一人独享特权于上。必建立共和民国，与四万万同胞享平等之利益，获自由之幸福。而社会问题，尤当研究新法，使地权与民平均，不致富者愈富，成不平等之社会。此等幸福，不但在鞑虏宇下者所未梦见，即欧美现在人民，亦未能完全享受。凡我同胞，急宜竭力以扫除腥膻，建立乐国。须知中国者，中国人之中国，汉族者，世界最硕大最优美之民族，被鞑虏奴隶之，宰割之，天下之耻，孰有过于此者？况鞑虏用意险恶，自咸同以来，利用以汉人杀汉人之手段，当锋刃、御炮弹者，汉人；论功行赏、握要权、执大政者，则仍满人。我汉人何罪当为满奴？汉人何劣当被鞑虏食其肉而吸其血？故鞑虏一日不歼灭，即主权一日不收回，汉族一日不存活。今政府已立，大汉即兴，鞑虏罪恶贯盈，天所不佑，凡我汉族，宜各尽天职，各勉尔力，以速底鞑虏之命，而赞中华民国之成功。用申大义，布告同胞，急急如律令檄。

檄文清楚地表明，起义军的纲领不仅是要推翻清朝统治，而且"必破数千年之专制政体，不使君主一人独享特权于上。必建立共和民国，与四万万同胞享平等之利益，获自由之幸福。而社会问题，尤当研究新法，使地权与民平均，不致富者愈富，成不平等之社会"。檄文并且指出，"此等幸福，不但在鞑虏宇下者所未梦见，即欧美现在人民，亦未能完全享受"。这一切都鲜明地标志着，这次起义已不同于一般的、单纯的农民起义与会党暴动了，他代表的是同盟会的纲领，即孙中山提出的"驱除鞑虏，恢复中华，创立民国，平均地权"十六字纲领。

起义军具有优良的革命纪律。他们"所到之处，并不骚扰，惟索军械、粮食、白布，而所劫杀者，皆办团之绅董"，他们"除为满洲奴隶者及富豪外，学界、商界及百姓均不扰害……人民虽在不安之中……犹执业务不恐"。正因为这样，故"各地居民不但不生嫌怨，反而多表同情"，凡起义军所到之处，无不云集响

萍浏醴起义地麻石的龙王庙

应，未到之处，亦传言四布，人人思动。

由于群众的有力支持和蓄积已久的革命义愤的激扬，起义军一开始便以疾风骤雨之势发展着。12月4日，起义军占领了浏阳县属之高家头。次日，占领金刚头及萍乡县属之高家台，然后整集大军浩浩荡荡直扑上栗市。12月6日，起义军进驻上栗市，市民"多燃爆竹相迎"，清军驻守该地之巡防营二哨仅四名逃生，余均被歼。

麻石起义军的发难及其凯歌进军，获得了各地革命群众的热烈响应。在浏阳，紧接着麻石义旗的升起，浏南（浏阳南部，下同）之洪江会众数千人便高举"汉"字白旗，响应龚春台的号召；浏东、浏北之洪福会众亦在姜守旦的率领下，宣布起义。洪福会起义军自称"新中华大帝国南部起义恢复军"，旗号"洪福齐天"，宣称不受龚春台所部洪江会起义军的约束，并另发布起义檄文：

新中华大帝国南部起义恢复军布告天下檄文

自明室不竞，汉统中斩，犬羊窃据禹鼎，腥膻弥漫中原，四百余州，胥遭荼毒之祸，二百余载，不睹日月之光。虽然，夷狄猾夏，何代蔑有？罪大恶极，穷凶极暴，上干天心，下悖人道，为天诛天讨所必加，九征九伐所不赦者，未有如现世觉罗满清之甚者也。昔在胡元将亡，中原豪杰四起，我大明太祖高皇帝扬三尺之剑，奋七尺之躯，以淮右布衣，赴义淮上，遂能扫荡胡虏，复我冠裳，洵所谓志继虞夏，功盖陶唐者也。今满虏之罪，浮于胡元，中原人心，向往明祖，诚英雄豪杰建功立业之候，志士仁人奋击雪耻之秋也。至今岁洪水横流，滔滔皆是，我同胞因之丧家失业，转徙沟壑者，北跨兖豫，南及江淮；哭声震于郊原，饿殍载于道路，使闻者酸心，见者堕泪，皆莫非天厌胡元，降此厉灾，以示洗污除旧之征。惟是非常之举，贤者慕之，愚考惑焉。况满贼窃据已久，鬼蜮日深，惯用以汉杀汉之毒技，坐收渔人两获之功。故前人有格言曰：汉人作官，谓之太平鬼；汉人当兵，谓之替死鬼。兹即征之目前天下共见共闻之事：问庚子以来，为彼满贼出死力，保残局，内得罪于同胞，外见忌于暴邻，有如袁世凯、岑春煊诸人者乎？今者兔死狗烹，鸟尽弓藏。非我辈举义湘南，彼等今已不知窜流何所，遑云稍留体面，聊保闲散之身也哉？！今征调兵勇日有所闻矣，然亦不过曰湖北出兵几何，江苏出兵几何，江西湖南出兵几何而已，而荆州、南京之驻防，不闻出只人匹马者何也？夫我辈之起，志在驱满贼耳，今乃拾最近之荆州、南京驻防，而必以我兵敌我恢复军者，其居心何等，不问可知也。然则我同胞亦可以此自反矣。昔宋祖黄袍加身，实当出征之际。大丈夫生逢乱世，攀龙鳞、附凤翼，图像凌烟阁上，列坐凯旋门前，亦云得时则驾，弃逆投顺而矣。至豪迈公子，豁达少年，亦当知唐室龙飞晋阳，盖以太宗为嗣子；汉家崛起丰沛，毕有大造于太公。化家成国，达权即所以守经；因祸得福，致人不致为人所致。勿自委于无寸尺柄，明祖亦徒步布衣；勿畏胡虏毒焰凶张，胡元实跨欧兼亚。夫中国者，中国人之中国，而非夷虏之中国也。今与我四万万目胞约：有能起兵恢复一邑者，来日即推为县公；恢复一府者，来日即推为郡主；至外而督抚，内而公卿，有能首倡大义，志切同胞者，则我四万万同胞欢迎爱戴，如手足之卫腹心，来日不惜万世一系，神圣不侵，子子孙孙，世袭中华大皇帝之权利以为酬报。勿狃于立宪专制共和之成说，但得我汉族为天子，即稍形专制，亦如我家中祖父，虽略示尊严，其荣幸犹为我所得与；或时以鞭扑相加，叱责相遇，亦不过望我辈乏肯构肯堂，而非有奴隶犬马之心。我同胞即纳血税，充苦役，犹当仰天三呼万岁，以表悃忱爱戴之念。窃惟我三湘风气刚劲，人知礼节，意必有衡岳降生，拯济同胞，以驱除胡虏其人者，南达浔桂，西通巫峡，纠合同志，北定神州，戮为虎作伥、煮豆燃其之枭獍，拔面奉心图、欲取姑与之英杰。待舟楫一备，粮械已整，出东路者，由巴陵以洗荆州之狐穴，然后通往徐沛以过开洛，捣幽燕以索单于之颈，责彼偿我扬州、嘉定千百万之生命；平朔漠而擒颉利之渠，责其偿彼坐食安享数百年之奉养。明祖下燕之檄曰："为我者永安于中华，背我者自陷于夷狄。"今日之事，内地之驻防必诛戮净尽，以绝后日夷狄窥视觊觎之心；塞外之孽，宜略从宽大，以示中华天地复载生成之量。檄到之地，我同胞其投袂而起，共复中原，用成我新中华大帝国，不亦麻乎。

两篇檄文反映了洪福会与洪江会的差别。洪江会的檄文由同盟会员蔡绍南起草，贯彻了同盟会的纲领；洪福会的檄文代表了起义军传统单纯的种族复仇主义与落后的封建观念，在思想上、纲领上与龚春台、蔡绍南、廖叔宝所领导的洪江会起义军有着重大的差别。这种指导思想决定了这支起义军一开始便与洪江会起义军处于不同的地位，并且在以后的斗争中也难以与之取得密切合作。

起义震动了国内外，国内一些报纸辟专栏逐日报道"萍乡乱耗""萍匪乱事"。外国报刊也纷纷报道起义消息。各地革命志士和人民群众为之振奋，旅日同盟会会员纷纷向总部请求回国参加战斗。孙中山连日与会员商讨支持萍浏醴革命军办法，专人派往萍乡、醴陵联络，有的则分赴各地响应萍浏醴起义。

湘、赣两省官兵乱作一团、频频呼救，清廷连下"上谕"，急令湖广总督张之洞、两江总督端方、湖南巡抚岑春蓂调集"鄂湘赣苏"四省得力军队"飞驰会剿"，并调海军开赴九江、芜湖，为之壮胆。一时，清军集结达四五万人。这是自太平天国失败以后，清朝在南方出兵最多的一次。

面对优势的敌人，起义军英勇不屈，鏖战数月。12月8日，龚春台率义军主力攻占浏阳文家市，并在此整军誓师，然后分左、右两路向浏阳县城进发。左路由蔡绍南率领，经澄潭江到达枫林铺；右路由龚春台、魏宗铨率领，经山枣潭、大圣庙，出吾田市，然后在枫林铺与左路军会师。两路会合后，锋芒凛凛，直指县城，途中与清兵先后接战于牛石岭、南流桥，进至浏阳城南的南市街，时已黄昏，又于暮色中重创清军梁国桢部。姜守旦义军于12月7日在浏阳永和市举义后，击溃前来进剿的清军蒋兴桂部，也于8日结集大旗山、大光洞、九鸡洞等地会众共万余人进攻县城。9日在洗药桥与清军大战，因错失时机，作战失利，退守大溪山的天岩寨，后在沙铺地方被清军打散，姜守旦只身逃入江西义宁州（今修水县），不知所终。

这时，醴陵、萍乡义军都因寡不敌众，先后失败。清军乃集中兵力于浏阳。12月11日，清军乘夜突袭南市街义军，酣战之中，义军火药堆中弹爆炸，清军乘机猛攻，义军溃败。龚春台、蔡绍南两人化装潜往普迹的冯乃古处，蔡绍南在途中不幸被捕牺牲，而冯乃古早在起事之前已被清军诱杀，龚春台只得转入地下，潜往长沙，直到辛亥长沙起义时才又出现。

各路义军失败以后，数万清军分驻浏、醴、萍三县各乡镇，进行了长达3个月的"清乡"，被杀害的义军将士及其亲属总计不下万人。一场轰轰烈烈的反清大起义终于被残酷镇压了。

萍浏醴起义的消息传到日本，黄兴与孙中山先生在东京闻讯后，选派醴陵籍的同盟会会员宁调元（号太一）、杨卓林[①]（亦称卓霖）、李发群（幼年名发根）等先行回国筹运军械接济。宁调元回湘经岳阳时被捕，囚禁于长沙。杨卓林、李发群抵上海后，萍浏醴起义已经宣告失败。杨卓林、李发群、廖德藩谋炸两江总督端方，为奸人出卖，杨卓林被端方杀害于南京。李发群、廖德藩囚于南京监狱中（李发群于1911年8月始获释，1913年随黄兴在南京讨袁战役中为张勋所执，被杀害于南京）。

杨卓林（1876—1907）

当时，刘道一正在长沙运动新军，听到举事的消息后，日夜加紧准备，以便起义队伍攻取长沙时，新军及巡防营能开城响应。但是他的行踪早已引起清廷地方政府的怀疑，他与东京同盟会总部联系的电报和邮件均被官府在邮局扣押，以至迟迟联系不上。他先在长沙筹划，随后又往衡山进行联络，不幸在由衡阳返回长沙途中被捕，解送臬司督同长沙府审讯。官府开始误以为抓捕到的是刘揆一，欣喜若狂。准备邀功请赏时才发现有误，于是打算从他身上做文章，找到革命党

---

① 萍浏醴起义爆发，杨卓林奉孙中山和黄兴之命在南京运动军队和会党响应。萍浏醴起义失败后，杨卓林偕同李发群、廖德番至扬州联络会党，并谋刺两江总督端方。因混入会党之督署密探萧亮、刘炎告密，杨卓林等三人同在扬州被捕，被押解至南京。端方派要员审讯，杨卓林慷慨陈词："我是革命党，尝阅欧洲历史，知中国非实委政治革命，不足以救亡。法国卢梭云：'不自由毋宁死。'佛家云：'众生一日不出地狱，即余一日不出地狱。'白种迫我黄种，杨卓林立志保种救国，是非俟千百年后史家评论。"端方亲自审讯，杨卓林且骂且起，掀翻案桌，慨然道："我志不遂，死耳，天下岂有畏死卓林耶！"1907年3月20日，他在南京东市英勇就义。邑人潘晋、萍乡叶钧等将其收葬于南京。民国元年（1912）2月，南京临时政府在南京玄武湖原端方私宅建烈士祠，祀殉难烈士杨卓林等。不久，黄兴派人护送杨卓林的灵榇回湘，安葬于长沙岳麓山。

杨卓林烈士墓

的起义计划和党人名册，但遭到了刘道一的严词拒绝。刘道一在狱中屡遭酷刑，坚不吐实，威武不屈，大义凛然。他在致友人信中写道："道一必不忍以父母所受之躯为毒刑所坏，彼若刑讯，吾则自承为刘揆一，以死代兄，吾志决矣！"还在监狱的墙壁上题诗一首："天地方兴三字狱，但期吾道不终孤。舍身此日吾何惜，救世中天志已虚。去国齐夷泣孤竹，对床风雨误高梧。海山珍重原鸰冀，莫作天涯寄弟书。"

最后，官兵苦于无法找到足够证据定下死罪，无奈之下，便以从刘道一身上搜出的一枚刻有"锄非"二字的印章为借口，于1906年12月31日将他杀害于长沙浏阳门外。刘道一遇害时年仅22岁。此印章系刘道一自号，其自认加入革命，并自称取《汉书》"非种必锄"之意，故自号"锄非"。

刘道一的父亲刘方峣听闻儿子牺牲，因悲愤过度仆地中风，1个月后病逝。刘道一的夫人曹庄当时正在长沙周氏家塾（后改名周南女校）读书，闻信自杀未成，两年后仍自缢殉节。

刘道一是留日学生中因反清革命被杀害的第一人，也是中国同盟会会员中为革命流血牺牲的第一个烈士，黄兴在东京得知刘道一牺牲后，与其兄刘揆一相抱痛哭。东京同盟会总部于1907年2月3日召开追悼大会，当时的革命党人纷纷作诗或挽，以悼念烈士，至今尚存有 80 多首。

孙中山获悉刘道一牺牲，在百忙之中嘱咐汤增璧代为执笔，作挽诗一首，以寄托哀思：

七律·挽刘道一

孙中山

半壁东南三楚雄，刘郎死去霸图空。

尚余遗业艰难甚，谁与斯人慷慨同。

塞上秋风悲战马，神州落日泣哀鸿。

几时痛饮黄龙酒，横揽江流一奠公。

黄兴作七律一首：

七律·挽刘道一

黄兴

英雄无命哭刘郎，惨澹中原侠骨香。

我未吞胡恢汉业，君先悬首看吴荒。

啾啾赤子天何意，猎猎黄旗日有光。

眼底人才思国士，万方多难立苍茫。

中华民国成立后，经孙中山批准，供祀刘道一于大汉忠烈祠。1912 年 3 月，南京临时政府成立，孙中山以临时大总统名义发布了《命黄兴优恤刘道一令》："自应准予列入大汉忠烈祠，同享祠典，并将事迹宣付国史院立传。应得恤典，仰陆军部查照恤赏章程，从优核办，以顺舆情而慰忠魂为要。"此后，又将刘道一与曹庄夫妇的遗骸葬于长沙岳麓山清风峡。黄兴亲笔题写"烈士刘道一墓"。刘道一就义 80 年后，屈武先生为烈士祠题词："慷慨捐躯，刘郎不朽。赤心报国，岳麓千秋。"1983 年，刘道一墓被列为湖南省文物保护单位。

萍浏醴起义是同盟会成立后发动的第一次大规模的武装起义，是太平天国以后中国南方爆发的一次范围最大的反清革命斗争。萍浏醴起义是以长沙为中心，

萍浏醴起义示意图

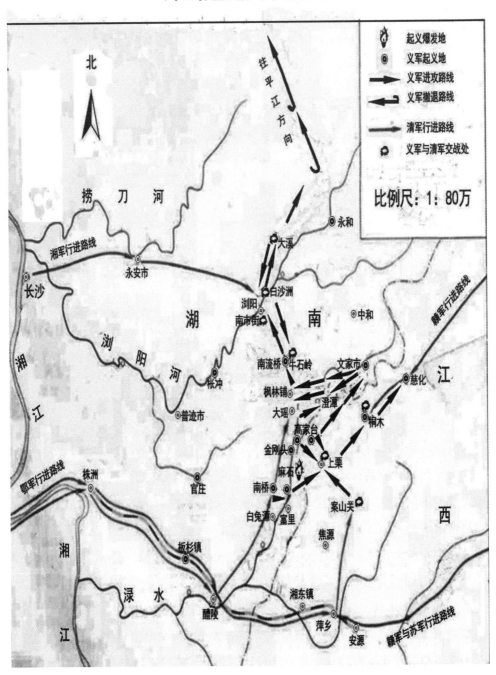

刘道一、曹庄合葬墓

以夺取省城为目标，以浏阳会党为主力而英勇展开的，大批长沙籍的革命党人和工农群众投身其间，有的献出了宝贵的生命，在近代长沙的历史上写下了光辉的一页。

萍浏醴起义运动虽然是以会党为主力军，但由于接受了同盟会的革命思想和政纲，并有同盟会会员刘道一、蔡绍南、魏宗铨等人帮助改造了会党，策划起义行动纲领和方略，所以起义发动之初，就能声势浩大，檄文义正词严。起义军抑富扶贫，军纪严明，得到人民的拥护和爱戴。因此，不但使清王朝惶恐万状，同时也震动中外。当时，英美等国也想插手，并调遣军舰帮助清政府进行镇压。萍浏醴起义虽然只3个月就失败了，但起义将士所表现出来的慷慨赴难、英勇顽强、前仆后继、视死如归的革命精神极大地振奋了广大革命党人和人民群众，打击了清朝政府的反动统治，从而推动了全国革命高潮的迅速到来。此后，潮州、惠州、安庆、钦廉及镇南关、黄花岗等地多次起义继之而起，给腐朽的晚清封建王朝予以沉重打击，直到最后辛亥革命武昌起义成功。

八

戊申广州之役

　　孙中山领导的同盟会在经历了一系列失败之后，重整力量，准备以慈禧太后与光绪皇帝之死为契机，1908 年在广州重新燃起革命的烽火，以践行三民主义之志。在广州有一场以发放保亚票为标志的起义，还未发动，便被清政府残酷扼杀在襁褓之中，这就是著名的保亚票事件，史称"广州保亚票革命运动"，1908 年为戊申年，因此也称"戊申广州之役"。该役由朱执信、邹鲁领导，谭馥具体组织和发动，参加者以湘籍同盟会志士为主，主要有葛谦、黎萼、罗澍苍、曾传范等人。中华民国成立后，在湖南都督府的安排下，谭馥、葛谦等烈士遗体从黄花岗迁葬回湖南长沙岳麓山。

　　要了解保亚票事件的始末，须先从黄兴、蔡锷、郭人漳之间的联系谈起。先是湘人郭人漳于 1905 年奉桂抚李经羲征调，任桂林巡防营统领，特在桂林创办随营学堂。当时，蔡锷亦在桂林担任陆军小学堂监督。郭、蔡均以维新人物见称于世，又同在新军中充任官佐，因而许多具有新思想的湖南青年士子多往投效。黄兴与郭人漳、蔡锷两人素有往来。

　　1902 年，黄兴在日本东京与樊锥等共办《游学译编》时，蔡锷当时自仙台返东京，亦参与其事。众人又合办湖南编译社，纳《游学译编》之出版发行于此。

1903 年，留日学生组织拒俄义勇队，蔡锷为教练，黄兴则负责乙区队的组织联络工作。蔡锷与黄兴相交甚契，黄兴回国联络革命，蔡锷与湘籍同仁在月印精舍欢送，1904 年，诸同仁亦在此欢送蔡锷毕业回国，蔡锷抵沪，也立即去找黄兴。当时，黄兴因华兴会在长沙举事失败，和众党人陆续避到上海，在英租界新闸新马路余庆里租下房子，作为革命联络机关。杨毓麟、陈天华、章士钊、徐佛苏、杨度、张继、苏玄瑛、陈家鼎等华兴会员都在此处。

郭人漳（约 1863—1922）

郭人漳是湖南湘潭人，是湘军名将郭松林的儿子，其人绝顶聪明，习拳术，善骑射，而又工诗善书，与黄兴、杨度、夏寿田等交厚。郭人漳少时与杨毓麟、陈家鼎并称"湖南三杰"。郭人漳青年时期留学过日本，在那里，郭人漳参加过少年中国会。他虽是缙绅之裔，但颇具民族意识，其后与秦毓鎏、钮永建等组织国民军教育会，主张民主革命。郭人漳在日本时，他家里早替他捐了道台，分发山西，所以他一回国便到山西禀到。这时山西藩司由沈淇泉署理，清末官场中对留学生出身的都不很放心，科举出身的大吏对捐纳的候补道瞧不起。郭人漳是留学生出身的候补道，以新学自负，以门第自豪，又风流自嬉，沈淇泉看在眼里，很不顺心。郭到省不多时，沈便借着小罪过把他参革了。郭人漳被参革后，他家里富有，年事既轻，人面又熟，他便由山西跑到广西。那时广西巡抚张人骏和他家本是世交，便留他在桂，帮助编练新军事宜，并派他到上海联络。郭人漳一到上海，黄兴、张继诸人便在酒家设宴接风，并邀往丹桂舞台听戏。郭人漳和黄兴、张继本有交谊，也乐于宴游。这一天，他从戏园和诸人踱回余庆里。一到门口，便被便衣逮捕。原来前两天，安徽籍革命党人万福华刺杀王之春不遂被捕。

王之春（1842—1906）

王之春是湖南衡阳人，1899 年至 1901 年担任安徽巡抚期间，曾将安徽 30 多处矿山卖给外国商人，深为安徽人民所痛恨。1902 年，王之春任广西巡抚时，联络法国军队绞杀革命者，并将广西多处路权、矿权低价转让给法国。其卖国行为引发众怒，声讨王之春的呼声愈来愈高，并掀起了轰轰烈烈的拒法运动，清政府被迫将王之春革职。1904 年，王之春闲居上海。上海的革命志士遂密谋对其行刺。最终商定由陈自新、万福华执行具体任务。

王之春与上海名绅吴葆初关系要好。王之春任安徽巡抚时，吴葆初系淮军名将吴长庆之子，故相熟。革命党与吴葆初也素有交往，吴葆初是"清末四公子"之一，章士钊是他的女婿，故定计利用吴葆初名义邀请王之春于 1904 年 11 月 19 日晚至英租界四马路（今福州路）金谷香西菜馆赴宴。暗杀以陈自新为主，携章士钊新购之手枪，乔装为侍者，潜藏在餐馆楼上，伺机狙击；万福华等人持借自张继之旧手枪，埋伏于餐馆楼下，以防不测。

1904 年 11 月 19 日晚，王之春携仆人、车夫等按时赴约。由于暗杀计划安排不严密，露出破绽，王之春欲逃走。此时，万福华拔出手枪，突至王之春身前，一手抓住王之春手臂，一手匆忙开枪，屡扣扳机，枪却始终未响。原来此枪从张继处借来，撞针已老坏，万福华等事先并未试用，因此功亏一篑。王之春乘势大叫，引得英租界巡捕赶到，万福华避走不及而被捕。章士钊得知万福华被捕后，焦虑万分，于次日赴巡捕房探望，无意中暴露了余庆里的门牌号。巡捕房不仅把章士钊以嫌疑犯拘捕，还以此为线索，查到余庆里革命机关，拘捕了黄兴、张继、郭人漳等 11 人。

万福华是安徽寿州人，和时在上海小学里做教员的安徽合肥人吴春阳最交好，吴春阳和张继、陈天华等有联络，因此介绍万福华到余庆里来。

这件事本来是很严重的，还好有个郭人漳在内。他有广西巡抚部院札派的凭证，沪、宁政界熟人也多，因此由他通知他的朋友泰兴知县龙璋出来，向会审公堂保释。黄兴本是湖南通缉有案的，这时化了名，混充是郭人漳的文案师爷，遂和郭同时释放。①

关于黄兴和郭人漳等人保释一事，说是蔡锷到上海后，发现黄兴等人被捕，情急之下，亲自冒严寒奔赴泰兴访知县龙璋，救黄兴出狱。② 两种说法不需深究，但都说明郭人漳、黄兴与蔡锷有一定交情。

1905 年冬，黄兴化名张守正潜回国内，绕道香港赴桂林，至广西桂林巡防营统领郭人漳军中进行策反。郭人漳因与蔡锷心存芥蒂，各不相让，经黄兴多方调解，仍无法合作。黄兴知事无可为，乃从联络下级将弁入手，组织同盟会分会于桂林之钵园。郭人漳属下将弁、随营学堂，及陆军小学师生相继入会者，有葛谦、曾传范、林纬邦、雷飘、谭道源、彭新民、梅霓仙、陈国良、林虎、杨锐锋、谭二式、陶表封、邹永成、刘慕贤、王德渊、张熙等 80 余人。此事为桂抚李经羲所闻，派员查究，蔡锷得讯，即令学生毁书灭迹，而将最激烈的学生张熙潜送出境外息事。黄兴不得已，只好离开桂林，赴梧州、龙州，访钮永建、秦毓鎏等计议军事，旋取道出镇南关，转往越南河内；郭人漳被调往广东肇庆，葛谦则赴

① 苏鹏《万福华刺王之春案狱中纪事》："因其（黄兴）新自湘中逃出，清廷悬赏五千元缉拿，幸郭葆生（人漳字）为现任江西巡防统领（郭为江南候补道，赣抚夏时调用充此职），到沪采办军火服装，此次访友来此，误被捕。又与上海道袁海观为姻娅，仅拘留三日，经袁解释证明，得释放。厪午谎称为葆生随员，一同释出。"
章士钊《书甲辰三暗杀案》："郭人漳幸以道员名义来沪公干。时杨度适以争路旅沪，经彼电商赣抚夏时，保释出狱。"（《文史资料选辑》第 19 辑，中华书局 1961 年）
② 《林谱》："（甲辰）十一月，（松坡）事毕回国至上海，获悉黄兴因皖人万福华刺杀前广西巡抚王之春案，在沪被牵连系狱，乃冒严寒至江苏泰兴知县龙璋处求援营救，黄遂得复自由出狱。
新宪《蔡锷年谱》："（甲辰）黄兴因万福华刺王之春被牵连入狱，蔡锷于十一月下旬亲赴苏北泰兴向龙璋求援。"
祖同《龙璋行状》："万福华谋炸（原文如此）王之春案，党人被逮系者数十人，蔡松坡冒严寒走泰兴告急。君立措千金，购什物付狱，然后从容筹画，以故事得已。"

日本留学，暂避风声。

葛谦，1884 年出生，字树安，号诞麟，湖南湘乡人，少年时读王船山遗书，隐然具有民族思想，平常与人说话，斥曾、胡、左、彭为汉族罪人，闻者多以狂士目之。早年肄业于长沙农业学校，旋入湖南弁目学堂。痛外侮日急，认识到只有推翻清王朝，才能救亡图存，与陈作龙等组织湘省光复会，密谋革命。1904 年冬，葛谦闻黄兴领导的长沙起义和鄂、宁起义相继失败，义愤填膺。他深深敬仰黄兴的为人，欲往从之，于是赴桂林入郭人漳营。嗣由黄兴介绍加入同盟会。黄兴离桂以后，葛谦东渡扶桑，入日本东斌学堂。有机会谒见孙中山，受孙中山革命思想的影响，葛谦反清之志愈坚。毕业后回国，赴广州，与赵声、谭馥、罗澍苍、曾传范、姚雨平、黎萼诸人商议，决定组织广州、虎门等处同盟会通讯机关，接纳会员，以厚势力；并亲赴香港，与同盟会分会长冯自由会晤，领取同盟会各项文件，并与冯商定联络志士及处理盟书方法，所有盟书密送冯自由妥为保管，广州联络事宜，由葛谦与姚雨平负责；虎门联络事宜由曾传范负责。由是广州、虎门等处陆军、学生入同盟会者颇不乏人。

黄兴与郭人漳的友谊破裂，源自钦廉防城起义。该次起义又称"丁未钦州防城之役"，是 1907 年 9 月 1 日至 17 日，同盟会在华南发动的一次武装起义。1907 年 4 月，广东钦州三那墟（那黎、那彭、那思）人民因官府无理关押要求减免粮捐的请愿代表，组织"万人会"，推刘恩裕为首领，举行抗捐斗争。两广总督周馥即派统领郭人漳、标统赵声率兵前往镇压。孙中山决定联合抗捐群众，大举起义，并争取郭、赵率新军倒戈，刘恩裕等表示同意接受同盟会领导，共同起义。然郭人漳部却偷袭刘恩裕抗捐民团，刘死难。后孙中山派黄兴潜入钦州，黄兴亲赴郭营中游说。9 月 2 日，王和顺率起义军攻击防城，5 日占领防城，擒杀知县宋渐元，发布《告粤省同胞文》《告海外同胞书》和《招降满洲将士布告》，宣传同盟会纲领。同日，王和顺率军 500 人攻打钦州，王和顺正准备进攻钦城，郭人漳派人来到涌口，对王和顺说："钦廉道王瑚及驻钦宋安枢部已经戒备"，他自己这一标无法发动，劝王不要来。王和顺听了十分败兴，派人刺探，果不其然，只见城垣上下清军荷枪实弹，这四五百杆枪真不够应付。因郭人漳变卦，黄兴未能在城内响应，王和顺只得改攻灵山。后因枪械缺乏，清军反扑，起义军被迫解散，退往越南，起义失败。

当时满口答应到时接应的郭人漳，这时怎么变了？郭人漳一是认为王和顺等四五百人势单力薄，不足成事；二则看这班粗人不起，又信他们不过。防城宋知县是郭的湖南同乡，当时宋已经主动投诚，王和顺的副都督梁少廷却因私恨，不但杀了宋知县，还将他全家老小都杀害。郭人漳不满，所以临时转了心机。

在这之初，胡汉民早认为："王和顺这个人不中用，郭人漳尤其靠不住，嘱黄兴应小心留意才好。"黄兴不以为意，及见郭人漳出尔反尔，由革命而反革命了，只能怪自己交错了朋友。好在钦州城的黄兴也极机警，他不动声色地在郭人漳的公事箧中取出空白印纸，誊成护照，不辞而别，径返安南。等郭人漳发觉黄兴走了，派人追赶已来不及，便函电邀请黄兴回来。黄兴鄙视郭人漳的行为，置之不理，两人交谊从此完结。

郭人漳对于革命早已怀有异心，以所部营将弁多与黄兴有交往，遂明令禁止。此后，葛谦等人又暗中运动郭人漳部属王德渊、陶表封、霍时安诸人欲再袭钦州城，以接应黄兴东兴之师，事泄，王德渊、霍时安被郭人漳杀害；葛谦逃至广州，遇乡人谭馥，二人同寓桂香街，继续开展革命活动。

谭馥，字文炳，又名绍基，1878 年出生，湖南湘乡人。他身材短小精悍，双目闪闪有光，因愤清廷腐败，遂投身会党，早年加入哥老会，"因熟识洪家反清复明之宗旨，慨然以光复为己任"；稍长，"投身营伍，亟欲运动各方兵士之属哥老会籍者使为己用"。他考虑广州巡防营士兵多属湘籍，且多会党，便于1907 年偕黎萼等人毅然来到广州，入巡防营。他在暗中设立保亚会，借以联络驻粤之外省籍军队。嗣由葛谦介绍加入同盟会。虎门陆军速成学堂毕业的同盟会员曾传范、何秉钧等人闻讯，亦赴谭馥所在的巡防营中充下级官佐，与谭联成一气，使谭斗志昂扬、信心倍增。他曾对自己的好友罗澍苍谈过自己的想法：拟先"运动军界数千人，即通知孙文进兵，届时官方必派营勇对敌，而营勇多系我党，则倒戈相向，易如反掌。广东素以富著，民间亦复藏有军械，起义时一经传檄，军民响应，大事成矣。虎门各处炮台为入口要隘，现并设法运动，多布同志，以便由香港进兵及输送枪炮，既得广东，即西略广西，北进湖南、江西各省，北伐中原，直捣幽燕"。在谭馥等人的积极组织和热心鼓动下，广州巡防营中革命气氛日益浓厚。

1908 年 11 月 14 日，清光绪皇帝病死。次日，慈禧太后亦病死，这对资产阶级革命派来说，无疑是一个发动反清武装起义的极好机会。赵声、朱执信、邹鲁、姚碧楼等人在广州豪贤街朱执信寓所集会，一致认为"非速举，将坐失良机"，决定趁人心动摇之机，在广州举义，"乃定二十日内为举义日期"。由于赵声已受粤督张人骏怀疑，新军标统被解除，不能率新军发难，只可谋作响应；朱执信所联络的农村会党，又因散处四方，非旦夕所能召集，也无发难能力，遂决议由邹鲁、姚碧楼主持，通过谭馥等人的关系，在广州巡防营中大力开展宣传发动工作。设总机关于广州清源巷，设分机关八处。计划"以巡防营发难，赵声以新军应，朱执信以绿林应"①。这次会议确定的基本工作方针是把工作重点转向广州清军巡防营士兵。

清巡防营属于地方性的警备部队，它的任务是"无事之时，可以缉获盗贼为地方捍卫；有事之时，可以协力守御为陆军声援，于军事、防务两有裨益"。实际上，巡防营的职能就是镇压人民的反抗斗争。巡防营的将领绝大多数表现顽固守旧，且拥护君主专制，清朝地方督抚深感新军不可恃，非常重视巡防营，纷纷奏请增募巡防营。谭馥、葛谦等人集中主要精力在清巡防营中开展工作，这的确是一种大胆的尝试，已经越出了一般资产阶级革命党人"联络会党、运动新军"的范围，反映出他们根据广州地区的实际情况采用新的策略方针进行反清革命。这一事实表明，不仅会党可以联络参加革命，新军可以运动参加革命，甚至连最反动的顽固堡垒巡防营也同样可以通过革命派的努力，发动起来参加革命。这预示着作为清王朝封建专制主义的国家机器重要组成部分的军队，包括新军和巡防营已经全面动摇，清王朝覆灭只是时间的早晚罢了。

聚集在广州的资产阶级革命党人，确定由巡防营率先发难的基本工作方针以后，下一步的任务就是如何在巡防营中开展策反工作。

几乎与谭馥在巡防营中开展工作的同时，邹鲁委派的虎门陆军速成学堂毕业生李济民也在营中进行联络，由于二者的工作都是在秘密状态下进行，彼此并不

---

① 函《戊申广州之役》，《革命之倡导与发展》中国同盟会（三），第 498～499 页。

相识，因而没有采取联合行动。于是，谭馥便主动找到邹鲁，探听李济民的活动情况，以谋求携手合作。当时，邹鲁对谭馥组织保亚会一事虽略有所闻，但对这一组织的发展情况并不十分清楚，对谭馥本人亦缺乏了解。（据邹鲁回忆："馥一日突至，请参加组织，努力革命。鲁以其无因而至，却之；次日复来，其情更切，鲁为所动。问曰：'何以知余主持革命？'馥曰：'闻之李济民'。鲁曰：'君尝见李济民乎？'馥曰：'未之见，惟巡防营中同志均云，李济民在营鼓吹革命乃受君所命，故冒昧请参加耳。'"）其实，邹鲁又何尝不想联合，只是为了保密，才未轻易与人言及此事。他问谭馥以何事相助，谭遂以其在巡防营中组织保亚会一事如实相告，两人一拍即合，谈得十分投机。谭馥愤然曰："清虏母子死，应即起义，我愿任先锋。"于是，邹鲁便将朱执信寓所召开秘密会议的详情告之，并以巡防营联络事宜专委谭馥担任。邹鲁问及举义日期和联络方法，谭馥答称：起义日期"愈速愈妙"；至于联络方法，因用"同盟会"三字易惹起清吏的注意，宜采用唐才常庚子自立军起事时散发"富有票"方法为妥，由于时间紧迫，只有采用散发票布的方式才能将会众迅速集结起来。邹鲁以散发票布容易泄露机密为虑；谭馥曰："若能宽我时（日），则不发票亦可。"邹鲁复以时间太长，则人心定，难之，乃允其发票[①]。

谭馥用以联络各营士兵的票布"名曰保亚票，其方法系仿照湘、鄂哥老会章程，删繁就简，会中一切阶级隐语概行删去，仅制一元长纸条，四角绘有山堂香水及内外口号诗句等等。由谭馥筹办妥后分发之，又以在粤之外籍军人旧多属哥老会籍，故所用宣传材料，亦多抄袭洪门海底以说明之"从这些宣传材料的内容看，大旨谓自满虏入关后，吾汉人有扬州十日、嘉定三屠、广州三日之惨，明末遗老因此组织此会，以为复国讨贼之预备。迨清康熙八年少林寺之光复计划失败，乃更分途向长江沿岸及粤、闽、川、桂、滇、黔各省推广势力，以图再举。其旗号为'反清复明'四字，即所以标明洪家宗旨。惟日久玩生，各会员多忘却本来面目，甚至有忘亲事仇为虏效力者，实属本会之奇耻大辱。今革命党首领孙文、黄兴二先生集合全国人才，讨满兴汉，救民水火，与洪门创造之宗旨相同，凡哥老

① 张玉田等编著：《中国近代军事史》，辽宁人民出版社1983年版，第444页。

会员要救国复仇，应即加入革命之同盟会才有力量等语。"并且规定："章程仿照新军办理，散票五十张作为排长，月薪四十两；散票一百五十张，作为队官，月薪八十两；散票五百张，作为管带，月薪五百两以上。"为预防局部失败牵连全局起见，凡保亚票会员除谭馥、葛谦、罗澍沧、曾传范、黎夔、姚碧楼诸人外，一概不准与其他会员相识，布置颇为周密。谭馥与葛谦等人以筹备事项渐有头绪，特在广州城内桂香街师古巷古家祠大同旅馆设一办事处，接洽各方军人；葛谦复亲赴香港同盟会分部，请冯自由致电孙中山，请示方略，商议接济饷械办法，并函邀黄兴、谭人凤来粤主持大计。冯自由当即给予活动经费三百元及《革命方略》两册，以备起兵时急需。从此，谭馥、葛谦、姚碧楼诸人"四出联络，尤无片刻能安寝食"。通过一段时间的努力，效果很好，"在营伍中之哥老会籍会员莫不以加入革命党及领取保亚票为荣幸，其中以水师提督亲军营加入者为最众，殆占全数中十之七八焉"，几乎有弦满待发之势。

这次由朱执信、邹鲁、谭馥、葛谦等人共同策动的"广州戊申之役"，是通过联络巡防营中的会党成员而进行的。从他们拟订的章程、采用散发票布的方式和使用宣传材料的内容来看，都是为了联络巡防营中的哥老会成员。而谭馥本人"少与哥老会诸首领游""曾隶秘密会党"，即是哥老会的重要骨干。他所运动的巡防营士兵，即是穿着军装的会党分子，直到1911年武昌首义，各省响应，会党仍然起过举足轻重的作用。

通过谭馥、葛谦等人的努力，当时省各巡防营已经运动成熟，惟外属水陆巡防各营尚缺乏联络，拟派谭馥于1908年12月8日赴北江各属向当地兵士散放票布，以竟全功。正当发难准备工作积极进行时，意外发生了！谭馥和葛谦等人为了清点加入保亚会的水陆巡防营各营士兵人数，特遣人分别通知各营士兵，定于假日出游时必须经过广州桂香街，并各自解开军衣上第二个纽扣为标识，以便暗行点验。时有湖北襄阳人严国丰正在广州先锋营（属巡防营编制）屈身为伙夫，颇具革命思想，由谭馥招至入会。由于巡防营戒备森严，士兵不得自由出入，谭每每借助严国丰以通信息，委托他担负通知水师提督亲军营士兵的任务，并发给严国丰保亚票50张。严已发出35张，余票藏裤囊中。1908年12月7日，严国丰在太平街水师提督行署内蹲地燃火，不慎失落保亚票一张，为水师提督李准的卫兵拾取，立即呈报李准。李知事体重大，不可疏忽，遂派得力之人严行查究，当晚在燕塘测绘处将严国丰拿获，并搜出日记本，上面记有谭馥、葛谦、曾传范、罗澍沧、钱占荣等人的名字，于是又跟踪追击至师古巷古家祠大同旅馆，幸好带兵捕谭的刑警为革命党人温少雄，将至师古巷时，温告诫随兵曰："革命党至可怕，我辈不能如向来捕匪之前后包抄法，须合一处攻入，方能敌之。"随兵按照温的吩咐行事，由前门蜂拥而入，将葛谦捕获。谭馥在床上惊醒，以身材矮小，趁混乱之机从后门逃匿，但其所预备启程携往北江的行装包裹被随兵抢去，包裹内藏有票据、旗帜、文件及往来信函等。至此，起义计划完全败露。李准使捕快按册缉捕，在观音山下龙王庙水师亲军营中续获曾传范；12月9日，在乐从墟水师提督亲军左营捕获罗澍沧，继而又捕去钱占荣等数人。是晚，水师提督亲军营兵士因藏有保亚票而被捕者达数百人。与谋者黎萼、姚雨平、姚碧楼诸人皆闻风逃脱。

葛谦被捕后，李准亲自审讯，葛谦陈述革命宗旨，无一语道及起义计划和革命党人名单。李准再三研讯，葛谦则曰："我近数年来，观中国腐败至此，皆由满人压力太甚，视我汉族如牛马奴隶，故我等同动公愤，结立团体，思为我汉族复仇雪耻，以救国家之危亡，成败利钝，盖所不计。目前国势日益衰弱，民心莫不怨愤，正为我等起事之机会。""我之宗旨只是如此，我的同党我断不能供出，已拼一死，愿快死为乐。我一人流血，留他们做大事业，历观欧美各国之大革命断无不流血而成者。近来因革命流血者亦不止我一人。我之宗旨，虽死亦不能变其方针，言尽于此，请速杀为愈。""今世界人只知有成功之华盛顿，而不知有失败之华盛顿。盖必有无数失败之华盛顿推于先，挽于后，然后成功之华盛顿以出，今我既不能为成功之华盛顿，亦当为失败之华盛顿。我此次到粤，凭我这张口舌运动军、政两界，此两界有人可以为我用，则大可凭借其枪炮势力作为内应，我的宗旨目的自然能够达到。""今既被拿获，我之身虽死，而我之灵魂仍将为千百化身，以继续我等之志。"供词凡千言，感人肺腑。审讯既毕，李准问曰："如我等不将汝正法，你日后何以自处？"葛谦坚定地回答："革命宗旨断不因此而稍变。"12月16日清晨，葛谦与严国丰同时遇难。

事后，香港同盟会分会特地为葛谦、严国丰等召开追悼大会，并号召同人捐款抚恤葛、严遗族。葛谦遗骸初葬于广州红花岗。民国成立，谭延闿第一次督湘，以葛谦有功于民国，三湘景仰，以湖南省政府名义迎厝于岳麓山之阳，以安英魂。严国丰遗骸初葬于广州城郊，民国成立，改葬红花岗（后改名黄花岗），1920年重修黄花岗七十二烈士墓场，又移葬于黄花岗侧，以供后人瞻仰。

葛谦和严国丰服刑时，罗澍沧虽被认为"证据确凿"，惟须拿获谭馥待质，暂缓发落。但李准将罗澍沧、曾传范、钱占荣传去拍照、陪刑，以示威吓。罗澍沧见五人同时拍照，以为亦将加害，必死无疑，乃索笔书一联曰："授首足千秋，黄种国民应有恨；伤心为一事，白头老母竟无依。"并以此联粘在身旁，欲以此照寄回原籍给乡人留着纪念。闻葛谦遇难之日，曾传范、罗澍苍在狱中作挽联二副以吊之，其一曰："自中华失南越以来，美雨淋淋，欧风飒飒，汉奸授首，满贼低头，壮志渡重洋，直将吸海国文明，代四百兆同胞续命；闻烈士遭东林之祸，词如金石，气贯山河，妇孺寒心，胡奴丧胆，声名腾百粤，愿留得英雄，为五千年历史增光。"其二曰："赤手拯乾坤，壮志西归名不朽；丹心贯日月，珠江东去血横流。"

李准还多次提讯钱占荣、曾传范，认定二人与葛谦"显系同党"，应递解回原籍，交地方官严加看管。钱占荣在押解途中，趁机逃脱，不知所终。曾传范

葛谦墓

被押解至湖南郴州监狱，羁押凡20余日，得州官谭承元优待，用轿子抬送至益阳原籍，复得益阳知事恭正怜恤，于1910年夏准予交保开释，在益阳任教职数月，翌年弃职来粤，仍然继续运动新军反正，及至武昌首义，乃赴肇庆联络西路统领隆世储宣布独立，为辛亥广州光复作出了重要贡献。

罗澍沧及黎萼至辛亥革命爆发始得出狱，他们召集原保亚会成员谭鼎新、朱清等成立建字军于藩署，黎萼任统领，罗澍沧任执法处处长。1914年，罗澍沧返回湖南新化原籍，知袁世凯阴谋复辟帝制，必为天下大患，遂与曾传范、谭二式等谋联合资江流域革

黎萼（1884—1947）

命党人，在益阳设立机关，聘日本人山本大郎等暗中制造炸弹，拟狙击湘督汤芗铭，因新化劣绅杨某密报县署，诱捕解省，刑讯数十次，无供被害。

谭馥自师古巷古家祠大同旅馆逃脱后，直奔总机关向邹鲁等人报信，被清兵发现，尾随其后，邹鲁得到警报，与当时同在总机关部的张煊正在窗口张望，见清兵往来巷中商量，似拟围屋搜捕，乃授谭馥衣服，敦促谭改装走避，时总机关经济拮据，仅存现款20元，邹鲁予谭馥10元，邹与张各取5元。临别时，谭馥握着邹鲁的手说："此次失败之责在我，能皆脱险幸也。若我脱而君不脱，君毋承，决无攀君者；若君脱而我不脱，万事一身当之。若悉被捕，君务留有用之身，勿与我争死。"邹鲁回忆："时细雨霏霏，三人直冲而出，时统兵来缉者为同志温少雄，阴为保护，故均得脱。"当晚，谭馥藏匿于一小艇中。翌晨，赴清远，旋转韶关，居杨发贵统领营中。时广东省抚严缉革命党人甚急，谭馥不便久留，乃取道返湘继续从事革命活动。1909年，谭馥在湖南郴州被捕，解回广州关押。在狱中，谭馥结识与庚子唐才常起事及壬寅洪全福起义有关的苏子山（即龚超改

名），二人相见恨晚，结为密友。仍与同禁者联络在外军队密谋革命。清吏为迫供主谋，对谭馥使用种种酷刑。谭体无完肤，血流遍地，见者流泪，闻者心酸。当时有人担心，清吏滥施酷刑，惟恐谭馥供出邹鲁等主谋人，劝邹暂避，而邹鲁"以馥决不攀人者，而同志犹不之信，果被刑讯至数十次，卒不供主使，始咸佩其高义"。

保亚票事泄，葛谦、严国丰被捕牺牲。黎萼避走广西，次年返广州，谋再起。5月20日被捕，关押在南海狱中，被刑讯30余次，五刑备尝，体无完肤，不为所屈。庆幸的是，由于葛谦、严国丰、谭馥以及黎萼、罗澍苍、曾传范、钱占荣等人被刑讯时刚强无畏、坚不吐实，所以驻粤省城新军的同盟会组织始终未受牵连和进一步破坏。

保亚票事件的发生同安庆马炮营起义相距只有10多天，清吏大为恐慌。李准本欲穷究，借兴大狱，后因搜索营中持有保亚票者几占80%，整个兵营呈不稳之势，李准深恐因此事株连，动摇人心，反令士兵铤而走险，造成哗变，最终除重要头目外，所捕士兵一律释放，并分设悔过自新箱悬挂各营，令凡领有保亚票者自行投置箱内，准予自新，照常供职，不予追究，"悉烧其票，以安众心"，遂寝其事。

谭馥墓

李准见谭馥坚不吐实，害怕保亚票事件引起动荡，遂令将在押的谭馥秘密杀害，因此在粤革命党人皆不知烈士殉难具体时日。谭馥烈士遗骸初葬于广州城郊，民国成立后，谭延闿第一次督湘，秉承舆情，将谭馥墓迁葬于长沙岳麓山之阳，与葛谦墓比肩而立。

　　岳麓山上的湘乡二杰之墓，是清末保亚票事件的历史见证。青山忠骨，名垂千古！

九

长沙抢米风潮

长沙抢米风潮，是指 1910 年湖南省长沙府发生的一次大规模的民变。是年春季，湖南因水灾而导致粮食欠收，米价飞涨，民不聊生。长沙城中以卖水为生的贫民黄贵荪一家因为无法买不到米而集体自杀，激起民愤，引发了抢米风潮。湖南巡抚岑春蓂对长沙人民严厉镇压，导致冲突扩大化。长沙城中的许多教堂、洋行、领事住宅被捣毁。长沙抢米风潮参与人数超过两万，并波及周边多个城市。这次斗争最终被清政府和列强联合镇压下去，同时清政府又罢免岑春蓂，出示平粜，才暂时稳定了局面。

《辛丑条约》签订后，中国社会完全陷入了半殖民地半封建社会的深渊。1904 年长沙被辟为商埠以后，外国商品像潮水一般涌入，加速了农民和手工业者的破产。《辛丑条约》规定给列强各国的赔款，湖南每年要分摊 70 万两。地方当局为完成指标，巧立名目，增加捐税。更有官吏乘机勒索、贪赃枉法，弄得民不聊生。

由于清政府日益腐败，水利失修，灾害连年。而抢米风潮也由此席卷中国大地，仅 1910 年长江中下游各省就爆发了 50 多次抢米风潮。长沙抢米风潮是其中最大的一次。1909 年，湖南发生洪灾，致使谷米收成受到严重损失。供应本省已经不足，因水灾欠收的邻近省份却仍然沿袭过去的办法，前往湖南采购粮食。自岳州、长沙开埠以来即从湖南采购大米转运出口的外国商人更是趁火打劫，他们取得湖南巡抚岑春蓂的同意，并经清政府外务部批准，携带巨量资金来湘抢购大米，明运可查的每月二三千石，偷运出境者为数更巨。湘米大量外流，湖南粮荒日益严重。

1910年2月中旬，湖南谘议局致信湖南巡抚岑春蓂，报告"现在省垣米谷空虚，据调查可信者云，合仓户米店屯积城外内仅共有谷25万石，皇仓20万石"。3月下旬，据王先谦等人的调查，省城长沙公私存粮不足30万石，尚不足两个月的需要。尽管谘议局调查的省城粮食储备比王先谦等人的调查多出15万石，但也不容乐观，尤其是湘鄂灾民源源不断涌入长沙，加剧粮食消耗，粮商源源不断地将谷米外运，导致了粮食危机。这时，新谷上市为时尚早，而地主奸商的囤积活动更加猖獗，米价扶摇直上，一日数涨，由往年每石二三千文，猛增至每石七八千文，而且涨势并未刹减，各米店皆悬牌书"早晚市价不同"六字。长沙城内人心惶惶，局势动荡，迫于饥饿的民众铤而走险的征兆日益明显。

1910年4月11日，长沙米价每升80文，四乡同时飞涨。长沙城南门外①碧湘街乌春巷挑水工黄贵荪的妻子携带仅有的80文钱去碧湘街里仁园戴义顺碓房买1升米，店主戴义顺以其

岑春蓂（1868—1944）

---

① 清末长沙城建有城墙。南城门称黄道门，就在现在的南门口。戴义顺碓房位于碧湘街，在城门外。

中杂有 12 个不通行的大钱，不肯售米。傍晚，黄妻乞得通行数钱凑足 80 文再去买米，米价 1 升又上涨了 5 文，她仍然空手而返。米价飞涨让黄妻感到绝望，她悲恸万分。回家后，她生起火，弄了一些泥，做了泥饼，对她的一双儿女说把这些饼烧熟后可以充饥。随后，她跳入今长沙妙高峰白沙路的老龙潭自杀。黄贵荪挑完水回家，发现妻子已死，又看见儿女正在吃泥饼，悲痛欲绝，遂也带着两个未满 10 岁的儿女跳入老龙潭，一家人在地府团聚。黄贵荪一家四口被逼惨死的悲剧迅速在长沙城内外传散开来，人们为之愤慨不已。

4 月 12 日上午，湖南巡抚部院出示压价，米价一度下降到每升 70 文，下午仍旧回头上涨。黄昏时，南门外碧湘街里仁园戴义顺碓房，同样的事情再次发生。一位老妇持 74 文钱来买米，此时米价已经上涨到 76 文 1 升。她赶回家凑足 76 文再去，复又涨到 78 文 1 升。老太太凑足钱后，米价又涨。她非常气愤，斥责戴义顺说："我一转背，你又涨价，哪里这样没有良心，你这不是欺负我一个婆婆子吗？"左邻右舍与过路的人纷纷为老太太打抱不平，指责戴义顺。碓房老板戴义顺担任碧湘街一带的团总，有权有势，经常到衙门走动，巡警兵丁也经常在

清末长沙的挑水夫

他家碓房喝酒吃茶，关系很好。他不甘示弱，高声咆哮道："涨价又不是我一个人，你们在这里闹什么？"恰巧隔一条街的灵公庙因上年天旱不雨许下神愿，正演皮影戏酬神。碓房的吵闹引起在附近庙里看皮影戏的民众围观，把碓房围得水泄不通，人数越聚越多。大家联想到戴义顺前一天逼死黄贵荪一家的惨景，心中愤怒难平。此时，一位叫刘永福的木匠路见不平，冲了进来朝戴义顺当胸一拳，将其打倒在地，并高

清末湖南谷米外运主要靠水运，因此英国太古洋行码头货仓在长沙抢米风潮中受到冲击

声喊道："你们只管打，打死了人，归我负责！"顿时，义愤填膺的人群蜂拥而至，痛殴戴义顺。戴义顺的家人见状不妙，赶快从后门溜走，叫警察去了。不一会儿，十几个手持红白木棍的巡警赶到，驱赶围观人群，将殴打戴义顺的人群拉开。围观民众更加气愤，指着巡警大声喊打，于是民众与巡警又打了起来。十几个手持红白木棍的巡警哪里是民众的对手，只好派人去转告巡防营。巡防营接到报告，立即增派荷枪实弹的一队巡警赶来。巡防营把为首打人的刘永福抓了起来，但民众将巡防营兵勇团团围了起来，夺回了刘永福。总巡官周大令随即遣人报告善化（县治设今长沙城南）知县郭中广。郭中广闻讯，急忙率领兵勇，打着灯笼火把，迅速赶到戴义顺碓房。愤怒的群众见知县郭中广带巡防队赶来，将郭中广团团围住，控诉戴义顺"抬高米价，逼死人命"的罪行，要求立即开仓平粜，给百姓以生路。郭中广来时，戴义顺碓坊已被捣毁，大米已经抢光。郭一看形势不对，众怒难犯，只得让步，并答应第二天动用储备粮平米价。这时，已经是三更半夜了，信以为真的群众雀跃欢呼而散。郭见人群散去，安慰了被打的戴义顺几句，赶忙抽身，打轿回衙，郭没有歇息，连夜参见巡警道赖承裕，商讨对策。

赖承裕亦名赖子佩，福建人，时年70余岁，在湖南官场混了一辈子，混到巡警道职位，官秩正四品，相当于省会警察署长。巡警道是1908年光绪皇帝推行新政时设立的一个机构，为全省警务的执行机构，掌管湖南全省巡警、消防、户籍、营缮、卫生事务。此次长沙米荒的事情，他早就知道，当时有人要他尽快放粮平粜，防止民变，他认为此时放粮太早，距新谷上市时间还长，要到农历四月中旬才可以放粮。当郭中广向他禀告饥民捣毁戴义顺碓房一事时，赖承裕反问他抓了闹事的人没有？当得知没有抓到人，他大发雷霆，说："岑抚（岑春蓂，时任湖南巡抚）对于百姓聚众闹事，一贯主张严厉惩治！"赖承裕认为郭中广太软弱了，约定次日一早向岑抚禀报。

4月13日晨，郭中广随赖承裕一起至巡抚衙门，向巡抚岑春蓂陈情昨日之事，请示对策。岑春蓂训斥了二人一顿，责怪郭太软弱，说不会动用官府储备米平粜，要郭自己想办法降价，并说道："现在到茶馆吃茶也要100文，1升米80文，怎么算贵呢？"他认为这是民众在无理取闹，必须严厉镇压。限定郭、赖两人即刻捉拿闹事者。

赖承裕回巡警署后，即刻派游击①龚培林率兵勇40人，出城去抓人。龚培林在南门外将闹事的首犯刘永福抓获，收押在南门外里仁坡鳌山庙巡警分局。

4月13日一早，获得知县郭中广许诺的饥民提着米袋、挑着米桶，拥向碧湘

湖南巡抚出动巡警试图平息抢米风潮

---

① 清朝兵制：分驻各省，最高的统军官叫提督，下设镇（总兵）、协（副将）、营（参将、游击）、汛（千总、把总等）四级。

116

街，人数上千。时间一分一秒地过去，中午过后，可是平粜却杳无音信。众人连呼上当，怒不可遏，大骂"狗官"。正在这时，众人忽然得知前日率众动手捣毁戴义顺碓坊的刘永福被捕，数千要求平粜的饥民群众如潮水一般涌到里仁坡鳌山庙长沙巡警分局，要求释放刘永福。

长沙县知县余屏垣、善化县知县郭中广深感此事干系重大，派人入城请示赖承裕。巡警道赖承裕闻讯后，与协戎杨明远率队前往鳌山庙弹压。一行人刚至鳌山庙巡警分局，就被拥挤在那里的群众喝令下轿。饥民责问："请求平粜，没有犯法，何致遽出捕人？"大家要求当场释放刘永福。

因为人是赖承裕抓的，两县令不能做主，只好通知在城内的赖承裕。赖承裕受到岑春蓂斥责，正窝着一肚子火，闻讯饥民又在闹事，便亲自率队前往镇压，他乘坐一顶绿呢大轿，被兵勇簇拥着来到鳌山庙巡警分局。刚入庙门，轿子便被饥民拦下。赖承裕掀开轿帘探出头来，斥责道："简直是胡闹！"又转述岑春蓂的话："我听说现在天然台茶馆一碗茶要100文没人说贵，一升米80文怎么能够说贵了呢？你们岂有天理良心！"群众听他说出这样的混账话，气不打一处来，将赖围住，喊打之声不绝于耳。饥民摘掉赖承裕的官帽花翎，拖起就走，将其捆吊在庙侧的大树上"吊半边猪"[①]，赖承裕像一个沙包，饱受饥民的拳打脚踢，这种刑罚年轻人都受不住，何况赖承裕须发皆白，已经70余岁。副将杨明远上前救护，也被殴伤，所带差勇皆被愤怒的饥民吓散。

这时，赖承裕的几个亲兵情急之中趁人不注意，脱去号衣，换上一套烂衣裤，冲入人群，打了赖承裕几个耳光，然后向大家高声喊道："我看这个家伙没什么打场，他又做不了主，不如扭送抚署找岑春蓂论理。"众人一听，觉得有理，便一声吆喝："要得！"这人用手招了一下，立刻上来几个人，抬来一块门板，将赖承裕从树上放了下来，往门板上一放，抬起就走。众人乐呵呵地跟在后面。群众不知是诈，便浩浩荡荡跟着来到了巡抚衙门。

---

① 民间的一种刑罚：将右手的大拇指和左脚的大脚趾，分别拴在绳头上，然后一拉绳子，就把人悬空吊起来，悬在空中，晃来晃去，叫"吊半边猪"，或叫"荡秋千"，也叫"空中跳舞"，这种刑罚让一个大拇指和一个大脚趾承受着全身一百多斤的重量，本来就疼痛难忍，还要左右晃荡、上下摆动，受刑者异常痛苦。

长沙抢米风潮中的围观民众

　　赖承裕被抬进了抚台衙门，跟随的群众却被挡在了外面。这时，大家才知道上了当。如果不是赖承裕的亲兵想出这个计策，赖承裕恐怕早就一命呜呼了。

　　天色渐黑，愤怒的群众络绎不绝地涌向巡抚衙门，很快就聚集了上万人。他们聚集在辕门外的操坪里，要求开仓平粜，释放刘永福。面对情绪失控的饥民，岑春蓂吓得魂不附体，闭门不敢面见情绪激动的饥民。为平息众怒，他命手下出告示牌，"五日后开仓平粜，价60文一升"。告示牌刚出，就被愤怒的饥民捣毁。又改为"明日开仓平粜，50文一升"。接着告示牌又被捣毁。岑春蓂仍闭门不见，又许诺释放被抓的闹事之人。被抓的人已经被警务公所带走，一时无人可放。群众忍无可忍，打破辕门，摧毁照壁，锯倒旗杆，掀翻石狮，有的人则直向内堂冲击。抚署卫队拼命抵抗，被饥民用瓦石击伤。岑春蓂急调就近的小吴门外五十标营房的常备军入署护院，并下令开枪射击，当场打死十多人，伤几十人。这些饥民不畏弹雨，捡起砖头当武器，越战越勇，一直战斗到五更时分。岑春蓂无可奈何，只得下令停止射击，并出一告示："恳切谢罪！"

　　巡抚大院的枪声停止了，但饥民提出的要求一条也没有达到，平粜没有落实，被抓的人也没有释放，而且死了十余人，伤了数十人。愤恨已极的饥民涌向街头，一夜之间将长沙100多家米店碓坊堆栈存米抢得干干净净，将警兵站岗的木棚捣毁殆尽。这一晚，长沙各行业的工人分头到各街道鸣锣吆喝，呼吁各铺户一同罢市，并维持秩序。

4月14日清晨，长沙全城罢市，抢米风潮更趋高涨。岑春蓂感到事态严重，急令省城高官、地方绅士，长沙城厢各都团总在小瀛洲（今芙蓉区小瀛洲巷）席少保祠开会。岑春蓂答应城内各碓坊和米店，暂向官仓领谷碾米出售，每谷一石作价2000文，准许粜后交款。

抚院门前围聚的人越来越多，有的已拥入抚署大堂。一些人提着煤油，攀上巡抚衙门屋顶，放火焚烧。顿时抚署内的号房、赍奏厅（赏赐和议事）、文武巡厅、大堂、二堂、一实堂等处浓烟滚滚。驻长沙城的司道各官率领常备军、巡防营赶到巡抚衙门，军队开枪又打死打伤20多人。群众并没有被枪声吓倒，仍然将巡抚衙门团团围住，不肯撤退，要求释放被抓的刘永福等人。岑春蓂唯恐事情越闹越大，不可收拾。只得当场传令将刘永福等人释放。群众取得了初步胜利，但没有满足，仍要求岑春蓂亲自出来赔罪，马上办理平粜。

下午三时，巡抚衙门余烬犹炽。岑春蓂犹如惊弓之鸟，他一面急电北京军机处自劾，并请旨以布政使庄赓良署理湖南巡抚之职。他急急忙忙将巡抚关防移交

等待官府平粜的饥民

民众围观被烧毁的建筑物

庄赓良后，偷偷从抚署后院逃走了。

布政使庄赓良署理巡抚后，即以署理巡抚名义命令：士兵不许开枪；释放被捕饥民，被杀者恤银200两，伤者40两；许愿翌日即开办平粜，每升米价40文。但事态仍不能平息，"众人恣横，如入无人之境，到处火起，竟夜焚掠"。

到了晚间，愤怒的饥民、众多的泥木工人、贫民以及从长沙城外四乡赶来到城里等待平粜的农民又在长沙北门集合。晚上8时左右，各路代表和首领开会商讨进一步的行动，与会者认为，湖南素有"湖广熟，天下足"之称，历年都不缺粮，虽然遭了灾，但自给是没有问题的。这次长沙米荒，主要是洋商盗运粮食造成的结果。这次长沙抢米风潮，引起了在长沙经商洋人的恐惧，为保护侨民和他们的财产，洋人调集兵舰泊于湘江。官府因巡抚衙门被烧，加强了警戒，难以下手。斗争的矛头转向了在长的外国人和他们的机构。赤手空拳的饥民难以抵挡官兵的洋枪，准备将湘春门外吊桥头的教堂焚烧，再赴平浪宫①一带焚毁洋房。由于这两处地方距湘江很近，外国兵舰可以炮击，于是大家分散在全城各处行事。领头人有火烧巡抚衙门的经验，准备也比较充分，破坏工具和煤油都准备了。这一晚，长沙城陷入一片火海。

———————————

① 平浪宫：位于长沙城湘春门外附近盐仓街。当时有很多外国人的洋房建于此。

这一夜，外国人在长沙被焚烧、捣毁、清算退赃的机构与建筑物有：

1. 完全焚烧的。潮宗门外新海关公廨，小西门外老海关公廨，海关公廨西人俱乐部，大西门外英商怡和洋行趸船、堆栈，太古洋行码头、趸船、栈房，大西门河街美商英美烟草公司，太平街英美烟草公司经理处，湘春街圣公会，道门口信义会，北门外两处天主堂。

2. 先拆毁房屋再焚毁的。西长街美国福音堂，挪威路得教堂，意大利立朋聚尔教堂。

3. 捣毁的。东牌楼福音堂，黎家坡巷医院，日本领事住宅，学院街内地会，南门外社坛街两处福音堂，福星门、大西门、小西门一带美商美孚洋行、英商怡和洋行，德商瑞记洋行，日商东信洋行，日商和井洋行，日本邮便局，日本银号巡捕局，日本工程巡捕局。

4. 清算退赃的。落星田英国伦敦教会，西牌楼美国美以美会，联合传道会，府正街七日安息会，上碧湘街和坡子街一带，日本日丰、岩城、大石、中村、盐川、小岑等洋行，德国卜内门公司经理处。

5. 准备焚烧被巡防营阻止的。宝南街、福庆街、天心阁各教堂，西牌楼美国

巡抚衙门被烧毁后的情形

雅礼学堂及附属医院，晏家塘美国私人医院，麻园岭英国领事住宅。

这一晚，"赤手空拳之徒，烧抢打毁，左冲右突，薰风炙人，火光烛天"。直到午夜，火势才渐息。[①]外国商人、传教士纷纷逃往武汉。清政府的大清银行、海关等衙署也遭到毁灭，整个长沙城一片混乱。

4月15日清晨，饥民原计划要焚毁位于小西门正街的官绅合办、专销洋货的皆宜公司，并再度到巡抚部院聚众示威，但庄赓良加大了巡防力度，这一计划没有实现。庄赓良委派了长沙知府汪凤瀛、候补道胡得立，率领巡防队满布城厢内外，并调新军四十九标一营，由管带陈强带领维持秩序。庄赓良发布告示，对"放火抢劫者，格杀勿论"。官军四出弹压之下，又有数位饥民被擒杀。

湖广总督瑞澂调遣湖北巡防营两营官兵，分乘两艘军舰开到长沙，分别驻扎在南门和北门外；新军第八镇第二十九标及两个炮队赶到长沙帮助平息饥民抢米风潮。长沙水师营调来军舰，开炮示威。清兵举着"放火捣乱者，就地立杀无赦"的高脚牌，扬起沾满鲜血的马刀，提着血淋淋的人头，在大街小巷杀气腾腾地对饥民进行恐吓。连日间，无辜受戮者，时有所闻。长沙抢米风潮被平息下去，为

美国圣公会被毁情况

---

① 以上综合《湘乱征实记》《湘难杂记》《湖南省城饥民滋事焚毁巡抚衙门及教堂学堂》的记载。

长沙税关被烧毁后情形

首的起事饥民被杀，数百人被捕。

英、日、美、德等国纷纷从上海、厦门、武汉调来 10 多艘兵舰，协助清朝政府镇压民众。同日，清廷谕令因湖南巡抚岑春蓂办事失当，激成民变，革职查办，由杨文鼎署理湖南巡抚。杨文鼎接印后，一面奉令"严拿倡乱之徒，尽法惩治"；一面严禁米肆涨价，又成立善后总局，筹银 100 万两，赶办平粜，每升 40 文，仅准贫民按日携带执照购买，才算基本平息了事态。

清政府慑于压力，由湖南、湖北官钱局及武汉商会筹款 30 万两，从河南、江西、安徽购进米、麦、杂粮 10 万石，在长沙设粜场 8 处，将米价调整为每升 40 文。原来囤积谷粮的商人看见米价下跌，也将囤积的粮食运到市场上发粜，暂时解决了严重的米荒问题。

外国列强在此次风潮中所受的损失，由清政府官矿总局将常宁县水口山、龙王庙两处矿砂抵押给大清银行，由大清银行垫付赔款 88 万两白银结案。

4 月中旬，湖广总督瑞澂上奏《遵查湘省痞徒扰乱、地方文武办理不善情形分别参办折》和《特参在籍绅士挟私酿乱请分别惩儆折》[①]，很快得到批准。这两份奏折，对发起长沙抢米风潮的责任人，做出了结论性的判词：

———————————

① 见《大清宣统政纪六》，大清宣统政纪卷之三十五，壬辰。

此次湘民肇乱，省城地方文武各员，事前疏于防范，临时因应失宜，均属咎有应得。除开缺抚臣岑春蓂已经奉旨交部议处外，查巡警道赖承裕，操切偏执，肇衅酿患；盐法长室道朱延熙，遇事懦懦，应变无方；长沙协都司贵龄、左营守备周长泰、消防所所长游击龚培林、警务委员知县周腾保护不力，均拟请一并革职。藩司庄赓良，在湘年久，民生疾苦，应已周知，办理赈粜，是其专责，乃平日不能和衷商办，预先筹划，迨匪徒扰乱措置亦有失当之处，殊难逭过，拟请旨开缺交部议处。兼署学司枭司周儒臣，长沙府知府汪凤瀛，长沙县知县余屏垣，善化县知县郭中广，身任地方，亦难辞咎。惟平日官声尚好，现在办理善后事宜，亦颇敏慎自应分别处理。周儒臣、汪凤瀛均拟请交部察议，余屏垣、郭中广均拟请革职留任，借示薄惩。署长沙协副将杨明远，当匪乱时保护外人，甚为出力，查拿匪犯，亦能认真，功过并足以相抵。惟究有弹压辑捕之责，拟请摘去顶戴，勒令捕匪，以观后效。寻吏部议上。得旨，开缺湖南巡抚岑春蓂、开缺湖南布政使庄赓良，均著照部议革职。湖南按察使周儒臣、长沙府知府汪凤瀛应得降三级调用处分，加恩改为降三级留学。前国子监祭酒王先谦、分省补用道孔宪教均著照部议降五级调用。

谕内阁王先谦等挟私酿乱均著分别被惩儆：

英国太古洋行码头仓库被毁场景

124

湖南官办府中学堂被毁情况

......

据称，该省议劝绅捐，先办义粜，湘绅王先谦首先梗议，事遂迁延。变起之后，复归咎抚臣激变，电请易人，殊属不知大体。孔宪教、杨巩二人，于推戴藩司，排陷抚臣，持之尤力。杨巩本系被议人员，朦捐候选道，尤属品行卑下。叶德辉当米贵时，积谷万余石，不肯减价售出，实属为富不仁等语。前国子监祭酒王先谦、分省补用道孔宪教，均著交部严加议处。吏部主事叶德辉、候选道杨巩，均著即行革职，交地方官严加管束。余著照所以办理，该部知道。

长沙抢米风潮是长沙广大人民群众举行的一次自发的反帝反封建斗争。它从饥民要求官府减价平粜开始，斗争逐步深入，以致殴辱政府人员，烧毁抚署，进而将矛头指向在长沙的帝国主义势力，充分反映了清末社会矛盾的严重程度，以及人民群众斗争情绪的蓬勃高涨。这次风潮持续的时间虽然不长，但显示了人民群众的力量，同时预示着一场政治巨变的到来。

1910 年长沙抢米风潮间接促成了辛亥革命。正是 1910 年的长沙抢米风潮，使得 1900 年清政府所谓改革新政以来建立的政府信任被彻底摧毁。1900 年八国联军入侵，1901 年签订《辛丑条约》后，慈禧太后开始转变她一向对外国人又恨又怕的态度，开始全面学习外国的制度。于 1901 年之后重启的改革措施被称为新政，从某种程度上来说，它比 1898 年戊戌变法时提倡的那些改革措施力度要大得多。之前没改变的东西，这时开始改变了，如修铁路、建新军、办新式学校，

1910 年，由于湖南各地灾害频发，造成饥荒，大批难民聚集长沙

最突出的是 1905 年废除了实行上千年的科举取士制度。1906 年后，受在中国领土上进行的日俄战争刺激（在这场战争中，日本战胜俄国，普遍被认为是民主战胜了专制），改革开始加快，设立了警察、法院。甚至在 1908 年宣布预备立宪，实行君主立宪制政体，改变清朝的根本制度。这期间，政治改革最重要的进展，就是设立了谘议局。和全国一样，湖南的谘议局 1909 年设立，对政府的行为进行监督。新政需要大量钱财，清政府不得不加大税收征收力度。

被这次风潮摧毁的还有保守的封建士绅阶层，这些保守的士绅阶层游离于官场之外，却依靠从官场得来的内部消息和特权累积了雄厚的财富。反过来，官僚阶层也需要这些士绅为其权利出租。两者勾结，对底层百姓利益造成了极大的损害，最终导致清政府的灭亡。

长沙抢米风潮并非粮食不够，相反，清政府手中和士绅手中握有大量的稻米，无节制的大米通货膨胀以及士绅囤积居奇，是长沙抢米风潮的主要原因。

1909 年，湖南的洞庭湖区发生特大洪灾，华容、南县、澧县等湖区县十垸九溃，洪水泛滥成灾，灾民无家可归，死人无数，饿殍遍野，人们吃树根、树皮、观音土，甚至出现了易子而食的惨剧。湖北公安等地、湖南沿湖各县的饥民纷纷来到长沙乞讨，凄惨景象不忍目睹。

湖南历来是鱼米之乡，所谓"湖广熟，天下足"，是全国的粮仓，在自身粮食不够的情况下，还要外运到其他省。湖南巡抚岑春蓂和英日等国领事签订了一项粮食采购协议，遭到新成立的湖南省谘议局反对，但岑春蓂仍然坚持。

第二年春，湖南的粮食危机已然迫近。据当时相关数据统计，即使不外运，省城长沙全部的粮食，只够居民维持两个月，何况公开的外运、偷运仍在持续。以王先谦为首的省城四大豪绅向巡抚提出禁运，并要求动用官仓的储备粮压低粮价。可是这四大豪绅自己也囤积了大量粮食，其中叶德辉囤积上万石、孔宪教囤积几千石。巡抚不同意禁运，反而要求四大豪绅开仓义卖。

最后，在保守的四大豪绅和谘议局开明绅士的压力下，巡抚岑春蓂不得不同意禁运。根据和外国签订的协议，

叶德辉（1864—1927）

禁运必须在宣布三周后实行，这期间掀起抢运浪潮，加剧了米价上涨，由平时的两三千文一石涨到七八千文一石，为"数百年来未见"。

1900 年后，清政府强推新铜币，为了减轻外债压力，铜币对外升值，对内贬值，这也是间接导致米价上涨的原因之一。

1910 年爆发的长沙抢米风潮，并不是过去人们所说的单纯的"饥民暴动"，除了饥民外，有大量的会党成员混迹其中，这部分会党成员，除参加过萍浏醴起义的洪江会余众和哥老会的另一支派，高宗怡领导的洪天保派外，还有一部分"青兵"。"青兵"是由焦达峰暗中以修铁路为掩护，召集参加过"白莲在理教"的义和团余众。焦达峰在宣统年间曾组织会党成员分段承包由长沙至易家湾段铁路的接轨工程。他利用这个公开的组织，在杨任等人的帮助下进行革命的训练和组织工作。这些修筑铁路的工人多为会党成员，他们受了焦的教育，有了一些政治觉悟，从而加入了斗争行列。会党参与长沙暴动，并把斗争推到全省各地，使各地斗争此伏彼起，形成浩大声势。在衡州、常德等地均有聚众焚署毁关、传习神拳、竖旗倡乱之举，波及湖南全省 21 个州厅县。

十

❧ 湖南保路运动 ❧

    保路运动亦称"铁路风潮"，它是中国近代史上大规模的群众性的爱国运动，它成为了直接点燃了武昌起义的导火线，促使了辛亥革命运动高潮的到来。20世纪初，围绕着修筑铁路的主权之争，保路运动在三湘大地拉开了帷幕。湖南省是保路运动的前驱，其发起最早、持续时间最长，给各地发起的保路运动带来影响，最终保路运动在愈演愈烈之下，爆发了大规模的武装起义，从此敲响了清政府灭亡的丧钟。

    1911年全国性保路风潮的前身，是1903年左右在全国范围内掀起的收回路权运动。收回路权运动是1911年保路风潮的先导，而1911年保路风潮则是收回路权运动的继续发展。

    湖南的保路运动持续时间长，一方面表明了湖南作为一个农业大省，资金极度的缺乏，铁路修筑多年却未见大功，以至日后的借债修路成为客观上的必然；另一方面却也表明了湖南人特有的韧性，历经弥久而热情未见其衰。

    1895年，美国设立华美合兴公司，加入抢夺中国铁路权的竞争。1898年，它与督办铁路大臣盛宣怀签订《粤汉铁路借款草合同》，两年后订立续约，夺取了粤汉铁路的投资权，并连同夺去了开采沿线矿产的权益。从1902年起，美方暗中将 2/3 的公司股票卖给得到俄、法两国支持的比利时资本的资本家。这种延宕路工、暗售股票的违反合同的行径，激起了湘、鄂、粤三省人民的激愤，引发了三省人民"废约争路"的爱国斗争。

铁路权的丧失，亡国之祸临头，举国上下，各阶层爱国人民纷纷谋求自救。"商办铁路"的呼声日益高涨，一些爱国的绅商倡议自筹股份，由中国人自己修造铁路，以保路权而救危亡。1903 年 11 月，清政府迫于舆论，被迫颁布《铁路简明章程》，规定各

盛宣怀（1844—1916）

省官商只要经过商部批准，就可以自集股本，兴筑干路或支线。

1904 年 5 月，湖南绅商联名上书省当局和工部左侍郎盛宣怀，要求盛宣怀照会美国，废除原定合同，由湘人自办粤汉铁路。湘、鄂、粤三省人民相互呼应，从 1904 年起，迅速展开了收回粤汉铁路主权的爱国运动。1904 年 9 月，湖南留日学生杨度联络湘、鄂、粤三省留日学生组成"鄂湘粤铁路联合会"，主张废约自办，海外留学生展开声援家乡人民的爱国运动。

1905 年 5 月，湖广总督张之洞听从湘绅王先谦建议，湖南绅商在长沙成立粤汉铁路局和铁路总公司，积极筹备自办。1905 年 8 月 29 日，中美双方在华盛顿订立《收回粤汉铁路美国合兴公司售让合同》，中国以 675 万美元的代价，将粤汉铁路主权赎回，由三省自己筹款分段修建。粤汉铁路的赎回，极大地振奋了全国爱国民众收回筑路权、捍卫国家主权的斗志。筑路权收回后，筹集赎款和筑路资金的任务更为艰巨。赎路款为 675 万美元（合银元 1350 万两），粤汉铁路全长 1000 余公里，湖南境内 600 余公里，需要的资金数目巨大。

1905 年 5 月，湘省官绅在长沙成立湖南铁路筹款购地公司，由官方委派龙湛霖、王先谦为总理；张祖同、席汇湘为总办；龙绂瑞为会办；谭延闿、叶德辉

张之洞（1837—1909）

等人为总议。但此时尚值废约阶段，筹款尚处于草创萌芽时期。王先谦等人此时的筹款主要从张罗官款入手，先后筹得两湖赈粜米捐和衡宝配销盐厘，合计每年约四五十万两，作为官股。由于米捐盐厘距湘路修造总数二千多万两相距甚远，公司又准备鼓铸铜元，并定购了日产百万枚的铜元铸造机器。但此后清政府下令停止鼓铸铜元，使购置之机器耗银 17 万两付诸流水。废约合同签字后，粤汉铁路筹款购地公司成立，主持湘路修建，公司体制名为"官率绅办"。此时公司由王先谦等人仿照外国条例，发行铁路有奖公债，总额定为 1200 万元，分为 300 万股，每张股票银 4 元；按月发行 5 万张，预计分 5 年售完。由于各方面的原因，各界人士无人问津，终至毫无成果。一部分人很自然地把这种"毫无成果"与公司的官商合办形式联系起来，特别是商界人士。

1906 年 5 月，商会协理陈文纬、周卢洋等联络学界发起召开集股特别大会，与会者达千余之众。7 月，陈文玮等总商会众董 36 人联名呈商部折，认为"安徽、江苏、浙江等省均邀奏明商办，并派大员主持，先后奉旨允准在案"。因此"湘省事同一律，拟援案情归商办，以维路政而顺商情"。并以 5 月在集股特别大会上"发起诸人公同认股 200 万元，以为办路基础"，此筹款效果作为提议的支撑，但是，清廷还是未能同意湘商的这种要求，以"铁路系国家要政，仍应官督商办"相驳斥，后张之洞也上折，痛斥湘商的要求"所请将湘路归商筹办，并公举总理等语，情理殊多不合"。

1907 年 3 月，湖南粤汉铁路总公司成立（简称奏办公司）。公司成立之初，坐办总理余肇康刊布《暂定简明章程》。章程预定招股 3000 万元，以 5 元为一零股，百元为一整股。3000 万元中先招股 600 万元，作为优先股。优先股无论整零，须于限期内一次招足；抽红利 1/10 为特别报酬。优先股招满后入股者为普通股，股金于三年内分期缴纳。此外，章程中又拟定待优先股招到相当数目，即首先赶办长沙至岳州一段路工，并同时分办长株段，期于三年内完工。这个章程，由于股东仍无权，招股同持股没有效果。由于公司的腐败，商股股东曾提出退股要求。其实，湖南的这种"绅士徒多议论，经费筹集则毫无头绪"的局面，当局也早就注意到了。总督及一般当局者知湖南资金筹划困难，故欲期建成，当仰给外资，但当时因利权论所浸染的清政府并不支持这种方式，所以借款无法进行。

1907 年 5 月，张之洞等部分官绅趁湘路招股困难、路工无法进展之机，准备着手引进外债，暗招洋股，示意萍乡矿局的盛宣怀向奏办公司提出，由萍乡矿局借洋款代修长株段。经过张之洞的直接出面干预，余肇康等人基本接受了借洋款的方式，认为"公司只认借自萍矿，萍矿借自何处，不与公司相干，尤不能以路作抵"。后来主持总理袁树勋闻讯，极力劝阻，借款没能成功。在这种情形下，余肇康等无计可施，竟呈请鄂督赵尔巽，请其转向川、粤铁路公司各借钱 300 万两。可想而知，该两省自保不暇，当然不可能答应。湖南巡抚岑春蓂见借款不成，遂派席汇湘、沈廉赴南洋招股，意在同时招纳洋股。湘人起而攻击，被鄂督赵尔巽阻止了此事。长沙商学两界第二次呈书总督，要求湘路商办，官方拒绝了这个请求。但公司得到了一定程度的改良，实行了会计检查员的制度，商股的权力开始得到承认。同时，官方对筑路工程毫无动静的现状，又不能置之不理。

在这种尴尬局面下，1909 年 4 月，官方大刀阔斧地出台了一系列的举措，拟出与实施了一套抽收租股、房铺租股和廉薪股的办法。这套办法是根据湖南谘议局的提案而实施的。

1909 年 10 月，湖南谘议局成立后，在议案中对湘路进行了细致规划，并提出了筹款办法：1. 累进租股法，俟各项筹款毕，集收股月巨足以抵补此数，随时即议停止，每岁可得 300 万元。2. 盐斤加复钱价，每岁约得银 23 万余两。3. 铁路银行，拟试仿四川开铁路银行以现有各款发行铁道公司钞票，经营得法实足以资周转，如准备金不足可向大清交通银行借资准备。4. 分区劝股，抚部院出示并通饬各地方官协同劝股，士绅切实提倡。5. 在外集股，游宦于某省者，拟由谘议局公司集股总会公函劝请入股。6. 就事拟劝之股。（1）地主以土地入股；（2）山主以木料入股；（3）公司所用各员累存薪资以入股。7. 各届以薪资入股，拟从岁入百元起，至 500 元以上者酌量加多。8. 官缺股，仿川滇铁路集股章程内缺官股办法，拟请抚部院及布政使分别行知劝令量力入股。9. 铁道债票，由铁道银行以一分息发行。10. 各地方公储股，劝令有余钱生息者，酌提若干分入股。即其中对租股的征收仿行川滇铁路章程，令各租户按租认股，随粮缴纳。总计全省田租56726300 余石，令每 50 石认股一石，每石折银一元，每年约得1137000 余元，是年10月又改行累进租股：收租50 石者每年平均出 1 元，收百石者每年入股 3 元，收 150 石者入股 6 元，收 200 石者入股 10 元，收 200 石者入股 18 元，收至1000 石者入股 130 元，千石以上者则听其自由增入。这样，每年可收租股亦可得 300 万元。房铺租股则从 1910 年 10 月起正式开办。城市繁盛之区，每年酌提房铺租一月入铁路股，先从长沙、湘潭、常德、益阳、沅江、津市、衡州、宝庆、岳州九城市办起，其余各城市由本地士绅斟酌情形，依照办理。廉薪股从 1910 年 2 月开始实行。其办法是凡是湘人在本省幕局、学堂或者军队中充当将兵的，除了特别认股以外，均按照其廉薪的高低情况，酌量出资入股。

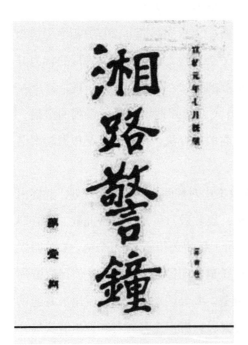

1909 年第 1 期《湘路警钟》杂志

清政府的铁路商办政策自 1904 年推行以后不久，出现了人们原先不曾预料的严重问题。首先，民间无法筹集到修路所必需的巨额资金。中国作为一个传统的农业国家，缺乏工业化所需要的资金来源，这是任何后发展国家所面临的共同问题。第二，商办铁路公司不但缺乏合格的工程技术人才与经营管理人才，同样缺乏经营管理的监督机制。这两方面因素相结合，必然导致商办铁路公司经营管理不善、任人唯亲、挪用贪污等问题严重，效率低下。第三，由于商办铁路各自为政，各省和地区在干线上的统筹和协调难以解决。且各省所定路线各有畛域，无法使一条贯穿各省的铁路有效地建造起来。支线与干线铁路如何衔接，轨道如何贯通，这些重大问题事先均没有统筹全局的规划，其结果必然会形成路线交错、重复建设，造成惊人的浪费。

事实上，不少士绅与商民力求把铁路筑路权收为民办，并非出于单纯的爱国动机的驱使，也有相当一部分地方商绅把兴办铁路看作一桩一本万利的捞取好处与发财的好机会。如王先谦于1905年冬组建的"粤汉铁路筹款购地公司"便是一个典型例子，其虽然以爱国为号召，要求全省绅民购买商办铁路公司的股份，而他本人却不愿在公司出资购股。理由是，其作为经理理所当然地接受免费"干股"。

事实上，政府与地方士绅的矛盾由来已久。早在1890年，时任湖广总督张之洞以"湖南、湖北两省中隔重湖，文报往来遇有阻风，动淹旬日，平时已觉呼应不灵，设遇地方紧要案件，尤虞迟误"，拟将荆州商局电线由沙市过江，接造至湖南澧州，经长沙省城，直抵湘潭，以通紧要信报。湘潭以上能否旁出接造，应俟临时体察，遂奏请朝廷架设湘鄂电报线路。由于地方绅士从中作梗，百姓认为电线为洋人所设，纷纷反对，声称"电线设后必引洋人来湘"，产生了"如设电线，以后幼孩、牲畜损坏线杆者，皆须处死，民间受累无穷"的误解、威胁和恐慌。群众一怒之下将电报干线全数拆毁，工程被迫中止，长沙成为全国最后架设电线的省会。负责此项事宜的正是时任山东登莱青道台的盛宣怀。正是有了这样的先例，1907年至1908年间，政府与民间地方士绅之间在修建铁路的问题上，立场出现分歧很正常。清政府认为，为了解决铁路商办的种种弊端，铁路路权应该收归国有，由国家统一筹划，向西方银行借贷资金，并聘请西洋工程技术人员来建造铁路。另一方面，相当多的士绅商人则继续主张由民间自办铁路。他们担心，让洋人出资兴建铁路，不但会丧失权利，而且会引狼入室。

清政府认为，由于中国经济与商业不发达，国内资金缺乏，通过筹集内债来积聚经济建设所需要的资金只能是杯水车薪。正因如此，不得不通过向外国银行借债，来获得铁路建设所需要的资金。由于国债主要用于生产、交通这样一些可以赢利的项目，而非用于消费与军事这样一些非赢利的项目，铁路开通所带来的利润，足以使国家在十年或稍长的时间内，偿还全部债务本息。任何一个外国银行决不可能把如此巨额的资金借贷给任何私人。只有国家与政府，才有能力对借贷巨款承担责任并具有足够的信用。这也正是路权收归国有的原因。

1909年6月6日（宣统元年四月十九日），张之洞代表清政府与英、德、法三国银行签订了《川汉、粤汉铁路借款合同》，以建造湖广境内粤汉与川汉铁路，这一草约的签订当时并没有引起民间社会强烈的抵制。当张之洞正准备上奏请求清廷批准之际，美国也在继三国之后，要求为中国铁路贷款，总计借款为600万英镑，利息五厘，40年还清，以两湖、川、粤厘金盐税作抵押。4个月以后，张之洞本人作为铁路国有政策的主持者突然逝世，继任主持铁路国有的是盛宣怀。其作为一位商务专家，对铁路的具体事务比张之洞更在行，然而他在社会上声名不佳。各省士绅商民对他主张铁路国有政策的动机抱怀疑态度。由于张之洞人在士绅与民众中有着较高的威信，他的逝世使湖南商办派士绅不再受到牵制，要求民办铁路的呼声日益高涨。

自慈禧与光绪死后，清廷的权力中枢软弱无力并缺乏权威。1909年之后，地方谘议局与中央的资政院已经相继建立，具有相对于清政府的独立地位。湖南省谘议局正是地方士绅、商人与激进青年留学生的政治大本营。在这种背景下，民间反对铁路国有运动开始发展，并在湖南形成声势浩大的抗争运动。

其实，清廷筹划举借外债的事，早就在日本见诸报端，被湖南留日学生发现了，同盟会会员焦达峰发文说："三国借款，湘省计摊三百一十万镑。湖南久经苛政，旧债未清，再无孳息之求，今又负此巨债，不及二十五年，即今铁路修成，全省人民必将转死于沟壑。"

1909年7月，焦达峰、刘崧衡等人发起创办《湘路警钟》杂志，该杂志"专以救济路权，以达完全湘办为宗旨"。该杂志犹如"暮鼓晨钟"，以作"不平之鸣，冀为国人之一警"。"输入内地，专以送人，不作卖品，盖尽国民之天职。与营业者有殊。"栏目分为图画、通议、刍言、白话、丛录、纪实等六种。其中纪实栏署名铸铁发表的《湘路纪事》约上该杂志一半的篇幅，按时间先后叙述，并加按语评论。通议栏中所发表的《警告湘父老书》《敬告吾湘同胞》等文章，大声疾呼："湖南者，吾数百年祖宗丘墓之地也；湘路者，吾二千万人生命财产所托也。外债借，湘路去，湖南亡，而中国殆也。"号召湖南人民不仅要反对外国侵略者，而且还要和清政府及出卖路权的地方官绅作斗争。《湘路警钟》出版第一期后，因日本政府干涉而改名《湘路危言》在上海发行，"专以救济路权、监督路政、研究路事为目的"，其宗旨仍然没有改变。

1909 年 10 月 4 日，张之洞逝世，湖南谘议局议长是湖南立宪派绅士谭延闿。谘议局作出决议，力拒借款，尤为重要的是，明确提出"实行商办"，同时拟定集股办法十项，开辟了广阔且可靠的股款来源。同时，推举谭延闿、龙璋、童光业、陈文玮为"湘路集股会"的会长及办事员等。表面上集股会隶属铁路总公司，实际上已将权柄从旧派官绅手中转移过来。湘路集股会还创办《湘路新志》作为机关报，扩大宣传。

1910 年 1 月 28 日，留日学生刘崧衡以"湖南留东同乡会会长"的名义向湖南湘路集股会同仁发出公函，表示愿意在日本募集股金，以表爱国之忧。公函云：

集股会诸公大鉴：粤汉路事，已有生机，废约消息，揭于各报。嗣后变局，虽难预料，然不能不视此为诸公热心路政之大效果也。同人当此，欢舞奚如，刻下要著，在竭力招股，此间同人，激于桑梓之义，愿入股者颇众。前已召集本省全体大会，筹议招股事宜，期为泰山一粒之助，随复磋商数次，决议谓须待贵会有公函及收条寄到各人，即可入股。计本省招齐后，再及全国学界，然非贵会宣刊各报，声明以留东同乡会暂为湘路代招股所，恐有碍实行。乞诸公速将股标收条掷下，俾得先招股金，当逐期报告，按数汇寄，并切实示招外省股事办法，但以严禁洋股为第一要议，即当照行。虽溪流不足以盈渊海，然当湘路需股最急之秋，亦云同人等眷怀故土之区区所不能已耳！可否进行，速乞敬示，各国督财政一节，实为中国最危机之问题，闻内地情形汹涌，究宜以何法抵制，诸公急宜为国民提倡也。留东学界已开全体大会，组成总机关，是日大会报告书寄上数份，敬乞察收，匆匆不备，余容再续。湖南留东同乡会刘嵩衡顿首。

刘崧衡的来函，对当时湖南保路运动的发展起了重要的推动作用。

1911 年 5 月 9 日，清廷发布收干路为国有的上谕，可以说是对以往政府的商办铁路政策的自我清算。该上谕指出，以往路政，不分枝干，不量民力，一纸呈请辄行批准商办，导致路政的错乱分歧。这种商办政策的结果是，在广东"收股及半，造路无多"；在四川"倒帐甚巨，参追无著"；而在湖南与湖北，则是"开局多年，徒资坐耗"。上谕称，如果这种状况旷日持久，民累愈深，后果何堪设想。该上谕最后宣布，全国各省集股商办的干线铁路，一律收为国有。而枝路则仍许商民量力酌行。至于如何收回之详细具体办法，则由度支部与邮传部根据这一宗旨，悉心筹划。

此诏书宣布之后 10 天，即 5 月 20 日，盛宣怀就与英、法、美、德的银行财团缔结了借款合同。

1911 年 5 月 13 日，湖南绅商各团体刊发传单，略谓粤汉干线为全省命脉所关，借债筑路，湘人生命财产均操外人之手，后患何堪设想，特请各界于次日在教育总会召开全体大会，以谋抵制。14 日，湖南各团体 10000 余人在长沙教育总会集会，反对举借外债，当场议定保路办法 15 条。16 日，湘路公司长株铁路段工人停工进城，号召"商须罢市，学须停课，一般人民须抗租税"。6 月初，湖南第一师范学校徐特立老师在周南女校召集私立学校的教师、职员开会，发出罢课倡议。会议决定发动长沙城内的公私立学校的全体师生员工起来罢课，反对"铁路国有"。他们在街上游行、散发传单："请问，你是不是中国人？你有无良心？您愿当亡国奴么？请加入救国运动。"通俗易懂的内容让老百姓看了都流出了悲愤的泪水。随后，绅、学、商、民各界人士前往抚署请愿，虽然遭到了当局的清查和取缔，但斗争一直延续到了 6 月 8 日，在湖南掀起了保路运动高潮。

湖南人民反对出卖路权传单[①]

宣统三年四月（1911 年 5 月）

一

瓜分中国，今已实行。烟酒新税，钱粮厘金。一概典押，权操外人。硬将铁路，卖与强邻。粤汉川汉，国之命根。收回自办，几历艰辛。煌煌谕旨，远近共闻。邮部盛贼，买卖交情。利归己有，扣头坐分。假传圣旨，恐吓愚民。实利归

---

① 转录自《清邮政总局档案》。

外，国有虚名。国债借入，千兆万金。我辈担荷，真是不轻。永为牛马，子子孙孙。用告各界，兵商农工。田房抽股，又抽俸薪。募款凑集，血泪纵横。近年赶筑，着着进行。今遭盛贼，拍卖无存。股本丧失，何问红成。嗟嗟此贼，揖盗开门。从此乡土，鸡犬不宁。妻离子散，强掘祖坟。为今之计，万众一心。誓死不二，斩此奸臣。先请大宪，电奏九重。如果不理，动以血忱。大家拼命，与贼力争。保全商办，分段兴工。大家入股，克日告成。以保桑梓，以答圣明。

二

铁路苦状告我同胞。哎哟，我们湖南全省人的死期到了。要和我全省的父老兄弟，赶急商量一个救死的法子。这法子要我们湖南全省的人，大家拼了一条性命，和那卖路的奸贼，轰轰烈烈，大闹一场，这话怎讲？就是为的湖南这一条铁路，被那几个卖路的贼子，断送在洋人手里了。在下的记得这条路，十年前已经被那盛宣怀卖与美国，是我们湖南人舍生忘死，争了转来，赎路的银子，湖南派七百多万。这项银子，都是百姓辛辛苦苦挣来的钱，为什么肯拿去赎路呢？要晓得这所争的，就是湖南的生死关头。待在下的把那洋人在中国办路的利害，说就出来。我们云南省的铁路，是法国人在那块儿修的。铁路经过地方，他就筑起炮台，屯扎洋兵，捉了云南的百姓，充当苦工。那种惨毒的手段，说起来人人要咬牙切齿的。我们东三省的铁路，是俄国人在那块儿修的，他就趁铁路修成时，硬行霸占东三省地方，烧毁百姓的房屋，抢掠百姓的银钱。有一天，俄兵出来，把一个庄子上住的一群百姓，活活的淹死在那湖中。说起来寒心不寒心呢？到了这个时候，那一班卖路的贼子，他来管别人的死活么？我们湖南人看了这个榜样，晓得外国人来承修铁路，不是一桩好事。故人人甘心拿几个钱赎了回来，自己开办。历年所入的商股，款也不少，又大家想些集股的法子，把那租房股办成。在下的看我湖南人入股的情形，算得踊跃已极了。因为铁路一亡，不但湖南省的地方保他不住，就是我们百姓的性命财产，都要落在虎口里的。人人抱了这个念头，故后湖南每年的路股总有五百万元上下。不过五六年，就可把湖南的全路一千三百里修成。湖南人也算得万分争气了，偏那卖路的奸贼，他只顾赚那借洋款的九五扣头，就不顾我湖南人日后的死活！瞒了湖南人就与那英、德、法、美四国，订了借款的草合同。我们湖南这条铁路，本是赎回的时节，就奉了光绪皇帝的上谕商办的、去年春间，湖南这拒款的事，谘议局就举四个代表进京。有位粟戡时议员，他也上个血书到邮传部。当时已把我们湖南人的公呈批准，许照旧归湖南的商办。随后又有在籍的制台魏午庄，上过一个奏折，朱批下来的时节，是着"邮传部知道"几个字。我们湖南人的铁路，归湖南商办，已奉过两朝的谕旨允准，还算不得一个铁案么？到了今日，忽然又变卦起来。那盛宣怀卖路的奸贼，违背先帝圣旨，仍旧借了洋款来。闻听得已和四国的代表，把借款合同签好，把全国的厘金关税及漕粮等款尽行抵押，是活活的送一条铁路把外国人。我们湖南人费了十年的气力，费了数百万的银钱，自己指日可成的路，一旦落在洋人手中，到了日后，人人有那身家性命的危险。我们湖南人倘不把团体结成，大家拼了这条性命，设个法子抵制他，眼见得就要刀加颈上了。但我们的抵制他法子，一面人人多拿几个钱出来，分途开工，赶紧办路，修一尺是一尺，修一丈是一丈。一面请抚台出奏，要外务部即日把湖南借款的事情，一笔勾销。在下的想，那班卖路的奸贼，一块肉落在口中，要他吐出来，是难得望的。我们只好拿定一个主意，我们办我们的路，他借他洋人的钱，我不去管他，也不许他来管我。万一我们修路的时节，有谁来用强迫手段压制我们，那时我们做百姓的人，横直是一条死路，大家把这条性命，与他拼一场。在学堂的人，大家散学；做生意的人，大家闭市；湖南全省的粮饷，大家是不肯完的。看他把我们湖南的百姓，怎样办法呢？

三

湖南人民订立自救保路办法传单。铁路为全省命脉，路权失则命脉绝。夺我路权，即不啻置全省人民于死地。前此卖国奴盛宣怀与美国合兴公司，订立合同，将粤汉铁路，送与外人。其时我三省人民，知路权不可失，故出死力以争，幸得收回。奉有谕旨，允归商办，宣统纪元，张之洞倡议借款兴筑，两湖人士，函电力争，拒款代表，络绎于道，诚以父母之邦，生命财产所系，故不惜竭心力以争之，我政府知民心之不可失，众怒之不可犯也。于湘抚电奏时，奉旨俞允，是先朝未顾我湘人，亦既厚矣。乃盛宣怀自奉命入都，即日夜与私人谋借外债，欲借此以饱私囊。四国借款、日本借款之约遂以成立，将中国各省厘金漕粮及烟酒盐税等款，作为抵押，阳假铁道；国有之名义，实将粤汉干路，断送于外人，于时订约。不在衙署，而在私宅。擅权罔利，卖国贼民，欺蒙朝廷，违蔑谕旨，综观四月十一日上谕，出尔反尔，必非断自宸衷。其为盛之矫诬也可知。夫以一人嗜利之私，不惜举国家之土地，人民之生命财产，拱手授之于外人，复陷我皇上于不孝。历观载籍，卖国贼民之逆臣，无有敢明目张胆至于此极者！凡我父老兄弟，当竭群策，合群力，求一生于九死之中，与逆臣誓不并立于光天化日之下。上以冀圣明之感悟，外以销荐食之恶氛。爱国诸君，其有投袂而起者乎？是则同人所涕泣以俟命者也。谨将保路办法，条列于下：

一、万众一心，恪遵先朝谕旨及宣统二年上谕，完全商办实力进行。

二、由各团体代表呈请抚宪电奏，收回成命。

三、召集开正式股东会。

四、添举有名望之绅士四人充任协理，辅助总理，猛力进行。

五、将全线千二百数十里（除长株百里在外）划作一百二十五段，每段十里，招人包修，限宣统四年五月以前，一律竣工，所有包修草程，容另详拟。

六、修路费用，由各承包人垫出，匀作六年偿还，愿入股者作为股本。

七、聘用总工程师一人、副工程师十数人、购地员数十人，分途测绘，刻日开工。

八、湖南铁路学生，无论在外国、本国毕业，一律派用，或司管理，或司机关，或充副工程，或充监工，量才委任，责尽义务，不受薪金。

九、湖南各界热心路政之士，全体团集，分作四部，甲部筹集股款，乙部进行建设，丙部联络人心，共谋抵制，丁部担任文墨，鼓动舆情。

十、如有反对湘路之完全商办，妨碍湘路建筑之进行者，湘人认为公敌，以强硬手段对付之。

十一、租股、房股、薪股，照旧收集，但房股、租股归各地方自治局代收汇缴，不借行政官厅之力。

十二、铁路公司发钱处，改为铁路银行，吸收存款，广行钞票，湘人共负维持义务，一律流通。

十三、部派督办来湘，强事修筑，湘人必集合全体，共谋抵制，无论酿成如何巨案，在所不顾。

十四、政府如不以湘人之自卫为然，妄肆刑拘，湘人必集合全体，共赴行政衙署，请其一体治罪。

十五、政府如能收回成命，仍归商办，则圣朝厚恩，湘人自当感激，力图报称，如不顾先朝谕旨及宣统二年上谕，纯以人民权利为牺牲，则我辈定以死力争之。闭市停课、抗租，均确定为最后之办法。

湖南全省人民公启

　　清政府对湖南士绅的激烈反对和呼吁采取拖延、回避态度，引起湖南谘议局部分议员的愤怒，他们认为"议员等上不见谅于政府，下又大拂乎舆情，与其尸素局中，曷若引咎辞职"，左学谦、粟勘时等14人辞去议员职务。他们是保路运动的活跃人物，粟勘时出于爱国激情曾断指血书"湘路无庸借款，乞中堂主持，勘时谨上"递交邮传部尚书徐世昌，结果"仅得一油滑之批"。他们的辞职，使湖南的保路运动开始进入低谷。此时，清政府下令湖南巡抚杨文鼎对激进人员"照乱党办法，格杀勿论"，湖南地方官员开始强力镇压保路风潮。

　　1911年5月22日（宣统三年四月二十四日），朝廷作出决定，铁路干路收归国有，任命端方担任督办粤汉、川汉铁路大臣，并专就川汉铁路有以下旨意：

1911年1月8日，粤汉铁路湖南段首次试车纪念

"当川路创办之初，该省官绅遂定有按租抽股之议，名为商办，仍系巧取诸民。至今数年之久，该路迄未告成，上年且有倒亏巨款之事。其中弊端，不一而足。"另就1911年5月以前粤汉、川汉铁路已收之股，着邮传部督办铁路大臣会同该省督抚详细查明，妥拟办法奏闻。

邮传部根据朝廷旨意，按照粤、湘、鄂、川的实际，拟订出粤、湘、鄂、川不同的办法：

粤路：每股从优先行发还六成，其余亏耗之四成，并准格外体恤，发给国家无利股票，路成获利之日，准在本路余利项下，分十年摊给。

湘路：商股照本发还，其余米捐租股等款，准其发给国家保利股票。

鄂路：商股并准一律照本发还，其因路动用赈粜捐款，准照湖南米捐办理。

川路：宜昌实用工料之款四百数十万两，准给国家保利股票，其现存七百余万两，愿否入股，或归本省兴办实业，仍听其便。

从上述办法中可以看出，对湖南最优，对四川明显地打压。主管铁路的邮传部大臣盛宣怀十分肯定地说，中央财政的钱来自全国人民，政府没有权力动用它去填窟窿。拒绝为炒股损失的300万两埋单①。

湖南的筑路工程于1909年8月26日正式开工。工程先从株洲兴筑干线，随后再从昭山的易家湾分工两段：一段由南而上40里到株洲，一段由北而下60里到长沙，即粤汉铁路之长株段。湘路自动工之后，工程进展颇为迅速。1910年9月，株昭段工竣；1911年1月上旬，长昭段亦告成功竣工。1月8日举行试车，长株段全线接通。继长株段完成后，南段株郴、北段长岳线，也于1911年1月破土兴建。

---

① 清政府对四川的解决办法，是仅仅换回实际上用于铁路建设的股款，并不换回全部股款。四川铁路公司总共募集了1400万两的股款。据估算，其中的一半即大约700万两，可以用来换取政府的股票，其余的另一半即700万两，几乎有一半由于该公司的一位经理施典章从事股票投机亏空净尽。因此，政府只同意发给四川铁路公司股东大约400万两的国家保利股票。至于被施典章挪用亏空的300万元，政府认为没有必要负责。

湖南粤汉铁路总公司总理余肇康^①在《湖南粤汉铁路公司报告书》中称："自乙巳（1905）开办迄于辛亥（1911）八月，入款共银五百五拾余万两，大半以作合兴赎路借款及金元、小票本息暨一切经费，其实用于路工如购地筑路铺轨，安桥及车辆机器等项，不达二百三十万两内外，就中单纯用于建筑者虽未大结，约不过用银一百七十余万两。"湘路的每里单位造价较低，"以长株一百零五里计之，每里平均约用洋二万四五千元，以视中国所称最廉实之浙江省站，每里二万九千数百元，尚少三四千元，若视蜀粤所省，更不止维倍矣"。

长株段铁路仅占湘境粤汉铁路全长的 1/10 不到，且大部分路线在施工较易的平原地方，路虽不长，但与全国相比，算是不错的。在当时来说，湖南匆忙修筑的主要目的是拒债废约。长株段铁路的通车，是保路运动的一大实绩，说明湖南人"霸得蛮，吃得苦"，具有很强的政治意义。

湖南的保路运动，使清政府认识到湖南人勇于反抗、敢于革命、敢闯敢干的性格特点，湖南的抢米风潮清政府还心有余悸，因此清政府对湖南的保路运动极其重视，采取了"胡萝卜加大棒"政策，既派得力的官员镇守湖广总督之职，又对湖南实行了"格外从宽"的路款处理办法，使湖南保路运动突然低落。在四川，因为盛宣怀拒绝偿还四川铁路公司亏空的 300 万元，四川股民切身利益受到损害，四川反对铁路国有风潮以致一发不可收拾，不久，武昌起义爆发，清政府的铁路国有政策因清政权的崩溃而告终。保路运动则作为埋葬清王朝革命的导火线而载入史册。

① 余肇康（1854—1930）字尧衡，号敏斋，晚号倦知老人。长沙县青山铺人。光绪十二年（1886）丙戌科进士，任工部主事。后升武昌知府，迁汉阳知府。在任修荆州万城堤、永丰峡江道，注重农田水利和民生事业。又办荆州驻防中、小、蒙养、方言、工艺诸学堂 10 余所，政绩甚著。升山东按察使，改江西按察使。1906 年因南昌教案罢官。后起复，授法部左参议。以姻家军机大臣瞿鸿禨罢官受牵连而免职。回湘后任湖南粤汉铁路总公司坐办、总理，主持修筑长株段铁路。辛亥革命后不问世事。1927 年迁居上海，1930 年病卒。葬长沙县青山铺镇天华村。著有《敏斋随笔》等。

十一

❧ 同盟会中部总会 ❧

中国同盟会中部总会，简称"中部同盟会"，是清宣统三年（1991）7月31日长江中下游地区中国同盟会成员为推动长江流域的民主革命运动而建立的革命组织。中部同盟会的成立，是谭人凤、宋教仁等革命党人作出的具有战略意义的重大决策，是一个革命的创举。它是以孙中山为首的中国同盟会领导下的一个分部，为辛亥革命作出了很大贡献。中部同盟会推动了湖南、湖北、江苏、安徽、四川等地革命形势的发展，加强了与武汉地区革命力量的联络与指导，促成了武汉革命势力的联合，从而保证了武昌首义的胜利。在武昌首义以后，中部同盟会又为光复上海、浙江、南京等地作出了积极贡献。上海光复后，1911年11月21日，东京中国同盟会本部开会决议迁回上海，中部同盟会遂告结束。

孙中山（1866—1925）

中国同盟会是由流亡海外的孙中山的兴中会、黄兴的华兴会、徐锡麟的光复会等反清革命志士联合组成的革命团体，自1905年在东京成立起，虽然尊孙中山、黄兴为领袖，但因成员复杂、派系众多，孙、黄久居海外，总部形同虚设，国内组织涣散，山头林立，呈各自为政的局面。尤其是孙中山在两广策划的起义接连失败后，同盟会威信大减，内部要求改革党务、改变策略的呼声日益高涨，两湖派与广东派的矛盾日益突出，纷纷自立门户，另谋他途。中部同盟会之议，就是在这种背景下提出的。

1910年2月，同盟会会员倪映典仓促发动广州起义失败后，谭人凤去香港看望黄兴。见黄兴情绪低沉，几经劝慰亦难纾解，便返回东京。当时东京的同志也是心灰意冷，同盟会总部无人主事，党务无人过问。谭人凤找宋教仁谋划补救之法，他说："同盟会成立之初，本有设立东、南、西、北、中五部之议，既然孙、黄常年流亡海外，不理国内事务，我们何不回国组织中部同盟会，领导长江各省的革命？"宋教仁也有此意。适逢居正自缅甸、赵声自香港来东京，他们时常聚议，酝酿此事。居正四处奔走，邀请同盟会11省的会长开会。谭人凤年长，首先发言，他提出了事权统一（于本部总理）、责任分担（于各省干部）的口号，主张建立中部同盟会，以武汉、南京为革命中心。[①]经讨论，与会者一致赞同，推举宋教仁回上海物色人选，筹组机关，居正回武汉组织党人，谋划起义，谭人凤负责联络沿江各省会党和革命团体。

1910年6月中旬，孙中山潜回东京，黄兴亦相继而至。谭人凤当年50岁，须发皆白，比孙中山大6岁，比黄兴大14岁，孙、黄两人都尊称谭为先生。谭拜会孙中山时，提出改良党务、加强领导、革命要兼顾边疆和内地的建议，孙中山欣然接受。宋教仁当年28岁，在孙中山面前属于晚辈。几天后，当宋教仁与孙中山商讨改良党务的具体办法时，孙面带愠色地说："同盟会已经取消，有能力者尽可独树一帜。"宋教仁一怔，遂问何出此言。孙中山说："经费由我筹集，党员无过问之权，何得执以抨击？党员攻击总理，无总理安有同盟会？"宋教仁想，东京人多口杂，孙中山一定是听到了什么，有所误会，便未与之辩解，怏怏而去。

---

① 罗福惠、萧怡编：《居正文集》（上册），华中师范大学出版社1989年版，第11页。

宋教仁把孙中山的原话说给谭人凤听，谭颇感震惊。排难解纷，是谭人凤的特长，次日便偕宋去见孙中山，耐心解释，但孙中山仍持昨日论调。谭人凤忍无可忍，仗着年长几分，愠言诚劝：同盟会是由全国反清志士联合而成的团体，怎可轻言取消。更何况总理是由党人公举、是为党办事的最高统帅，不可随意轻言解散组织。党人中有人批评总理，仁者见仁、智者见智，大家心中自有公论。再说，款项以公家名义筹集，开销使用本应为大家共

宋教仁（1882—1913）

知，何言不得过问？你为革命事业辛苦筹集款项，更不应如此放弃，等等。

孙中山见谭有动怒之意，且言之在理，一时"语塞"，便说："谭兄与遁初（宋教仁字）的提案有道理，可容弟日后与各分会长再议。"此后，孙也没有安排时间再议此事。[①]

孙中山发牢骚，其实并不是针对谭和宋，而是针对陶成章。1908年9月，陶成章赴南洋从事筹款活动，为了向南洋华侨募捐，请孙中山作函介绍，孙没有同意。陶成章性褊狭，不能容人，他就要求同盟会总会免去孙中山的总理职务，但没有成功。本来同盟会成立后，兴中会、华兴会都自动撤销了。陶成章却邀集同盟会中对孙中山不满的人，于1910年2月在日本重建光复会，陶成章任副会长（会长为章太炎），与孙中山对着干。当时，陶成章经常在公开或私下场合批评孙，孙也无可奈何，以致对谭人凤和宋教仁发牢骚。

辛亥革命早期，暗杀成为了一种常态。陶成章的政治主张是"专主个人运动"，

---

① 《谭人凤集》，湖南人民出版社1985年版，第359～360页。

特别是从事暗杀活动（1912 年 1 月 12 日，陈其美密令蒋介石刺杀陶成章，陶获知消息后躲到上海广慈医院里装病，结果还是被蒋发现后杀掉。指使杀陶的陈其美，也于 1916 年 5 月 18 日下午被袁世凯派人暗杀）。

谭、宋等了几天，不见回复，某日看报，才知孙中山已悄然离开日本。谭人凤见孙中山身为总理，放弃责任，置党务大事不顾，又不自请辞职，心中大为不满，便邀集各省同盟会负责人在宋教仁寓所开会，决定成立中部同盟会，以推动长江流域的革命运动。[①] 后来苦于无钱开展会务，便有人提议最好还是与黄兴磋商，争取他的支持。

1910 年 9 月，谭人凤去香港找黄兴商谈筹组中部同盟会之事。黄兴说："此事我没意见，只是要有经费才行。"谭人凤说："请你拨些经费用于会务如何？"黄兴面有难色，迟迟不语，后来他说："兄可与展堂（胡汉民字）谈谈。"当时，海外华侨捐款由同盟会南方支部长胡汉民掌管，他反对谭、宋等人成立中部同盟会的主张，今见谭人凤跑来要钱，讥讽道："东京总部的房租尚不能维持，何言再设一会？海内外同盟会员公认只有孙先生一位总理，若兄另设中部同盟会，势必又设一总理，日后必因总理称谓引起纠纷，岂不让外人笑话？"谭人凤拍案怒责："总部虽在东京，无人主持，总理漂乎海外，向无定踪，从不过问会务，总于何有？理于何有？东京经费，总理向无接济，所有开支，纯仗同志摊派，勉强维持，并未以革命的名义四处招摇撞骗。你们以同盟会名义，设一事务所，住几个闲人，办一份报纸，吹几句牛皮，哄骗华侨巨款，就算本事冲天，而敢藐视一切吗？"在一旁的赵声连忙拉住他说："先生息怒，先生息怒，道不同，不相与谋，往后各行其是便了，理他何为！"

谭人凤深为香港之行懊悔，亦为自己的失态而惭愧。次日，他请赵声、胡汉民喝酒，先以一杯敬赵声："愿君为国自爱，毋过激过郁。"又以一杯敬胡汉民，慷慨直言："劝君放开眼界，天下事断非珠江流域所能为，我为党务，往返香港三四次，从此别矣。"是夜，谭人凤乘船返东京，黄兴以三百元送行。船离维多利亚港，谭人凤望着渐渐远去的灯火，想想五十岁白发人所受的屈辱，倍感心寒，

① 陈锡祺主编：《孙中山年谱长编》，中华书局 1991 年版，第 506 页。

发誓再也不来香港。[①]

回到东京后，为替黄兴还债，谭人凤向官费留学生借钱，东挪西凑，日夜奔走。筹组中部同盟会之事，因此搁置。但他唯恐人心涣散，经常组织同志谈话会，每周聚会一次。到了秋季，债台高筑，饥寒交迫，万难敷衍，谭人凤便将《比较财政学》一书的版权让渡于人，这本书是由他主持、宋教仁翻译的，宋亦积债千元，这笔钱抵扣二人债务利息之后，仅剩百余元。宋教仁在东京待不下去，回了上海。谭人凤百感交集，唏嘘不已。[②]

这年末，黄兴、赵声函招谭人凤、林时爽赴港，谭人凤因与胡汉民决裂，不愿前往。林时爽正在病中，不能成行，他劝谭人凤："此次举事，是黄、赵做主，兄应竭力相助。"正值年关，债主临门，实难应对，谭人凤想，何不趁机远走高飞，先摆脱眼前的窘境，再做今后的打算？乃约谢介僧、刘承烈同去，嘱其先往湖南、湖北做些准备。

1911 年 2 月 4 日，谭人凤从日本来到香港，黄兴向他介绍起义的准备情况："上个月，总理在南洋的筹款汇到后，我即在香港组织机关，拟定方案，设统筹部总揽一切计划，我与伯先（赵声字）分工负责，并设调度处，以运动新旧军界，设储备课，以购军火器械，设交通课，以联络国内各省同志，伺机响应。"

孙、黄在两广起义连年失败，谭人凤对他们只重边省、无意在内地进取的做法早有不满。他对黄兴已不抱希望，但顾及情谊，收到信后，不得不来。听完黄兴的介绍，谭人凤谈了自己今后的打算："去年夏天，我们邀集十一省区同盟会分会长在东京开会，遯初（宋教仁）主张将革命的重点由边省转到长江流域，组织力量在中部发动起义。当时，我们拟定三策：上策是在京、津一带发动起义，一举占领北京，但清廷对直隶各省防范甚严，北洋军亦难运动，几无成功的可能；中策是在湘、鄂、赣、皖、江、浙起义，各省独立后，挥师北伐；而以边省起义为下策。"

赵声见谭人凤贬低边省起义，不以为然："要革命，就会有牺牲，何地举义，

---

① 《谭人凤集》，湖南人民出版社 1985 年版，第 36-361 页。
② 《谭人凤集》，湖南人民出版社 1985 年版，第 362 页。

能否成功，谁有十分把握？"

谭人凤知道赵声性子急，不与他争辩，接着对黄兴说："众议既难统一，咱们不妨分头去干。我们既已决定在长江流域起事，就要设立机关，经大家讨论，拟在上海设立中部同盟会总部。既然你们已做了准备，广州起义就依计而行吧，但最好让我回国一趟，联络长江各省同志，以资策应。"

黄兴说："依兄之见，长江诸省，应先从何处下手？"

谭人凤道："湖北、湖南。两湖是财赋大省，居华中枢纽，九流汇集，交通便利，得之足以震动全国，激发各省起义。"黄兴不放心地说："光绪三十二年（1906），总理派胡瑛回国，策应湖南萍、浏、醴起义，胡瑛抵武昌时，起义已失败，不久，湖广总督张之洞悬赏缉拿党人，胡瑛等人被捕，同盟会在两湖的组织摧残殆尽，眼下恐无再举之力。"

谭人凤说："据我所知，情况恰恰相反。光绪三十三年，居正、刘公、焦达峰等人在东京成立共进会，谋划长江各省起义。第二年，孙武（真名孙葆仁，孙武为隐匿身份改名）、焦达峰回国，积极联络会党，在新军中也发展了不少同志。日知会失败后，原来军队中的会员成立了一个更加严密的组织，名曰军队同盟会，参加者有四五百人，后来又改名为群治学社，在各标营设立代表，专在士兵中发展社员，据说大约有十分之一的士兵都是社员。我认为两湖起义的时机已经成熟，两湖的地理位置也比广东好，成功的把握很大。"

当时，孙、黄在各地组织的起义屡屡失败，牺牲惨烈，党人对总理的抱怨与日俱增，纷纷自立门户，联络会党，筹划起义，孙、黄的威信受到挑战。党人不服从指挥、自行其是已成黄兴的一块心病。湖北孙武、湖南焦达峰已在会党、新军和绅商学界联络了很长时间，自恃实力，对孙、黄策划的起义愈来愈没信心，而孙、黄对各省革命团体的支配能力也愈来愈弱，而今，谭、宋又要成立中部同盟会，他亦无可奈何。

谭人凤对黄兴的忧虑了然于胸。他与黄兴都是华兴会的创始人，既是同乡，又是老友。谭人凤在同盟会中年高德劭，党人向以长兄优礼，尊他为湖南革命的先驱。1904年，他邀约湖南会党各山堂首领齐集长沙岳麓山，宣讲反清大业，各会党统一称为"岳麓山道义堂"，后改为"联合山堂"； 又与黄兴等人组织华兴会，推黄兴为会长，以团结全湘志士，统一革命行动。1906年，他被官府通缉，亡命日本，经黄兴介绍加入同盟会，次年到东京，入政法学校学习，后与黄兴、宋教仁多次潜回国内，策划南方各省起义。由于年长阅历深，他比黄兴想得更多，看得更远，他知道，"孙、黄"已成同盟会团结的象征，孙策划在前，黄力行在后，款是孙募来的，在哪儿起义，自然是他说了算。眼下广州起义如箭在弦上，不得不发。

为了减轻黄兴的压力，谭人凤说："克强（黄兴字），你这里人才济济，我在此一时也难有作为，不如先到上海，调查沪杭一带的形势，然后再到南京、九江、武昌、长沙了解新军中革命组织的发展情况。两湖同志朝夕策划，惟经费短缺，难以扩大实力，若能拨款接济他们，机关一立，势力大增，届时广州一动，两湖立刻响应，胜算岂不更大？"①

谭人凤的一番话给黄兴增添了信心，他说："我已派觉生（居正字）回国，作为同盟会驻湖北的代表，领导一切。他们缺少经费，我也很着急，这里虽不宽裕，毕竟还有筹款渠道，我会尽力支援他们的。"

黄兴委任谭人凤为统筹部特派员，携款2000元，前往长江各省联络党人，响应广州起义。2月23日，谭人凤带了这笔钱先后到武汉、长沙活动。临行时，黄、赵约定谭人凤要在3月中旬

黄花岗七十二烈士墓

① 《谭人凤集》，湖南人民出版社1985年版，第5页。

返港。这时宋教仁已在上海《民立报》报社工作，并同陈其美、章梓、郑赞丞等筹划长江下游的革命活动。谭人凤过上海时，邀宋教仁共同南下。

1911年4月，与谭人凤一同赶到香港的宋教仁，继陈炯明之后担任黄花岗起义机关的编制部部长。

1911年4月27日下午5时30分，黄兴率130余名敢死队员直扑两广总督署，发动了中国同盟会的第十次武装起义——广州起义。敢死队突入总督署，总督张鸣岐逃走，起义军焚毁总督署后，在东辕门外与水师提督李准派来弹压起义的北洋军短兵相接。起义军浴血奋战，终因寡不敌众而不幸失败。起义失败后，黄兴负伤撤回香港，牺牲的中国同盟会会员有名可考者86人，其中72人的遗体由孙中山的知交、同盟会员潘达微寻获，安葬于广州红花岗。潘达微将红花岗改名为黄花岗，这次起义因此被称为"黄花岗起义"。

黄花岗起义失败后，黄兴心灰意冷，打算专门从事暗杀活动。谭人凤便要求把香港所存的枪械带到长江流域。黄兴说自己未经手，婉言拒绝。

谭人凤因此心志俱灰，于5月25日与宋教仁一起离开香港。宋教仁仍回上海《民立报》担任主笔。谭人凤由上海返回湖南途中，在汉口见到焦达峰、杨晋康、谢介僧、刘承烈、刘文锦、邹永成、李安甫、曾伯兴以及他的儿子谭二式。这些人正在与孙武等人会商"乘湖南铁路风潮相继暴动"。谭人凤听从焦达峰的

中国同盟会中部总会遗址（今浙江北路第二小学）

劝告，于当天晚上会见孙武，并于第二天由孙武出面约集蔡济民、高尚志、邓玉麟、蔡汉卿、徐万年、潘公复、李作栋、王炳楚、杨玉如、杨时杰、居正等人聚会。这次会议的直接成果，是湖北中部同盟分会的成立。

接下来，谭人凤与焦达峰等人商定在湖南分三路准备起义的计划。在沿长江返回上海途中，他又前往江西、安徽、江苏等地与革命党人建立联系。回到上海后积极推动中国同盟会中部总会的成立。

1911 年 7 月 31 日，谭人凤至沪，与宋教仁、陈其美等发起组织中部同盟会，遂召集 11 省区同盟会会长会议，商定建立以杨谱笙住所作为通讯据点（杨谱笙献

宋教仁执笔《中国同盟会中部总会章程》

出由他创办的湖州旅沪公学作为中国同盟会中部总会的会址）。由杨谱笙负责联络南洋华侨捐款（均通过杨之三子杨奎侯经营的荷兰史达银行汇入）。冯自由的《革命逸史》以资料搜罗丰富取胜，该书指出，"及辛亥春，黄兴自香港派谭人凤至沪，与宋教仁、陈其美等组织中部同盟会，策动长江沿岸诸省革命工作，是年八月遂有武昌义师之崛起。"冯自由在《中国革命二十六年组织史》一书中还说，"庚戌年（1910）夏秋间，宋教仁、谭人凤、陈其美等已提议组织同盟会中部总会，以策动长江革命，众多赞成。至是年闰六月初六日（1911 年 7 月 31 日）始，假座上海湖州会馆开成立会。各省莅会同志有吕志伊、章梓、谭人凤、陈其美、宋教仁、范光启、曾杰、郑螺生、杨谱笙、陈勒生、李源水、林斯琛、李洽、潘祖彝等三十三人。①决议派员分发江、浙、皖、赣、鄂、湘、川、陕各省同时大举。"

---

① 参加成立会人数作者误认为是 33 人，事实上应该是 29 人。从地域来看，其中湖南 7 人、浙江 7 人、四川 4 人、福建 5 人、江苏 3 人、安徽 2 人、云南 1 人。

中部同盟会在上海正式成立后，年龄最长的谭人凤被推举为交通部干事，陈其美为庶务部干事，宋教仁为文事部干事，潘祖彝为财务部干事，杨谱笙为会计部干事。候补庶务史家麟，财务吕天民，文事范鸿仙，交通谭毅君，会计史家麟。8月2日，谭人凤被选举为总务会议长。

中部同盟会通过了谭人凤起草的《中国同盟会中部总会成立宣言》，宋教仁执笔撰写了《中国同盟会中部总会章程》《总务会暂行章程》《分会章程》。[①]

中国同盟会中部总会成立宣言

现政府之不足以救中国，除中国丧心病狂之宪政党外，贩夫牧竖皆能洞知，何况忧时之士？故自同盟会提倡种族主义以来，革命之思潮，统政界、学界、军界以及工商界，皆大有人在。顾思想如是之发达，人才如是之众多，而势力犹然孱弱，不能战胜政府者，其故何哉？有共同之宗旨而无共同之计划，有切实之人才而无切实之组织也。何以言之？如章太炎、陶成章、刘光汉，已入党者也，或主分离，或主攻击，或为客犬，非无共同之计划有以致之乎？而外此之出主入奴，与夫分援树党，各抱野心，更不知凡几耳。徐锡麟、温生才、熊成基辈，未入党者也，一死安庆，一死广州，一死东三省，非无切实之组织有以致之乎？而前此之朝秦暮楚，与夫轻举暴动，抛弃生命者，更不知凡几耳。前之缺点病不合，推其弊，必将酿历史之纷争；后之缺点病不适，推其弊，必至叹党员之寥落。前一缺点伏而未发，后一缺点则不自今日摧伤过半人才始。前精卫陷北京，南洋《保皇报》曾载有曰："跳来跳去，只此数人。"呜呼！有此二病，不从根本上解决，惟挟金钱主义，临时召募乌合之众，杂于党中，冀侥倖以成事，岂可必之数哉？此吾党义师所以屡起屡蹶，而至演最后之惨剧也。同人等激发于死者之义烈，各有奋心，留港月余，冀与主事诸公婉商善后补救之策。乃一则以气郁身死，一则以事败心灰，一则燕处深居不能一面。于是群鸟兽散，满腔热血，悉付之汪洋泡影中矣！虽然党事者，党人之公责任也，有倚赖性，无责任心，何以对死友于地下。返沪诸同志迫于情之不能自已，于是乎有中部同盟会总会之组织，定名为同

① 选自上海社科院历史所编：《辛亥革命在上海史料选辑》，上海人民出版社 1981 年版，第 6～12 页。

盟会中部总会者，奉东京本部为主体，认南部分会为友邦，而以中部别之，名义上自可无冲突也。总机关设于上海，取交通便，可以联络各省，统筹办法也。各省设分部收揽人才，分担责任，庶无顾此失彼之虞也，机关制取合议，救偏僻，防专制也。总理暂虚不设，留以待贤豪，收物望，有大人物出，当适如其分，不至鄙夷不屑就也。举义必由总部召集，各分会决议，不得怀抱野心，轻于发难，培元气，养实力也。总部对于各团体相系相维，一秉信义，而笼络诱骗之手段，不得施也。各团体对于总部，同心同德，共造时机，而省界情感之故见，不可现也。组织之内容，大概如是，海内同志，其以为不谬，肯表同情赞助欤，党人幸甚，中国幸甚。

中国同盟会中部总会章程

第一条 本会由中国同盟会会员之表同意者组织而成。

第二条 本会定名曰中国同盟会中部总会。

第三条 本会以推覆清政府，建设民主的立宪政体为主义。

第四条 本会置本部于上海，置分会于各处。

第五条 凡中国同盟会会员依本会法律入会者，皆为本会会员。

第六条 会员皆一律平等。

第七条 会员得于法律范围内，保持身体、财产、职业、居住、信仰之自由。

第八条 会员得依法律陈请保护利益，及陈诉冤抑；其有因公受害者，本人或遗族得受恤典。

第九条 会员依法律有选举、被选举之权。

第十条 会员须保守本会一切秘密。

第十一条 会员不得入反对本会主义之他团体，并为之尽力。

第十二条 会员有依法律纳捐项、出劳力之义务。

第十三条 本会置会长一人，代表本会，总理会务，任免职员，并发布一切法律命令。但暂时虚位以待，将来由总务会议决其时期及选举法选举之。

第十四条 本会置总务干事，管理全会事务；其员数及分掌事务方法，由总务会定之。但第一次员数，由会员议决。

第十五条　总务干事组织，为总务会协议会务，保持办事方针之统一；会长未选举以前，总务会行其职权。

第十六条　总务干事互选一人为议长，掌召集开会、保管文书、印信之事；其开会议事时，遇有可否同数者，由其决定。

第十七条　总务会须以总务干事全体之署名，行其职权；其有因故不能视事时，则托同干事一人代理之。

第十八条　总务干事，由会员以记名法选举；一年一任，得连举连任。选举时以得票多数者，依次当选；满额后，再以其次之得票多数者，依次选为候补人，如其员数。

第十九条　总务干事有因故离去本部，须经三月以上时，以候补人署理之。

第二十条　本会款项，会计以半年为一期；每一期前，制成预算；一期终，制成决算，皆由总务会公布之。

第二十一条　本会特别事件之会计，于其事件未办前，制成预算；事件既终后，制成决算，皆如前法公布之。

第二十二条　本会会员有违犯法令者，由总务干事会依法律协议审判，并施行刑罚。

第二十三条　本会章程，由总务会之协议，或会员二十人以上之提议，得改订之。

总务会暂行章程 [①]

第一条　总务会以总务干事组织之。

第二条　总务会干事暂定为五人，由会员照章程选举之。

第三条　总务会除议长外，暂分为各部，以各干事分掌事务如下：甲、庶务部管理一切不属他部之事务。乙、会计部管理会计收支事务。财务部管理筹款事务。丙、交通部管理联络各等社会及会籍、选举、纠察、赏恤、通讯事务。丁、文事部管理参谋、立案、编辑及其他一切各事。

[①]　原件在文后有杨谱笙附注云："此总会章程、并总务会及分会章程，悉宋公教仁所手订之稿。宋公号钝初，别号渔父。民国成，首为袁世凯暗示遇害。公具经济才，与陈君其美同为袁最忌，故并遭暗杀。"

第四条　各干事分掌各部，由总务会以互选法选定之。

第五条　除总会章程第十五条所规定外，凡各部重大事务，皆须经总务会之协议。

第六条　各干事得自定各该部规则，并指任部员。

第七条　本章程俟分会成立至五个以上时，即当取消另定。

分会章程

第一条　一地方有二十人以上之会员者，得由会员发起，或由总务会命令设立分会。

第二条　分会置分会长一人，由分会会员自行选举。但有认为必要时，得由总务会指任。

第三条　分会长总理该分会事务，任免职员，于法令或特别委任范围内，发布命令，对于总务会负责任。

第四条　分会置各职员如下：庶务司长管理不属各司之事务。交通司长管理联络各等社会及会籍、选举、纠察、赏恤、通信事务。执法司长管理审判事务及施行刑罚。有认为必要时，得酌置临时职员。军务司长管理联络军队、准备军需及关于军令事务。财务司长管理筹款及会计事务。

第五条　分会会员依法律有负担本部经费义务。此外，分会亦得自征分会捐，并筹集款项。

第六条　分会会员非经该分会长之介绍，不得直接通于本部。

第七条　分会办事方针，须听本部指挥，不得独异。

第八条　除本章程外，分会得自制定详细规则；但须报告总务会，经其认可。

《中国同盟会中部总会成立宣言》对于中部总会的性质界定："定名同盟会中部总会者，奉东京本部为主体，认南部分会为友邦，而以中部别之，名义上自可无冲突也""总理暂虚不设，留以待贤豪"。

在由宋教仁执笔撰写的《中国同盟会中部总会章程》《总务会暂行章程》和《分会章程》一方面确立了现代宪法中公民权利法案加政府权力架构的制度性框架，

明确规定"本会以推覆清政府，建设民主的立宪政体为主义""凡中国同盟会会员依本会法律入会者，皆为本会会员""会员皆一律平等""会员得于法律范围内，保持身体、财产、职业、居住、信仰之自由"。与此同时，又借鉴法国及英国式的现代议会政党责任内阁制的原理，明确规定"本会置会长一人，代表本会，总理会务，任免职员，并发布一切法律命令；但暂时虚位以待，将来由总务会议决其时期及选举法选举之""总务干事互选一人为议长，掌召集开会、保管文书、印信之事；其开会议事时，遇有可否同数者，由其决定""总务会须依总务干事全体之署名，行其职权；其有因故不能视事时，则托同干事一人代理之"①。

中部同盟会的成立，把同盟会的内部资源重新进行了优化组合。它所虚置的会长不仅需要选举产生，而且在行使职权时必须经过"总务干事全体之署名"，从而在制度层面杜绝了领袖个人专制跋扈的现象。假如没有"会员须保守本会一切秘密"的特殊规定，该章程完全适用于宪政民主社会的议会政党。正是在这样的制度设计中，宋教仁为辛亥革命之后坚决主张议会政党的责任内阁制，并且对缔造作为现代议会政党的国民党进行了初步的铺垫和预演。也正是由于这个原因，孙中山在为宋教仁遇刺之后所写挽联意味深长地承认宋教仁是"为宪政流血"的第一人。

中部同盟会成立之后，各省分会相继成立。南京由郑赞丞、章梓主持；安徽由范光启主持；湖北由居正主持，湖南由焦达峰、曾杰主持。为了使各地革命党人不急躁从事，中部同盟会约定1913年为大举时期。在东京同盟总部长期涣散的情况下，同盟会中部总会的成立加强了与各地原有团体的合作，推动了革命的继续进行，客观上适应了革命形势的需要。

中部同盟会的成立和活动，与同盟会的大方向是一致的，它适应了革命形势的发展，促进了两湖、四川、江西、安徽、江苏、浙江等长江流域各省区革命党人的联合，对于策动武昌起义的爆发与胜利起了积极作用。1911年9月，在中部同盟会的推动下，湖北文学社和共进会两个革命团体联合，在武昌建立统一的武装起义领导机构。旋即，10月10日武昌起义爆发。

---

① 《宋教仁集》第1册，湖南人民出版社2008年版，第332-335页。

长沙能成为武昌起义的首应之区，是以黄兴、禹之谟、宋教仁、谭人凤、焦达峰、陈作新为首的湖南革命党人长期准备的结果。早在 1904 年，黄兴等人在长沙建立华兴会，并策划武装起义，埋下了革命的火种。1905 年 8 月，同盟会成立后，禹之谟、陈家鼎等人受黄兴之托，在长沙成立同盟会湖南分会，并领导了公葬陈、姚的斗争，激发了长沙人民的民主革命精神。1906 年，刘道一等人领导的萍浏醴起义，则进一步推动了革命形势的发展。1911 年 4 月，广州黄花岗起义失败后，湘籍党人谭人凤、宋教仁等改变革命策略，将革命重心放在长江流域，成立中部同盟会，制定了湖南、湖北此起彼应、彼起此应的方针。中部同盟会成立以后，推定焦达峰、杨任、谢介僧、曾杰等组成湖南分会，负责湖南起义的准备工作。焦达峰等人从上海回到长沙，时值湖南保路运动方兴未艾，极为振奋，加紧进行革命的准备工作。首先重建了同盟会湖南分会，并设立"湖南体育会"等秘密机关多处。同时为了加强对起义主要的依靠力量会党和新军的组织与领导，决定由焦达峰负责联络会党，陈作新负责运动新军。由于他们的长期准备，湖南成为武昌起义的首应之区。

　　中部同盟会明确提出"长江革命"的思想，果断地将军事重点转移到长江流域，促成了武昌首义，也领导了上海等地的光复。孙中山数年之后曾经说："先是陈其美（英士）、宋教仁（钝初）、谭人凤（石屏）、居正（觉生）等既受香港军事机关之约束，谋为广州应援；广州既一败再败，乃转谋武汉。"从中流露出对谭人凤等转谋长江流域和建立中部同盟会的肯定和赞许之情。他对中部同盟会领导上海光复给予高度肯定，认为："时响应之最有力而影响于全国最大者，厥为上海。"李剑农在《中国近百年政治史》中，就中部同盟会的活动目的指出："这个中部总会的组织，就是要把革命发动的中枢，由南部移到长江流域来，而注意点在武汉。"他引用章太炎的话说，中部同盟会"还入中原，引江上之势，而合武昌之群党，未半岁遂以集事，则谭人凤宋教仁为之也"。由此可见，中部同盟会在辛亥革命中的作用非同一般，可以说是中部同盟会领导了武昌起义的成功。

　　中部同盟会的成立，对于辛亥武昌首义的筹划和实行，发挥了重要的指导作用。黄兴曾作《致谭人凤》①一诗予以赞赏：

怀锥②不遇粤运终，露布③飞传蜀道通。

吴楚④英豪戈指日⑤，江湖侠气剑如虹。

能争汉上⑥为先著，此复神州第一功。

愧我年来频败北，马前趋拜敢称雄。

---

①　《致谭人凤》的写作背景：黄兴当时在香港听到武昌起义成功的消息后所写。
②　怀锥：《史记·平原君传》："夫贤士之处世也，譬如锥之处囊中，其末立见。"
此句意指作者自己在广东活动毫无建树、束手无策。
③　露布：原指不缄封之文书。后多指捷报、檄文等。此处主要在指四川的"保路运动"
中的文告。
④　吴楚：是指两湖及江浙一带。
⑤　戈指日：乃借用《淮南子·览冥训》："鲁阳公与韩构难，战酣，日暮，援戈而挥之，
日为之反三舍。（三十里为一舍）"。这里主要是形容酣战及勇猛。
⑥　汉上：即汉水上，代指武昌、汉口、汉阳一带。

十二

中华民国"开国元勋"蒋翊武

蒋翊武（1884—1913），湖南澧州（今湖南省常德澧县）人。1906年入中国公学，加入同盟会，后参与或主办过《竞业旬报》《商务报》《大江报》《民心报》等报刊，揭露清廷腐朽，鼓吹民族革命，为武昌起义做了舆论上的准备。辛亥革命前夕任文学社社长，将文学社建设为一支组织严密、队伍庞大、运转灵活、英勇善战的革命武装，为武昌起义做了组织上的准备。武昌起义时，担任湖北革命军临时总指挥，运筹帷幄，果敢指挥，取得了武昌首义的胜利，为"武昌首义第一人"。1913年7月，"二次革命"爆发，蒋翊武回湖南参加讨袁战役，发表了

蒋翊武（1884—1913）

著名的《伐袁檄文》等文章，后失败被捕，9月9日在桂林丽泽门外就义。1916年，谭延闿以湖南军政府名义，将蒋翊武遗骸从桂林迁葬长沙岳麓山。1921年，孙中山督师桂林时，在蒋翊武就义处题"开国元勋蒋翊武先生就义处"碑铭。

蒋翊武出生于一个城市平民家庭，父亲蒋皋南年轻时到城内丁公桥一家小油坊里学制豆油皮。老店主没有子女，去世后，蒋皋南接受了他们的微薄产业。蒋翊武是家中长子，父亲为培养他成长，便节衣缩食送他读私塾，四个弟弟则先后出去当学徒。

1890年，6岁的蒋翊武就读于澧兰书屋，在周宣生、晏开甲门下启蒙读书。14岁，与同乡学友杨载雄、黄贞元等转读于安福（今湖南临澧县）梅溪桥私塾，师从蒋作霖，开始接触维新时事政治，并为之宣传。因考长沙时务学堂未果，1900年继续求学于梅溪桥。1903年，入澧州高等小学堂（今澧县第一中学），第二年以第一名的成绩考入设在常德的湖南西路师范学堂。这时，革命思潮已在湘西北流行，蒋翊武阅读了清政府查禁的《扬州十日记》《嘉定屠城记》《黄帝魂》等书，接受了资产阶级民族主义、民主主义思想。有一次，一个官员来学校训话，告诫学生不可学洪杨（洪秀全、杨秀清），而要学曾左（曾国藩、左宗棠）。血气方刚的蒋翊武当众站起来反驳说："洪杨，民族功臣；曾左，民族罪人！岂有攘斥功臣而效法罪人的？"他的话使官员张口结舌，却赢得了同学的敬重。

1904年秋，华兴会联合武昌的科学补习所准备发动长沙起义，宋教仁来到常德，谋响应起义。蒋翊武协助宋教仁，以湖南西路师范学堂为据点，联络革命同志，做了很多工作，但华兴会长沙起义事泄，清政府大肆搜捕革命人士，宋教仁逃亡日本，蒋翊武被开除学籍，避回老家。刚踏上革命的征途就遭遇挫折，蒋翊武并未灰心。宋教仁走后，他和另一革命志士刘复基[①]奔走于沅、湘之间，并在常德祗园寺设立机关，运动会党，积蓄革命力量。

---

① 刘复基（1884—1911），湖南武陵县（今常德）人，武昌首义三烈士之一，筹划武昌起义的主要决策者和领导者。1904年加入华兴会。1905年底东渡日本入同盟会。1909年至武汉主办《商务报》，宣传革命思想。1911年1月30日，振武学社改名为文学社，蒋翊武任文学社社长，刘复基为评议部长。1911年9月24日，刘复基和孙武在胭脂巷召开会议，以蒋翊武为湖北革命军总指挥，孙武为参谋长，刘复基为常驻军事筹备员兼政治筹备员。以原文学社机关为湖北革命军总指挥部机关，会议还通过了由刘复基起草的武昌起义军事计划。10月9日，蒋翊武根据已经变化的情况，下令是晚12时正式起义。起义前夕，刘复基等人被捕，因起义命令未曾及时传至负责发炮为号的南湖炮队，当晚起义不果。10月10日凌晨，刘复基英勇就义，终年26岁。一同被害的还有彭楚藩、杨洪胜。三人被称"武昌首义三烈士"。

1905 年冬，蒋翊武来到上海，准备去日本留学，由于日本政府歧视中国留学生，留日学生纷纷回国，他只好留在上海。第二年春天，湘籍同盟会员姚宏业等一些从日本归国学生在上海吴淞办中国公学，他便进入这所学校。中国公学里革命党人很多，蒋翊武与他们接触频繁，革命思想更加成熟。他和同学们组织了竞业学会，并由刘复基介绍加入了中国同盟会。10 月 28 日，他与杨卓林创办《竞业旬报》，以"振兴教育、提倡民气、改良社会、主张自治"为主旨，用白话文宣传革命。1907 年春《竞业旬报》被迫停刊后，蒋翊武返回家乡。

1909 年秋，刘复基去汉口协助詹大悲接办《商务报》，蒋翊武便随刘去了汉口，任《商务报》编辑。汉口的革命活动非常活跃，不少革命者潜伏在新军里，成立团体，积蓄力量，使许多官兵接受了革命思想。蒋翊武到汉口时，新军中有一个革命团体叫群治学社，蒋翊武、刘复基、詹大悲加入这个组织，以访员（记者）身份前往鄂西采访，因为学社负责人杨王鹏等所在的第四十一标正在那里驻防。三人在潜江遇上了学社成员蔡大辅，蔡写信介绍他们回武昌去找留守的负责人李抱良（李六如）。路过天门，为策动新军，蒋翊武决意从军，经湖南西路师范学堂老同学黄贞元的介绍，投第二十一混成协四十一标三营左队。

不久，因长沙发生抢米风潮，群治学社想趁机起事，不料风声走漏，湖北革命团体受到牵连，相继遭到破坏，群治学社的活动也受到挫折。1910 年 9 月，群治学社改组为振武学社，推杨王鹏为社长。由于振武学社发展很快，事为黎元洪侦知，其发展为清政府所不容。为保全自己，黎元洪不让下属声张，只是将振武学社的杨王鹏、李六如等 4 人开除。在杨王鹏、李六如等被迫离去后，为隐蔽地积蓄力量，加快革命发展的步伐，1911 年 1 月，蒋翊武约请詹大悲、刘复基、章裕昆等人，决定以"研究文学"为名，改振武学社为"文学社"，掩护革命活动。

1911 年 3 月 15 日，文学社在武昌小东门内同文学舍召开正式成立大会，蒋翊武被推为社长，王宪章为副社长，刘复基为评议部长。自此起，蒋翊武在詹大悲、刘复基等人襄助下，秉着从"运动军队入手、不轻易发难"的原则，恪遵群治学社一直以来一整套切实可行的组织制度，积极扩大组织、开展活动，进一步在新军里发展社员。与此同时，他们还以《大江报》为机关报，免费送各营队阅览。"军中官长畏报如虎，恨报入骨，而士兵同志乃信仰益深，志向益坚"。不过半年，

武昌胭脂巷 11 号

文学社就由群治学社时的几百人一跃而增至 3000 人左右，成员遍布于湖北新军。不久，新军各标营都有了文学社的成员和组织。当时，武汉的新军有兵额共计 1.5 万人，文学社成员竟占 1/5 以上。

在文学社组织不断扩大的同时，与之并存的另一革命团体共进会[①] 也有很大发展。两个组织各自争先恐后地在湖北新军中发展成员，难免产生一些摩擦。不过，由于两者同以反清为目的，都间接或直接受同盟会总部的领导和影响，有些共进会员参加过文学社所沿袭的革命团体，因而两股革命力量的联合具有一定的基础。黄花岗起义失败后，革命力量有所损失，不少革命者物色发难地域的视线集中在长江中下游，两个组织的合作也就显得更加迫切。不过，共进会负责人孙武、刘公等多为富家子弟，又是留日学生，事先蒋翊武对这些人颇有顾忌，认为他们"都是穿西服的洋老爷，派头又大"，怕"瞧不起我们"，合作后"担心上他们的当"。这固然反映了小资产阶级革命者思想狭隘的一面，但这种顾虑也不是毫无根据，这在光复长沙之后，焦达峰、陈作新被害得到了应验。然而，蒋翊武毕竟识大局，他以革命利益为重，始终坚持殊途同归，他与

① 共进会是中国同盟会外围革命团体。光绪三十三年（1907）8 月成立于日本东京。主要领导人是同盟会会员焦达峰、日知会会员孙武、刘公等。共进会尊孙中山为领袖，它以同盟会的总理为总理，以同盟会的纲领为纲领，但将"平均地权"改为"平均人权"。1908 年秋，共进会的主要成员分别回国活动。孙武、焦达峰等抵达汉口，于次年 4 月在汉口法租界设立共进会机关（后迁至汉口俄租界宝善里），在武昌设分机关多处。

刘复基等积极布置和商讨合作事项。

为了筹集起义经费，文学社以 1/10 的比例从社员军饷中扣除，社员大多为士兵，每月饷银仅为四两二钱，但宁肯节衣缩食也要按时交纳。文学社的一切开支莫不取之于此，每次开会时，由会计将记账簿交会审查。共进会筹集经费，靠的是会员捐献，因此收入颇不稳定。会员刘贤构是个贩布的商人，他把布全部捐出后倾家荡产。负责理财的张振武把原籍的田地竹山全部变卖以充革命经费。共进会会长刘公家境富裕，长辈本着"要发财必先做大官"的祖训，拿出二万两白银让他捐个道台，刘公拿出其中的一万两充当了起义经费。

蒋翊武继续扩大文学社组织的同时，亲自出面与共进会负责人协商合作事项。文学社一直以新军士兵为发展对象；共进会初期发展重点在会党，后来也转向新军。5 月 3 日，共进会干部在武昌胭脂巷二十四号共进会机关集会，决定派杨时杰、查光佛、杨玉如和文学社联络。随后，双方在武昌孙武宅集会。文学社出席者为蒋翊武、刘复基；共进会出席者为孙武、邓玉麟、高尚志、杨玉如等。初次的谈判并不融洽，蒋翊武以军营队伍影响力大，为便于领导，认为应以文学社为主体，孙武则主张共进会应居于领导地位，会谈无结果而罢。5 月 10 日，文学社开代表大会，刘复基提出，应与共进会联合，得到会议赞同。次日，双方代表再次集会达成合作协议之后不久，保路风潮掀起。川、湘、粤、鄂保路运动爆发后，革命派联合的必要性日趋迫切。6 月中旬，第二次协商会议在武昌长堤龚霞初家召开，蒋翊武与孙武两位领导人因意见不合都未出席，会议还是因为彼此芥蒂难以弥合而未果。龚霞初，字侠楚，湖南省澧州城北涔南乡人，与蒋翊武等七人发起成立文学社，时任交际员。

9 月，四川保路运动演变成大规模暴动，湖广总督瑞澂奉命调湖北部分新军开赴四川，革命形势显露出稍纵即逝的态势。14 日，文学社和共进会组织的第三次协商会议召开，除蒋翊武因部队驻防岳州不能赶回之外，其余的领导人全部出席。会议终于在抛弃前嫌、联合行动的原则上达成共识，决定新军"一旦起事"，双方当"通力合作"。在磋商了筹款和购买武器等具体事宜后，与会者一致同意派人去上海请黄兴、宋教仁和谭人凤来湖北"主持大计"。

谭人凤曾于农历五月初来汉，劝文学社和共进会和衷共济，相辅而行。鉴于蒋翊武、刘复基等人领导的文学社无论在干部力量和舆论宣传上，还是社员人数和在湖北新军中的影响上，都在共进会之上，故刘复基主张两团体只有在文学社基础上的合并，才更有利于湖北革命斗争的深入，也更使人放心。

经过长达三四个月的反复协商，双方基本上按照刘复基提出的方案，形成决议。双方暂时取消文学社和共进会的名义，总称"湖北革命军"，由蒋翊武担任湖北革命军总指挥，孙武为参谋长，刘复基、邓玉麟等人为军事筹备员，以刘复基的住处文学社机关部为湖北革命军总指挥部。

23日，在武昌雄楚楼10号刘仲文住宅再次召开会议，与会者有孙武、刘复基、邓玉麟、彭楚藩等人，大家一致认为形势已如箭在弦上，决定推举蒋翊武为湖北革命军的军事总指挥、孙武为负责政令的军务部长、刘仲文为负责民事的总理。24日转至武昌胭脂巷11号胡祖禹家召开联席会议，与会者的增加，使会议规模骇人：湖北新军第二十九、第三十、第三十一、第三十二、第四十一、第四十二标的陆军代表；炮队第八标、马队第八标、混成协炮队、工程队、宪兵营、辎重队的代表以及测绘学堂、陆军中学的代表——如同湖北新军的一次盛大的代表大会。

会上，刘复基报告了起义计划，还报告了"人事草案"，即军务部、内务部、外交部、理财部、调查部、交通部等各部负责人名单，还有负责军械、司刑、司书、会计等人员名单以及政治和军务筹备员名单——洋洋大观的名单，犹如一个政府的架构。参谋长孙武在总结时说："我们大家通过的军政府组成人员，是要在占领武昌、成立军政府后才就职的。军事筹备员和政治筹备员，目前就要积极展开工作。发动日期，大家希望在富

博尔济吉特·瑞澂（1863—1915）

有革命意义的八月十五这一天，如决定可以动手，我们临时一定会有通知，请大家目前务必谨守秘密"。会议决定 10 月 6 日湘鄂两省同时发难，发动起义。

10 月 6 日这一天，是农历八月十五在联席会议当天，驻扎在南湖的八镇炮标三营几个士兵退伍，炮标士兵孟华臣（共进会代表）备了酒菜，饮酒猜拳，为之送行。值日的刘排长过来干涉，双方发生争执。管带赶来传孟华臣等跪下，重责军棍。于是士兵哗变，抢了军械，将营部砸烂，管带仓皇逃窜。孟华臣等从军械房拖出两尊大炮，可惜没有弹药。前来镇压的马队赶到，兵变士兵四下逃窜。

至此，革命党人的活动被湖北当局察觉，警戒加强，各码头严格检查行人，各学堂学生一律不准出校。有些官吏纷纷把家眷送到汉口租界。有钱而怕死的老百姓们也大搬其家。

湖广总督瑞澂宣布 10 月 6 日（中秋节）不放假，全城戒严，官兵皆不能离营外出，严禁以各种名义"会餐"，军营中秋联欢会，提前一天举行。戒严时期除值勤士兵允许携带少量子弹以外，所有弹药一律收缴，集中保管。

几乎同时，9 月 28 日，湖南共进会领导人焦达峰函告武昌起义指挥部，湖南准备未足，请求延期 10 天。孙武于是又和刘复基、邓玉麟等再举行一次会议，决定把起义日期推迟到 10 月 16 日（八月二十五日）。会后，派人送信到岳州，叫蒋翊武回武昌，也打了电报给居正，叫他与谭人凤、宋教仁乘轮同来。

武昌小朝街八十五号文学社总部，起义军事总指挥部昼

武昌小朝街 85 号起义总指挥部

夜策划，制定出详尽的起义计划，并绘制了作战地图。起义的政治筹备处设在共进会总部所在地——汉口长清里九十八号。政治筹备员刻印军政府的印信、预订和制造起义用的旗帜以及起义后新政府的旗帜、新政府的钞票，同时起草各种文告和对外照会。由于人员频繁进出引起了官府的注意，大家转移到一家照相馆，但很快再次被官府盯住，最后政治筹备处转移到汉口俄租界宝善里十四号。

令官府越发警惕的原因之一，是他们从报纸上看到了这样的报道：炮营逃兵数人因恐追捕，于邮筒投书督提各辕。大致谓彼党团体甚固，如因此事而妄行杀戮，全镇必为激变，其中颇多恐吓之语。张提（第八镇统制兼鄂军提督张彪）遂大震惊，请于鄂督，饬将各营所存枪炮机钮拆卸，连同各种子弹一并缴送军械总局谨慎收藏。所有标统以下、排长以上各军官每日一律驻营歇息，不准擅离，由张提不时亲往巡查，吹奏紧急集合号令点名，官长有不在营者撤差，咨部及各省永停差委；目兵（班长）有不在营者，责革职严办，并罚其该管长官。一时军纪至为严肃，而谣言亦因之蜂起。

此时蒋翊武身在岳州，而心系武昌。他多次试图离营返鄂，终因军令甚严找不到机会。由于事情紧迫，刘复基派人请他回鄂举义。他便不顾一切，于10月9日清晨匆忙赶回武昌小朝街起义总指挥部（即原文学社机关部），立刻组织会议，商讨武装起义日期。

刘复基向蒋翊武通报了近来湖北革命形势发展情况，以黄兴曾来电约九月初（公历10月底）11省同时起义，但本社同志以过迟恐致误事，主张抓紧起义。蒋翊武则坚持应依黄兴电嘱行事。刘复基认为武汉形势紧迫，事不宜迟，主张立即行动。蒋翊武将各标营代表请来，征求他们的意见，代表们也一致要求及早行动，因为外面谣言很多，一旦事机败露，必将束手就擒，前功尽弃。蒋翊武还是有些犹豫，见群情如此，只好叫代表们各自先回军队准备，听候命令行事。

10月9日这天，刘公与军务部长孙武等人在汉口俄租界宝善里14号机关部点验党员名册毕，刘公之弟刘同因吸烟引燃孙武试验炸弹的火药，不幸燃爆导致孙武等多人受伤，爆炸声惊动了汉口租界的俄国巡捕，他们迅速赶来捉人。刘公命人将孙武送往同仁医院医治，本人则隐蔽于汉口汉兴里友人处。武汉总、分机关被破坏，刘公妻子李淑卿、其弟刘同等人被俄捕房捕去。孙武虽被救出，但起义用的旗帜、名册、印信和各种机密文件被抄走。这一事件暴露了革命党人的起义计划。

是日中午，蒋翊武在和革命党的其他人一起吃饭。席间，忽然有人跑来报告说："汉口的机关部已失慎了！"蒋翊武得知汉口宝善里机关失事，俄国巡捕已将起义文件和党人名册等全部搜去的不幸消息，多年的谋划功亏一篑，不由当场泪下。刘复基大声激愤地说："事到如此，哭有何益，不如今夜起义！"邓玉麟接着说："翊武，你是我们推举的总司令，请你下命令吧！"这时，蒋翊武眼见起义将要流产，数千革命同志的生命危在旦夕，即根据刘复基草拟的起义通知，毅然决定当晚举行起义，下令是晚 12 时正式行动[①]。蒋翊武立即以总司令名义下达"十条十款"起义令，命令在当晚 12 时整，以南湖炮队鸣炮为号，城内外各军一齐行动。

武昌起义的第一道作战命令

命　令[②]

（八月十八日下午五点钟发于小朝街八十五号机关部）

（一）本军于本夜十二时举义，兴复汉族，驱除满虏。（由南湖炮队于是晚十二时鸣炮为号，城内外各军闻炮声一齐动作。）

（二）本军无论战守，均宜恪遵纪律，不得扰害同胞及外人。

（三）凡属步、马、炮、工、辎等军，闻中和门外炮声，即由各原驻地拔队，依左列之命令进攻：

甲、工程第八营以占领楚望台军械库为目的。

乙、二十九标二营，由保安门向伪督署分前后进攻；一营前队，出中和门迎接炮队，左队防守中和门，右队防守通湘门，后队助工程营占领楚望台（三营出防郧阳，故不列）。

丙、三十标扑灭旗兵后，即向各要地分兵驻守。

---

① 刘心田：《武昌起义前的 24 小时》，选自《辛亥风云》，中国展望出版社 1982 年版，第 99 页。
② 田伏隆主编：《辛亥革命在湖南》，岳麓书社 2001 年版，第 341—343 页。

丁、三十一标留守军兵分驻各城门防守。

戊、四十一标留守兵，进攻伪藩署及保护官钱、善后、电报各局。

己、三十二标留守兵由保安门进城，援助二十九标二营攻击伪督署。

庚、马队八标一营进城后，即分配各处搜索，二营向各城门外搜索，以四十里为止（三营及混成协马队十一营因出防襄阳一带，故略）。

辛、塘角辎重于本夜十二时在原驻地放火助威，藉寒敌胆。

壬、塘角工程队掩护炮队十一营由武胜门进城，占领凤凰山。

癸、卫生队于天明时往各处收殓阵亡尸首。汽球队于十二点钟时在谘议局听遣（辎重第八营在伪督署守卫，谅不可靠）。

（四）炮队第八标于十一点半钟即拔队由中和门进城，以一营占楚望台，向伪督署及第八镇司令部猛烈射击；以二营左右队占领蛇山，向伪藩署猛烈射击。中队留守原驻地。三营占领黄鹤楼及青山一带，防守江中兵舰（我军占领时均即停射）。

（五）四十二标一营左队进攻汉阳城，前、右、后三队占领大别山及兵工厂，以后队为援队。

（六）四十二标二营占领汉口大智门、硚口一带。

（七）四十二标三营右、后两队堵塞武胜关，前、左两队防守花园，祁家湾一带。

（八）武昌弹药枪支，暂由楚望台军械库接济，阳夏暂由兵工厂接济。

（九）凡各军于十九日上午七点钟均至谘议局前集合，但须留少数军队防守已占领地点（阳夏驻军不在此列）。

（十）予于十二时前在机关部，十二时后在谘议局。

（注意）本军均以白布系左膀为标志。

总司令　蒋翊武

起义令被人用复写纸誊写二三十份，下午4点由专人分送到各标营，由于"事关全局，最为紧要"，蒋还特别嘱咐给炮队送命令的同志一份口述令。同时，蒋翊武写了一封信给岳州的驻军，准备响应。

在下达第一道命令的同时对传令者的口述令

今日这个命令，乃是一时权变。我先前叫各代表多迟几天，于今又忽然叫他们今夜举事，岂不是自相矛盾吗？似此朝令夕改，还有那个肯信服呢？你们这次回往各处送命令去，预先说明缘故，才可以使他们不得误会。

——咏簪：《武昌两日记》

武汉清军的总人数，假定以每营约五百人计算，有一万一千七百五十人。其中，共进会会员与文学社社员加起来，便不在五千人以下。共进会的会员总数约有两千人，文学社的社员总数（据李廉方说）有五千人，合起来是七千人。在这七千人之中，诚然有不少是属于去了四川的第三十一标与第三十二标，以及开往宜昌、岳州的第四十一标的第一营与第二营，剩下来仍在武汉的，应该有五千人以上。以五千个同志领导清军之中六七千的非同志，控制不足一千的旗人兵（包括满洲旗人与汉军旗人），胜负似乎可以预卜。[1]

革命同志人数虽多，却并无子弹。因此之故，起义命令第三条的甲项，要第八镇工程营占领楚望台军械库，命令第四条也是要第八镇炮队第八标分出一个营的力量（第一营），第二十九标第二营分出一个队（后队），于进城以后占领楚望台。

这命令所根据的"方略"是：各部队同志分别控制其部队，利用清军原有的编制进行作战。每个部队的指挥官以各标营的代表来替代清方原有的部队长。这样，革命军并非另成一军，而是化清军为革命军。与广州三月二十九日之役以革命同志作若干队"选锋"单独发难，与清军对垒的情形，恰好相反。

下达起义命令后，蒋翊武、刘复基和彭楚藩等人仍坚守在总指挥部，只等南湖炮响，发动起义。

负责向南湖炮队传达命令的邓玉麟因途中艰辛，直到深夜 12 点过后才赶到南湖炮队，此时士兵们都已经入睡，无法动员，由于城门早已关闭，往炮队送起义通知的人没能出城。结果，城内的起义官兵等待着城外炮队的炮声，城外的起

---

[1] 黎东方：《黎东方讲史：细说民国创立》，上海人民出版社 2007 年版，第 279 页。

熊秉坤（1885—1969）

义官兵等待着城内工程营的枪声，在相互的误会和等待中，计划中应于10月9日午夜发动的起义没能发生。营代表徐万年只好临时决定推迟起义。

大约晚上10点，未得到各营起义的消息，却等来了猛烈的敲门声，闯进来的同志说杨洪胜出事了！给工程营送起义通知的杨洪胜兼送炸弹，到达工程营门口才发现事先联系好的同志已经换岗。他受到盘查，想往回走，但已被怀疑。当军警追来时，他投出炸弹，自己受伤并被捕。由于被捕的刘同招供，武昌小朝街85号文学社总部暴露，武昌全城大搜捕开始了。

屋子里顿时紧张起来。彭楚藩镇定地说："不要紧，快11点了，马上就要动手。怕什么！"并对蒋翊武说："翊武，你把攻守地图再看看，好马上指挥。"又回头对牟鸿勋说："老牟，请你拿笔把我们的名字都写下来，就是我们战死了，也好落个名嘛。"一边说一边从衣袋里掏出一包现洋放在桌上，说："我身边还有几十块钱，大家分，准备打起来，买点零食充饥。"刘复基首先拿了一块钱，叫17岁的秘密交通员刘心田去买香烟。刘刚出门，门口忽然传来一阵急促杂乱的人声。蒋翊武听见了，在楼上喝问："干什么的？"外面回答是："会你老爷了！"蒋一听知道出了问题，转身对大家说："事情到了这个地步，不要慌，准备炸弹！"刘复基紧接着说："我打头阵，你们随我来。"边说边拿了两颗炸弹，飞奔下楼，对着迎面来的敌人扔去。可是事出意外，炸弹不响，又扔下几枚，仍然不响。原来是孙武装炸弹失慎的消息传来之后，有人把存放的炸弹闩钉抽了，而这时匆匆应战，又忘记装上。眼看敌人蜂拥而至，"戈什"（满语，清朝高级官吏的侍从护卫）和警察首先捆住了刘复基。楼上的人一看炸弹失灵，纷纷从屋上逃跑，跳下墙头，又被警察包围。彭楚藩机智地喊道："我们是来捉人的！"

警察拿灯一照，见彭穿的是宪兵制服，没有追问。陈宏诰认识警察中的熟人，打了个招呼混过关去。但是大批"戈什"跟着围上来，不分青红皂白，将彭楚藩、蒋翊武、牟鸿勋、龚霞初等一一逮捕。这时，街上人声鼎沸，老百姓纷纷拥来看热闹。蒋翊武因为是一身农民打扮，一路大叫："我是来看热闹的，你们捉我干啥！"到了巡警分署，蒋翊武乘警察打电话一时疏忽，夹在人群中溜走。彭楚藩、牟鸿勋、龚霞初则被押送到湖广总督衙门。

刘心田因为个子小，机灵地躲在了楼梯下，"用装炭的破篓子和撮箕扫帚"将自己遮盖住，未被清兵发现。当日晚，还有张廷辅、陈宏诰、牟鸿勋等32人被捕，10月9日起义计划落空。

湖广总督瑞澂见逮捕了这么多革命党人，急忙下令督练公所总办铁忠、武昌知府双寿、汉阳知府陈树屏等人在总署衙门大堂里连夜会审。第一个被提审的是彭楚藩。他身着宪兵制服，一身堂堂正气，在大堂上站而不跪。审讯官铁忠一见彭楚藩是宪兵，心中暗暗叫苦。因为宪兵营的管带（营长）是他的妹夫，营中出了革命党，妹夫不好交代。铁忠怕亲戚受牵连，便有意为彭楚藩开脱，说道："你是去抓革命党的宪兵，怎么把你也抓来了？"哪知彭楚藩不吃他那一套，大义凛然地说道："没有抓错，我就是革命党人！"接着彭楚藩慷慨陈词地历数了清廷误国残民的罪行，说道："清朝亲贵专权，鱼肉百姓，腐败无能，失地丧权。为了挽救国家的危亡，我们就是要推翻清王朝，恢复中华，建立民国。我既然参加反清革命，早将生死置之度外。死是吓不倒革命党人的，要杀便杀，何必多问！"铁忠听了这些话气得脸色发青，知道再问下去也是徒劳，连声大叫："推下去，斩首！斩首！"彭楚藩在敌人的刑场上威武不屈，至死不跪，高呼"民国万岁"的口号，英勇献身。

接着受审的是刘复基。他昂首挺胸，两眼圆瞪，一进公堂，不等铁忠等人开口，就大呼："要杀便杀，不必多问！"铁忠问道："你就是刘复基？""是。""你怎么不跪？""哼！要我跪？你们是什么东西！满奴卖国贼！"这时，几个衙役拉住刘的脚镣往下压，他才坐在地上，依然未跪。"你们为何要造反？有多少人？照直供！""你们为什么要强占我们的天下，出卖我们的江山！照直说！"刘复基双拳一举，声震全堂。"不要胡说，到底有多少党羽？"当铁忠问党羽炸弹还有多少、都在哪里时，刘复基回答："除了彼一般满奴汉奸，即皆是我的同志。事到于今，该因你们的运气未绝尽，我倒遭殃。还有什么问头，将我快快杀了罢！"及至被绑出督署时，刘复基大呼数十声："天！天！天！"铁忠知道他是革命党的主要骨干，问也无益，便下令斩首。在敌人的屠刀面前，刘复基神情自若，视死如归，高呼"同胞们，快起来革命""还我河山"等口号，慷慨就义。

最后受审的是杨洪胜。他虽被炸得血肉模糊，但他那高大的身躯直挺在大堂之上，透出一股革命正气。铁忠要他供出革命党，他高声大骂："老子就是革命党，要杀就杀，有什么好问的！你们要问我的同党，我现在告诉你们，除了你们这些狗奴才，全中国四万万同胞都是革命党！"铁忠一听，气急败坏，下令用鞭抽打，杨洪胜哈哈大笑，说道："老子连死都不怕，还怕鞭子？"因为被捕时被炸伤，杨洪胜面如焦炭。铁忠说："你这个样子也想革命吗？我今日只怕要革你的命哩！你们的炸弹还有没有？"杨洪胜说："用了又做，哪有没得的道理！"双寿问："你们的党羽，是营里的多，还是学堂的多些？"杨洪胜回答："你说军队里多，就是军队里多；你说学堂里多，就是学堂里多，我一刻也难查清楚。"凶残的敌人把他打得皮开肉绽，鲜血直流，他始终没有供出一个同志。铁忠又写了旗标，上书：施放炸弹革命党一名杨洪胜。临刑前，杨洪胜高呼"孙中山万岁""未死的同志们万岁"等口号，壮烈牺牲。

蒋翊武从巡警局后花园跳墙出来，躲到蔡大辅与王守愚的住所，静候起义的消息，候到天亮。天亮以后他遣派胡培才等人去各部队传令给革命同志，改在当天（农历八月十九日）夜间，大家依照十八日的原令起义。同时，他于当日上午9点半、11点半、下午6点，先后发出五道命令。分别是《攻击之合同命令》《给火攻队之命令》《给水攻队之命令》《给第一独立整队长之命令》《给第二独立整队长之命令》。在所有工作安排妥当之后，因武昌到处张贴有悬赏捉拿他的告示与相片，他不便久留，随即化装出了平湖门，乘小船出走，至湖北监利县暂避风头，以待时机。①

驻扎在武昌城内的工程八营，是湖北新军最早成立的部队之一，该营的共进

---

① 黎东方：《黎东方讲史：细说民国创立》，上海人民出版社 2007 年版，第 289 页。

武昌首义三烈士：杨洪胜（1875—1911）、彭楚藩（1884—1911）、刘复基（1884—1911）

会代表是正目熊秉坤。由于这个营驻守楚望台军械库，军械库储藏着汉阳兵工厂二十年来制造的大量枪炮弹药，当时新军的弹药都被收缴，所以起义时必须占领这个军械库以获取军火。蒋翊武的起义命令"甲、工程八营，以占领楚望台军械库为目的"，可见其重要性。

熊秉坤是湖北江夏（今武昌）人，早年在武昌平湖门码头做苦力搬运工，在21岁时入伍湖北陆军第八镇工程第八营，升正目（相当于班长），并参加了日知会。日知会失败以后，他销声匿迹七年，被选拔入讲武堂，毕业后任第八镇工程第八营后队班长。1911年3月，经友人介绍，加入共进会。他在共进会中十分努力，被公推为工程营总代表，在六七月间，共进有了100余人；到了8月，竟然有了640多名，他自己以总代表的资格，兼为"大队队长"，统辖4个正队，下设参议、参谋、副官、书记、交通员、密探。

10月10日天亮时，大家不但没有等来起义的消息，反而得知彭楚藩、刘复基、杨洪胜三人已被杀。军营里开始人人自危，熊秉坤和同志密商后，决定趁部队晚操时发难，随即便与城内的第二十九标、第三十标取得了联系。但是，中午时分，突然宣布今日停止晚操。熊秉坤等人只好将发难时间改为晚上7点，并再次通知了第二十九标、第三十标的同志。

当时，不但一般士兵得知今晚将要发难的决定，就连一些下级军官们也获得了消息。黄昏时分，卫兵长方定国悄悄地对熊秉坤说，你们要办事我决不阻拦，只求到时候饶我一命。熊秉坤当即回答，自己兄弟没有自相残杀的道理。接着，后队队官罗子清也找到熊秉坤，他们的对话之所以耐人寻味，是因为几乎所有的军官都认为即将发生"起义"，且一旦武汉率先发难，全国必会同时响应。因为湖北新军第八镇的战斗力全国皆知，历次革命党人的起义都是被第八镇镇压下去的，现在连第八镇都反了，全国焉能不反？

7时许，陆军第八镇工程第八营后队二排哨长（即排长）陶启胜查夜，发现多人不在营中，又看见该棚正目（即班长）金兆龙、士兵程定国正抱着步枪，且取出一盒子弹，仰卧睡觉，就厉声问道："干什么？想造反？"金兆龙对陶哨长不满，对骂道："造反就造反！你能怎样？"并和陶启胜扭打在地。程正瀛（字定国）过来帮忙，但无机会开枪，以枪托将举枪的陶启胜击伤，待陶倒地，背后开枪打中陶启胜，金兆龙上前再补一枪，将陶击毙。前队队官黄坤荣、司务长张文涛、八营代理管带阮荣发先后赶来弹压，程正瀛枪法很准，一连打死黄坤荣与张文涛二人。另一位同志，右队的吕中秋开枪打中阮荣发。阮荣发转身，向前队的穿堂乱放，打死一位姓冯的同志，他本人随即也被徐步斌打死。其他的若干官长纷纷逃走，致军营大乱。这时熊秉坤立即鸣笛集合，正式宣布起义，向楚望台进发。"武昌起义第一枪"由此开始。自此，名动中外的武昌起义轰轰烈烈地拉开了序幕，各路勇士纷纷响应，迅速占领敌署。汉阳、汉口的革命党人闻风而动，分别于10月11日夜、10月12日光复汉阳和汉口。起义军掌控武汉三镇后，湖北军政府成立，黎元洪被推举为都督，改国号为"中华民国"，并号召各省民众起义响应。自此，武昌首义成功。

武昌首义成功后，湖北成立军政府，蒋翊武出任都督府军事顾问。在他的力主下，革命军得到较快扩充，为巩固首义成果奠定了基础。之后，蒋翊武又积极推动各省反正，由此引发了全国规模的辛亥革命。10月28日，蒋翊武出任黄兴的经理部长兼顾问，协同指挥阳夏战争，黄兴极赞蒋翊武之能，谓之为谋勇兼备。11月27日，汉阳失守，武昌危在旦夕，黄兴引咎辞职，黎元洪准备放弃武昌，而蒋翊武与张振武等一道坚持"与武昌首义名城共存亡"，并在众人的推举下受命于危难之中，相继被任命为"战时总司令部监军""战时总司令官"。就职之后，蒋翊武立即选拔干部、健全体制、调整兵力、划定防御区域，命张廷辅、杨载雄等沿江布防，派董必武等组织后勤供给，率兵重创清兵。他还亲自深入士兵和民众之中进行宣传鼓动，使军心重振，民众踊跃参军。同时，他注重分化瓦解清军，促使清军纷纷倒戈投诚，武昌城得以转危为安。

1912年初，蒋翊武参与组织民宪公会和鄂军毕血会，创《民心报》，拥孙（中山）黄（兴）而斥袁（世凯）黎（元洪），并将文学社并入同盟会。不久遭黎元洪、孙武等人排挤，被迫前往北京，袁世凯以高官厚禄对他进行笼络，均被蒋翊武拒绝。同年8月，同盟会改组为国民党，蒋翊武被推举为总部参议及汉口交通部长，兼管湖北、湖南、陕西三省党务，与宋教仁一起创办民国江汉大学。

1913年3月，宋教仁在上海遇刺，蒋翊武闻讯后义愤填膺，奋起讨袁，首倡"二次革命"，出任中华民国鄂豫招抚使，联络东南各省共起讨袁，募兵几达五师。因湘督谭延闿牵制，取消独立，导致蒋翊武出师不利，终遭袁世凯通缉。后奔赴广西以图再举义旗，行至广西全州兴安县唐家冲，不幸被驻军统领秦步衢所部抓捕，解至桂林。袁世凯循黎元洪之请，电令广西都督陆荣廷将其"就地处决"。

蒋翊武临刑前，写了四首绝命诗。

一

当年豪气今何在？如此江山怒不平！

嗟我寂冤终无了，空留虏剑作寒鸣。

二

只知离乱逢真友，谁识他乡是故乡？

从此情丝牵未断，忍余红泪对残阳。

三

痛我当年何昧昧？只知相友不相知；

而今相识有如此，满载仁声长相思。

斩断尘根感晚秋，中原无主倍增愁！

是谁支得江山住？只余有衷逐水流。

　　1913年9月9日下午4时，广西桂林丽泽门外秋日昏黄，蒋翊武从容端坐于刑场，向前来送行或围观的群众作最后一次讲演，尽情宣传革命大义。在场听众无不为之动容，行刑士兵凝神静听，竟迟迟不肯开枪。行刑官见状惊惧，尤恐生变，将枪弹射向蒋翊武的后背，一代英杰带着民族、民生、民权的美好理想，以身殉国，年仅29岁。

　　蒋翊武牺牲后，他的遗体被朋友草葬于当地。三年后，谭延闿以湖南军政府名义，将蒋翊武遗骸从桂林移葬于长沙岳麓山。澧州人谢春轩当年曾作挽联写道：

蒋翊武墓

"开国元勋蒋翊武先生就义处"碑

立功在楚北，殉节在粤西，推翻专制，拥护共和，英雄成败均千古；
奋迹于涔阳，首丘于岳麓，昔年欢迎，今日追悼，故乡风云又一时。[①]

广西桂林翊武路南段（原丽泽门外），有一座塔式青石建筑，正面刻孙中山手书："开国元勋蒋翊武先生就义处"，落款为"孙文敬题"。其余三面刻胡汉民书撰蒋翊武事迹：

蒋公翊武，澧州人，笃志革命，辛亥武昌发难，公功为冠，以武昌防御使守危城，却强敌，事定，即引去。当道縻以官爵，不受。癸丑讨袁，将有事于桂，至全州，为贼将所得，贼酋阿袁氏旨，遂戕公于桂林丽泽门外。今年冬，大总统督师桂林，念公勋烈，特为公立碑，而命汉民书公事略，以昭来者。公之死事与

———————————

① 楚北：指武汉；粤西：指桂林；涔阳：指澧州（今湖南澧县）境内的"涔阳古道"，古属楚荆州之域，屈原曾在《离骚》中就咏吟过"望涔阳兮极浦"。这里代指蒋翊武的出生地。首丘：比喻归葬故乡。

津市市翊武中学

瞿张二公不同①，而其成仁取义之志则一也。

中华民国十年十二月　胡汉民谨记。

这是孙中山 1921 年到桂林督师北伐时，追念蒋翊武的革命功绩，特意为"蒋公"立碑，并指示胡汉民"书公事略"。在孙中山对众多革命烈士的封号中，惟有蒋翊武享受"开国元勋"的殊荣。

翊武中学在学校初建时名为"湖南私立翊武中学"。1943 年秋，知名人士许和钧在著名教育家、生物学家辛树帜建议下，为纪念民主革命先驱、武昌起义总指挥蒋翊武烈士创办了该校。许和钧先生任校长，时任国民政府司法院副院长、进步人士覃振先生任董事长。1951 年，学校转为省立，名"湖南省立翊武中学"。后几经易名，现名为"津市市翊武中学"。翊武中学现为初级中学，总面积 62000 平方米，建筑面积 12000 平方米。纪念性建筑及标志有翊武亭和蒋翊武先生塑像。

---

① 瞿张二公：南明的两位民族英雄。瞿，即南明兵部尚书，桂林留守瞿式耜；张，即张同敞，明末抗清名臣，名相张居正曾孙，兵部侍郎、总督广西各路兵马抗清。明永历四年（1650）十一月，清定南王孔有德攻陷桂林。瞿、张一同被捕，孔有德劝降不屈，在风洞山麓以死尽节。清政府后给瞿、张二公分别赐谥忠宣、忠烈称号，在瞿、张二公成仁处立碑纪念，修双忠祠，于栖霞寺祀瞿、张二公牌位。

十三

❧ 湘人同谋革命 ❧

辛亥革命前后，湖南地方精英对于革命的态度及转变，在很大意义上影响了革命的进展，甚至决定了革命的成败。在辛亥革命中，湖南以地方绅士、商人、新式军官等为代表的地方精英，由于对清政府统治的强烈不满，转而趋向参与革命，成为革命派的主要同盟军。长沙光复有赖于革命党人强有力的领导，也离不开革命党人与地方精英的合作，岳麓山上的云麓宫便是革命党人时常聚议的一处重要场所。

长沙能成为武昌起义的首应之区，是以黄兴、禹之谟、宋教仁、谭人凤、焦达峰、陈作新为首的湖南革命党人长期准备的结果，也与由以前历次革命依靠会党而转为运动新军，并与地方精英的合作有关。

早在 1904 年，黄兴等人在长沙建立华兴会，并策划武装起义，埋下了革命的火种。1905 年 8 月，同盟会成立后，禹之谟、陈家鼎等人受黄兴之托，在长沙成立同盟会湖南分会，并领导了公葬陈、姚的斗争，激发了长沙人民的民主革命精神。1906 年，刘道一等人领导的萍浏醴起义，则进一步推动了革命形势的发展。1911 年 4 月，广州黄花岗起义失败后，湘籍党人谭人凤、宋教仁等改变革命策略，将革命重心放在长江流域，成立同盟会中部总会，制定了湖南、湖北

清末新军训练场景

此起彼应、此起彼应的方针，奠定了革命成功的基础。同盟会领导的多次起义，均以失败告终的惨痛教训，使湖南革命党人认识到单纯依靠会党的力量，难以取得革命的成功，从而开始转变革命的策略与途径。于是，革命党人选择了易于接受新思想，组织纪律性较强的新军作为革命所要依靠的主要力量。

同盟会中部总会成立以后，推定焦达峰、杨任、谢介僧、曾杰等组成湖南分会，负责湖南起义的准备工作。焦达峰等人从上海回到长沙，时值湖南保路运动方兴未艾，他极为振奋，加紧进行革命的准备工作。首先重建了同盟会湖南分会，并设立"湖南体育会"等秘密机关多处。同时为了加强对起义主要的依靠力量会党和新军的组织与领导，决定由焦达峰负责联络会党，陈作新负责运动新军。陈作新是浏阳县人，在新军中素有威信。他从湖南弁目学堂毕业后，即利用任新军排长和教官的机会进行革命宣传，并成立"积健会"，团结了一批新军中的中下级军官、目兵和陆军小学的学生。接受运动新军的任务后，他即以小吴门、军路侧一带茶楼酒肆为据点进行活动，很快就将广大新军兄弟团结起来。

辛亥革命以前，革命党人组织了许多团体各自为战、汇合成流。除了华兴会这个众所周知的组织以外，还有下列革命团体：

辛亥革命前省城长沙革命团体一览表

序号	名称	主要参与人	说明
1	体育社	吴作霖、成邦杰、易宗羲、阎鸿蕭、阎鸿飞、文经纬、王猷、焦达峰、杨世杰、蒋名荪等	又称湖南体育会，设在长沙太平街贾太傅祠。它是一个半公开的联络站。长、善各学堂体操教员都和该会有联络，它的群众多为学生。招收学生四十多人，以培养体育人才为名，实际是革命党训练军事干部的一个组织。
2	作民译社	邹永成、谢介僧	在长沙南阳街，经营书刊业务，秘密散发、推销各种革命书刊。
3	南薰社	谭人凤、曾杰、李洽、阎鸿飞、文斐、何陶等	设在长沙浏阳门东门捷径，革命党人曾在此制造炸弹。
4	卷施社	吴孔铎、谢介僧、刘崧衡、洪荣圻、王伯存、文经纬等	设在长沙水风井胡家花园，悬有富训商业学堂筹备处木牌以为掩护。
5	图强社	文斐、洪荣圻、黄桐陔、李德纯等	设在长沙府围后，在长沙府衙门的围墙后。以研究怎样使中国富强为名，收集官府情报和做为将来武装起义的据点。
6	观海学会	龙璋、文斐、周震鳞、黄昌濬、吴作霖等	设在长沙北门西园，成员多数为留日学生。
7	积健社	陈作新、易棠龄、李郭俦等	又称积健会，设在长沙培元桥。以新军中的中下级军官、目兵和陆军小学的学生为主。
8	嘤鸣社	焦达峰、成邦杰、阎鸿蕭、杨守篯、袁天锡、袁世铎、罗杰、洪兰生	设在长沙路边井定中栈。革命党人作为秘密联络点，开展反清活动。

序号	名称	主要参与人	说明
9	南社分社	傅熊湘、阳兆鲲等	设在长沙西园。鼓吹资产阶级民主革命，提倡民族气节，反对满清王朝的腐朽统治，为辛亥革命做了非常重要的舆论准备。
10	日新社	易定超、王鑫涛、李金山、朱先杰、杨玉生、刘芝德等	设在长沙小吴门外军路侧，悬挂日新成衣社招牌，备有缝纫机两架，集结了多位成衣工人，并且联络了部分军属妇女，力量充实，业务发达。湖南光复时所用十八星军旗和号召旗，都是由日新社日夜秘密赶制的。
11	四正社	焦达峰、焦达人、彭友胜等	设在长沙太平街孚嘉巷。以此作为洪江会领导核心，联络会党，筹集枪械，准备组织"民军"。
12	义昌祥成衣店	刘大喜、裁缝罗四爷、罗老满、学徒罗富年	在长沙清泰街。店东均极有革命思想，负责缝制军装。焦达峰回到长沙，没有夏季衣服，即由该店供给，初为黄缎龙袍，数经更改另制。光复时的肩布也都是由该店事先设计缀就的。
13	兰芷书局	杨任、王炎等	设在长沙玉泉街，为西路革命党人通讯的总机关。
14	义记灯铺	李继芳、孙昆伯、黄昌濬	设在长沙藩城堤。制造炸弹所需的弹壳，就是由义记承办，分配到四城各灯铺加工制作的。

序号	名称	主要参与人	说明
15	高等铁路学堂	龙铁元、吴炳屈、李洽等	设在长沙黄泥塅。负责铁路路权风潮的组织和指导工作，并借以宣传排满革命的道理。
16	中路实业学堂	唐溶、周歧等	设在长沙落星田。利用学堂化学实验药品，秘密制造炸弹。
17	优级师范学堂	伍任钧	设在长沙贡院东街。负责在学生中发展组织，宣传反清革命。
18	文明绣业学堂	龙养源	设在长沙福源巷。负责招待同盟会会员住宿伙食。该会会员曾杰即长期借居在内。
19	武城试馆	王荷亭、易本羲、杨阜青等	设在长沙路边井。负责发展组织，宣传反清革命。
20	同仁西医诊所	黄石陔	设在长沙鸡公坡。拟在起义时扩大为"赤十字会"。
21	李培心堂	李安国、李藩国等	设在长沙寿星街。利用延师授读为名，掩护陈作新的活动。
22	广益学堂	黎尚雯	设在长沙校经堂原址。也是发展组织，宣传反清革命的机关。
23	集成矿务公司	谢介僧、刘崧衡、刘观海、罗毅等	设在长沙织机巷。筹措革命经费和印发宣传资料的场所。

革命党人开会的地点——云麓宫

辛亥革命前，同盟会会员散布各地，长江流域各省并没有同盟会的支部组织。当时在湖南的同盟会会员，多由数个同志组织一个团体。如前述体育社、南薰社、卷施社、观海学会等组织中，都有几个会员在内。同盟会在辛亥革命酝酿时期，确曾起了核心作用。当然，其他革命组织也都起过大小不同的作用，只因他们"隐藏于密"，不为外人所知；革命告成，民国建立时，那些志士仁人不谈往争，既不居功，也不要名，更不做官，以致中华民国临时政府授勋局局长冯自由在稽勋工作中，查得一些确有功勋事迹的人名而找不着受勋的人。

革命党人因准备发难，开过几次重要会议。会议的地点都是临时决定的，也没有固定的召集人，很少用书面的开会通知，偶有书面通知都是用的隐语。如："请于某时到某地赶道场。"那时的隐语称开会为"赶道场"，称宣传为"上赌场"。个中人一看自然明白。从1911年3月起，开过会的地方有：北门外开福寺、岳麓山云麓宫、杨家山启新小学、沙湖桥杨氏宗祠、紫荆街福寿楼等处。各次开会都因警戒严密，大都平安无事。有一次在福寿楼开会，因地点在城市中心，外面风声又大，被当局侦得，比较危险。但当军警开到之时，会议已经结束，只有几个未散去的人在喝茶，军警侧目而视，不敢动手逮捕。

自萍、浏、醴起义失败以后，革命党人的情绪更加激昂，对于宣传鼓动工作，也更积极。各地报纸杂志由于官厅监督甚严，不能登载激烈言论。革命的宣传工作，不能不采取灵活多样的方式方法。时值四川、湖南、湖北、广东等省反对铁路收归国有的群众运动汹涌澎湃，革命党人便紧密结合这一运动进行宣传。开演讲会、发传单是当时极普通的做法，但颇有一些动人的场面。记得有一张用"湖南保路同志会"的名义发布的传单（"保路同志会"是四川的一个组织，这份传单是卷施社的同志假借其名义发的），内容只有几句话："请问：你是不是中国人？你有无良心？你愿当亡国奴么？请加入救国运动。"寥寥二十几个字的白话文，是清末少见的新文体，简明扼要，很能打动人心。散发传单的人有时遇到警察也发给他们几张。警察读了传单，也有受感动的。

当武昌起义的消息传到湖南，每天发传单的络绎不绝。群众都说看传单比看报好，因为传单的内容很多是报道武昌革命的消息，是报纸上看不到的。湖南军警当局非常恐慌，他们出了许多维持治安的告示，对革命党人提出了严厉的警告："倘有乱党敢于聚众煽惑，不服制止，准其格杀勿论。"可是革命党人并不怕这些恐吓，还是满街散发传单，随地讲演。每次讲演的时候，只要讲演的人一开口，不到一分钟就聚集了一大群听众。可怜那些岗警，忙着做驱散工作，东头的人驱散了，西头又聚集了许多人；赶走了北面的讲演者，南面又出现了散发传单的人。那些宣传者听任警察指着"格杀勿论"的告示，向他们恫吓并不理睬。有时警察对宣传者央求道："老爷们！请你们走远一些，不要使我们为难。"

较大规模的讲演，常常是在庙宇中的戏台坪举行。当演戏鸣锣的时候，忽然走出一个人来对观众大声地说："请慢走一步，现在有几句话向大家报告一下。"接着就看形势、看对象，趁机宣传一阵。1911年3月17日的晚上，长沙自治公所举办了一次讲演会，地点在玉泉山戏台坪。事前曾由自治公所发出通知，所以那晚到了好几百听众，加上到庙里看热闹的人，把整个戏台坪挤满了。在台上讲演的人有何雨农、阎鸿飞、文经纬、曹政典几位。讲的内容是揭露清政府将筑路权收归国有，实际是准备出卖给外国人的阴谋和罪状。说到激昂沉痛处，台下掌声雷动，听众中有许多人泪如雨下。忽然群众中有一个人带着呜咽的声音跳起来高呼："我们不当亡国奴，我们愿同你们去和卖国贼拼命。"接着又有许多群众自发地喊着："我们决不当亡国奴！"当讲演正在进行的时候，巡警道和长沙县、长沙府的军警已经手持灯笼挤在玉泉山东西两门，准备抓人。曹政典看到情况严重，便大声对正在讲演的阎鸿飞说："伯外公病危，一舅派人来找我们说话。"老阎向东西门一望，心中也已有数，急忙说几句收束的话，退到休息座上。曹政典向阎、文两位说："东西门不好走，我们往台下中门走试试看。"三人一个接一个地走向中门。中门虽然拴了门，却没有上锁，也无人把守。大家喜出望外，出门往息相关（即现在的息相街）急奔，回头不见追兵，不禁相视而笑，庆幸脱险。后来何雨农对姜咏洪说："玉泉山向来由东西两门出入，每年只有二月、六月、九月的十八、十九日才开中门。那天曾开中门打扫中门内外，不曾上锁，所以阎、曹等人竟因此得以脱险。"

革命党准备用于发难的兵器，只有手枪、炸弹、马刀、梭镖、短剑（即匕首，俗称"小宝"）和鸟枪，为数很少的步枪是向逃兵购得，埋藏在僻处，以待大举时，再取出应用。1906年萍、浏、醴起义时，华兴会托日本人运过三批步枪，只有一批六十支的平安到达，其余两批都在中途被军警查出没收，所以决定不再运进步枪。但是步枪为作战的主要兵器，是少不得的。战时统筹部指示：惟有运动军队反正，就连人带枪都有了，后来都是用这个方法来扩充革命的武装力量的。

手枪是日本造"六子连"由宋教仁在上海购买，交日商轮船公司代运来长沙。1911年5月运到的200支，是由谭人凤随船运到长沙，存在南门外碧湘街日本

二六式手枪，日本1893研制的第一种自制式手枪，
因装弹6发，俗称"六子连"。

人所设货栈内，直等到发难的前一夜才由起义的革命党人持条领出。

炸弹由李治、黄昌藩、阎鸿飞、曾杰四人制造。所用药品，由谭人凤在上海购回一些，其余是阎鸿飞在长沙南门正街商务印书馆购得。弹壳是黄昌藩在藩城堤义记灯铺定制，由义记分配到各灯铺在两天两夜内赶制出来。制造的场所就在东门捷径李治所住的房子里。制造炸弹是件很危险的事，在制造过程中，李治伤了左掌，阎鸿飞伤了左眼，没有像湖北的孙武那样炸成血人，几乎送命，已经算是幸事。

马刀、梭镖、短剑是革命党在黄花市（长沙县）、焦溪岭（浏阳）、嵩山寺（位于长沙县跳马乡，今属雨花区）等处设立铁铺，招收铁匠制作。这些开铁铺的老板和伙计都是四正社（由焦达峰与焦达人、彭友胜等设立，所谓四正即"心正、身正、名正、旗正"）社员，所以没有走漏风声。

新军是庚子之乱后清廷在全国范围内仿照西法编练的近代化陆军。一支本应是被培养成誓死效忠清廷、血腥镇压革命力量的新式军队，却最终在革命党的运动下，成了清王朝自己的掘墓人。

辛亥革命时，湖南新军只有二十五混成协一协（那时的协相当于现今的旅），混成协辖步兵两标（四十九标和五十标）、炮兵一营、骑兵一营、工兵一营（缺一队）、辎重兵一营（缺一队）。官兵共计4900余人，多驻扎省城。新军的官兵来源比较多元化，不同于旧军的单一化，尤其是新军中的各级军官。他们中有的是留日士官生，也有国内各级新式军事学堂的毕业生，基本上都接受过近代新式教育，军事素质较高，思想比较开明，对待革命的态度相对不抵触。另外，新军士兵构成同样是多样化，他们中大多来自农民、手工业者和小资产阶级知识分子，深受封建主义和帝国主义的压迫，具有较强的革命性，易于接受革命的主张。所以，他们中的很多人与同盟会或其他革命团体有着千丝万缕的联系，甚至有的已经加入了同盟会。为进一步瓦解清军，扩大革命武装，争取更多的同盟者，革命党人仍花费大量精力在新军上，开展了许多卓有成效的工作。

一是向下级军官和士兵散发革命书刊，激发士兵革命热情。革命党人订购宣传革命的报刊送到各营队去，充作他们的精神食粮。

二是充分利用各种讲演场所，宣传清廷的各种暴行，向新军士兵灌输革命思想。针对 1907 年禹之谟被杀和 1910 年长沙抢米风潮的发生，革命党人利用不同场合，向新军士兵揭露清政府的卑劣行径，加深他们对清政府的仇恨。

三是派遣专人专责鼓动新军各部，暗中联络，构建稳定、可靠的同志情谊。除了有陈作新运动新军外，还有向瑞琮（时任常备新军第二十五混成协炮兵管带），易棠龄（时任四十九标队长）及李金山、易文彬（后改名易克骏）、安定超、姚运钧、喻义等，均为新军代表，于四十九标、五十标中活动，鼓励新军参加革命。

此外，在湘成立的许多革命团体和联络机关也积极投身运动新军的行列。共进会在两湖地区拥有一定的影响力，焦达峰在长沙组织湖南共进会，积极从事联络新军与会党的工作，策划革命，且跟湖北共进会相互策应。

正是在革命党人的不懈努力下，新军的心理防线日渐松懈，与清廷的离心倾向日益明显，不断倒向革命阵营。不过，新军内部在对待革命问题上，也呈现分化对立的趋势。大多中上级军官对待革命态度消极，他们脑海中充满了升官发财的念头。恰恰相反的是，下级军官和士兵普遍都积极支持反清斗争，革命热情很高。这种情势在光复长沙的过程中体现尤为明显。长沙起义前，新军上层军官都逃避一空，要么是以秋操为名离开省城，即使留在长沙的对起义也是徘徊观望，不予支持。因此，才有"湘之反正，全在兵与下级军官之力"[①]一说。

为了瓦解敌军，扩大革命武装，争取更多的同盟军，革命党人在新军和巡防营中进行了许多工作。这些新军都是革命党联络的对象。负有联络新军任务的同志，想尽方法和新军联络。有几次得到教会里一位黄吉亭牧师的支援，由上海和汉口请来善于讲演的名人朱少屏、曹亚伯诸人在史家巷讲演，许多言论是带有强烈刺激性的。所讲的多是外国新闻，讲演后有时放映幻灯片，影射封建的黑暗。在讲演会举行以前，由联络人员到新军中去进行联络，秘密赠给入场券。每次到会的十之七八为下级军官和弁目。在每次讲演会中，负有联络责任的同志则展开交朋友的活动。因此，革命党人结识的军官和士兵逐渐增多。从此，革命的引线和军队结上了头。以致后来在杨家山小学开联合会时，新军的下级军官仅到几个人，而正副目则到了三四十人。这些到会的弁目，后来都成了革命军中的标统或

---

① 栗戡时等编：《湖南反正追记》，湖南人民出版社 1981 年，第 75 页。

管带（就是团营长）。

巡防营是当时的一种旧式军队，可是他们的兵器多数已换得汉阳兵工厂制造的七九新式步枪，杂牌洋枪也有；虽然子弹口径不同，但每杆枪都是能够用于作战的。巡防营里的中、下级军官多数加入帮会。焦达峰所领导的四正社早在巡防营中扎下了根子。巡防营军官赵春霆、刘玉堂、袁国瑞、曹兴典都和焦达峰有关系。文斐也是爱和军人拉交情的，曾经几次请客为焦达峰介绍，更使革命党与巡防营中级军官之间达成一种默契。

七九新式步枪是汉阳兵工厂仿制德国的一种步枪，1893 年开始生产，是当时使用最广泛的非自动步枪，俗称"汉阳造"。

焦达峰是浏阳人，他与湖南的洪江会党素有渊源，18 岁即入会，后又被推为会党领袖。他运动会党的工作卓有成效，设立四正社于长沙太平街孚嘉巷，作为洪江会的领导核心；派袁剑非等在长沙落星田定忠客栈密设机关；另派同志分

革命党人谋划长沙起义的开会地点——天心阁

赴各地活动，设立机关，准备武器，发展社员。以焦达峰、陈作新为核心的各种革命活动为长沙辛亥起义奠定了坚实的基础。

到1911年，新军中的革命党已经具有了相当的规模。2月，同盟会为了响应广州起义，特别抓紧了军事方面的部署。当时因陈作新一度被巡抚部院卫队所派侦探跟踪监视，便改由参加同盟会最早的刘文锦出面，在天心阁三楼召开一次军队代表会议。代表名单如下：[①]

（一）第二十五混成协协部代表：安定超（原任四十九标第二营左队五棚正目，临时在协部当差）、李海标、钟维祥；

（二）四十九标第一营代表：李仲麟、王奋武、蒋典蝉、鲁莹；第二营代表：刘光莹、刘清安、彭友胜、张海滨、徐鸿斌、杨雨农、王鑫涛、张家勋、陈林戟、余斐生、杨振基、丁炳尧、李云溪；第三营代表刘锐、易炳钧、易尚志、彭振求、周声棠；

（三）五十标代表：杨玉生、王运钧、张建良、邓超、成光耀、周用宾、袁润生、饶运钧、汤日强、丁未离、蔡雷汀、汤致中、姚玉山、吴瑞卿、丁镜秋；

（四）炮队营代表：李金山、易美棠、周业鹏、邱长应、刘镇南、董廷生、唐禹铭、黄树南、杨超海、刘炳国、李振军；

（五）工程营代表：赖楚、谭满芳、杨芳、文治；

（六）马队营代表：刘安邦、熊光汉、苏德辅、严济宽、陈学政、何致尧、洪骏；

（七）辎重营代表：熊光南、余云南、王作霖；

（八）水师营代表：李阳、罗博生，梁永清。

总计六十八人，都是新军中的正、副兵目、列兵和马弁，没有一个高级军官参加，足见革命力量已经全面地渗入到新军基层去了。

这次会议，首先由刘文锦报告同盟会宗旨及开会意义，接由兵目安定超、李金山、杨玉生等登台演讲，气氛极为热烈，会上并作出这样的决定：

---

① 杨世骥：《辛亥革命前后湖南史事》，湖南人民出版社1958年版，第204～205页。

（一）加紧宣传"排满兴汉"道理，多方联络目兵；

（二）"奋发勇敢精神，互相照应，共同赴义，如有违异，天诛地灭"；

（三）推定刘光莹、王鑫涛联络巡防营，消除新军与巡防营弟兄间嫌隙误会；

（四）推定焦达峰、杨任联络洪江会；

（五）推定袁剑非、成邦杰、文斐、龙毓峻联络政学各界；

（六）推定刘承烈携运火药赴益阳制造炸弹；

（七）推定袁天锡赴宁乡购置小刀。

巡抚余诚格曾派侦探唐满老鸦（名叫唐润生，一个著名恶棍），跟踪代表到天心阁二楼，装作饮茶，探悉全部开会内容。唐将情况密报余诚格，余闻报非常骇异。他想，如果对开会兵目人员全部加以惩处，难免激成事变。因此，他除了借题命令刘文锦前往内蒙古接运马匹，使他离开湖南，并电请两湖总督瑞澂在汉口将他逮捕法办外（刘文锦路过汉口未落客栈，即逃往上海），又以懈怠职守为名，开革了文化程度较高的兵目徐鸿斌等四人。

与此同时，炮队营督队官陈嘉猷接到命令检查同盟会分子，声明只要将证件交出，并不上报追问。当场收缴印有"驱除鞑虏，恢复中华，建立民国，平均地权"的同盟会凭证和封面是"兵目须知"，内容是《猛回头》《革命军》等一类宣传品不少，当即在炮队医务所后化字炉焚毁。在这样的情势下，同盟会负责人不得已纷纷逃往汉口。至此，同盟会有组织的活动只能暂时停止。

这一时期，个别会员的活动仍在时断时续地进行着。如徐鸿斌等，原在新军中任兵目，为了扩大革命影响，他不顾资历，打进巡防营内充当马弁，展开了各种联络活动。这是后来新军得以顺利入城和诛戮黄忠浩的伏线。

1911年7月底，焦达峰偕同杨任、洪兰生、袁天锡、周岐、张伯林等再回湖南，方才正式恢复了同盟会湖南分部，革命工作又得以迅速发展。

焦达峰最初住在下黎家坡落星田定忠客栈。偏巧这时余诚格有一个亲戚，叫倪则恭的，从安庆来到长沙等候差事，也住在这个客栈里。焦达峰等探知倪则恭与余诚格十分接近，借故和倪则恭周旋，混得非常融洽。他们探听到余诚格是一个暮气很深的官僚，平日在巡抚部院除了练习静坐功夫外，不大理会军政事务。

杨度（1875—1931）

因此，他们认为余诚格"全然无能，真不足虑"（焦达峰语）。于是更坚定了革命信心，积极开展了各种活动，大大地发展了同盟会的组织。

湖南立宪派的活动始于1903年。那时，湖南建立了由资产阶级上层分子领导的半官半商性质的"商务总局"，稍后发展为完全商办的组织，成为立宪派的一个中心。1906年，清政府发布预备仿行宪政的上谕，湖南立宪派团体更乘时而起，加紧活动。另一方面，资产阶级知识分子大造舆论，办报纸、著文章、发电报，大力提倡开国会，实行君主立宪的政治制度。杨度就是其中的一个典型代表，他在日本留学期间和立宪派人物有过广泛的联系，并大力宣传其君主立宪的政治主张。1907初，杨度发表题为《金铁主义说》的长篇大论，被推为君主立宪的理论基础。经杨度活动，谭延闿于1907年夏在长沙建立"湖南宪政公会"，标志着湖南立宪派的正式形成。

1909年，湖南谘议局成立，谭延闿当选为议长。湖南谘议局由立宪派人士把持，它的建立和活动，表明湖南立宪派开始成为湖南政治舞台上的一个主要角色。湖南辛亥革命时期的立宪派和革命派同属一个阶级，都是资产阶级，其政治大方向是相同的。他们的分歧主要在于用何种手段来推翻满清政府建立共和民国。

立宪派主张保留君主，利用宪法来建设资产阶级国家，即所谓"君主立宪制"。杨度在其著名的政治论作《金铁主义说》中指出：当今的世界已是帝国主义经济战争时代，只有"富民强国"才能立于世界民族之林。故此，他提出了"金铁主义"的口号：主张对内采取"富民"政策，以"工商立国""扩张民权"，以"有自由人民"为目的，从而"以保存固有利权，以抵制外人之占领"，达到"使国中生产事业日趋发达，经济战争之中由劣败而返于优胜"。对外则采取"强国"

政策，以"军事立国""巩固国权"，立"责任政府"，以求"专以对外"，"全民皆兵，并力于外"，达到"立于世界"的目的。而要实现"富民强国"，就必须改革政治制度，废除君主独裁专制，建立立宪国家的政治体制。杨度认为：西方有民主立宪国，也有君主立宪国，无所谓优劣之分；"无论君主立宪，民主立宪，而皆可于事实上以国会为总揽统治权力机关。故国民今日唯一之方法，只有力谋速开国会而已。"可见，杨度的政治主张是通过"召开国会"来实现"君主立宪"，这就是湖南立宪派的政治主张和行动纲领。

徐特立（1877—1968）

在上述思想的指导下，湖南立宪派在辛亥革命时期进行了积极的政治活动。1907年，熊范舆、雷光宇分别上书清廷，要求召开国会。是年冬，谭延闿、刘人熙、龙璋等30多人联名上《湖南全体人民民选议员请愿书》。

请愿书强调唯有利用代议制度，使人民与国家发生关系，以培养其国家观念，而唤起其政治思想，俾上下一心、君臣一德，然后宪政之基础立，富强之功效可期。

1908年，湖南立宪派派代表进京，参加全国性的请愿活动。湖南代表不仅是活动的骨干，而且留京的时间最长。1909年10月，谭延闿派议员罗杰、陈炳焕、刘善渥等人赴沪共商请愿大计，徐特立断指血书"请开国会，断指送行"[1]。

当"请开国会"请愿遭清政府拒绝而失败之后，1911年5月8日，清廷组

---

[1] 上海《时报》1909年12月20日报道："善化徐懋恂，（徐特立），十月二十六日九时，在湖南修业学校断指沥血，书此八字，为请愿人送行：请开国会，断指送行。"

徐特立断指血书"请开国会，断指送行"

织的内阁公布，13 名内阁成员中，满族 9 人，其中皇族 6 人。6 月 10 日，谭延闿代表 14 个省的谘议局，向都察院呈递《亲贵不宜充内阁总理，请实行内阁管制章程，另简大员组织》，请愿没有结果。谭延闿又一次上书，遭到清廷的"上谕"呵斥。谭延闿等人再以各省谘议局联合会名义，发表一份《宣告全国书》，严厉揭露王公贵族的行径是"名为内阁，实则军机；名为立宪，实则专制"。接着定于 9 月间再行请愿。

由于立宪运动的不断高涨，5 月 30 日，立宪派决定成立政党，在北京召开了宪友会发起会，于 6 月 4 日召开成立大会。7 月上旬，宪友会湖南支部成立，谭延闿被推举为总干事。与此同时，立宪派的另外一个组织，辛亥俱乐部湖南支部，也于 7 月 9 日成立。7 月 10 日举行成立大会，选举常议员黄忠浩、张人镜、李达璋等 12 人，候补 11 人；评议员左学谦、殷泽龙、粟戡时、曹惠、曹完、周广询、马续常、姜济寰、文经纬、文斐等 10 人，候补 16 人。10 日，又召开职员会，选举黄忠浩为支部长，李达璋、俞峻为副支部长，左学谦为评议员长。①

宪友会、辛亥俱乐部等第一批立宪政党的建立，标志着中国出现了首批合法政党，在近代中国宪政史上具有重要的历史意义。一方面，合法政党的出现，

---

① 《湖南组织俱乐支部》，见 1911 年 7 月 21 日《时报》，上海。

表明以立宪派为代表的人民政治觉悟的提高和民主意识的增长，这是清末宪政改革运动的重要成果；另一方面，清末立宪政党的建立，为民初政党建设和政党政治运作，奠定了一定的思想和组织基础，提供了有益的经验。湖南立宪派发起的废约保路运动，得到湘、鄂、粤三省资产阶级和人民群众的支持和

湖南谘议局旧址

响应。湖南立宪派先后建立了"湖南铁路筹款购地公司""商办湖南全省铁路公司""筹办湖南粤汉铁路公司"，决心筹集资金 2000 万元，自行建筑铁路。与此同时，湖南立宪派还发起了抵制美货运动、保护矿权和航权运动，在一定程度上打击了帝国主义，限制了帝国主义对湖南的经济侵略，使帝国主义在湖南投资开矿的企图一直未能实现。同时，也捍卫了湖南的民族经济，有利于湖南资本主义经济的发展。此外，湖南立宪派通过谘议局讨论湖南经济、财政问题，要求振兴工业、裁撤厘捐、整顿财政、区分税制，都反映了资产阶级反对封建限制和发展资本主义的要求。湖南立宪派通过半官半商的"商务总局""湖南宪政公会"，逐步登上湖南的政治舞台，取得了政治上的发言权。"湖南谘议局"成立后，立宪派掌握了谘议局的领导权，并利用这一机构开始夺取湖南政坛的主要地位。本来，清政府允许各省设立谘议局的目的，是为其"预备立宪"作点缀，谘议局的权力非常有限，所通过的议案也无法律效力。但湖南谘议局却自认为是"立法机关"，认为其议员不应"官可亦可，官否亦否，权不能争，害则共受"。强调

谘议局具有重要地位，要发挥地方议会的作用。因此，湖南谘议局曾和湖南统治者发生冲突，抵制了地方政府的某些反动措施，为资产阶级争取了一些权益，表达了资产阶级的诉求。湖南谘议局的第一届会议上，谘议局自己的 16 项提案则全部通过，包括改良监狱、培植审判司法人才、扩充图书馆以及整顿州县衙门诉讼积弊等。在第二届会议上，议员们讨论最热烈的话题还是如何解决地方财源。此外，谘议局还进行一系列反映民意、监督地方行政权力的斗争。自成立起，湖南谘议局共开过两次正式会议，第三届尚未集会，辛亥革命已爆发。

辛亥革命时期，革命派和立宪派分别代表资产阶级的不同阶层，他们有相同的根本利益，有许多共同点：反对封建专制，主张资产阶级民主、自由、平等，发展资本主义经济，谋求建立资产阶级共和国。由于这些共同点，他们能够联合，进行反对封建的共同斗争。但是，他们分别代表资产阶级的不同阶层，在具体利益上又存在差异、存在矛盾，有不少的不同点：在政治主张上，有主张君主立宪和坚持民主共和的不同；在取得政权的道路上，有改良与革命的不同；在与封建势力的关系上，有深浅的不同等等。

湖南立宪派在保路运动中积极活动，力图争取群众，实现不越轨的"文明"改革。但在清廷高压政策下，请愿失败，左学谦等赴京代表被"押解回籍"后，"以目击情形详告同人，于是遂各自暗中增组机关，而谋进行革命愈力"。认识到"欲救中国，舍革命无他法"。从而转变态度，支持革命，参加革命。

湖南革命派和立宪派的关系比较好，在反对封建专制上是相互联合与支持的。特别是一些主要人物关系密切，黄兴和谭延闿曾同在明德中学共事，交情颇深。黄兴从事革命活动，曾尽情告知谭延闿，黄兴被清廷追捕时，谭延闿曾给予援助。湖南独立后，谭延闿继任湖南都督，黄兴从大局出发，指示革命党人维护谭延闿的威信。1912 年黄兴回湘，谭曾组织前所未有的盛大欢迎仪式。二次革命中，谭延闿曾宣布反袁独立，并尽力掩护革命派。又如龙绂端、龙璋兄弟，黄兴和龙璋是忘年之交，1903 年，黄兴为组织革命团体筹款，得到龙璋大力支持。华兴会成立大会，也在龙璋家中召开。1904 年，黄兴在上海被捕。龙璋将千金购物赴狱，奔走营救。之后还多次为革命捐款，至少当在 20 万元以上。一次，周震鳞向龙璋筹款，他一时拿不出现款，竟以汽船一艘捐助。黄兴英年早逝，谭延闿曾代龙绂瑞撰一挽联："一时毁誉总皮毛，记当年复壁留宾，早识英雄本天授；廿载交期如骨肉，才几日寓庐语别，空余涕泪望魂归。"

黄兴和杨度是知交好友，同在日本留学，杨度曾参加华兴会活动及其外围组织"爱国协会"，并为黄兴与孙中山的相识和合作发挥过一定作用。黄兴逝世，杨度的挽联是："公谊不妨私，平日政见分驰，肝胆至今推挚友；一身能敌万，可惜霸才无命，死生自古困英雄。"

陈作新和龙璋的关系也很好，陈作新接受革命教育，参加新军，运动新军革命，都曾得到龙璋的帮助。陈作新被推举为副都督，立宪派黄锳曾为之出力。当清政府悬赏捉拿革命党人时，黄兴、刘揆一、徐佛苏、李松林等人在立宪派上层人士的帮助下，纷纷从长沙避走。宋教仁正从常德赴长沙，立宪党人黄吉亭等即"劝其速离虎口"，赠以旅费，"送其去长沙城"。又派专人赴武汉，要革命党人"速将机关取消"；并通知"安庆、九江、南京、上海、杭州各处机关同时停止"。立宪派的支持，保护了一大批革命党人。此外，当时湖南出现了多个革命组织，虽由革命党人组建和领导，但多有立宪党人参加，有的更是两派合作的产物。如龙璋、周震鳞、文斐等人就共同建立了以留日学生为主体的观海学会。

两派组织基本上是相互合作和支持的。如长沙太平街的贾太傅祠，既是革命派重要机关"湖南体育会"所在地，又是立宪派重要机关"辛亥俱乐部湖南支部"

革命党人和立宪党人的活动地点——贾太傅祠

焦达峰（1886—1911）

和"铁路协赞会"的办公地点。这一事实清楚地表明，革命派和立宪派共处一室办公，不是相忌相斗，而是相依相助。湖南成为武昌起义的首应之省，是革命派和立宪派共同合作的结果。1911年2月，谭人凤、焦达峰、陈作新与立宪派人士龙璋、易宗羲等商议，共议响应广州起义。6月，左学谦、黄锳等立宪党人建立了"长沙自治公所"，革命党人焦达峰等与之有较多的联系。立宪党人表示，愿"奉焦达峰、陈作新为临时指挥"。黄锳还捐银元三百作为活动新军的经费。7月，焦达峰、陈作新拟订湖南三路起义计划，亦有易宗羲等立宪党人参加。谭延闿等立宪党人公开表示："今日民穷财尽，危机四伏，我们若不再革命，中华有亡国之惨"，强调"革命成功是桩大大的好事"①。

武昌首义后，革命派和立宪派曾多次会商支援武昌革命，并准备在湘起义。蒋翊武派代表来长沙，先后与陈作新、左学谦、谭延闿等人见面，共商起义大计。随后，焦、陈等革命党人与左学谦、黄翼球、黄锳等人召开联席会议，商讨起义的具体事项。"焦达峰遂与左学谦等握手共生死"，起义所需"资用多由黄锳给应"②。起义时，两派也能相互配合、并肩作战，如占领军械局的战斗在两派的合作下，取得了胜利。

---

① 粟戡时：《湖南反正追记》，湖南人民出版社1981年版。
② 龙绂瑞：《黄克强先生甲辰避难西园事略》，载《湖南文史资料选辑》第4辑，湖南人民出版社1982年版。

十四

辛亥长沙光复

武昌起义三日后，同盟会湖北分会派人到长沙，为了实现两湖在十日内互相响应的计划，焦达峰和陈作新于 1911 年 10 月 22 日发动湖南新军举行了长沙起义。由于准备工作充分，革命党与立宪派互相配合，此次长沙起义没有发生战斗，实现和平光复。10 月 22 日当晚，湖南军政府成立，焦达峰与陈作新分别被推举为正副都督。清政府在湖南 260 多年的统治一举结束。焦达峰、陈作新领导的辛亥长沙起义，是全国第一个响应武昌起义的省会城市，它对巩固首义地区的胜利成果、推动其他省份的起义和独立、加速清朝统治在全国范围的崩溃产生了重大影响，对彻底推翻清朝封建统治、创建民国具有重要的意义。

1911 年 5 月 4 日，在广州起义失败后，焦达峰、孙武、刘公、阎鸿飞、杨任、居正、黎先诚等在武昌胭脂巷 24 号共进会机关召开紧急会议，商议对策，议定同年秋清廷秋操时两湖同时发难。先是全体起立，默哀 3 分钟，向广州起义死难同志表示哀悼。随后焦达峰讲话："广州起义失败，令人痛心，但没有伤害我们湖南和湖北的元气，今后我们两湖应担当起全国革命的重担。"会上传阅了上海《民立报》，电报栏内有"黄兴攻督署阵亡，胡汉民、赵声当场被捕"的消息，全体震惊，默然无声。而焦达峰决议"以湘鄂为主体，重振旗鼓"。有人说道："原来我们以为广东这次起义一定可以得手，准备由广东首先起义，然后我们两湖响应。现在广东既无望了，自应由我们两湖首先起义，然后号召各省响应。我们原先是被动的，今日我们要主动了，同仁们赞同否？"焦达峰慷慨陈词道："当然要赞成，中国假如没有广州起义，我们就不革命吗？假如黄克强真死了，我们也不革命了吗？现在就从我们两湖干起来，再也不依赖别人了。"

在研究到具体实施方案时，孙武说："今日这会首先要加订盟约，互相誓守。以战守而论，湘鄂唇齿相关，不论谁先发难，北军南下，必向武胜关进兵，朝发可以夕至，我们如不能联合约盟信守，各顾自己，就会自取灭亡。如果长沙先发难，武汉立即响应；武汉先发难，长沙也要立即响应。如果不这样，革命终究不会成功的。"焦达峰毫不犹豫地表态："长沙发难易耳！然十日武昌不应，我必击武昌。"湖北方面同志也欣然同意："亦以武昌先长沙，应邀达峰，达峰亦诺。"这就是中国近代史上有名的两湖革命志士在武昌的"约盟誓守"。

为了实现两湖在十日内互相响应的计划，又商定了一旦确定起义日期，就在起义前三天用密电互相通知，并议定了一套互通消息的隐语和密码。以"指示机宜，莫久使故国衣冠沦于夷狄；探戈举义，快团结中原豪杰还我山河"这三十个字为初一至三十日代替字，以"祖父故"三字代替"发难"，"祖母故"代替"机关被破获"。如果电报上说"祖父故促义弟归"，一看就知道是十九日发难；若说"祖母故促举弟归"，就是"革命机关于十八日被获"。

湖南同志又专就湖南起义事宜，做了如下决定：一、起义分三路进行，西路由杨任、王炎主持；南路由焦达峰、黎先诚主持，中路由邹永成、谢

余诚格（1856—1926）

介僧主持。二。起义胜利后，立即成立湖南部督府，举焦达峰为都督。

1911年10月10日，武昌首义成功。这一方面给湖南革命党人以极大的鼓舞，另一方面也使湖南巡抚余诚格预感大难临头，亟谋对策。

湖北首义当天，湖南巡抚余诚格就得到湖北私人方面的电报，但湖南革命党人迟到第三天才由同盟会会员、上海中国公学教员谭心休间道回湘省亲，带来这一讯息。当时大家以谭心休并非湖北同盟会的代表，还不敢轻信。接着，湖北同盟会代表胡玉槐兼程来到长沙联络，方才正式证实了这一消息。

武昌首义后，刚到湖南不久的湖南巡抚余诚格料到新军不稳，为了加强防范，便与巡防营统领黄忠浩商量应变办法。10月11日（八日二十日），余诚格采纳黄忠浩的建议将新军四十九标梅倬敏、王正宇管带的一、三两营调驻岳州、临湘；五十标梅馨、蒋国经管带的一、二两营调驻宁乡、益阳，又将原驻各县巡防营十多个营调到长沙；下令将所有驻在省城的新军和巡防营原发子弹、枪炮一律缴存军装局，每营只准留存子弹十小箱，作为防卫之用，用意在防止军队叛变。

同盟会方面，焦达峰等在证实武昌首义的讯息后，立刻前往浏阳，通知洪江会准备进入省城。同时派遣陈作新负责，加紧联络长沙新军，配合行动。

武昌起义后第三天，即13日晚，湖北革命政府派蓝琮、庞光志携带文学社负责人蒋翊武的介绍信到达长沙。当时焦达峰已去浏阳，蓝、庞首先与陈作新相见，后又到体育社找焦达峰、阎鸿飞两人。即由阎鸿飞陪同去会南薰社、卷施社、图强社和积健社的同志；又介绍他们会见谘议局的左学谦和常治。左学谦等认为是拉拢革命派的大好机会，遂领蓝、庞二人和谭延闿面谈。庞、蓝告诉谭延闿，湖北的谘议局议长汤化龙（汤芗铭之兄）已参加革命，被任为军政府民政部长，劝谭乘势赞助革命。蓝、庞的这次谈话，对谭延闿的附和革命起了很大影响。左学谦请了一些谘议局的同事作陪，在他家为蓝、庞接风。席间谈了很多武昌起义的情况，这对谘议局的人转向革命起了促进作用。蓝、庞到长沙的第二天，由安定超、李金山、刘芝德等同志约了些军队中的日新社的积极分子在杨家山小学开会，听湖北代表的报告。蓝、庞两位是青年，把武昌起义时各方同志的慷慨激昂情形说得淋漓尽致，尤其把打响武昌起义第一枪的共进会会员熊秉坤描述得神乎其神，到会的同志们听了极受感动，个个摩拳擦掌、跃跃欲试。

10月12日，自治公所推派富绅黄镆出面，邀约陈作新会商，请他代替担负新军与立宪派之间的联络任务，并应允供给革命活动经费。

10月13日，谘议局又通过与同盟会有若干关系的议员文经纬、易宗羲出面，拜访焦达峰。他们探悉焦达峰在浏阳组织了洪江会分子两万人，随时可以到达长沙，因此不敢轻视焦的力量。焦达峰当时表示："清室铁桶江山，不易破毁，仍主采用庚戌饥变手段"，即实行"抢米"风潮一类的群众暴动方式推翻清政府。这样一来便引起了绅士们的惶恐。他们"赞同"革命，却害怕"暴力"，因而力劝焦达峰不要"扰乱秩序"，焦达峰接受了他们的要求，应允不采用激烈手段。自此，立宪派绅士与同盟会革命党人之间，便取得了某种程度的谅解和合作。

10月13日，同盟会由陈作新出面，作民译社邀集新军代表安定超等主要骨干分子二十余人开会。14日，迁至玉皇殿继续开会。这两次会议做了如下的重要决定：

陈作新（1870—1911）

（一）决定10月20日在长沙响应武昌首义，城内放火为号，城外新军看见火起即行跑步攻城。

（二）原有代表起事时一律听候命令，负责担任指挥；

（三）推定刘大禧运动巡抚部院卫队（因刘大禧向来承包部院卫队服，能自由出进，认识卫队兵目很多）；

（四）成邦杰立刻前往浏阳催促焦达峰返省，并通知洪江会准备听候命令进省，人数以两万人为限；

（五）焦达峰、陈作新专责

与绅商各界联络，筹集经费军饷，人数不可过多，须防止败露破坏；

（六）孙福泰前往宝庆通知谢介僧关于武昌首义及长沙布置情形，迅速策应。[①]

10月14日前后，同盟会召开了几次有关起义准备工作的会议，初步有了些头绪。这时，立宪派绅士黄锳、左学谦认为军队依靠陈作新接洽隔了一层，不能放心，且不知焦达峰拥有的会党力量究竟有多大，便要求焦、陈约集新军各代表和他们见面。于是选定紫荆街福寿茶楼开会，到会多至40余人，他们在一块共商大计。这一次会议只有一个多钟头就散了，因为同盟会得到消息，这家福寿茶楼正是余诚格的侦探唐满老鸦开设的，不便再将会议延长下去。

10月15日，应调各县巡防营军队纷纷开到长沙布防，焦达峰也在当天带着洪江会头目数人从浏阳赶了回来。这时长沙已经进入十分紧张的局势。

10月18日，焦达峰、陈作新在贾太傅祠召开了一次紧急会议。会上除了全部同盟会会员同意13、14两日的预定计划，因考虑到城内放火为号，难免损失太大，影响居民安全，并且会使当局紧闭城门，新军不易进城，故将起事日期推迟一天，决定10月21日午夜12时，先由炮兵营兵目吴舜臣负责在城外焚烧马草，等到巡防营出城救火，城外新军立刻乘机进城，分别占领军装局、谘议局等处，然后会攻巡抚部院。

10月18日夜，立宪派再度通过陈作新，约一部分新军代表开会。时间是这天三更时分，地点在小吴门外义家山，人数限定不超过一排。当时，有十多个代表都在半夜里从军营中爬墙出去参加。会上，绅士黄奠球、左学谦、常治等公开了他们要拥戴黄忠浩做湖南都督的主张。炮队目兵及联络巡防营的代表李金山表示，如果这样，新军和巡防营目兵不参加，因此这次会议不欢而散。

武昌起义后，长沙"一夕数惊"，湘抚余诚格连日召开军事会议，制定了一系列措施：下令戒严，警察四处巡逻，检查电报信件，禁止聚众演说；加紧刺探革命党的情报，密探布满全城，侦察革命活动，"指贾公祠为革命党渊薮，派警

---

① 杨世骥：《辛亥革命前后湖南史事》，湖南人民出版社1982年版，第209页。

察监视"；调左路巡防营统领廖铭缙驻扎湘江上游；派吴金耀统重兵把守岳州、蒲圻；密调中营游击杨让黎带镇箪兵五营前来长沙增防，还派夏占魁等率领巡防军开赴汉口，会合瑞徵、张彪残军威胁武昌革命政府。又在抚台衙门增设卫队，架设机关枪；调外地巡防军分驻长沙四面城楼，配足枪支弹药；在环城各要塞，架设大炮和机关枪，以资震慑。并计划定期将长沙所有新军调往株洲，然后将"七城"（长沙七座城门）全行关闭；饬二十五协协统萧良臣将起义各官长头目即行就地正法，根据萧荣爵、杨巩等所侦悉的焦达峰、陈作新等革命党人的名单，企图按图索骥，将革命党人一网打尽。

到19日，长沙风声日紧。鉴于敌人防范甚严，加之洪江会兵马估计要23日才能赶到长沙，焦达峰等决定将起义日期推迟到23日。

同盟会原定10月20日由炮兵营吴舜臣放火举事。在这一天以前，同盟会负责购办武器的袁天锡已从宁乡运到小刀500余把；同时从宁乡南田坪雇来一个叫赵训生的刻字匠，在定忠客栈雕刻成"中华民国湖南军政府都督"等铭记印章多方。陈作新在义昌祥订制的军服和肩布等也已经制好。另外，新军中有一个叫易秉生的列兵，将积蓄一年多的饷银购买纸张，联络好二十五混成协印刷所制作石印课本的工人，翻印了《猛回头》等袖珍宣传品数万册，秘密散发到全省各地。新军代表推定了安定超、李金山向焦达峰直接领取传达命令、口号，并组织了身体强壮的有武艺的列兵99人领到小刀，分别布置在四城内外扼守要塞。总之，一切都已准备就绪。可是到了这一天晚上，城外始终没有看见举事的讯号火光。原来，随着风声很紧，炮兵营值夜官通宵巡查，加强防范，所有马草全部被迁移一空，吴舜臣放火无处下手，原定计划被打破了。

10月21日，长沙谣言更多了，街上岗警林立。北门沿河一带情势更加紧张（因陈作新居住在寿星街李培心堂）。黄忠浩所派巡防营稽查队亲信官兵，高举大令，穿梭巡逻，来往行人均须经过检查。以致民间讹传：巡抚部院装置大炮，将对新军营房实行轰击，即与革命党人决战。在这当口，最让人感到恐怖的是平日在社会上抛头露面的众绅士，他们有的关门闭户不出门了，有的谒见谘议局议长谭延闿和巡抚余诚格请求加以维持治安，有的和英国领事翟比南、美国雅礼会牧师胡美等殷勤联络，希望他们出来维持秩序，一旦有事可以得到庇护。

以教育界代表身份参加自治公所，同时又与同盟会有联系的湖南体育会会长吴作霖听到谣言，丧失了革命信心，认为革命党人赤手空拳，如果起事，巡抚部院只发一炮，长沙必定打得粉碎。他左思右想，通宵失眠，忽然发明一个"避免流血"而革命可以立获成功的"妙计"，就是请求谭延闿出来收拾大局。便于10月21日清早，冒昧前往谘议局要见谭延闿。这时，谘议局号房刚才起床，局内空无一人。他以为谭延闿有意不予接见，立刻怒火中烧，愤愤地骂道："我是革命党，一向不怕死！我姓吴名叫作霖，谁个不知，哪个不晓。我手下已有2000多人，分驻满城旅馆商栈。除各有小刀外，还能制造炸弹，只要各人备火柴一盒，将来革命，把火柴点燃，就可将长沙烧成平地。你们这帮议长、议员，号称人民代表，现已死到眉毛尖上，这时还不到局办公，要你们做甚么的！"号房闻言，不知所措。街头居民群聚围观，认为是个疯子。吴作霖十分得意，随即扬长而去。

这一事件为焦达峰所闻，知道机密泄底。当日上午风声更紧，一说湖南巡警道满人桂龄逃跑了，一说余诚格已在巡抚部院架上大炮，即将发炮了，因而长沙市场上官票、市票价值陡跌，官钱局发生挤兑现象。焦达峰认为地方当局必定加强戒备，又估计到浏阳大批洪江会头目须在10月23日才能进入长沙，因此临时更改命令改换口号十余次，决定推迟到25日举行。黎先诚在浏阳、醴陵、萍乡、善化等地，用5天时间召集了4000多人开往长沙。前后陆续开到长沙的马刀队、梭镖队、来复枪队足足有18000余人，都在长沙城外待命。还有在途中的会党，源源不断奔赴长沙，只等长沙的新军举义。至10月22日，革命大潮已呈一触即发之势。

巡抚余诚格闻报后，定于次日将长沙新军全部调往株洲，然后紧闭城门，企图将革命党人一网打尽。时迫事危，千钧一发，焦达峰、陈作新立即召开紧急会议，当机立断，将起义提前到22日举行。

10月22日长沙起义，这是经过缜密的筹划和扎实的准备的。革命党人在发难的前一夜，都紧张兴奋得终夜不能合眼。

这天清早6点，四十九标兵目安定超在校场营门口遇到炮兵营兵目李金山，吩咐李金山立刻回营准备，开出空炮助威，并向李金山要了一排子弹，自己飞驰回营，进行动员。七时四十分，安定超和兵目谭满芳、王鑫涛、刘光莹、张加勋、

新军操场集合情景

丁炳尧、刘清安、杨雨农等数十人在校场聚议。当即决定由刘光莹通知巡防营各营，张加勋通知马队，丁炳尧通知五十标，刘清安通知工程营，杨雨农通知辎重营，立刻开队进城会师，以上五人当即分别衔命而去。安定超又派王鑫涛前往取出白布臂章，并指定由谭满芳吹紧急哨子集合，四十九标只留下少数列兵驻扎标内。

八时二十分，列兵集合排队完毕，谭满芳给每人发给白布臂章一方，互相帮助套扎。安定超朝天放了三响信号枪，站在石凳上演说革命的简要意义，并传达四点：

长沙湘春门（北门）

（一）本标各队由代表指挥，无论官兵一律不准离开队伍，违者以临时脱逃论罪；

（二）全队即刻进城，派定列兵监视标内长官行动；

（三）进城时未遇抵抗不得放枪；

（四）严守纪律，不准妄取民间物品。

同时他又宣读了同盟会预先拟好的动员命令：

（一）彭友胜率领四十九标二营后队，会同五十标及马队，由北门进城，占领荷花池军装局。

（二）安定超率领四十九标二营前队、右队、左队，会同辎重、工程两营由小吴门进城，占领谘议局。

（三）李金山率领炮兵营后由小吴门进城，经往军装局取出枪械弹药，先行上膛分发各营备用，候令胁迫巡抚部院。

新军代表彭友胜率领四十九标二营后队，会同五十标马队直扑北门现在的湘春门。8时多，他们就来到城门。城门洞开，守门的巡防营部队早就与革命党有联系，其管带赵春霆早已投向革命。当彭友胜率队伍到达时，这里的巡防营官兵

左臂带有白布臂章的新军起义士兵

列队举枪向攻城部队致敬。当彭友胜队伍将象征着革命的白布臂章发给他们时，顿时双方欢呼，声彻云霄。

巡防营有别于新军，新军是国家的常备军，巡防营的作用是保卫地方，也可以说是警察保安队，其编制分为马队和步队，马队全营设官、弁、兵、夫共189名，马135匹。

新军作为常备军，在营中常年训练；巡防营作为地方保安部队承担了城市守备任务。但是，因为新军倾向革命，被当政者视为异己力量，巡防营被他们视为依靠力量。巡抚余格诚和巡防营中路统领黄忠浩，都视巡防营为"长沙保障"，不仅将其部署在城门等要害部位，而且从全省各地大量调集巡防营进入长沙地区，以应对新军造反。他们哪里知道，面对风雨飘摇的清朝政权，在革命党的策反下，巡防营的官兵不愿殉葬，也倾向于革命。他们的中下层军官早就与革命党人有了联系，就是一直追随黄忠浩的巡防营管带、身为副将衔的甘兴典这时也倒向了革命。新军从湘春门入城，巡防营守兵成了新军起义部队的接应者。

彭友胜率队至新开门后，再折向南边的荷花池，进攻军械局，取得武器是他

新军炮兵做开炮射击准备

们的当务之急。因为在起事之前，余格诚和黄忠浩下令，将新军和巡防营原发子弹、枪炮大多数封存于军械局，每营只准留存子弹十小箱，作为防卫之用。如果没有子弹，新军手里的枪就成了"吹火筒"。

新军到达军械局时，派出手缠臂章的联络队员走进局门，将白臂章送给守卫队的弟兄们，给他们做了一阵宣传工作，接着提出要会他们的官长。卫队长正在犹豫之际，忽然局左局右传来呼声"快些缴械""欢迎反正"，接着就是"轰隆、轰隆"的爆炸声、"乓乓乓乓"的手枪声顿时局内烟雾弥漫，"缴枪""缴枪"声传来，也不知多少人马杀来。

原来，革命党人组织的50多人手枪队从另一个方向杀了过来。因为占领军械局的任务比较艰巨，特地布置了两路人马。除了彭友胜这支新军队伍，还组织了由阎鸿羹、成邦杰、吴作霖、曾杰、常治、王猷、杨世杰、蒋名荪等50多位同志组成的手枪队，他们大部分是体育社成员。

卫队长慌了，虽然余格诚和黄忠浩下了死命令"人在局在，人亡局失"，可是现在他们不是革命党人和新军的对手，不敢抵抗，又无法逃生。他们喊："莫再进攻，免得起火，我们投降。"卫队长下达投降命令后，新军联络员很镇静地说："你们把枪架好，退入卫兵室休息待命，我替你们保险。"随即将袖子一抖，扯出红白两镶的联络旗一挥，大喊一声："得！"只见进攻的手枪队应一声："胜！""得胜"是当日的口令。众人拥入军械局，先收下搭架的步枪，由手缠白臂章的革命党人将手枪换用步枪，接替守卫。这时，革命党已请出原来的卫兵队先在局前整队，随由联络员请他们到附近的馆子吃点心。这是出发先夜就商议好了的做法，这些像演电影一样地一幕一幕顺次序演完，占领军械局成功了。"夺取了军械局，缴获了大批枪弹、炮弹"的消息飞快地传到了攻城部队中，士气顿时大振。除负有警卫军械局责任的同志外，阎鸿羹、成邦杰等又率队伍向抚台衙门去会师。

在彭友胜率队顺利攻下军械局的时候，安定超等率领进攻小吴门的部队却受到了阻拦。他们行进到距小吴门还有一段几百米的路程时，被城楼上的巡防营管带发现了，城门关了。守这里的巡防营受到余格诚和黄忠浩的格外重视。在其他部队有枪无弹时，他们的子弹、炮弹可是管够。待新军逼近城垣时，管带下令射击。好在城头的士兵早就与新军有联系，以各种理由推托，才没有酿成战事。

新军士兵在门下大叫："开门。"城楼上巡防营的列兵当然知道怎么回事，笑着回答说："城门锁了，钥匙抚台衙门拿去了。"这时有人喊："还要什么钥匙，把锁砸烂！"有的呼应说："对，砸锁！"有的喊道："爬上去！"炮队的人喊道："开炮轰城！"新军明明知道这是一种讹诈，因为炮队此时并没有实弹，只有练习用的空炮弹，但事急了不妨把戏演下去。炮队的新军将炮拖上来，对着城门口一摆，有的煞有介事地测位，有的将练习弹"啪啦"两声装进了炮膛。

戏不能露馅，新军里的步兵"劝阻"炮队弟兄："莫打，这炮一开，小吴门正街的人都会死光！"一边装作要放，一边装作劝阻，城上的巡防营守军却在"楼上观山景"。双方僵持着，一拖就到下午一时多。

城下人喊道："新军从北门入城了，你们不开门就只能被活捉。"城上的巡防营守卫以为是唬人的，可革命党人陈作新等骑着马来到了城墙上，指名要守城门的巡防营管带前来对话。占领军械局的彭友胜派出袁镇斌临时招募的一队民兵杀向城头，夺了城墙上的大炮。新军中清早进城的采买们得知战友们正在攻城时，

清湖南代巡抚衙门故址

不约而同地从城内挤到城门来，准备夺门。

城外大炮轰击在即，城内革命党首领在威胁压迫，城门口起义新军已成强夺之势，内部士兵"身在曹营心在汉"，那巡防营管带自知处境不妙，也就不再愿为清廷殉葬了。城门到底是怎么打开的？当事人和后来的记事者有多种表述，但都认可的事实是，新军整队入了小吴门城门。没有开枪，也没有流血。

22日下午3时许，由小吴门、浏阳门进城的新军到达巡抚衙门的东辕门，由北门进城的队伍也同时到达西辕门。整个衙门处于包围之中，革命党人的目标就是要从清廷代理人手中接过湖南的政权。

巡抚衙门位于现在的长沙市青少年宫，清康熙三年（1664）这里成为巡抚衙门。"两湖分藩"时，湖南从湖广省分离出来，单独设省，巡抚衙门就设在这里。这个院子有东、西两座辕门。东辕门即今青少年宫大门处，为正门，门前两侧有一对高大的石狮，正中立一高达数丈的旗杆；西辕门在今中山亭对面。进入东辕门后，殿堂层层递进，共有房屋数百间，重重宫阁之后是花园。乾隆年间，巡抚蒋溥曾加以扩建，取名"又一村"，是一座宏大的官署园林。

新军并没有进入院内，而是与守卫巡抚衙门的巡防营士兵心照不宣地对峙着，双方都没有开枪。此时，与同盟会一起发难的立宪派的首领们还是寄希望于巡抚余诚格能够站起来革命，便派出绅士黄翼球、常治等4名代表进入衙门与余接洽。代表们对余说："请抚台赞助革命。"余回答说："我从不同你们为难，至于如何赞助革命，还得等我想一想。"

余诚格换了便服，准备逃跑。黄、常二人夺门而入，齐声说道，"今日之事，宪台还不知道吗？我们特来恭请宪台到军政府去办事。"余诚格问："什么军政府？在哪里？"黄翼球说："就在谘议局。"余诚格战栗着说："这这不好，这这怎么对得起皇上呢！"常治便进一步敦劝余诚格："俯从民意，都督湘军。"

这位清廷的封疆大吏，似乎对天下大势还有几分清醒的认识，对于自己的人生结局的可能性做过各种预测，上任才3个多月，面对声势浩大的革命浪潮，他确实没有与革命者为难，也来不及与革命者为难，他各种应变措施都想到了。他当即让他的武巡捕拿出一块预备好的白布，亲笔书写了一个"汉"字，命手下人悬挂在抚署的旗杆上，并吩咐快预备点心，请四位代表用茶。不管此举是他的权

黄忠浩（1859—1911）

宜之计还是脱身之计，但这表示他打出了白旗投降，表示放弃自己所掌握的湖南权力。挂出此旗，是他在湖南的最后一件公务。

最终，余诚格没有接纳他们的拥戴，而是推说："这事太重大了，各位请坐，休息休息，等我到里面和家父商量商量。"他当即匆忙退入内堂，从部院左侧孝廉堂照壁缺口逃出，径直往日本军舰上去了。

黄翼球、常治等四名代表久候余诚格未见出来，惊诧不已，进劝无功，大失所望，连忙退出，赶往谘议局。

这时，焦达峰已到了谘议局，陈作新和许多同盟会会员也到了那里。时间已经是下午3点，他们正在策划如何进攻巡抚部院。当场决定由焦达峰、陈作新、曾杰、徐鸿斌、廖家栋、刘镇南、成邦杰、杨世杰、袁剑非、安定超、李金山等率领一部分新军，驰赴抚院辕门及附近又一村、四堆子、五堆子一带，包围巡抚部院。

焦达峰等进入抚院时，巡防营部队还盘踞在那里。辕门口和平日一样，仍然站着卫兵。这些卫兵见了这些人，不加任何拦阻，反举枪致敬表示欢迎。焦达峰等人进入余诚格卧室，才发现他已经逃跑了。

这时李金山在又一村、四堆子巡哨，突然发现有不少巡防营列兵，正在诧异，又见抚院后门有人骑马仓皇而出。巡防营列兵故意示意说："你们快些，我们统领来了。"李金山十分机警，知道这人就是黄忠浩，连忙赶上，一刀将他刺于马下，交付列兵押往小吴门城楼斩首示众，殊不知正因此举，给后来湖南各地光复造成了极大的流血牺牲。

辛亥长沙起义示意图

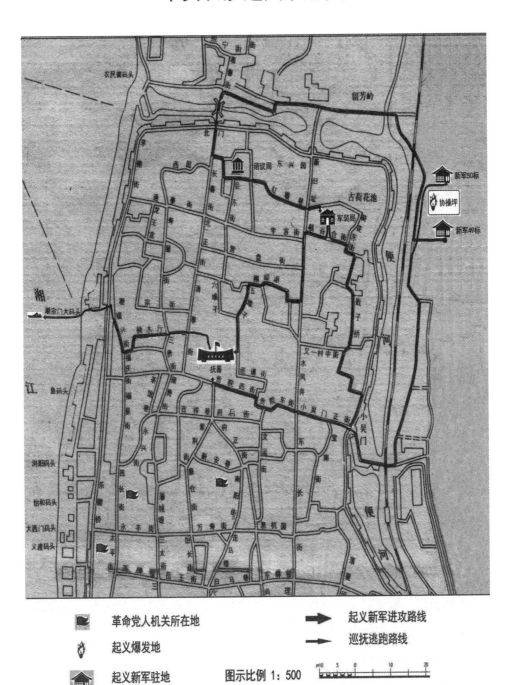

图例	
革命党人机关所在地	起义新军进攻路线
起义爆发地	巡抚逃跑路线
起义新军驻地	图示比例 1:500

新军入驻巡抚部院后，同时还捕获了长沙知县沈瀛、营务处处长申锡绶、劝业道道员王毓江。这几个顽固分子仓促间未及逃走，当即被一并处死。沈瀛等受到了制裁，巡抚部院箕斗杆上挂出了第一面用门帘楷书的"汉"字白旗，全城立刻白旗招展。看到巡抚衙门挂了白布"汉"字旗，人们知道不必再动武了，于是欢声雷动，欢呼"革命成功了"，欢呼"湖南光复了"。从此，长沙不是清朝专制统治下的一个城市了，革命就这样迅速地胜利了。

傍晚时分，全城鞭炮大作，庆祝革命成功。大家齐集在谘议局开会，讨论推举军政府的负责人。革命党人在起义前，大家在一次会议上讨论都督的人选。阎鸿飞说："在武昌联席会议时，已经推定焦达峰为都督。"焦自认年纪太轻，要推谭人凤担任。谭人凤也是湖南人，在同盟会中的影响比较大，但湖南的革命组织对于谭人凤多不认识，仍主张推焦达峰。

在谘议局开会时，陈作新向焦达峰说："你当都督，我来当副都督。"焦达峰说："原议没有副都督的设置，我让你当都督就是。"这是在会场公开的言论。焦达峰的人缘比陈作新好，当场就有人大喊："不能让，不能让。"黄锳和陈作新素来相好，就说："还是设正副两都督的好。"便向常治说："请你宣布一下。"常治的嗓音极高，就唱道："公推焦达峰为都督，陈作新为副都督。"大家一阵掌声，就算决定了。焦都督提议推谭延闿为民政部长，阎鸿飞为军务部长。有人说："阎鸿飞现在不在湖南。"焦达峰说："他很快就会回来，先由阎鸿翥代理。"革命党人中认识阎氏兄弟的人多，又是一阵掌声，作为决定。当推参谋部长时，谭延闿推荐原湖南军事参议官刘邦骥担任，陈作新随后说："很好，很好。"大家没有表示异议，会议至此告一段落。在欢声中，大家齐向抚台衙门集合，再商各司的职责。

抚台衙门变成了都督府。随后都督宣布李洽为秘书监，并设顾问厅、督勤处、主计处，有功人员一律安置在顾问厅和督勤处等候调派。又决定成立陆军四镇，以余钦翼为第一镇统制，赵春霆为第二镇统制，易棠龄为第三镇统制，阎鸿翥为第四镇统制，新政权的组织机构和人事安排大致如此。

谘议局礼堂欢声雷动，湖南军政府宣告成立，公举出焦达峰为大都督，陈作新为副都督，公布安民告示六条，其前三条着重保护外人在湖南享受的各种特权，防范侵略者对革命进行干涉破坏，后三条申言保护人民生命财产，市面照常贸易，各学堂、公司、会社及一切衙署应照常治事，并告示通防各级军官迅速归队。同时，致电湖北军政府，电云："黄帝四千六百零九年九月初一日，湖南全省人民宣告独立，公推焦达峰、陈作新为正、副都督。特此电闻。湘军政府全体叩。"湖北即据以转电上海及各省，并传示各军、各炮台、各府、州、县机关。

十五

❧十日春秋两都督❧

在辛亥革命这场改写中国历史的划时代的大革命中，焦达峰、陈作新是湖南革命的一面旗帜，他们的功绩永载史册。1911 年 10 月 10 日武昌起义后，焦达峰和陈作新在长沙领导了起义，成立了湖南军政府，在全国首先响应武昌起义。他们对于辛亥革命事业的重大贡献在于，湖南起义成功后，立即派出新军主力增援武昌革命军，为辛亥革命胜利推翻帝制、建立共和赢得了宝贵时间、立下了不朽功勋。让人扼腕长叹的是，焦达峰和陈作新督湘十日遭遇兵变，英勇殉难。其实兵变前夕，革命党与立宪派屡有争端，有人建议焦达峰用"铁血手段"应对，然他认为稳定大局要紧，且意愿在选举后让出都督之位，加之派兵援鄂迫在眉睫，两难境遇之下，他选择了不去在意，以致恶果酿造。也许，正如其所言："余惟有一身受之，毋令残害我湘民，且余信革命终当成功，若辈反复，自有天谴。"好在谭延闿继任都督后，继续了焦、陈的援鄂方略，协调了各方关系，维护了地方的稳定，为建立民国立下了功劳。

1911 年 10 月 23 日，新成立的湖南军政府迁往巡抚部院原址开始办公。从这一天起，以焦、陈为首的湖南革命政权立刻获得了人民群众的热烈拥戴。这一革命政权在以焦达峰为首的中部同盟会领导之下，出现了许多新气象：在用人与行政事务方面，大公无私；善于采纳群众意见，为巩固新生的革命政权，招贤纳士，广纳人才；并且废除清政府的苛捐杂税，日以继夜忙于政务；不论早晚接见普通民众，因而深受群众喜爱。人民团体纷纷自发前往军政府慰问和犒劳，群众相率前来军政府致贺，鸣放鞭炮庆祝以示庆祝，见了都督都齐声欢呼，对新生的政权表示由衷地拥护。

都督府一建立，焦达峰即布告安民，派兵把守电报局、官钱局，监视发报和提款；派员接收巡警道和各分局；设立城防司令部，保护地方治安。在都督府内设秘书监、主计处、顾问厅和督勤处。在西园设招贤馆，延揽人才。派出对外交涉员，以新政府名义照会各国驻长领事署，今其遵守革命政府的一切规定。向全省发出讨伐檄文和通令，号召反清起义；委派干员往各属策划，很快使全省得以光复。又颁布命令，限期剪去象征民族压迫的辫子，严禁鸦片，要求妇女放足，提倡男女平权等。

年仅 25 岁的焦达峰怎样权衡轻重缓急、当机立断，是当前的大问题。一般说来，焦朝气蓬勃，表现了一种"平民革命精神"。都督府办公人员的生活设备因陋就简，作风朴素廉洁，一扫前清封建官僚积习，这说明新政府成立之初确有

长沙光复后颁布命令，限期剪去象征民族压迫的辫子

一番新气象。

长沙光复第二天,《大汉报》出刊,开头第一篇即《上焦、陈二督书》,"陈述反正后当务之急,应出兵直援武汉,北取幽燕,东出赣省,囊括江右。"[1] 焦、陈也认为湘鄂一家,安危相系。一直把支援湖北战争当作头等大事。

焦达峰就职之始,首先集中注意力在军事上支援武汉,乃在长沙城郊六铺街的天符庙、小吴门的判官庙、玉泉街的玉泉山、城里的万寿宫、开福寺、书院路的优级师范学堂、荷花池的求忠学堂、协成商栈、宜者茶园等处成立新兵招募处十余处,招募民兵。全城顿时掀起了参军的热潮。当时招募的民兵有两个来源,其一是会党和下层人民。焦达峰所联络的浏阳、醴陵一带洪江会徒众,纷纷进省投效,每天有好几批,每批百人至二百余人不等。衡州、岳州一带洪江会徒众也兴奋地说:"焦大哥做都督,今日是吾洪家天下矣。"此外如"车轿、担役、流氓、乞丐皆相率投营"。他们"无器械,无戎装,则皆高留绒球,胸前拖长带,以为是汉宫威仪"。因此,从军政府直到市街小巷,呈现一片紧张兴奋的景象。下层劳动人民和流氓无产者,都开始行动起来了。

长沙光复后,因援鄂战事需要招募民兵

① 文史资料研究委员会:《湖南文史资料选辑》第十集,1978年,第56页。

民兵的另一来源，是一般知识分子和青年学生。自从军政府挂上一面汉字白旗，各学堂学生将礼堂里的牌匾拆卸下来打得粉碎，接着相互剪除辫发。进步教员整日在教育总会演说"中华民国之盛事及满政府之弊政"，围观的群众每次听到激动处，均鼓掌如雷。军政府成员除了革命党人，还有很多是知识精英。他们认为，欧美各国学校制度有规定学生需要有从军的经历，现在武汉战争激烈，对于有志报国的尚武青年应该即刻募集，以准备与清政府军队作战，因而长沙的青年学生报名从军异常踊跃。10月23日至25日，已募成学生军一军。

焦达峰在人事上也做了一些部署。首先，他口头委派同盟会会员曾杰、谭心休、杨任、文斐为秘书，代他处理机密事件。接着，又陆续设置了一些文武职务。其中最重要的是派定杨任为西路招讨使，冯廉直为南路统领。杨任是同盟会中有功绩的会员；冯廉直是洪江会头目，1906年参加萍浏醴起义被捕入狱，直到长沙光复才被释放出来。

焦达峰为巩固新生的革命政权，支持武汉的革命战争，在陆军四镇成立后，为了保卫都督府的安全，还成立了都督府卫队。李仲麟①任督署卫队队长（营长），卫队领到由军械局拨来的新步枪120支，又在军装局被服厂领到全新的新军服装。

10月25日，陈作新副都督将人枪分去一半，另组织卫队第二队，任命阎鸿羡（阎松年）为都督府卫队副队长，驻扎在军政府旁边的又一村训练，作为副都督的卫队。

都督府设立了门禁，由卫队士兵轮班站岗执勤。因新成立的卫队肩负责任，因此对进出都督府的人盘查较严。那时一些对革命有功的人居功自大，觉得太受拘束，于是好些人对都督说："现今清朝已被推翻，再无人敢于反抗革命。军政府门禁太严，有点类似独夫的作风，对宾客出入也太不方便。最好训示卫队，凡佩有符号或由佩有符号的人陪同出入的，免予盘查。"焦都督也认为民国时代不应有旧衙署的官气，便命令卫队长，以后只注意符号的有无，不要盘查过严，

---

① 李仲麟（1886—1920），湖南醴陵人，曾任民国中将，1920年被赵恒惕部下赵茂林所杀。1928年5月国葬于长沙岳麓山。

态度更应客气，以发扬自由平等的新作风。卫队奉令后，自然对安全警卫有所放松。

10月25日，都督府做出援鄂决定，首派第一协中最富革命精神的四十九标援鄂，升王隆中为协统、卿衡为标统、鲁涤平为管带；催第三镇统制易棠龄整军援赣。陈作新自告奋勇兼援赣军总司令，积极筹备出发；并将第四镇阎鸿飞所部一协，为援赣军总预备队。当10月28日四十九标1700余人全部出发援鄂时，有人建议陈作新酌留首义军队警卫家乡。焦达峰虽然知道自己身处险境，也明白四十九标留在自己身边的必要性，但支援鄂省事关重大，湘鄂两省唇齿相依、唇亡齿寒，倘若武昌失守，首义失败，将动摇全国军民的信心，或许会招致两湖起义的失败。再三权衡之后，焦达峰果断决定不改原意。同时，陈作新也慨然说道："吾族奴于鞑虏垂三百年，今日复见汉官威仪，如家人团聚耳，尚何戒备之有？"[1] 这体现了焦达峰、陈作新两人的大公无私，不曾考虑个人安危，但同时也显示两人作为省会一级的领导人在政治上的欠成熟之处。

焦达峰是会党首领，在湖南多次斗争中，会党中人牺牲不少。焦做了都督，会党兄弟闻风而来，聚集长沙，纷纷进出都督府，要求安置。会党有反对剥削、压迫的要求，但许多人缺乏正确的政治方向，他们以为起义成功就万事大吉，根本没有想到如何巩固革命政权、进行建设。加以各地流氓、痞棍乘机活动，冒称会党为非作歹，这样就给对焦、陈不满的人提供了挑衅的口实。

长沙起义前夕，立宪派人原想在长沙实行一场"不流血的革命"，想拥立黄忠浩，以实现"文明革命"的目的。但起义成功后，在谘议局的选举会上，起义群众一致公推焦达峰、陈作新为正副都督，立宪派不得不认可现实。

焦达峰，字掬森，1887年出生于湖南浏阳的一个士绅家庭。浏阳是谭嗣同、唐才常的家乡，又是会党势力最盛的地区之一。焦达峰从小深受影响，对维新志士谭嗣同、唐才常无限崇拜，慨然宣称："吾惟有从谭嗣同、唐才常之后耳"。

1902年，焦达峰毕业于南台高小，经姜守旦介绍加入洪福会。随后与会内头目黎先诚商量，在黄公桥黎家大屋设经馆，以会党成员黎尚姜为老师，借讲

---

① 《湖南史话》，湖南教育出版社1998年版，第225页。

学授徒为名，成立联络会党的秘密机关，先后联络了不少"山泽豪帅手臂技击之士"。1903年，焦达峰到长沙。这时，华兴会办了东文讲习所，设立同仇会。焦达峰入东文讲习所学习，为留学日本做准备，又加入同仇会，继续从事联络会党的工作。

1905年春，焦达峰自费留学日本。同年8月20日，中国同盟会正式成立，焦达峰加入同盟会。后同盟会新设十部，其中有专门联络会党的联络部，焦出任部长。

1906年，会党酝酿"萍、浏、醴起义"。焦达峰奉黄兴"重整会党，联络新军"的意旨回国。他赶赴浏阳策划起义事宜，并任浏阳会党铁血军总司令李金奇的联络参谋。因敌人突然袭击，李金奇仓卒抵敌，落水而死，铁血军溃散，焦达峰逃到长沙。因清政府搜捕甚急，他被迫亡命日本。

1907年，焦达峰进入日本东斌步兵学校，校中激进的中国学生认为同盟会"举止纾缓"，主张另组秘密机构。于是，由焦达峰、张百祥、邓文辉、刘公等人发起，在东京成立了共进会，焦达峰任联络部长。他极力"主张将活动中心转移于长江流域中段，以便联络当地较多的会党群众"。次年冬，共进会决议派人分赴各省运动军队、会党，公推孙武、焦达峰负责两湖事宜。

1909年春，孙武、焦达峰先后回到武汉，在汉口法租界设立共进会湖北总机关。8月，焦达峰回到长沙，化名左耀国，设共进会湖南总机关于太平街同福公栈，以洪江会名义把湖南的会党统一起来。接着，焦达峰在浏阳普迹市开了一次山堂，有湘阴、平江、萍乡、万载、长沙、醴陵、浏阳等地的哥老会龙头30余人参加，焦达峰被众龙头推举为龙头大哥，成为会党公认的首领。这为他后来联络会党、发动起义打下了基础。

焦达峰在进行革命活动的同时，陈作新则长期从事运动新军的工作，即对新军的策反。

陈作新，字振名，1870年生于浏阳永安镇，原籍安徽池州青阳县，其父陈肇元因在湖南经商，落籍浏阳永安。陈作新自幼过继给其伯父陈伊鼎为子。陈伊鼎学识渊博，主讲于浏阳狮山书院。陈作新随伯父就读，打下了深厚的国学根基。陈作新"生有异资"、兴趣广泛，是个多才多艺的人，他与焦达峰同为老乡，比焦大17岁，曾参加过谭嗣同等人主持的南学会和唐才常等组织的自立军。1903年，他进入湖南弁目学堂。1904年初，长沙高等学堂学生陈宗海等人在校内组织7人小团体，在贡院西街设立《俚语日报》馆，发行通俗小报——《俚语日报》，宋云卿任总编辑，陈作新参与《俚语日报》的编务工作，并翻印、散发陈天华的《猛回头》《警世钟》及邹容的《革命军》等鼓吹反帝反清的革命宣传读物。

1905年，同盟会在东京成立后，禹之谟在湖南成立同盟会湖南分会，发展组织，推销《民报》。陈作新经谢介僧等介绍，加入同盟会。不久，他从弁目学堂毕业，任湖南新军第25混成协炮兵营左队排长。他为人热情，常与列兵接近，懂得做革命工作，认为如果革命不联系下层军人是不会成功的。他经常把《民报》中的重要文章熟读，滔滔不绝地向列兵宣讲，还在《猛回头》《黄帝魂》等革命宣传品的封面上，题上"兵目须知"几个字，在新军中秘密散发。

陈作新散发革命宣传品的举动，被管带刘玉堂发觉，派炮兵督队官陈嘉猷前往检查。陈嘉猷有意维护，一面要陈作新交出和销毁那些宣传品了事，一面劝导刘玉堂说，"此事一经正式揭露，牵涉必广，闹大了不可收拾，不如将陈作新调开，弭患于无形"。

刘玉堂接受了陈嘉猷的意见，以陈作新不宜于炮兵工作为由，把他调到步兵四十九标二营前队，继续充当排长。这次调动，为他策反四十九标举行长沙起义打下了基础。

1909年，陈作新兼任四十九标随营特别班及测绘班的教官。他常借授课时间向士兵阐述民族主义、灌输革命思想。学术科授课时间外，士兵与陈作新私交也很好，全营士兵愿意听他的。他辗转介绍倾向进步的优秀士兵安定超、李金山、刘光莹等数十人加入了同盟会。从此，新军中的革命活动蓬勃发展起来，陈作新介绍加入同盟会的这些新军士兵成为了长沙起义的骨干力量。

1910年4月，长沙发生饥民抢米风潮。陈作新以为群众起来了，想乘机率领新军起义。于是向新军管带陈强（同盟会员）轻率进言，试图说服陈强乘机反戈，陈强胆怯，担心生事闯祸，累及身家，便装腔作势地喊："护兵！陈排长喝醉了酒，赶快送他回去。"不久，陈作新就被革职了。

陈作新并不因革职而气馁，反而更加坚定了推翻清廷的意志。他寄居长沙寿星街培元桥李安国、李藩国兄弟家中，以教书授徒作掩护，成立革命团体"积健会"（后改名积健社），以研究军事学术为名，团结了一批新军中的下级军官、目兵和陆军小学生；又常借游山的机会，到岳麓山白鹤泉一带秘密集会，讨论起义策略，并派人与标、营、队进行联络。这样一来，新军中革命同志的团体，发展到了长沙驻军所有中下层士兵中。

1910年，宋教仁、谭人凤等人先后派遣同盟会员刘文锦、吴任打入湖南新军。刘文锦任马队排长，吴任充四十九标文案，他们在新军中做了大量的宣传组织工作，加上陈作新对新军的宣传策动，新军中的革命组织日趋严密：标有标代表，营有营代表，队有队代表，排有排代表。这些代表都由目兵充任，没有军队官长，从而在思想上和组织上为湖南辛亥起义奠定了牢固的基础。长沙起义前夕，新军中的中上级军官知道最近士兵会哗变，他们不但没有去想办法制止，反而纷纷以各种借口请假，离开军营，独善其身。所以长沙起义时，新军内部没有遇到阻力，新军中的这些军官虽然没有参加起义，但他们不干涉的态度变相地支持了起义。

未曾预料的是，长沙光复后，随着新军上层军官相继回到长沙，对焦、陈二人的不满与日俱增，从而为长沙事变的发生埋下了祸根。焦、陈二人能在革命胜利后，以卑微之身出任都督高位，每天都忙于处理具体事务，无暇顾及个人安危。起义成功后，焦、陈出于援鄂方略和充实省防的需要，陆续将驻守在省城以外的新军调回长沙。其中，由益阳防地调省的五十标第二营管带梅馨不满于现状，双方的固有矛盾愈加尖锐。五十标第二营在长沙起义前夕被调到益阳，长沙起义时没有一寸功劳，这一营因此与留在长沙的新军产生了矛盾，也为梅馨后来发动兵变留下祸端。

长沙起义的成功，是革命党和立宪党联合发动新军下层士兵所取得，与湖南的军官集团没有太大关系。因此，起义成功后，军政府人事安排与湖南的军官集团没有关系，都被革命党人和立宪派瓜分。革命党人与立宪派有矛盾和斗争，但不是事变的主要原因，因为立宪派领袖谭延闿一直反对采取"暴力革命"手段解决政治问题。在两派之外的第三势力，即以留日士官学校毕业生为主体的军官集团，他们是事变爆发的直接导火线和主要原因。辛亥革命时期湖南军队分四派：士官派、新军派、旧军派、外江派。这四派中以新军派的人数为最多，但在新军中上级军官中士官派的势力最大。20世纪初年，留日学生毕业回国，尤其是学陆军的士官毕业生最易得志，因为各省正在训练新式军队，自管带以上几乎全部由留日回国士官生充任。例如辛亥时期湖南新军四十九标教练官王隆中、一营管带梅悼敏、二营管带陈强、代理管带卿衡、第三营管带王正宇、五十标标统余钦翼、教练官李致梁、一营管带蒋国经、二营管带梅馨、三营管带陈书田、炮兵营管带向瑞琮、辎重营管带齐琳、工程营管带袁宗瀚、马队管带张鹏翼等人，都是清一色的留日士官生。

新政府成立后，起义有功的士兵纷纷得到奖赏，没有参加起义的军官受到冷落，心里产生了怨气。他们首先极力丑化焦达峰、陈作新，利用对焦、陈的某些意见推波助澜，怂恿陈作新反对焦达峰，然后又在群众中大肆煽动，说两都督磨擦厉害，不能共事。他们还造谣诬蔑焦达峰是"匪首"姜守旦，谩骂来长沙投军的会党群众是"土匪"，陈作新不过是个"酒疯"，唆使军队不承认焦、陈为正

新军的军官几乎全部由留日回国士官生充任，他们以所学军事知识训练新军，将新军训练为一支现代化的军队，在新军中上级军官中，士官派的势力最大。

副都督。并谓焦达峰委杨任为西路招讨使、冯廉直为南路安抚使，是受会党"包围"，任人不当；说杨任"年纪轻，不懂事"，冯廉直是个"积盗"，"杨、冯二人，素无功绩非其所任"。又攻击焦达峰是"谋私结党与利用新军"，以达到"立山开坛"的目的，以此诱惑未参与起义的军队反对焦达峰。

黄忠浩是湖南黔阳人，当年52岁，军、商、学、界都有涉及，曾任四川提督，创办了沅丰总公司，曾兼任明德学堂校董，后又兼任明德小学总理，担任湖南教育会会长，在湖南属于坚定的立宪党人。1911年春，黄忠浩离川回湘，投入立宪运动。时清廷颁布"铁路国有"政策，将粤汉、川汉铁路主权出卖。他曾借赴京机会面责邮传部长盛宣怀。7月，立宪派组成的政党，辛亥俱乐部湖南支部在湘成立，黄忠浩被推为支部长。这年10月，新任湖南巡抚余诚格为防范革命党，邀黄出任中路巡防营统领，镇守长沙，以致黄刚到任仅几天就被起义军杀死。谭延闿与黄忠浩都曾兼任明德学堂校董，又都是立宪党人，谭任宪友会湖南支部干事。起义前谭曾派人劝黄，要他顺从革命，奈何黄要以曾文正公自居，不惜以身殉节。谭不免有兔死狐悲之感。便公开发表意见说"吾辈但取政权，不杀官吏""杀机不可逞"[1]。有人指出："革命只杀三人，不算什么。"谭延闿说："不戮一人，而天下治，岂不更好吗？"[2]

谭延闿是湖南茶陵人，其父谭钟麟官至两广总督，因此他是一个官二代。1904年，24岁的谭延闿参加清末最后一次科举试，中试第一名贡士，即会元；4月参加殿试，列为二等第三十五名，赐进士出身。与陈三立、谭嗣同并称"湖湘三公子"；与陈三立、徐仁铸、陶菊存并称"维新四公子"。29岁时，谭延闿的官方身份就是湖南省谘议局议长。长沙起义时，他31岁。他和谘议局的一帮人模仿英国立宪的精神，向焦达峰提出成立参议院的申请，提出"军民分治"。他说："今大事既举，然治事无法纪，无权限何以进行？"且以当时的情形，率先举义的湖北已经任汤化龙为政务部长，如不推举谭延闿为湖南政务部长，这件事必然会滋生情绪，从而采取"主张军民分治，设军政部长与都督对待，各率其职，

---

① 子虚子：《湘事记.起义篇》卷一，《湖南反正追记》，湖南人民出版社1981年版，第66页。

② 徐特立：《辛亥革命之始末》，《解放日版》1942年10月11日。

不相侵犯"的权宜之计①。参议院中 26 名参议员，多数为旧谘议局议员，并以谭延闿为院长。参议院为了挟制都督府，拟定了一个《都督发令条例》，规定参议院总揽军、政全权，甚至连都督拍一电报，也要经参议院盖戳。事实上，参议院成了凌驾于都督府之上的最高权力机关。焦达峰在立宪派的压力之下，不得不同意谭延闿兼任军政部长。这样，谭便取得了与焦对等的地位，从而削弱了都督的职权。

留日出身的新军五十标军官梅馨，起义无功，长沙起义后，虽已由管带（营长）升为协统（旅长），但他还不满足，提出要当独立协统。焦都督说："独立协的名目，原议是没有的，等和大家商量再说吧。"梅馨蓄意刁难，拂衣而起，说："湘事尔好为之，苟有他变，吾不与也。"随后，他便与向瑞琮、黄忠绩、蒋国经等无知军士百余人在天心阁开会，图谋不轨。这件事为革命派邓超、丁惠黎所知，乃与四十九标安定超等代表开会，图抑逆谋。于是及时采取了防范措施，并发表宣言，警告各军："如悍然叛乱，即率全体武装同志，严厉处置，这才暂时抑制了梅馨等人的叛乱。"②

面对梅馨等军官的不满和敌意，焦达峰等不仅未予反击，反而试图以退让、抚慰来稳定局势。他们发出两道公告：一是表示对起义"出力人员""从优奖励"，使大家皆大欢喜；二是表示自己愿意让位，提出"应行正式投票"，选举谭延闿为都督，"以重民权"，而"符共和国体制"。由于革命派的软弱与退让，立宪派更是得寸进尺，借口焦达峰未经参议院同意，擅任杨任为西路招讨使、冯廉直为南路安抚使，强迫都督引咎辞职。头脑简单的陈作新听了愤然说，"谁耐烦做都督，说不干就不干""乃独自上马出府而去"，焦达峰也因多数同志的挽留才未辞职。

10 月 27 日（九月六日），同盟会的谭人凤由武汉抵长沙来见焦达峰，两人促膝长谈，焦达峰坦诚地说出光复后发生的各种不愉快。谭人凤见湖南谘议局绅

---

① 子虚子：《湘事记·起义篇》卷一，《湖南反正追记》，湖南人民出版社 1981 年版，第 65 页。
② 《湖南文史资料》第一期，湖南人民出版社 1959 年版，第 165-166 页。

士把持湘政，事无大小，都须经过他们议决，都督之命难以决行，力主解散他们所创设的议事机关，希望建立一个有利于迅速调度军队的机制，实现都督集权。当时都督府的官员们都赞同谭人凤的这一主张，尤其是都督府参谋黎先诚极力赞成谭人凤主张，力主处决谭延闿，镇压反革命，并对焦说："立宪派曾经推举黄忠浩为都督，明知通不过，实举谭延闿；他又在起义期间以中华民国军政府湖南都督的名义发布告示，暴露了谭延闿篡夺都督的野心，如今都督之位没有他的份，又宣布解散参议院，他是不会甘心的。先下手为强，后下手遭殃，不要再犹豫了。"焦满不在乎地说道："谭延闿如此想当都督，就把都督让给他吧，我上前线去。"黎说："你让位，同志不赞成。有你，谭延闿都督做不成，这就是非杀你不可的原因。你若不信，大祸临头，必将后悔莫及了。"焦达峰听后觉得有理，便激动地说："五十标不过数百人，今吾兵计达六万，可恃者五千，以数人杀一人，有何不能？"话毕，谭人凤提出有要事告辞，众人相送。

谭人凤离开后，众人再次相议解散参议院一事。谭心休却说："我们革命正要集合群策群力，如今就行杀戮，将来谁肯因我们来革命？"[1]焦达峰听后颇以为然，当即表示说："对石屏（谭人凤）之主张，认为理论应如此，而事实或有窒碍。且身为都督，不便执行。"[2]焦达峰彼时作为地方领袖人物，从实际出发，思虑之下确实存在掣肘之处。

10月28日，参议院开会讨论《都督法令条例》时，都督府代表阎鸿飞表示反对，说："我是军政府代表，军政府对于这项议案，觉得非常严重。现在是革命的开创时期，东、西、南三面都是敌人，我们要对敌作战，一切都应置于军政府之下。议会……不应干涉都督执行军政、军令的大权……至于将都督的军令先送参议院审议，实际上窒碍难行，应该撤销提议。"谭延闿说："军政府既另有主张，本案的讨论暂且搁置。"[3]

28日这一天，王隆中率领的四十九标各营出发援鄂，所有新军中的革命分

---

① 中国科学院历史研究所第三所：《近代史资料》第三期，科学出版社1956年版，第114页。
② 武汉大学历史系中国近代史教研室：《辛亥革命在湖北史料选辑》，湖北人民出版社1981年版，第159页。
③ 文史资料研究委员会编：《辛亥革命回忆录》第二集，中华书局1963年版，第127页。

戴凤翔（1881—1962）

子全部随队开拔，从长沙大西门码头乘船出发，焦、陈二人至湘江河岸欢送。四十九标是长沙起义的中坚力量，忠诚于焦达峰和陈作新。梅馨这些军官集团之所以还没有对焦、陈下手，也是对四十九标有所忌惮。

四十九标的新军一开拔，梅馨、蒋国经就和原五十标标统余钦翼等人秘密会商，发帖邀集军官集团召开会议。认为这次湖南反正，只有五十标无功，早晚就要被焦、陈解散的。梅馨又召集五十标士兵开会，把反对焦、陈的话大肆宣扬，并极力煽动说"焦达峰只有会党，不喜欢新军，我们不杀他，他就会解散我们的"，从而蛊惑一些不明真相的人，参与谋杀焦、陈。

谋杀焦、陈的阴谋被都督府秘书长刘仁镜侦悉了，刘密告焦达峰和曾杰。焦达峰问刘仁镜主张如何？刘斩钉截铁地说："先发制人，枪毙谭延闿，解散参议院，来一个彻底改革。"焦达峰又征求曾杰的意见，曾杰是焦达峰倚为左右手的人，说："我们革命要王道，不要霸道。"刘仁镜反复争辩说："政治上的斗争，宁我负人，毋人负我；该断不断，反受其乱。"因曾杰反对，焦达峰没有接受刘仁镜的意见。他还对人说；"只要是革命，谁来领导都可以。有人接替，我就上前线去。"

据当时在新军第九镇（驻扎点苏州）马队任管带（营长）的戴凤翔回忆，他1911 年 10 月 16 日（农历八月二十五日）抵达长沙，10 月 22 日（九月初一）参加了四十九标起事。后来亲历了策划杀焦达峰、陈作新的会议，他在《我在辛亥革命前后的一段经历》中，揭露了《焦陈二督被杀之内幕》：

10 月 28 日（农历九月初七），五十标管带梅馨、标统余钦翼等发一帖子给我，请我于 29 日午后 5 时到徐长兴饭馆吃饭。第二天到时同坐的有梅馨（营长）、余钦翼（统带）、危道丰（营长）、陈维城（参谋）、蒋国经（营长）、向瑞琮（炮队营长）等人。除我是陆大学生外，其他人都是留学日本士官学校的学生。当时的风气，留学生趾高气扬，看内地学生不起，故除我以外，无一内地学生在座。席间，李致良说焦、陈乱用人、乱用钱，湖南会糟蹋在他们手里，要想个办法才好。梅馨脱口而出道："杀了这王八蛋不就得了。"其原因则是焦系会党，陈系排长，是他们的部下，根本就瞧焦达峰和陈作新两人不起。如果这个做都督的是个士官学生或者是我这样的陆大学生，他们不一定会反对，焦陈就是资望太不够。当时我说，初一反正，祛逐余抚（巡抚余诚格），一时没有预计，仓促推两个都督，这原是过渡性的，也是个烂斗笠，可以叫他走，不必杀他。梅馨桌上拍一巴掌说："你真是妇人之仁，若叫他走，反倒留个后患，以后枝节横生！"李致良说："杀了倒爽快。"我知道我是没办法挽回的了，也就不再说话。只是暗暗忖度，报信给焦、陈两人，叫他们走算了。陈作新在罗汉庄教书时，我曾在他那里读过一年书，我们有师生之谊。[1]

与戴凤翔一起参加密谋杀焦陈会议的危道丰，就是留日的士官生，所以属于梅馨军官集团的一员。他是湖南黔阳人，生于 1884 年。1902 年自费留学日本，先入弘文学院，继入振武学校。1904 年回国，未几复东渡入日本士官学校第五期工兵科学习。1908 年回湘任职，辛亥年秋任督练公所粮饷科科长。湖南光复后他任军政府参谋部次长，旋升部长。他写了一部书，叫《平斋五十自述》，民国二十三年（1934）长沙洞庭印务馆出版的铅印本，现藏湖南省图书馆。其中第八章"辛亥革命时代"记焦、陈被害、谭氏继任的经过非常详细，是亲身参与杀害焦、陈，拥戴谭氏全过程的决策人物。危道丰在《平斋五十自述》中说，由于军官集团对焦、陈的所作所为强烈不满，"我辈留学同人睹此情形，莫不异常愤慨！

---

① 田伏隆主编：《辛亥革命在湖南》，岳麓书社 2001 年版，第 165-166 页。

继而各为爱国爱乡之心所激,遂有集议善后办法之举。当集议时,同人发言,无不声泪俱下。梅植根氏(梅馨)尤为激昂愤慨,其时梅君任新军管带,集议甫毕,彼即投袂回营"[1]。

10月29日,湖北代表任震从武汉运来枪械抵省,焦达峰知道军官集团和立宪派人对他担任都督一职不满,为了表示自己投身革命不是为了当官发财,又在欢迎会上公开表示"力辞都督,愿赴前敌",但这次又是"合座慰留"[2]。

10月30日,同盟会邀集立宪派绅士在谘议局商议都督府组织法,同盟会会员谭人凤、任振、阎鸿飞等坚决主张"取消参议院、军政部另订章程,凡军事、行政、理财、司法,悉由都督掌之"。这一提案获得多数赞成,大会通过了撤销参议院及民政、军政两部的提案。有同盟革命派在会议上的大力支持,焦达峰放松了警惕,态度也变得强硬起来。

10月31日,焦达峰召集全省军营以上领导,政、商、学各界人士12时在原谘议局礼堂开会,军人禁止携带武器入会,谭延闿也被邀请出席,焦达峰宣布前一日都督府通过的撤销参议院、军政部提案。谭延闿在会上当众表示,愿意辞去参议院长及两部长职务,离席而去[3]。曾经在湖南政坛叱咤风云的谭延闿,因为闹开国会请愿、闹立宪、闹保路,不受清政府青睐;转而附和革命后,想推行议会政治,主张不流血的革命,又受到革命党人的排斥。

散会后,焦达峰马上回到军政府,因为还有一大堆事情等着他去处理。焦达峰在执政的十天内,一口气招募了6万人,编成4个师。这群临时招募的人马,实际上不了战场。援鄂的还是已经训练的四十九标新军和反正后的前清军队。

在清朝,原有新军和旧巡防营在湘总共才数千人,现在辛亥革命推开长沙城门后,长沙城内冒出6万人的军马,可以想象革命后的湖南军政府军费开支有多

---

① 危道丰:《平斋五十自述》,长沙洞庭印务馆1934年版,第83-84页。
② 中国科学院历史研究所第三所:《近代史资料》第三期,科学出版社1956年版,第53页。
③ 革命党人危道丰《平斋五十自述》的史料:革命党中领袖级人物刘揆一在修纂国民党史稿时,就他们那些留日士官生集议谋杀焦、陈一事,特地征询过危的意见。危当时明确回答,对于谭延闿督湘的功过是非,"我却不敢擅作批评,独于杀焦、陈一事,我敢断言,绝非出自谭公之造意。盖在辛亥旧历九月初十日以前,谭公杜门谢客,绝未与闻外事也"。

大。大批士兵要吃要喝要住要发饷，如不发饷。为了保证他们不闹，就得保证军费。参与革命的有功之人或者想要招兵买马的人，只要凭焦达峰的"条子"就可以支钱。焦达峰干革命，唯一想到的是造反，一旦革命成功，对自己执政时从未思考过，25岁的焦达峰可谓焦头烂额。当时，在湖南，相当精明的陈家瓒充任财政科员，与陈文纬、李达璋清理大清银行湖南官钱局事务，而各军取饷纷扰无理，支用过滥，最后竟迫使陈家瓒等人愤然辞职。就这样，湖南财政在焦达峰手中几天之内，达到几乎要破产的境地。

危道丰（1884—1949）

焦达峰正在都督府讨论援赣与援鄂的事，接到许多人在和丰洋火局（和丰火柴公司）挤兑的报告。这可是要命的事，因为和丰洋火局发行一种钱票流通市面，信用素著。如果挤兑之风蔓延，就会涉及官方的大汉银行，还有其他银行、企业发行的纸币。如果市面上都抛弃纸币，抢换真金白银，哪一个银行哪一个企业有这么大资本？如果银行、企业一倒，整个经济就会乱得像一锅粥，这革命政权还怎么能存在下去？

接到挤兑的报告，焦达峰放下援赣与援鄂的事说："要城防司令快派人去弹压，并派人开导一下，说有都督府负责，挤兑的人自然就会散去。"焦达峰想到的是要用强硬手段平息挤兑风潮！

当时都督府有很多人，这时忽然有人对陈作新说："事关省城治安，挤兑之风，平息越快越好。你如果亲去弹压，百姓看到副座的威风，一定可以放心，不会扩大风潮。"

陈作新第一次面对维稳的场面，心想这也是自己份内职责。急忙召唤都督府卫队副队长阎鸿鬻，调集自己卫队的两棚（班）士兵一共20多人集结，这些卫队士兵一色新步枪、新军装，走在街上十分惹人注目。陈作新亲自乘马带队，向城北的和丰洋火局进发。

梅馨为首的军官集团都是留日士官生组成，军事技术娴熟，战斗经验丰富。策划谋杀焦、陈，计划周密，包括善后处理都滴水不漏。此次军事行动的目标很明确，杀焦达峰与陈作新，不留活口。为了保证谋杀成功，他们组成了超豪华的阵容，参与谋杀的叛兵共有200多人。他把叛兵分为两队，一队由袁荣富率领，事先在文昌阁附近埋伏；另一队由吴家铨率领，事先在都督府附近埋伏。这些叛兵全部都穿新军的服装，谁也不会怀疑。制造和丰洋火局挤兑的传言，为的是调动陈作新。当陈作新"上钩"后，另一队即执行杀焦的任务。

陈作新一行出湘春门，来到文昌阁，袁荣富率领的叛兵突然从文昌阁一个裁缝铺里窜出来，将卫队团团围住。陈作新20多人的卫队还没有反应过来便被全部缴械了。陈作新也还没来得及反应就被刺下马，左额被劈掉了一块。挥刀者是一个凶神恶煞般的大汉，一砍得中，又挥刀朝陈作新砍了过来。陈作新拔枪不及，忍着疼痛跳下马来，突入裁缝铺里抄起一条板凳，直朝那个大汉当胸砸去，将那人砸翻在地，接着又朝那人头砸了一下。就在这时，早有准备的叛兵枪声响了，一排子弹袭来，陈作新连中几弹，顿时气绝。同时，一起牺牲的还有卫队副队长阎鸿鬻（阎松年）。

制造和丰洋火局挤兑的传言，诱杀陈作新得手后，接着另一队由吴家铨率领，事先在都督府附近埋伏的叛兵百余人扬言为故总兵黄忠浩报仇，声言"陈匪已去，焦匪尚在，宜并去之"，然后杀气腾腾涌至都督府，准备杀焦达峰。

这时，都督府的卫兵只留值班门房，系焦达峰读书时最敬重的私塾老师黎尚姜。他在焦达峰担任都督后，满怀豪情之下自荐当上都督府门房传达。据传兵变当日，有浏阳名士宋文先探悉到此事，两次专程到都督府求见焦达峰，以报告机密、陈述利害。然黎尚姜见焦达峰忙于工作，缺少休息，加之与宋素不相识，便以"免见"搪塞。当叛兵冲到都督府时，黎尚姜惊慌失措，只能眼巴巴看着他们冲进去。当时除了正常轮班执勤休息的外，军政府卫队在岗的只有十多人。面对气势汹汹涌而来一百多人的叛兵队伍，只有束手就擒，全部被缴械。

清末长沙文昌阁正殿

　　焦达峰与人正在都督府楼上讨论继续援鄂及解决湘西纠纷问题。有人劝其暂避，焦达峰激昂慷慨地说：“避将焉往？我为种族革命，凡我族之附义者，不问其曾为官僚：抑为绅士，余皆容之。今谘议局绅煽动黄某残部造反，已杀副都督，今又欲杀余。余悔不用谭石屏之言，将若辈先除，竟为若辈所算。余惟有一身受之，毋令残害我湘民。且余信革命终当成功，若辈反复，自有天谴。”① 说罢，焦达峰下楼来准备向叛兵讲话，叛兵竟然要将他拥出府门。焦达峰从容自若地问：“你们要怎么办？”叛兵说：“要杀你！”焦达峰拔出手枪自卫。叛兵见状，后退避开。焦达峰手枪卡壳没响，叛兵回过神来，又冲了过来。焦达峰慷慨激昂地说：“要杀就在这里！”说毕，他昂首挺胸，向高悬在旗杆上的十八星旗帜行了一个礼，就挺立于都督府的前坪。叛兵蜂拥而上，一阵乱刀将他砍死，有人欲上前救护，被叛兵用刀阻挠。他们用马刀去掏焦达峰的口袋，并割下衣襟一块，蘸着血向都督府的照壁上写下：“焦达峰系匪首姜守旦冒充，应予处决。”其实，写照壁之人手上拿着一张纸条，看一个字就往墙上抄写一个字，显然是有意安排。

----

① 　武汉大学历史系中国近代史教研室编：《辛亥革命在湖北史料选辑》，湖北人民出版社 1981 年版，第 160 页。

辛亥长沙事变图示

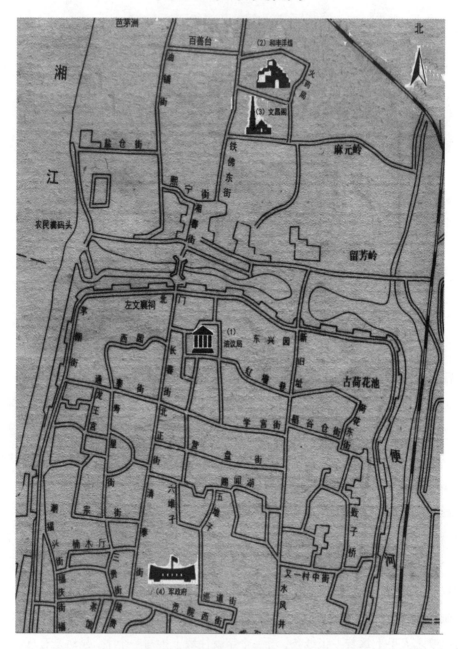

(1) 1911年10月31日（农历九月十日）上午，焦达峰在省谘议局召开会议，宣布取消参议院、军政部。

(2) 焦达峰从谘议局返回军政府后，接到和丰洋焗挤兑的报告。 (3) 陈作新带队前往平乱，在文昌阁被杀。

(4) 随后，早以埋伏的叛兵，冲进都督府，将焦达峰杀害。

写完后，他们向焦达峰的尸体看一看，踢几脚，才结队东去。

指焦达峰系匪首姜守旦冒充，是军官集团杀焦计划的一个组成部分，借以混淆视听。这也是军官集团动员新军士兵诛杀焦达峰和陈作新二人的理由。这些新军的士兵曾参加过对萍浏醴起义会党的围剿，对会党没有好感。由于会党本身的种种缺点，加之统治阶级的渲染煽惑，不仅社会上层甚至一般民众对会党也无甚好感，甚至视为盗匪劫贼之类。军官集团以"诛杀会匪"相号召，不明真相的人也就承认了杀害焦、陈的合理性。二人被害后，有军人举高脚牌在市内穿行，高脚牌上书写："焦陈二督，逆迹昭彰，把持省政，妄作主张。今日授首，与民无关，并非暴动，毋得惊慌。"

焦达峰被杀时，都督府还有很多同仁在场，包括中午参加会议的一些人，如同盟会的谭人凤等，当时和焦达峰一起商量工作的一些革命党人，也在都督府内。军官集团没有人出面认领此项"诛杀焦陈二督"的功劳。因为四十九标的新军已经开拔援鄂，都督府卫队全部被缴械。当时长沙城内留下来的军事力量全部是五十标的新军。所有人都知道这些叛兵是五十标的新军。由于军官集团前期做了大量宣传"焦陈劣迹"的工作，在军官集团强大的武力胁迫下，革命党人和立宪党人，都不敢吭声指责这些叛兵。焦、陈被杀的事情传出后，立刻就有新闻记者到处采访新闻，打电报到汉口、上海，所以当时的报都说："焦达峰系匪首焦守旦冒充被杀。"长沙本地的报纸在第二日（11月1日）也登载了"焦达峰系姜守旦冒充"。还有些记载说："杀焦、陈的人是黄忠浩的旧部，为黄忠浩报仇。"后来，舆论称焦、陈为"索饷乱兵"所杀。

虽然湖南的两个都督被杀，但都督府的同仁还在。这天傍晚，革命党和立宪党组成的军政府同仁旋即在都督府召开紧急会议，邀集省垣绅商学各界代表，推选继任都督之人物。五十标标统余钦翼、五十标二营管带梅馨，成为都督人选炙手可热的人物，大家开始都推选了他们两人。但余钦翼、梅馨二人死活不肯就任都督一职，于是全场一致推举谭延闿继任都督。谭延闿中午在会议上辞去职务后，就在家闭门谢客，此次会议也没有参加。

大会推举谭延闿继任都督后，推出代表，并派军队护送，抬上一顶轿子，前往戥子桥谭延闿公寓，接谭回府赴任。谭延闿中午才辞去职务，心情很不好，这一下来了许多军人要他去都督府，不知道是祸是福，非常慌张。他坚持不肯就任都督一职，说道："无论派我何事，均不敢辞，只不能做都督"。以前，军官集团的余钦翼等人曾策划采取和平手段，通过谘议局选举的办法，在军政府投票罢免焦、陈，公举谭延闿。因谭固执不受，这个事情就此作罢。谭延闿表示："鄂事方急，无论都督如何，当服从之，断不可内讧。"军官集团眼看和平手段不行，就断然采取暴力手段去除焦、陈了。据唐乾一（别号"子虚子"）所作《湘事记》所记载，梅馨并不认识谭延闿为何许人，此事谭延闿是蒙在鼓里的。最后，在一众人等采取胁迫手段，朝天开枪恐吓，才强迫谭去当了这个都督。临行之前谭延闿向其母叩首永诀，其家人也认为谭延闿是被军人绑架了，号啕大哭，惊恐万状。

危道丰在《平斋五十自述》中，对推举谭延闿继任都督有详细的记录：

焦、陈死后，场中有推举资深之余燹生（余钦翼）者，亦有推举梅植根（梅馨）者，但余、梅二人均坚决逊谢不就。足见其时同人之去焦、陈，实为省民除害，绝非有取而代之的权利思想。会议结果，因留学生出身之同人均不愿负此种重任，于是全场一致推举谭组庵氏继任都督。随即推举代表若干人，并派军队，前往谭宅，迎护新都督入府就职。其余同人均在都督府内等候。

军官集团此次计划之周密，还包括了善后的宣传工作。谭延闿就任后，大街上游走的高脚牌，内容也随之更换，变成了"焦陈正副都督伏诛，公举谭延闿为湖南都督"。随后，城中还出现了一种快速制版的石印布告，内容为："照得焦陈二督，原系土匪巨魁，我等受渠笼络，大事几至全隳。业经就地正法，并择妥人挽回。所有都督重任，谭绅组庵施为。居民毋得惊恐，照常公共图维。"

焦、陈的被杀，让长沙政局陷入短暂的混乱之中，许多百姓以为大战即来，纷纷逃往乡下。乱兵、流氓乘机打劫，店铺关门，谣言四起。乱局大有蔓延全省之势。特别是手握重兵的高级军官们，都虎视眈眈地盯着都督的宝座。如果没有一个有声望的人出来收拾残局，后果将不堪设想。

此时，革命党人最担心的是，武汉三镇仍在血战中，湖南如果混乱，就不能再为那边提供支援。因此，坐镇长沙，催促湖南继续发兵援鄂的谭人凤也觉得要稳定为先。史书记载，当时在场的同盟会"老革命"谭人凤拔出佩刀掷在案几上，厉声说道"今日之事，你干就干，刀是在这里"，以此威胁谭延闿，要他继任都督。

立宪派的绅士们更是希望结束乱局。在这种情况下，革命党人与立宪派绅士和军方代表紧急磋商后，决定推举谭延闿出任湖南都督，也得到同盟会领导黄兴的认可。黄兴写了一封长信给湖南的革命党人，要大家拥戴谭延闿继任都督。

军官集团也需要稳定。因为这时长沙城外聚集了众多会党，声言要杀进长沙城为焦大哥报仇，四十九标援鄂湘军听到焦、陈二督被杀的消息后，悲痛万分，誓言要严惩杀害焦、陈二督的凶手。事实上，梅馨自从焦陈被害后，自身就处于危险之中，多次被人刺杀未遂。有一次他被刺客炸弹炸伤，使他不敢待在长沙，最后在上海隐居，度过残生。

焦达峰、陈作新于10月22日领导长沙起义获得成功，被推为正副都督，到10月31日被害，刚好10天。成邦杰挽焦达峰联："抱关亭侯扶汉褵期，一鼓定长沙，过古吊桥应有感；同岳少保吞胡气概，三字成冤狱，读南宋史能无伤。"又题词"三湘二杰，十日春秋"，表达了革命党人对烈士的哀挽。谭延闿上台后，理性地接受了这一评价，肯定了焦、陈功绩。

蒋介石赞焦达峰："创建民国，厥功甚伟。"

章太炎为作赞词："达峰年少厥起，义屈元耆；而言卒中，智勇仁疆，实出侪辈上，故能平行湘汉，制其缩毂，桀然为义师树标，盛哉。斯陈项之亚已。"

黄兴评论："焦陈革命厥功甚伟，肉体虽去，精神常在，我辈但当为焦、陈铸铜像表彰伟绩，使天下后世皆知焦、陈为国捐躯。"

谭人凤书写挽联："生为革命，死为革命，旬日感沧桑，古之良史今何在？成亦英雄，败亦英雄，垂老嗟麟凤，人皆欲杀我怜才。"

浏阳某宿儒挽焦达峰联："与周郎同年，昔日都督，今日都督；继关羽扶汉，前破长沙，后破长沙。"

徐特立称赞焦陈二人是"革命的平民领袖"。

在长沙求学，经历了辛亥之变的毛泽东，于1936年在陕北接受美国记者斯诺的采访时，仍对焦达峰、陈作新的牺牲记忆犹新——两位哥老会的重要成员出任湖南的都督和副都督，他们分别是焦达峰、陈作新。都督和副都督当政不长，

焦达峰、陈作新、杨任三烈士铜像

焦达峰墓

陈作新墓

他们有革命的意识，但他们很穷，代表着被压迫者的利益，地主和商人们对他们不满，没过几天，我去看一个朋友时，就看到他们横尸街头，谭延闿代表的湖南地主和军阀势力又组织了暴动，推翻了他们。

1912年，中华民国临时政府成立后，焦达峰和陈作新被追赠"开国陆军上将"、中华民国军政府湖南省第一任正、副都督。谭延闿为平息已经激化的各方矛盾，厚葬焦达峰、陈作新于岳麓山，对焦达峰家属给予抚恤，除批示发给抚银2万两外，国家首次发放抚恤银币15000元，每年抚恤金银币800元，发至其继子满20岁止。陈作新婚于1911年，婚前其妻带来一女，陈视若己出。当时，朱剑凡之子朱伯深称之为"毛姐姐"。陈作新与夫人婚后生子陈基，陈作新遇难时，陈基尚在襁褓之中。邹鲁在《中国国民党史稿》中记载有："……子基。年十五，只身走百粤从军，从第二军军官学校毕业，后任连长等职。能继父志。"

同年，湘籍革命党人蔡锷、周震鳞电请湖南都督谭延闿筹建烈士祠，祭祀辛亥烈士。湖南军政府遂将收归公有的小吴门曾国藩祠和局关祀辟建为湖南烈士祠。1913年，委派军医处处长黄昌浚以15000银元，向日本株式会社订购铸造焦达峰、陈作新、杨任三烈士铜像。铜像运至长沙后，先陈列在大西门河边，随后运湖南烈士祠内，供人凭吊瞻仰。袁世凯复辟帝制时，下令将湖南烈士祠改回曾国藩祠。1917年傅良佐督湘，拟将北门边年久失修的关帝庙改建为湖南烈士祠。该祠于1918年建成后，三尊铜像一直供奉在此。1938年11月13日"文夕大火"中祠被焚毁，火后只复建了正殿，三尊铜像被移至烈士祠西边门首，以木栅栏围之。1966年8月19日，有关部门拟将三铜像搬至岳麓山焦达峰、陈作新墓前。在运至麓山寺旁的白鹤泉时被红卫兵发现，视为"四旧"，用锄头砸碎，作废铜处理。

十六

❧ 辛亥湘军援鄂纪略 ❧

　　焦达峰、陈作新领导的长沙起义成功，按照原先两湖革命党人"一省先举义，另一省要立即响应并给予支持"的相互约定，因而湖南有责任和义务保卫首义之地武汉。武昌起义发生后，清廷集结重兵围攻湖北，新成立的湖北军政府"以区区一省之力难于应付"，急忙向湖南求援。面对武汉战事紧急，焦陈便把出兵援鄂当作湖南光复后的头等大事来处理。谭延闿继任后，沿袭既定的援鄂方略，在军事、财政和物资等方面大力援鄂。从 1911 年 10 月 28 日派出独立第一协首批援鄂湘军，到 1911 年 12 月 5 日派出独立混成第二协湘军为止，先后分六个批次，派出 3 个标和 21 个营的兵力支援湖北，总兵力达 1 万多人，参加了在湖北发生的阳夏战役和黄孝战役，直到 1912 年 2 月 12 日，清帝宣布退位，援鄂湘军撤回湖南，持续时间达 100 多天。援鄂牺牲的千余湘军将士中姓名可考者仅 292 人，其余均为无名烈士，且多数葬在湖北汉阳扁担山"辛亥铁血将士公墓"中，岳麓山"辛亥援鄂汉阳阵亡将士公墓"现残存 18 冢，"辛亥援鄂民五护国阵亡将士公墓"今残存 16 冢。

1911 年 10 月 28 日清晨，长沙第一大渡（今湘江大道与五一大道交汇处），湘军独立第一协协统王隆中率领的第一批援鄂湘军在此登船出发，誓师出征。湖南绅商学各界和机关都派有代表来码头送行，江岸一片欢送的爆竹声，湖南军政府焦达峰、陈作新亲至江岸，陈作新代表军政府颁宣了《中华民国湖南军政府讨满清檄文》。

谭人凤作为同盟会中部总会领导人出席誓师大会，当场挥笔写下一首军歌激励士气，为将士壮行。此后，湖南军政府又派出甘兴典、刘玉堂、刘耀武三批援鄂湘军参加汉阳保卫战，派出王正雅率领的武字军参加夺取荆州的战役，派出梅馨率领的独立混成第二协组成湘桂联军参加黄孝战役，前后六批援鄂湘军，总兵力达一万多人。

王隆中部经湘江到达岳州（岳阳）。湖北方面派轮船接运，援鄂湘军经过洞庭湖，转长江、入武昌。四十九标进出武昌城步伐整齐，武昌人称赞"好队伍""这才是来打仗的队伍"。

10 月 10 日武昌首义成功后，汉阳、汉口都先后光复，清政府派重兵围剿，在敌众我寡力量悬殊的情况下，战斗激烈，悲壮激越，湖北革命党及军人英勇不

援鄂湘军在大西门义码头登船北上

屈，伤亡近2000人后，汉口失陷，汉阳和武昌也处于危机中。

11月1日，黄兴到武昌。3日，黎元洪代表湖北军政府在武昌阅马场举行拜将仪式（遗址在今阅马场拜将台）。黄兴临危受命，率领参谋长李书城、秘书长田桐赶往汉阳，在古琴台（今汉阳琴台风景区）设立革命军总司令部，后来转移到昭忠祠（汉阳老城北门外），在归元寺设粮台（粮秣装备供应储存处），接手指挥阳夏之战。

黄兴登台领受将印的这一天，袁世凯从河南信阳来到了湖北孝感，距离汉阳城已经很近了。双方临阵换将，决定阳夏之战最终的胜败。战时总司令黄兴布置汉阳和武昌的防务，在蛇山、龟山设炮兵守卫，在南岸嘴至三眼桥的汉江沿岸设兵防守。

阳夏之战早已由进攻争夺战转为后撤防守战，眼下黄兴身负的重任，是以汉阳为前沿阵地，拖住敌方的兵力，保住武昌城，保证湖北军政府的安全，保住武昌起义的成果。因为，此时此刻，整个中国都在看着湖北，看着武汉三镇，假如武昌城被清军攻下，辛亥革命将前功尽弃，不仅是湖北，中国将陷入一片血海，一切将付诸东流。也许清廷覆灭或迟或早，但是再来一次革命，又得要多少人流血？黄兴深感压力巨大。

11月9日，湘军统领王隆中率军从武昌渡江到了汉阳，在十里铺布防。12日，甘兴典率领的第二批援鄂湘军也赶到汉阳，同时，湘省巡防营队长徐鸿宾带领的敢死队200余人也赶到汉阳。这是武昌起义后首先得到的援军，全城人心为之大振。湖北省城军民都欢欣鼓舞，尤其是驻守汉阳的士兵都大为兴奋，以为转败为胜的时机到了。不仅如此，身为战时总司令的黄兴也对湘军抵鄂后的

任战时总司令的黄兴

战局颇为乐观，他向众人满怀信心地说："湖南已派王隆中率新军四十九标和巡防营数营援鄂，我们革命声威益振。"援鄂湘军的到来，壮大了革命军的力量，加之担任防守任务的湘军第一协协统王隆中非常气盛，只想进攻不愿防御，促使黄兴大胆做出反攻汉口的军事决定。以孙武、吴兆麟为首的将领认为军队新兵太多，炮队缺乏，主张坚守汉阳；而黄兴则认为敌主力已移向蔡甸，汉口兵力薄弱，正是攻打汉口的好时机。很快汉阳前沿渐渐聚集起湘鄂联军一万余人，黄兴感到眼前一片光明，下令反攻汉口。

辛亥湘军援鄂参战兵力一览表

编　　制	长官姓名	兵　力	参加战役	出发地点
独立第一协	协统　王隆中	五　营	汉阳保卫战	长沙
第二师第三协	协统　甘兴典	四　营	汉阳保卫战	长沙
第一师第二协	协统　刘玉堂	四　营	汉阳保卫战	长沙
独立第九标	标统　刘耀武	三　营	汉阳保卫战	长沙
武字军	统领　王正雅	五　营	荆襄战役	常德
独立混成第二协	协统　梅　馨	三　标	黄孝战役	长沙

临战前夕，黄兴召开了一次军事会议。会议由黄兴主持，参加者有谭人凤、李书城、孙武、吴兆麟、程子楷、曾继梧、程潜、王隆中等人，这次会议集中讨论进攻汉口问题。

谭人凤首先说："湘军已到，正好从速进军，不能拖延。"

黄兴接着说："许多同志都与谭石老所见相同，这是个重要问题，请大家多多讨论。"

程潜刚到武汉，对此有不同的意见，说："我军士气昂扬，胜敌百倍，这是自不待言的。但就现时情况论，我军兵力单薄，建制已破，新旧兵员参差不齐，这也是事实。我认为，最好是利用长江天堑和各省响应独立的声威，作防御中的攻势准备，使敌人不敢越襄河（汉江）一步。再派得力部队渡过襄河扰乱敌人侧背，牵制敌人，使之力量分散，不敢一意向我进攻，这也是用兵的通常办法。只要再坚持一月，援军日多，北方定有变化。"

黄兴不同意程潜的意见，说："你这办法十分稳妥，不过以今日情形论，即使扼守汉阳不动，也嫌兵力单薄。"

程子楷插一句："防守汉阳，必须巩固蔡甸，蔡甸巩固，汉阳万全。"

李书城立即接上一句："蔡甸已派得力部队防守，且与此地相距很近，亦可随时策应。"

谭人凤迫不及待地大声说："现在我军士气旺盛，正好进攻，无须迟疑，还是趁热打铁，不必'刻舟求剑'好。"

程潜看谭人凤跟他针锋相对，只好说："石老的话必有所本，能够代表多数同志的意见。我意力主速攻的同志，因为受压迫太久，怀恨甚深，屈蠖求伸，自是热血灌顶的表现。但这个敌军，非有坚强的实力或革命的内应，是不可能一击即破的。事关重大，值得再三思考。"

王隆中初到汉阳，勇气百倍，也力主速攻。程潜看主速攻者太多，孤掌难鸣，最后只好说："必须就敌我情势、兵力多寡、训练优劣，作通盘打算，最好请总司令做出最后决定。"

自湖南于 10 月 22 日首应武昌起义宣布独立至 11 月上旬，全国 18 个省宣布光复，宣布脱离清廷成立独立政府，形势对湖北军政府有利，尤其是海军汤芗铭部的起义，足以振奋人心。海军起义关系特别重大，因为有了海军巡弋江面，首义的武昌便可解除许多顾虑。

这样有利形势下，即使进攻不利，但因海军在我们这一边，敌人也无法飞渡长江。更何况各省都还在陆续响应，宣布独立，声威之大，足以寒敌之胆。虽然对进攻的战略，以孙武、吴兆麟、程潜为首的将领持不同意见，然大势所趋，他们也没有再坚持己见。黄兴因此做出最后决定，准备进攻汉口。

汉阳保卫战参战兵力一览表

鄂军编制	长官姓名	湘军编制	长官姓名	备注
步兵第一协	协统 蒋肇鉴	步兵第一协	协统 王隆中	
步兵第四协	协统 张廷辅	第二师 第三协	统领 甘兴典	
步兵第五协	协统 熊秉坤	第一师 第二协	协统 刘玉堂	
步兵第四标	统带 胡效骞	湘军敢死队	管带 徐鸿斌	
炮兵团	司令 曾继梧	独立第九标	标统 刘耀武	到达汉阳， 战事结束
工程第一营	管带 李占魁	总司令部 兵站	司令 王安澜	

15 日，总司令部命令各部次日渡襄河，出其左岸攻汉口。白布条挂背为记，所占之地举火为号。武昌凤凰山炮队向汉口射击，以声援归顺的海军舰队协同作战。其具体部署是：

湘军第一协王隆中部为右路，渡河后展开于博学书院北端至襄河左岸之间；

湘军第三协甘兴典部为中路，与右路联络，进至博学书院以北堤防之线；

步兵第五协熊秉坤部为左路（一说预备队），最后渡河，与中路联络，向北展开。

16 日下午 5 时，工程营在琴断口架设浮桥完工后，5 时 30 分黄兴下达总攻命令。在龟山炮火和沿江步兵的火力掩护下，开始从琴断口渡江。同时，步兵第十一标杨选青部助攻，由汉阳南岸嘴向汉口龙王庙渡江，侧后抄袭清军。晚上 10 时 30 分，革命军从琴断口跨过汉江浮桥，直抵汉口。时值连日阴雨，路湿风寒，清军多入民房烤火，疏于戒备，革命军一举越过防线，顺利占领阵地。11 时，革命军第四协由南岸嘴渡河，清军以机枪扫射，革命军退回南岸嘴。时黄兴自上

革命军渡过浮桥

游到汉口，见玉带门方面清军不支，即令第四、六两协迅速渡河。因清军机枪射击猛烈，两协未能完成渡河增援任务。

17日晨，革命军先头部队先后攻至居仁门和歆生路一带，第九标进至王家墩。下午2时，清军各地防兵逐步增援，即组织反攻，民军因道路泥泞，加之炮火轰击，进攻受阻，甘兴典部渐渐动摇溃散，王隆中头部带伤被抬下火线。部队联络渐失，相继后撤。黄兴亲往博学书院阵地指挥，亲斩退者二三人，溃退仍难制止。

17日晚，部队全部撤返汉阳，反攻汉口宣告失败。黄兴严加查办渎职将领，湖北将领杨选青临战退却躲在家中结婚，湘军将领甘兴典临阵脱逃，遁至长沙。黄兴将两将领渎职之事告知黎元洪，黎元洪即派士兵入杨选青新婚之洞房将其擒获，就地正法，人头被砍下送黎元洪处。黎元洪又电告湖南都督谭延闿，将甘兴典擒获正法，人头从长沙送至武昌。黎元洪派人将两人的人头送黄兴营中。两人头被悬挂营中三日，以示惩戒。

18日，清军火炮在汉口东亚面粉厂向汉阳射击，并以大炮在江岸阻止起义舰队西上。

19日，清军在新沟架桥，以步兵一标、炮兵一营、骑兵一队由油榨岭向汉阳前进，下午4时抵马家湖。另一部经蔡甸占领城头山。汤芗铭率起义舰队从九江开抵武昌，排炮轰击汉口江岸车站一带清军，炸死清兵三四百人。

20日上午7时，清军以一混成协约2000人在新沟渡过汉水，设司令部于蔡甸，并向汉阳三眼桥侧翼绕进。另一部从汉水正面渡河至琴断口，同时在硚口上下游停靠船数十只，企图水陆并进。

21日拂晓，清军向三眼桥和琴断口两个方向同时发起进攻。革命军步队与马队配合反击，将进攻三眼桥之清军击退。防守琴断口之湘军第一协与清军相战50分钟，不支而退，清军一部占领了琴断口，在汉水右岸建立了第一个据点。清军以水陆两路，向汉阳进攻，为谈判施加压力。王隆中之湘军第一协虽顽强抵抗，无奈抵不住清军强大火力，琴断口被攻陷，清军遂在琴断口架重炮轰击锅底山革命军。三眼桥一度被清军攻陷，鄂军马队管带周洪胜奋力抵抗，在金兆龙率敢死队支援下，重又夺回三眼桥。

22日上午8时，清军从琴断口汉水正面继续渡河。清数百步兵在机炮掩护之下向四十九标第三营猛攻，似欲向中央突破，被三营击退，死伤很多。这次以三营前队战斗最为激烈。排长岳超、兵目彭海泉壮烈牺牲，伤亡目兵40余人。汉口炮队向锅底山、仙女山一带猛烈炮击；另一部向三眼桥发动进攻，革命军退守锅底山、花园一线。至下午7时，清军又相继占领美娘山、仙女山。

23日上午，湖南第三批援鄂湘军，第二协协统刘玉堂率领的援鄂湘军开抵武昌省城。下午3时，刘玉堂率其第三标到汉阳，附有五七山炮数门，其第四标尚在后面。第三批援鄂湘军2000多人，人数为三批之最，但新募革命军较多，

革命军在汉口保卫战中

武器装备最差。到达时，汉阳战事极为激烈，清军计划一举攻下汉阳，继而围攻武昌。汉阳门户美娘山多次易手，刘玉堂即率领部队渡江赶赴汉阳十里铺，会见当时的总司令黄兴。黄兴命令湘军立即投入战斗，目标为攻下美娘山。督战官戴凤翔提议先占领扁担山作为炮兵阵地，发挥火炮优势一举夺下美娘山。总指挥刘玉堂身先士卒，借助薄雾迅速接近敌军阵地，敌军火炮一时难以发挥作用，只能用步枪作为机械防御，湘军将士视死如归，前仆后继与守军展开白刃战，不到两个小时就夺取了敌人的炮兵阵地，自己也付出了伤亡近半、戴凤翔两次负伤的惨重代价。在扁担山稍作休整后，迅速布置炮兵阵地，调转敌军重炮方向，山炮全部集中于扁担山，步兵藏于掩体，向美娘山发起全面炮击。湘军第三标，在湘军四十九标二营剩下的 24 人和鄂军马队第二标二营管带祁国钧仅剩的 70 余人的援助下，激烈反攻，祁国钧受伤 11 处仍一马当先，双方鏖战至天黑时，革命军占领了美娘山。此战官兵伤亡达 300 余人。

两军在美娘山、仙女山、锅底山、扁担山等地反复争夺。因为这几个制高点高差基本均在 50 到 200 米，鸟瞰汉阳，是防守汉阳的屏障，双方势在必得。诸高地几易其手，战斗空前残酷，革命军敢死队多次在紧急时刻出击，打了几场硬仗、恶仗。

革命军架炮准备射击

24 日，汉口的清军以大炮猛烈轰击革命民军汉阳磨盘山阵地。刘玉堂与诸军竭力防御，最终保住了磨盘山阵地。此后，清早又是一阵猛烈反击，弹下如雨。在此实力悬殊情况之下，革命军纷纷退却，虽然总司令黄兴屡屡禁止，却依然无法阻止退却的士兵。至此，扁担山、磨子山两处阵地全部陷入清军之手。

鉴于四十九标连日奋战，伤亡重大，伤亡 400 余人，黄兴调其到武昌休息。四十九标一营和三营阵地由刘玉堂部三标卢明亮接替，二营阵地由鄂军一部接替。四十九标于 26 日返回湖南。

25 日，向汉阳增援的清军越来越多，且"密布机关枪巨炮"。扁担山、磨子山阵地失陷后，汉阳十里铺顿时完全暴露在敌方的炮火之中。为扭转这一不利局面，25 日半夜，民军参谋甘绩熙自告奋勇，向总司令黄兴建议组织敢死队夺回扁担山、磨子山阵地。黄兴令其自行挑选，最终选得 108 人，黄乃戏称为"三十六天罡，七十二地煞"。临行前，甘绩熙说，磨子山夺得后，以烧山顶寺庙为号，请总司令速增援。不久之后，磨子山山顶果然火起，甘绩熙顺利夺回磨子山阵地。见此情形，黄兴立即指派刘玉堂前往磨子山接应甘绩熙。两军会合后，立即进攻扁担山，力图重新夺回扁担山阵地。

援鄂湘军战斗地及牺牲烈士所葬地图

扁担山阵地当时由清军数百人守护，且高度戒备。甘绩熙、刘玉堂两人抵达扁担山后，清军猛烈射击，两人奋不顾身，冲锋数次。刘玉堂极为英勇，冲至山腰，立即呼敢死队上刺刀肉搏，立杀十余人，夺取了三尊大炮。当时由于天黑，守山的清军不能辨别革命军多少，一时间纷纷溃败，扁担山阵地重新被革命军攻占。

扁担山阵地被攻占后，此时的甘绩熙头手均受伤，无法继续战斗，遂决定下山求援。临下山前甘绩熙嘱咐刘玉堂一定要死守此山，等待援军到来，孰料甘绩熙刚下山去，清军即派大部队反攻磨盘山，双方先是互相炮击，顿时炮声隆隆，继而蜂拥而上，子弹呼啸而过，湘军敢死队队长徐鸿斌在战斗中牺牲，刘玉堂也不幸中弹阵亡。

刘玉堂是援鄂湘军牺牲者中官职最高的，后人曾这样称赞他："玉堂身为将官，于危急之秋，黑夜之际，竟亲临前敌，等于卒伍，真所谓知有国而不知有身者。其死事之烈，则与唐之张许[①]何异。"

26日，磨子山、扁担山被清军重新占领。清军突破革命军三眼桥防线后，

汉阳失守后武昌炮兵在保卫武昌

① 张许，即张巡、许远。韩愈《张中丞传后叙》为我们塑造了骨气铮铮、宁死不屈、大义凛然的张巡、许远的形象。唐至德二年（757）正月，叛军大将尹子奇率十几万大军杀向睢阳城，真源县令的张巡、睢阳太守许远率6000人守城10月，城破后被杀。自唐宋以来的中国历史上，历代朝廷对张许褒封不断，人民无分南北都对张许崇敬有加。

攻占十里铺，直扑城区中心。又一路清军由汉口城区渡过汉水，直接进占汉阳兵工厂和龟山炮台。经过七个昼夜激战，强大的清军多路攻击，汉阳全部失守。

27日，革命军退回武昌，形成两军隔长江对峙的态势。革命军在长江天险设防，上至金口，下至青山，在70余里长的长江岸边立栅置炮，重兵布防，日夜驻守。"汉阳保卫战"从11月4日开始到11月27日结束，历时23天，3300余名革命军将士在汉阳保卫战中壮烈牺牲。

汉阳之战能在黄兴指挥下坚持一个月之久，对促进各省革命党人响应、保全民国，起了重大作用，而三湘志士奋勇当先、浴血奋战，为稳定武汉战局、巩固首义成果立下了汗马功劳。

汉口保卫战结束，最初在武汉埋葬阵亡将士遗体的，是当时的中国红十字会万国董事会，它秉承的是国际红十字会的绝对中立原则，救人宗旨不分革命军、清军。据《中国红十字会历史资料选编》记录，这个董事会仅在武汉三镇就医治伤员（包括平民）3200余人，收葬改葬尸体2200余具。在汉阳牺牲的革命军，包括援鄂湘军的阵亡将士遗体，也多由他们掩埋。援鄂牺牲的千余湘军将士中，姓名可考者仅292人，其余均为无名烈士，且多数葬在湖北汉阳扁担山的辛亥铁血将士公墓，那是反攻汉口和汉阳保卫战中阵亡的革命军烈士墓。当时掩埋阵

汉阳扁担山辛亥铁血将士公墓

亡将士遗体时，并未分湘军、鄂军。据公墓的碑文介绍，1913年民国政府将反攻汉口和保卫汉阳牺牲的革命军将士遗体葬于汉阳龟山脚下。1956年，因建设长江大桥，将其改葬于当年战争所在地汉阳扁担山。

湖南在谭延闿上任后，局势逐渐稳定，湖北战事却日益吃紧，黎元洪不断来电请援，谭决定派王正雅合攻荆襄，同时筹组湘桂联军北伐援鄂。荆州居高临下，夙称重镇，时汉口失败，武汉大局为之一变，谭延闿敏锐地意识到荆襄地区的战略重要性："荆襄居武汉上游，为湘蜀门户，军事计划，在所必争。"

谭延闿第一个想到的便是丁忧在籍、素负武略文韬声誉的前云南蒙自道员、贵州按察使、湖南慈利人王正雅。所以他赶紧电召王正雅赴省协助，谭延闿邀王就任西北路安抚使职。由省调拨给他前路巡防一队，都督府卫兵一队，又召募旧部1000人编为"武字军"，共为五营，加上学生军队1700人，王以西北路安抚使统领武字营，计划北取荆州、襄阳，再攻洛阳以定中原。

11月30日，大军从常德拔营，向荆州进发。荆州是历史名城，地处长江北岸，西控四川，东屏武昌，北窥襄樊，南通常澧，自古为兵家必争之地。荆州城高而坚，易守难攻，素有"铁打的荆州，篾扎的澧州"之说。清朝政府害怕新军攻打，调集了部队八千余人，炮队克鲁伯炮4尊，过山炮12尊，马队300余，快枪近4000杆，而王正雅当时仅有步兵1700来人，没有炮队、马队，枪械也仅有东洋枪春町枪400来杆、双筒毛瑟枪180杆，贮备的子弹还不及荆州守军的1/3，势单力薄。清军以守待攻、以逸待劳，形势对王极其不利。王正雅要想一举拿下荆州，确不是件容易的事，但他仍抱必胜信念，慎重行事。为了克敌制胜，王正雅在军中成立了宣传队，采取攻心战术，瓦解敌人士气；成立侦察队，探听敌人虚实，做好兵力部署；成立测绘队，绘制地形和进军路线图；成立兵站，便于接济兵源；成立通讯机构，随时掌握前线动态，利于指挥作战；成立粮站，以保证部队给养，消除部队后顾之忧。一切工作准备就绪，只待发布命令进军。

12月5日，王正雅亲率大军向江北挺进。正当这时，鄂军唐牺支师长已经攻下宜昌，正待东下夺取沙市，王正雅立即将军队部署在荆州的浣市、黄金口一线，又探得荆、沙商民盼望湘军甚急，王正雅亲自领劲旅强渡长江。这时，清兵有300人驻守草市，草市距荆州城仅3里，拿下草市对守城清兵将是个极大威胁。

他当即派恩渥、玉林率敢死队 200 人以迅雷不及掩耳之势一举占领草市，守兵狼狈逃入城内。

12 月 8 日，王正雅指挥兵士一队打下沙市，沙市商民悬旗祝捷，爆竹声十余里内可闻，荆州守军吓得龟缩城内，不敢出战。王正雅便与鄂军唐牺支会商，由鄂军负责攻荆州西门、南门，王军负责攻荆州北门、东门，湘鄂两军对荆州形成钳形攻势。当时荆州城清军精锐部队多把守东门、北门，城外地势低平，又有长壕，加上城防坚固，强攻硬拼是很难的，王思考再三，决定采用疑军制胜，便令士兵卸下军装，穿上蓝衣裳，头上扎蓝布包头，手持马刀，肩负长枪，并将士兵分为两队，一队昼伏夜动，一队夜伏昼动，两队不分日夜在城外来回作穿梭式行军，夜间更是灯笼火把，击鼓鸣铳，好似千军万马源源而来。城内清军不明城外虚实，早已吓破了胆，士兵都丧失了斗志。王正雅所部将士请下令攻城，王说："今我寡敌众，不宜白天作战，只有夜战，敌人才难以测得我军虚实。"

王正雅（1870—1920）

12 月 9 日晚上，王正雅突然下令攻城，士兵匍匐到城壕边，举枪射击城上守敌。王正雅亲临战线，站在壕边督战，飞弹穿过他的裤褶，他面无惧色，士兵见了更加奋勇冲杀。城内清兵见四面被围，以为湘军如潮涌来，孤城难以死守，士气大落，守将右都统恒龄临危自杀，比利时传教士马修德出城调停，代表清军乞降。

12 月 17 日，王正雅率军入城，清军将军连魁、左都统松鹤开东门，捧将军印站立道左欢迎王正雅。王亲率十人进将军署，满人多跪下迎接。王正雅抚慰说："我军保全你等生命与财产，不受歧视。"王正雅传令下去："妄杀一人者，

黎元洪（1864—1928）

抵罪。"他宽大为怀，赢来了真诚拥戴。王正雅从进军到攻下荆州为时仅仅十天，开创了以少胜多、以弱胜强的赫赫战功，这在当时是很少有的事。他智勇双全，轻取荆州的战绩，很快形成了神话般的故事，在九澧一带民间广为传颂。

荆襄之战是辛亥革命中湘军援鄂非常重要的一次战役，起了打通东川，腰击北军，为北伐军开一通道的作用，与江西一路遥相呼应，减轻了武昌方面的压力。孙中山先生因此夸奖他是"能战之将"。

汉阳失守后，面对清军的威压，湖北军政府黎元洪向各易帜独立省份发出请援通电："连日汉阳剧战，因我军力单薄，半系新募之兵，不能支持，只得退保武昌。窃思武昌关系中国全局，武昌危，即全局难保。元洪当督率将士誓以死守，以维大局。惟敌人以全力争夺武汉，同胞必以全力援助，方能取胜。务恳诸大都督，迅速调拨老练之兵，携带枪弹并机关枪新式快炮，星夜来鄂援助，或另分兵他出，以牵敌势，统希裁夺施行，并祈示复！"请援电发出后，几日内收到复电不少。计有：湖南谭延闿、九江马毓宝、南昌彭程万、镇江林述庆、上海陈其美、浙江汤寿潜、清江浦蒋雁行、全州赵恒惕、蒙古赵复轩、海丰黄钟英、桂林沈秉堃、广东胡汉民、云南蔡锷、贵州杨荩臣等。离汉赴沪的黄兴仍对湖北战事念兹在兹，他在南京光复后立即致电黎元洪："武昌黎都督，南京光复，联军克日来援。黄兴[1]。"

其时声称援鄂的省区不少，实际派兵来援的就有湖南、广西、江西和安徽、

---

① 冯天瑜、张笃勤：《辛亥首义史》，湖北人民出版社 2011 年版，第 544-546 页。

江苏、贵州等省。湘军援鄂最先抵达武汉，人数也比其他各省援军为多。湘军曾参加汉阳保卫战。此后，在汉阳失陷、武昌危急之际，湖南又派出一支省内最强劲旅。湖南军务部派出了自己的战略总预备队，即"兵经训练，官长多有学识，器械最新，治军亦有法，故为湘省各军之冠"的独立混成第二协。这支部队是原新军第五十标扩编而成，由协统梅馨、第一标标统姚宏陶、第二标标统田镇藩、第十五标标统杨万贵率领，编入湘桂联军。梅馨1911年12月5日自长沙乘船出发，抵武昌上游金口，后过江驻扎大小军山。湘桂联军在日后与北洋军对决的黄孝战役中发挥了重要作用。①。

继湖南之后派军队援鄂的是广西。援鄂桂军先以混成协为主力，加入学生军北伐敢死队，共约3000人，由协统赵恒惕率领，桂军参谋耿毅随行。后来汇同湘军组成湘桂联军，继而被编为左翼军，又改称北伐第三军，沈秉堃任总司令官，耿毅为参谋长。

广西援鄂部队另有一支由广西都督沈秉堃②率领。沈秉堃先派赵恒惕出兵，自己则带少数卫队继续前行。

12月12日南京会议，举黎元洪为大元帅，黄兴为副元帅。黎元洪以大元帅名义，将全国革命军编为四支大军，统归大元帅节制，大本营设于武昌，以北京为进攻目标，部署北伐：一军由武昌向武胜关进发，一军由山西、陕西出河南，一军由江宁出颍宿，一军由秦皇

沈秉堃（1862—1912）

---

① 姚惠：《黄孝战役中的革命军第三军》，辛亥革命网。
② 沈秉堃（1862—1912），湖南善化人。1910年任广西巡抚。1911年武昌起义后，宣布独立，被推为广西都督，转任湘桂联军总司令。沈与黄兴私交极好，被任命为南京留守府高等顾问。

岛进军北京。黎元洪还提出从武昌出发的这支军队的具体作战计划是：以主力固守武昌，乘机转入攻势，以一部由武昌下游赴黄陂方面，一部由武昌上游赴孝感方面，威胁阳夏清军侧背；湖南、广西、江苏、江西、安徽各省援军在武昌上下游集中，集中日期应在停战期限以内。

12月30日，黎元洪以大元帅名义发出命令、通知各部：明日"午前八时停战期满，如不续行停战，准备以主力防御武昌附近，右翼军明日准备向黄陂方面前进，威胁清军之左侧背。左翼军明日准备向孝感方面前进，威胁清军之右侧。海军则在阳逻、青山游弋，援助右翼军渡江袭敌"。辛亥北伐的关键一役——黄孝战役的序幕由此拉开了。

黄孝战役是辛亥革命中最大的一次会战，革命军方面投入了来自湖北、湖南、江西、江苏、广西、安徽、河南等省市的精锐兵力3个军、3个支队、一个舰队共10余万人；清军方面投入了其最精锐的北洋六镇主力组成的两个军数万人。这一战役，双方投入兵力大大超过此前的汉阳、汉口保卫战和革命军攻克南京的作战。这一战，是革命军最精锐兵团与清军最精锐兵团的一次决定性会战。[①]

12月31日凌晨一点整，革命军各部开始行动，鄂军按计划开始佯攻汉口、汉阳，右翼军、左翼军则向黄陂、孝感方向突破。鄂军炮兵从凌晨1点至8点不断轰击清军阵地，下午2点，革命军沿江堤一线发起进攻，清军亦发炮猛轰武昌革命军阵地。并依托阵地阻击鄂军的进攻，双方激战一整天。鄂军的佯攻目的达到了。在鄂军掩护下，左翼军、右翼军主力未受多大阻力便渡过长江，左翼军先头部队第一日便到达了大小军山，清军蔡甸外围的两个营畏惧被歼灭，遂向湖南革命军独立第二混成协联系投降，革命军予以接应。至日末，共有200余人前来投降。右翼军也有相当进展。

1912年1月1日，革命军继续扩大战果，左翼军先头部队将蔡甸攻克，蔡甸守军仓皇逃往汉阳。右翼军先头部队已夺取黄陂外围阵地，形势十分有利。然而部队此时接到了上海方面由湖北都督府转发的停战15日的消息，黎元洪下令各军停止进攻，巩固已占领阵地。

---

① 刘剑：《辛亥革命中的黄孝战役》，《团结报》2011年9月22日。

1月5日，汉阳清军除留下1000余官员、巡警"保护治安"外，其余全部退往汉口。

1月6日，清军在汉口的守军开始乘火车向黄陂孝感退却，革命军招降机关在蒋翊武的领导下，招降了其中400余人。英国领事通知黎元洪：清军撤退时，革命军不得追击。然南京临时政府又致电黎元洪，清军已获命令准备作战。和议难成，势必用武力解决。

1月8日，黎元洪召开军事会议，组织北伐军，以战时总司令官吴兆麟为北伐军第一军总司令官；右翼军李烈钧为北伐军第二军总司令官；左翼军沈秉堃为北伐军第三军总司令官。

袁世凯（1859—1916）

第三军所辖为桂军混成协，湘军混成协，河南奋勇军混成标，卫生队六分之一部。

1月11日，黎元洪以中华民国海陆军大元帅名义下令北伐。对第一、二、三军下达进军命令。

在此命令下达后不久，湖北军政府接到南京孙中山大总统的来电，孙总统下令停战期经双方同意再延续14天。于是湖北军政府16日凌晨撤销前令，但第二军、第三军因已按照早已预备好的计划开始了行动，当日仍展开了战斗。第三军此日由蔡甸出击，在蔡甸上游架设浮桥，渡过汉水，向新沟、汉川前进。在占领新沟以东阵地后，该军遵令停止前进，就地转入防御。

就在这一天，袁世凯进宫面见隆裕太后与宣统皇帝溥仪，袁世凯很沉痛地上奏，因兵力对比十分不利，已不可能在陆路阻止革命军进攻北京的计划。此外，因海军已倒向革命军，京津海防也无从谈起。谈话间隆裕太后与袁世凯都痛哭流涕。溥仪年幼，并不懂得他们为什么那么悲痛，但那情形使他毕生难忘。会后袁世凯出宫至东华门，即遭到革命党人袭击，此后袁世凯便不再进宫。

1月27日，汉阳留守清军1个宪兵营和400余名巡警共计1000余人，在停战即将结束、革命军即将攻击的压力下，毅然决定自行独立，欢迎革命军。下午，该部在大别山（即龟山）打出白色旗帜，宣布反正。他们派出代表过江与革命军接洽，投入革命行列。

1月29日，革命军各部队全线出击，尤其以第三军攻势最为顺利，该军攻占新沟附近，向孝感（当时清军第一军、第二军总统官段祺瑞及其司令部均驻孝感）发起了攻击。这一攻击立即迫使清军将其集结在应城、云梦附近的部队收缩至德安（安陆）以策应孝感。

1月30日，第三军、第二军继续进攻。双方在孝感、三叉埠继续交战，第三军已逼近孝感县城。南京临时政府连续致电湖北军政府不要再进攻，为此，湖北军政府开始制止各军的突击。是日，黎元洪直接下令给第三军司令官沈秉堃（因该军追击最猛）："北军已向我表同情。该处各员所上清廷之摺业饬报馆刻日登出，现敌军北退。已约定不得接触，免生意外冲突。湘桂各军务暂扎四汉河及新沟附近，万不可进扎孝感为要。"但革命军官兵已展开作战，加之连续几次停战，各部队都很不满。

1月31日，第三军、第二军抗令继续向前推进。此日，第三军攻克孝感，湘桂联军的一个混成团纪律严明，作战英勇，清军由于纪律废弛，已无斗志。当混成团乘火车进抵离城约3里地的大士阁附近时，故意拉响汽笛，惊扰清军。清军闻汽笛声狂逃，遗弃枪弹、服装、粮秣甚多。这样，第三军不费一枪一弹就收复了孝感。第二军占领三叉埠。清军此时已开始北退，遭遇这两个军的冲击，被迫丢下大量粮食、弹药、物资而去。清军在乘火车北退时，又连遭第二、第三军猛烈追击和革命党人爆破，死伤颇重。

2月1日，第三军、第二军在完成既定战役目标后终于暂时停止进攻，就地转入防御。

2月2日，湖北革命军第一支队全部占领汉口，第二支队渡江与汉阳反正部队会合，至此，武汉三镇全部被革命军收复。人民群众热烈欢迎革命军的到来。

2月3日至9日，湖北境内清军逐步退却至广水、武胜关，清军继续向河南

民国元年湘军"援鄂凯旋纪念章"

信阳退却，并在后撤中丢弃大量武器装备，许多人开小差或投降革命军。第一军接受了一个整营的清军投降。其时，北伐军以摧枯拉朽之势奋勇前进，所到之处清军丢盔弃甲、溃不成军，甚至成建制地反水，真可谓兵败如山倒。至此，清军主力在湖北这个决定性的战场上彻底失败。黄孝决战的胜利，直接导致了清廷的覆灭。迫于辛亥北伐造成的巨大军事与政治压力，1912年2月12日，即农历辛亥年腊月二十五日，春节前5天，清帝宣布退位，中国长达几千年的专制帝制结束，迎来了民主共和的新纪元。

为表彰在黄孝战役中英勇奋战的援鄂湘军独立混成第二协（后改为湘军独立第二旅），中华民国政府为凯旋的湖南将士颁发了援鄂凯旋纪念章，以资纪念。

辛亥援鄂汉阳阵亡将士公墓位于岳麓山风景管理处办公楼后方山坡上，为一处民国时期建造的简约式的烈士公墓。1912年，中华民国成立后，国民政府将在汉阳牺牲的湘军烈士遗骸运归故土，公葬于岳麓山。1944年公墓重建。该墓坐西朝东，占地约200平方米。墓围由花岗片石砌成，阵亡将士分三排并列安葬，现存22冢，每墓冢前均立有花岗石墓碑，刊墓主人姓名、祖籍或公葬年月等铭文。

辛亥援鄂汉阳阵亡将士公墓

辛亥援鄂民五护国阵亡将士公墓

旁立一大型墓碑，刻"汉阳阵亡将士公墓"碑文，墓群前有花岗石护栏。公葬烈士名录如下：贺汉云、李国卿、王炳初、石玉亭、刘冤生、彭德安、文光斗、严少全、罗清云、曾宽之、冯以义、冯润臣、王贵卿、左永兴、杨义胜、邓皇桂，另有无名烈士 2 人。

辛亥援鄂民五护国阵亡将士公墓位于岳麓山五轮塔东向坡下，为一处民国时期简约式烈士公墓。据考证，1911 年辛亥武昌起义期间和 1916 年护国战争期间，湖南派出民军援鄂参战，牺牲者甚多。1916 年，在两次援鄂战争中牺牲的部分湘军烈士遗骸回归故土，公葬于岳麓山。该公墓群坐北朝南，平面布局呈方形，长约 12 米，宽约 8 米，占地面积约 100 平方米，由墓围、墓碑、墓冢、石栏等组成。腰椎形墓围由花岗片石砌成网纹，中嵌长条形石碑一通，阴刻隶书"辛亥援鄂民五护国阵亡将士墓"，高 1.3 米。阵亡将士分两排并列安葬，今残存 16 冢，冢前各立石碑，墓群前有石栏围护。所葬烈士有：熊亮、黄心田、王晃秋、许在堂、熊毓璠、周国宾、徐履中、刘亚清、谈星堂、宁××、熊南生、谢贤士、朱积达、郭长贵，另有无名烈士 4 人。

十七

湖南各地光复纪略

  湖南各地的光复，从 1911 年 10 月 24 日岳阳开始，至 1912 年 1 月 3 日大湘西全部光复为止，历时 70 余天。湖南的大部分地方是和平光复，即传檄光复，这也预示着同盟会革命党人的工作深入到湖南各地的最基层，共和潮流已不可逆转。即使像清廷镇守凤凰的最高长官、辰沅永靖兵备道朱益濬这样的顽固分子，也无力阻挡三湘共和的前进方向。站在湖南看全国，湖南的地方光复节奏，起着示范作用，桂、闽、甘等省份正是有着湖南示范，加快了反正的步伐。然而，在此次湖南光复中，仍有杨任、余昭常、彭遂良、彭昭等不幸牺牲。他们没有被人忘记，长沙辛亥烈士祠，有焦达峰、陈作新、杨任三位烈士铜像，供后人祭祀；他们和余昭常、彭遂良、彭昭等烈士一起，长眠于岳麓山，供后人凭吊。

湖南省各地区光复情况一览表

序号	地区	辖区县	光复日期
1	长沙府	长沙、善化、湘潭、湘阴、宁乡、浏阳、醴陵、益阳、湘乡、攸县、安化、茶陵	1911.10.22
2	岳州府	巴陵、临湘、华容、平江	1911.10.24
3	常德府	武陵（常德市武陵区）、桃源、龙阳（今汉寿）、沅江	1911.10.29
4	宝庆府	邵阳、新化、城步、武冈、新宁	1911.10.30
5	衡州府	衡阳、清泉（并入衡阳县）、衡山、耒阳、常宁、安仁、酃县（今炎陵县）	1911.10.30
6	永州府	零陵、祁阳、东安、道州、宁远、永明、江华、新田	1911.11.05
7	辰州府	沅陵、泸溪、辰溪、溆浦、	1912.01.03
8	沅州府	芷江、黔阳、麻阳	1912.01.03
9	永顺府	永顺、龙山、保靖、桑植、古丈	1912.01.03
10	澧州直隶州	石门、安乡、慈利、安福（今临澧）、永定（张家界市）	1911.10.29
11	桂阳直隶州	临武、蓝山、嘉禾	1911.11.10
12	郴州直隶州	永兴、宜章、兴宁（今资兴）、桂阳、桂东	1911.11.05
13	靖州直隶州	会同、通道、绥宁	1912.01.03
14	凤凰直隶厅、永绥直隶厅、晃州直隶厅、乾州直隶厅、南洲直隶厅		1912.01.01

辛亥湖南各地光复时，基本上沿袭了华兴会长沙起义时、省会发难五路响应的方式。长沙光复后，焦达峰命令黄英华、潘鼎新、焦甲申等将各方投奔来的会众改编成民军两营，分两路向岳州进攻。在常德，焦达峰根据中部同盟会原议，命令杨任为西路招讨使，余昭常为参谋总长，依靠洪江会众和西路师范学堂学生的力量，很快光复常德。在宝庆，则由具有长期从事联络会党经验和兼有同盟会员和会党双重身份的谢介僧、邹永成、谭二式等和驻邵新军管带张贯夫进驻新化、邵阳，成立军政府宝庆分府。在衡州，命南路招讨使刘崧衡滞留长沙，衡州同盟会员周果一和洪江会众举事，将衡州知府禄显赶跑，建立革命政权。焦达峰还任命活跃在浏、醴一带的湘潭籍洪江会头目冯廉直为中路招讨使，准备攻占湘潭县城。

岳州光复，是在长沙起义成功后的第三天，即 10 月 24 日。岳州是首个响应省城长沙起义的地区，为全省的光复带了个头。岳州的光复，本不在计划之中，是一次计划外的行动。

同盟会员岳阳人童健吾[①]（名杰）1908 年在东京参加同盟会，回国后秘密串联李琦、彭承念、周四维、彭一湖等同盟会员，图谋在岳阳起义，因时机不成熟未果。

10 月 10 日的武昌首义，日期并不是两湖事前商定的起义日期，是因为彭楚藩、杨洪胜、刘复基三位烈士被杀而激成的。当时的武昌会议，湖南焦达峰、阎鸿飞、杨任曾和湖北孙武、蒋翊武约好，不管谁先起义，起义的省得到成功，未及起义的省必须于 10 天之内起义，作为支援。湖南起义比湖北迟了 12 天，当时两湖革命党人心情都非常焦急。

10 月 18 日夜，长沙的革命党人临时在西园吴作霖家中开会，决定由阎鸿飞去武昌和湖北方面联系，报告湖南起义准备的情况，并向湖北要求派兵支援。第二天，阎鸿飞乘日本商轮到达武昌后，湖北军政府即决定调派鄂军李树芝一协革

---

① 童健吾曾参与焦达峰、陈作新领导的长沙起义。梅馨于 10 月 31 日发动兵变，将焦达峰、陈作新杀害。童见陈、焦被害，义愤填膺，即作《"太平犬"哀号》宣言，宣讲"团结御侮"的道理，并将宣言印成传单，到处散发。11 月 10 日，他又到部队讲演，童健吾被误抓到了军事厅严刑逼供，迫其认罪，将他绑赴督署前坪枪杀。童遇害时年仅 27 岁。1913 年，烈士同乡李琦、周四维和其兄童恕之向湘督谭延闿申请昭雪。谭下令将童公葬于长沙岳麓山，予其家属抚恤银 200 两，并将灵位迎入长沙湘春门外湖南辛亥烈士祠。

命军为援湘义军，蒋翊武主张称为"湘鄂义军"，因为部队进入湖南作战，便成了两省的事，任命阎鸿飞为湘鄂义军总司令，并派高级参谋向海潜、王自民随军参赞。另调古星、立中、翔鸥等小火轮为军运之用。10月22日，湘鄂义军在湖北嘉鱼收编了两营湖北巡防营，浩浩荡荡朝岳州进发。这一天，正好长沙光复。长沙的光复，在全省激起万千波澜，也迅速传到了岳州。

10月24日，阎鸿飞率领队伍来到岳州，因为鄂军的李树芝统领曾在岳州驻防，对于岳州的军政各方人员都很熟悉，所以派李树芝统领随带执事官、马弁共10人向吴镇台、卓道台传檄。当时湘鄂义军总司令对岳州的檄文是用一幅一丈尺二长的白竹布写的，叠成折式；上面有隶书"露布"二字，很像西藏的哈达。揭开"露布"，里面写的是：

中华民国军政府湘鄂义军总司令阎为传檄事：痛昔朱明坠绪，衣冠沦于犬羊；清寇入关，岭峤遭其蜂虿。浊乱华夏，箝制军民。满贼为灾，普天同病。凡所侵攻之地，必恣荼毒之威。须知天道好还，况复人心思汉。本总司令率师伐罪，除暴安民；岂觅尔公尔侯，只期保种保国。尔驻岳文武官员同是汉人，自应同申敌忾；只要易帜易心，即是同袍同泽。共襄此时之义举，以待他日之策勋。檄到如律令！黄帝纪元四千六百零九年九月初二檄。

清末岳阳楼

檄文是墨笔楷书，字如碗大，在"露布"上盖有四寸见方的朱印。

岳州文武官员已经得到长沙光复的消息，官吏都很恐慌。忽接到阎总司令的檄文，卓道台和吴镇台、岳州府知府和巴陵县知县开会商量，清廷驻岳州的文武官员见兵临城下，大势已去，决定降服，欢迎革命军入城。由鲁镇台、卓道台率领，徒步出城到堤上迎接义军。顿时，全城家家户户插白旗，鞭炮声不绝于耳，人人喜形于色。投降的清廷官吏们见过阎鸿飞以后，脱下官服，摘下顶子，穿着便衣在主要街道上行走一周，表示已经归诚。岳州城头高悬十八星革命军旗帜。岳州就这样和平光复了。

岳州光复后，地方新旧势力的代表人物都请求阎总司令以岳州军政分府名义就任岳州都督。阎说："岳州无设立军政分府的规定，都督名义更不可随便使用。我可派陈标统暂驻岳州，和地方当局共同维持治安，静待焦都督的命令。"阎鸿飞部署完毕，随即乘吉旦轮直驶长沙。在阎鸿飞离开岳州去长沙的当天晚上，鲁镇台、卓道台这些清廷的文武官员潜逃得无影无踪。

10月24日夜，平江革命党人李僧、翁确存、秦志高、黄趁意等百余人响应湖南独立号召，三更时进入县公署，组织军、民两政办公处，主持县政。知事钱葆青、巡警总局长许绍獬逃遁。

10月25日，长沙光复的第四天，一支起义部队冲进了华容县衙，清廷委派的知县乔联昌事先毫无防备，束手就擒，接着表示愿意归顺。华容县政权顿时落入革命党人手中。县城里鞭炮齐鸣、白旗飘飘，人们尽情欢庆华容县光复。华容也就成为除附廓省垣的长沙县外的湖南最早光复的县份之一。

起义军的头领、革命党人潘鼎新是个留日学生，在东京时认识了孙中山和黄兴，加入了同盟会，被派回国从事革命联络事宜，担任华容县城明达高等小学堂的校长。后来，他又介绍了在华容师范教书的黄荣加入同盟会。武昌起义后，潘鼎新和黄荣分别被焦达峰委为华容统制、副统制。因为事先潘鼎新与焦达峰有约，一旦起事成功便率队伍立即赶往长沙，以巩固省城，所以潘鼎新等接受了乔联昌的归顺，并责成乔联昌召集华容巨绅在县城北门南岳庙旁的自治讲习所公开宣布脱离清政府，举行夺印授印仪式，实行改旗易帜。几天后，潘鼎新、黄荣为首的革命党人组织了720人的队伍，分乘24只木船向长沙进发。后来，这支部队应黄兴之命，编入鄂军队伍，参加了汉阳保卫战。

长沙光复后，湖南军政府成立，焦达峰任命因从事反清活动被捕、释放不久的会党领袖冯廉直①为湖南中路招讨使，回籍招募徒众光复湘潭县城。

10月25日，冯率武装士兵8名从长沙乘"老鸦发"轮船前往湘潭，这时湘潭知县杜鼎元吓得溜了，县政无人主持。早已卸任的清政府长沙知县余屏垣（价藩）还客住在湘潭，遂暂任知县一职，维护地方秩序，并宣布湘潭光复。见冯在湘潭无事可做，焦达峰便将冯改委为南路统领，负责衡阳、郴州南部地区的光复工作。

冯廉直抵湘潭后，被安置于江南会馆。冯到湘潭后，追杀仇家，杀了不少仇人。并告示募军，很快募兵300人。冯拟赴衡阳、郴州募军，因经费不足，提议由官钱局、商会等各出钱10万索作军费。冯在湘潭有积怨，多次坐牢，口碑不甚好，称之为"积盗"，商人见此，大多闭市。他率队往见知事余屏垣，气焰逼人。余对冯说："冯先生是奉都督的命令替国家做事，我也是奉都督的命令替国家做事。不过我的职责是维护地方治安，假如有人扰乱治安，就是违抗都督命令，我是要请都督严办，以尽我的职责。我请冯先生严饬部下，共同维持治安，大家尊重都督的命令。"冯廉直表示同意。

10月27日，余屏垣等急电谭延闿请求办法，湘潭市民代表黎丹质询谭延闿，谭延闿质问于焦达峰。焦不承认委任了冯廉直。谭延闿说："如此，冯可杀也。"谭延闿电示："就地枪决。"当日，余屏垣正式宣布"湘潭反正"，被任命为湘潭县行政长官。

10月28日，余屏垣以湖南都督府湘潭行政长官名义，在十总豫章会馆（万寿宫）召集湘潭全城绅商各界会议，商讨安定社会事宜，并以筹集军饷名义邀冯廉直赴会。余屏垣则派驻于杨梅洲的先锋水师飞瀚营管带陈开云在黄龙巷（今解

① 冯廉直，湘潭县下湾（今称霞湾）人，湘潭县哥老会领袖、洪江会龙头。曾为萍浏醴起义筹饷运械。起义失败后，逃往上海，往来于长江中下游地区，因从事反清活动，被捕入狱，长期关押在湘潭。1910年始被释放去南京。1911年2月又以债务纠纷入狱月余。冯一出狱，又奔走于湖南、湖北之间从事反清活动。焦达峰委任冯廉直，遭到梅馨军官集团的反对，认为冯是"积盗"。长沙起义无功，焦私授官职，委任不公，成为兵变杀焦的借口之一。当谭延闿质问焦时，焦知任冯不妥，不敢承认，造成了冯廉直被杀。

放南路）南口的黄龙庙设伏狙击。冯廉直应邀赴会途中，伏兵突然开枪射击，冯中弹坠马，被伏兵拖至周家码头河边用马刀砍死。冯廉直是长沙光复后第一个殉难者。

10月27日，焦达峰按照同盟会中部总会的原议，委派同盟会员杨任[①]为西路招讨使，节制常德，辖沅水以西的常、辰各属县。杨任偕副使凌汉秋、副使兼参谋总长余昭常、同盟会员钟杰（后任军需长）、涂鉴衡、余冰如（后任庶务科长）等以及求职人员145人随行，从长沙乘"江天""祥龙"号火轮直奔常德。

长沙反正的消息传到常德，立刻行动起来的是两个失学青年——陈孝骞和梅景鸿，他们本是舅甥。陈孝骞和梅景鸿召集陈友沅、何祖舜、胡善恒等10多名知识青年开会，商讨起义计划，成立军政府。会上，大家争相捐钱献物，作为公用。军政府设在常德府考棚（原武陵区公安局院内）。大家将考棚打扫干净后，从家里搬来太师椅、方案、檐彩、堂帐、桌围、椅披、椅垫，将考棚装饰一新。大家把辫子剪掉，燃放鞭炮，大呼口号，上街游行，正式宣告起义。同时通知常德府、武陵县衙。武陵知县廖世英交出大印，表示承认军政府。常德知府闻讯逃走。军政府电告焦都督，请求派员来常德指导。

29日晨，杨任一行100多人抵达常德下南门码头。全城商民悬白旗欢迎，献酒肉犒劳。杨抵达后直赴考棚，把这里作为招讨使署，委派人员，开始办公。湖南西路师范学堂（常德市第一中学前身）学生历来具有革命传统，全体要求参加工作。巡防营右路统领陈斌升亦亲临拜访，陈斌升系中路巡防营统领黄忠浩的心腹，统兵5营，独霸常德、辰州一带。杨到任不久，陈斌升即提议为黄忠浩开追悼会。杨考虑到其在地方的权势和影响，只得答应，商定于11月3日在湖南西路师范学堂举行。

3日上午8时许，陈斌升的巡防营官兵已冲进军政府。31岁的杨任和余昭

---

① 杨任（1880—1911），名锡庶，字晋康，湖南辰溪人。1905年自费赴日本留学，先后在体育学校，东斌陆军学校学习。后来结识宋教仁，加入同盟会。留学毕业归国后，在四川、云南等地奔波，进行革命的宣传鼓动工作。长沙光复后，被焦达峰委任为西路招抚使，安定了常德的秩序。1911年11月3日，因旧军官发动兵变遇害身亡。民国时期长沙辛亥烈士祠原供有焦达峰、陈作新、杨任三烈士铜像。

余昭常墓

常[①]、刘汉庭在混乱中被捕，被押解陈部驻地、原提台衙门（现在的常德卫校）大坪杀害，并被断头、敲牙、挖心，连同血尸陈列黄忠浩灵堂前，说是血祭；接着被捕的涂鉴衡、向忠勇等十数人先后解到，被砍死在考棚左侧雨厂坪。倡头反正的陈孝骞在家中被陈斌升巡防兵刺倒，死于家中，时年25岁；梅景鸿砍成重伤，养伤半年才康复。凌汉秋在混乱中越墙逃走，摔伤手足，潜入民家，幸免于难。

民国元年（1912），国民党常德市支部设烈士祠（地处今市人民电影院），并在德山孤峰岭下辟烈士公园，将杨任、余昭常、刘汉庭、陈孝骞等烈士遗骸迁葬于此，供后人凭吊。

宝庆府，也就是现在的邵阳市，清末所辖的区域大致是现在的邵阳市和娄底市的范围。这里位于湘中而偏西南，北邻湘潭，南界永州，上通云贵，下接长衡。自古为交通要道、商埠中心，经济发达，文化昌明。西汉开始置县，后来为郡为

①　余昭常（1868—1911），早年在湖北任厘税事，后为木商，结交革命志士。1908年在长沙结识焦达峰，加入同盟会。1911年参加长沙起义，随后与招讨使杨任赴常德，被清西路巡防营统领杀害。民国南京临时政府成立后，为了表彰余昭常的功绩，将其遗骸移葬于岳麓山。

邹永成（1882—1955）

州为府，为一方重镇。到清末时，宝庆府辖邵阳、新化、新宁、城步4县和一个武冈州（在后来的区划调整中，又分出邵东、新邵、隆回、洞口、冷水江、涟源、双峰、娄底等县市）。

在湖南省传统的格局里，衡（州）宝（庆）齐名。宝庆的动向如何，对湘南、对全省影响极大。革命党人也深知这一点。这里民风强悍，自古不缺造反者；这里文化昌明，自古也不乏走在时代潮流前面的"先知"。因此，这里的反正也就格外主动。

在宝庆和新化光复中，邹永成出力最大。邹永成，当年29岁，湖南新化人。出身于书香之家，他是同盟会的发起人之一，与黄兴、宋教仁、陈天华、蒋翊武、谭人凤是革命搭档，为筹措革命经费，他散尽家财、得罪亲人，被孙中山先生特别指定为中国国民党第一次全国代表大会代表。鉴于邹永成在辛亥革命前后的突出贡献，在当时革命队伍中被称为"革命巨子"。

10月29日，邹永成与谢介僧等筹划宝庆起义，得到曾子亿支持800大洋的军饷。在新化与谭人凤的儿子谭二式商量后，邹永成邀集葛天保、陈自新、黄存常、岳意如、毕同、李洞天、唐薜、谢介僧等在宝庆河街岭机关开会。葛天保说，他有一个朋友张贯夫带一营巡防兵驻在五峰铺，离城90里，可以运动过来参加举事。邹永成大喜，便带着葛写给张的信件连夜赶到五峰铺。一席交谈，张贯夫欣然应允，立即召集队伍训话。邹永成便将武汉、长沙革命的道理讲得鞭辟入里。全体官兵听了邹永成慷慨激昂的演说，会场掌声阵阵，大家表示乐于听命。兵贵神速，说干就干，他们立即集合启程，天未亮就向宝庆城进发，10月30日到达宝庆。

10月30日，恰是九月初九重阳节，宝庆革命党人邹永成等率已投向革命的巡防营张贯夫部进攻邵阳县城。进攻过程，没有受到任何抵抗，宝庆宣告光复，并当即成立军政府宝庆分府，邵阳县的革命党人谢介僧任军政府都督，邹永成为副都督，谭二式为参都督。

10月31日，新的军政府分府决议立即光复新化。侦悉得知：新化有一个巡防营，管带为晏金生，拥有不少枪械子弹，实力较为雄厚。革命党人派人去宣传试探，可晏金生不愿起义，谭二式等决定用计取之。

11月1日，邹永成、谭二式、张贯夫率军队200余人突然向新化挺进。他们带着很多木箱，里面塞满石头，佯称用这些"炸弹"轰城。真的要"玉石俱焚"了，新化巡防营官兵、地方士绅被吓得不轻，排队出城五里迎接革命党人。邹永成等当即扣押也在迎接队伍中的巡防营管带晏金生，迫其下令缴枪，并解散其军队，新化便继宝庆而宣告光复。革命军入城后旋即囚禁了原知县张维馨，成立县保安会，维持县城秩序，县人曾继辉任会长。

衡州府是湘南重镇，清康熙时置衡永郴道，衡州府属于湖南衡永郴道。衡州府辖衡阳、衡山、耒阳、常宁、安仁、酃县（今炎陵）、临武、蓝山、嘉禾9县和桂阳州，是湘南的政治中心，影响特别巨大。现在省里已经光复，如果这里还没有人带头、顺从民意接管政权的话，潜藏的变数就会浮出水面，一旦出现乱局，形势就很难驾驭。在这里的同盟会员刘恩甫、王祺等人等不及了，与焦达峰派来的革命党人周果一做出决定，发动会党起义。

知府禄显是个蒙古族人，按满族与蒙古族的关系，他自然害怕了，便一逃了之。其他如道台和衡阳、清泉知县虽是汉人也害怕"新朝"，纷纷躲藏了起来。

10月30日，一支以同盟会员、哥老会成员为主，一般百姓和青年学生组成的300余人队伍在衡阳筷子洲空坪集合，每人手里拿着白旗，到城内去宣传反正。刘恩甫骑着大白马，率领这支队伍从北门入城向南进发，沿途高呼"推翻满清王朝""实现五族共和"等，号召全城商店一律悬挂白旗响应起义。老百姓发动起来了，围观的人群如潮水般涌向雁峰寺前坪。湖南南路师范学堂、衡州府中学、衡清中学等各学堂的学生陆续赶到。刘恩甫登上戏台发表演说："同胞们，清朝统治了260多年，近百年来政治腐败，民不聊生，许多志士仁人发动起义都遭到了失败，现在孙中山、黄克强领导的革命成功了，推翻了专制，还要建立共和。大家赞成不赞成？"台下响起了雷鸣般的掌声。

当即，决定宣布衡州反正，决定电告省都督府，公推南路师范学生谢晓东负责发电报，电报费由该校庶务长黄秋芙垫付。并请衡阳、清泉两县知县出面负责维护地方秩序，静候省方命令。刘恩甫宣布散会后，仍然骑着马率领队伍沿河街游行喊口号，回至北门外散去。

这天，衡州府全城悬挂白旗，男女老少无不面带笑容，陶醉在欢乐之中。其后，衡州所属的各县也宣布反正。

长沙光复后，焦达峰立即派郑人康、刘金赴湘南与彭邦栋联系，策划湘南起义。郑、刘在郴州见到周正群、吴燮，周、吴星夜赶往宜章碚石彭家村。彭邦栋立刻与周、吴一起确定了起义方略：集中兵力，先攻占宜章县衙。

11月1日，彭遂良、彭昭兄弟率300多民军做前卫部队，直奔宜章县城。周正群率笆篱、莽山兵，张清源率永福、永靖兵，会师百岁亭，进攻岩泉圩，夺取驻军枪支。

彭遂良、彭昭墓

11月2日，周、张带队伍行抵城南贺家冲、吴家时，吴燮已募集600余人，几处人马汇在一起，公推彭邦栋为南路分巡。起义队伍到了县城南门外火烧坪，彭邦栋向1000余民军发表讲话，宣传反清革命道理，鼓动大家勇敢作战，遵守纪律，不要骚扰百姓。革命党人和民军兵士摩拳擦掌，群情振奋。接着，彭邦栋向知县吴道晋发出讨伐檄文和敦促投降书。吴道晋见大势已去，准备投降，并要彭邦栋派人进县衙门谈判受降条件。正当彭邦栋带领彭遂良、彭昭、张清源和数十名民军走到县衙前时，吴道晋改变了主意，原来他刚好接到其叔父湖南提学吴庆墀的来信，决定变计拒降，于是只准许彭邦栋带两名卫兵进去，其余人都被挡在门外。谈判中，吴道晋只答应移交文卷和库存银粮，武器和印信要随身带走，双方争执不下，谈判陷入僵局。彭遂良、彭昭兄弟见约定的谈判时间已过，不见彭邦栋出来，担心彭邦栋为吴所害，便带人冲进县衙大门。埋伏在县衙门两边厢房的清兵开枪射击，彭遂良中弹死在堂阶下，彭昭死在堂阶上，两名队兵也饮弹而死。彭邦栋听到外面枪声，立刻越墙而走，吴道晋见情势严重，带着哨官周德升等10余人枪匆匆从北门逃跑。在外待命的革命党人得到彭遂良、彭昭等人殉难的消息，义愤填膺，怒不可遏，大家呐喊着冲进县城。周正群、张自得率民军占领衙门，解除清军武装；彭邦栋率人追击逃亡知县吴道晋，直追十几里，截获其殿后卫兵数名、饷银4担。

11月3日，宜章城满街张贴湘南革命实行团主任彭邦栋的告示，市民各安其业，清政府在宜章的统治从此结束。

1912年，中华临时国民政府追赠彭遂良为陆军上校，彭昭为陆军中校，并将彭氏兄弟遗骨迁葬长沙岳麓山。

长沙起义的消息传到郴州，给同盟会郴州、嘉禾、宜章、永兴、临武分会的会员以极大鼓舞，他们秘密串联，积极响应。郴州分会的陈九韶、首进之、谢凤池、李维国等人多次开会，商讨对策。最后大家统一思想，做出两点决定：一是由陈九韶、李维国负责，立即急电长沙，请新成立的湖南军政府、参议院电函省内各地，督促清廷各府州县衙门归顺；二、由谢凤池、首进之负责，通过各种关系、渠道，游说郴州衙署的清朝官员，特别是知州陈仰山，让他及其属下认清形势，改弦易辙。决策既定，他们即各自分头行动。

几天下来，陈九韶、李维国一路，通过郑人康、刘金取得了积极进展，湖南都督府同意立即给各地下函。而谢凤池、首进之一路，则进展不大，递话的人从衙门里反馈信息，知州陈仰山虽然整天心绪不宁，但始终不肯明确表态。到10月底、11月初，各地起义成功和失败的消息不断传来。郑人康、刘金撤回长沙。朝廷诏书和省都督府命令接踵而至，形势日趋复杂。

此时，郴州的政治气氛令人窒息，空气中充满了火药味。这天，谢凤池身穿一领新竹布长衫，手执一卷《长沙日报》来到城外西街陈家大屋，向同盟会负责人陈九韶辞行，表示"时不待缓，他决定独闯州府衙门"。陈九韶听罢，大吃一惊，劝道："此事非同小可，性命攸关，容想万全之策。"谢凤池笑道："不入虎穴，焉得虎子？前番几次试探，皆假借他人之手，隔靴搔痒，不到痛处。我已知陈仰山的软肋，此次前去，必迫他就范！"

谢凤池是州学庠生，递进名刺获许后，他昂首进入戒备森严的州署大堂。只见两旁衙役荷枪实弹，虎视眈眈。知州陈仰山一脸肃穆端坐案后，不无威严地问道："谢生孤身前来，有何事禀报？"

谢凤池器宇轩昂，毫无惧色，朗声答道："我受同盟会委派，前来劝导知州大人易帜反正！"

陈仰山闻言大惊失色，慌忙离座，执手将谢凤池拉入内室客厅，连声说："怠慢，怠慢，有何指教，敝人洗耳恭听。"在听谢凤池说道一番之后，陈仰山沉吟半晌，颇有城府地说："敝人并非不识时务，实在大有为难。一则受朝廷恩典，不忍一朝舍弃；二则省城动荡不定，无可适从；三则贵党虽在湘鄂举事，仅占省城，两省且未全取，成败尚难预料。"谢凤池微微一笑，说："我革命党人，奉行主义，坚忍不拔，为民请命，引领潮流。现已掌控长江中枢，大纛高举，南北呼应。恐怕大人已知，陕西、山西、云南、江西皆已反正，星火已经燎原。鞑虏倒台，只在早晚。请大人为郴州父老和城垣着想，也为自己着想，免得战事肇开，生灵涂炭！"一席话说得陈仰山哑口无言。正难堪间，外厅传报，宜章民众公然造反，县衙已被反民占领，知县吴道晋不知所踪。陈仰山一时惊得魂飞魄散。谢凤池加紧劝导，但陈仰山就是不肯松口。正僵持间，邮电支局送来省都督府的传檄，责令各府州县即行反正。陈仰山看罢，良久无语，最后泪眼婆娑，长叹一声道："皇上保重,赦奴才不敬之罪。"然后摘下顶带,命师爷进来,拟写反正文稿交给谢凤池,委托他全权办理相关事宜。

11月5日,位于西街的城隍庙热闹起来,一场盛大的群众集会在这里举行。悬挂于戏台前旗杆上,象征大清王朝的黄龙旗徐徐降落,一面中书红色"大汉"二字的鲜亮锦旗冉冉升起,鞭炮轰鸣,欢声雷动。

11月9日,李国柱带领起义军1000多人攻打嘉禾县城,深夜包围县署。嘉禾知县钟麟被逼自杀,起义军烧毁县署。

11月10日,同盟会会员刘重在永兴聚众起义响应武昌起义,被推举为县知事。陈校经与陈凌轩、陈翠轩、陈培轩"三轩"兄弟率领民众攻占临武县城,临武知县潜逃,民军打开监狱,释放被关押的百姓。

朱益濬（1847—1920）

从宜章开始,继郴州之后,嘉禾、永兴、临武、资兴、汝城、桂东等县相继易帜反正。清廷在郴州、桂阳两直隶州的统治彻底结束。

1911年10月22日长沙光复后,湖南其他地方几乎传檄而定,而唯独湘西的天空仍然飘扬着满清的龙旗。

辛亥以前,清政府为了防范湘西苗民起义,在凤凰厅属的镇筸镇安置着重兵。当时,辰沅永靖兵备道朱益濬、镇筸镇守备周瑞龙、道标中军游击杨让梨都驻扎在此。

沅陵百姓称呼朱益濬为"胡椒研子"。他原是个圆滑奸刁的人,早已知道清政府要垮台了,只因他的兄弟朱益藩在北京做官,又以长沙政变焦、陈遇害,常德方面陈斌升杀害杨任、余昭常等人为由,于11月中旬连夜开会,联合当地文武官员,通电表示决不依附"叛逆",愿作爱新觉罗的"孤臣孽子",决心与革命

湖南省辛亥革命形势图

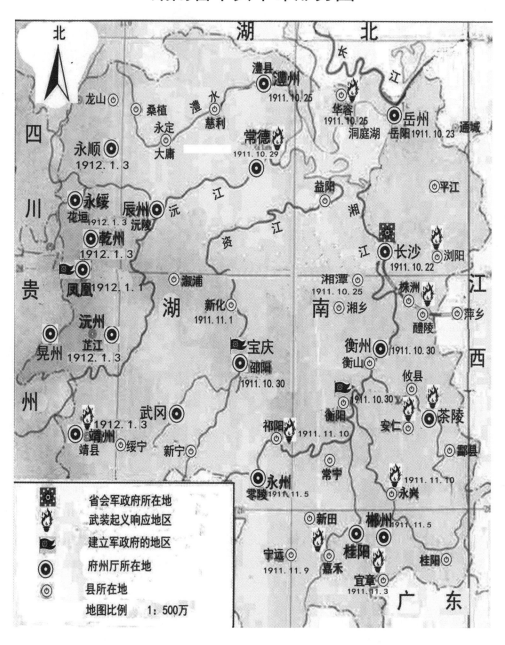

为敌。

全国纷纷独立，长沙已是共和政权，湖南其他地方先后反正，朱益濬逆潮流而动，他和镇标中营杨让梨等分别电告乾州协台徐光发、永绥臬台梁国治，密查革命党人和会帮，并禁止传播武装起义的消息，违令者缉拿严惩。为防备倾向革命的凤凰镇台周瑞龙有变，朱益濬遂令抽调周所辖之镇标绿营精壮士兵1600余名"驰援省城"，还派人对镇台周瑞龙、同盟会会员田应全（周瑞龙女婿）、邑绅张胜林、沈宗嗣等人的行动严密监视，并加派亲兵占据军装、火药两局，使革命党人无从下手。

辛亥革命前夜，一些凤凰籍官宦乡绅子弟留日归来，回到家乡。田应全、田应弼、吴绍坤、向明瓒、凤凰镇台周瑞龙的儿子周瓒等，在留洋时受世界新潮流影响，敏锐地感觉到清王朝的腐败和中华民族的深重灾难，激发出爱国热情，他们加入了同盟会。还有陈渠珍、曾君典、包轸等，从湖南时务学堂和武备学堂毕业先后也回到家乡凤凰。他们把武昌起义和长沙光复的消息带进了凤凰城。

田应全，苗族，湖南凤凰人，1903年东渡日本留学，加入同盟会。回上海后，从事联络活动，与帮会交往甚密，1910年回凤凰，居住距城8里的长宜哨，结识县人唐世钧，饮血誓盟，结为兄弟，共力所事。武昌起义爆发，田应全、唐世钧、张胜林、沈宗嗣等密谋及时起义。

唐世钧，苗族，在昆明加入哥老会，带结盟兄弟跟峨眉拳师习武。他虽目不识丁，但机智勇敢，兄弟们都很敬佩他。在孙中山民主革命思想影响下，与革命党人往来，被官府侦缉，1910年回到家乡凤凰组织哥老会，不到三个月就发展会员几千人。田应全从长沙回到凤凰，他与唐志同道合，歃血为盟，结为兄弟，决心共筹举义。武昌起义的消息传到凤凰，人心大振。唐、田认为时机成熟，确定在1911年12月18日拂晓起事，唐带领光复军从外攻城，田为内应，一举光复凤凰。

农历十月下旬，湘黔边境各路光复军陆续云集长宜哨，达5000余人。还不到约定的起义时间，唐世钧怕聚众日久、走漏风声，于12月17日夜半匆忙举事，由西门、北门、东门奇袭凤凰城，松桃厅哥老会首领张尚轩攻打西门，凤凰龙凤山打北门，杨光福打东门。兵分三路，直捣凤凰城。唐亲自率众攻北门，架起长梯攀上城墙，接连砍倒清兵数人。由于田应全未能及时策应，起义因得不到内应致起义队伍牺牲170多人，伤亡惨重，鲜血染红了沱江，攻城失败。

12月中旬，鉴于湘西成为湖南光复的最后一个顽固堡垒，谭延闿委龙璋为西路巡按使，自省城统带巡防营一营，携着谭给朱益濬的亲笔信来到常德，负责湘西光复事宜。龙璋采取了一系列重大措施，按照谭的意旨，任命凤凰厅富绅阙鸿藻为居间人，与朱益濬接洽谈判。同时带领新军进驻辰州（沅陵）。

12月31日，田应全、聂仁德、张胜林、沈宗嗣、田学经、韩善培、梁叔铭，和同盟会会员罗经武、贺成达、青年学生向阴生、张伯琨由省奉命回厅，策动光复之凤凰籍军官杨新国等人于天王庙召集地方父老和人民群众开大会。由戴新明执笔写信送道台朱益濬，促其表示态度。

凤凰镇台周瑞龙鉴于这一形势，在他女婿田应全、儿子周瓒的敦促和影响下，支持革命的态度逐渐明朗而坚定起来，公开表示不再接受朱益濬的调遣，城内的苗、汉、土家族革命群众也积极行动起来，将干柴、火药堆集在道台衙门外，声言朱益濬如果再不投降，即焚烧衙门，斩其全家。

朱见城里反清人心渐聚，大势已去，又感于谭延闿的优厚谈判条件，与西路巡按使龙璋谈妥条件，愿意弃官返回江西原籍。龙璋以都督名义护送朱经由长沙返回江西原籍，财产无论巨细，一律带走，朱益濬所置湖田，由官厅代为收租。复函：“愿洁身引退，要求保全身家，护送出境。”谈判代表同意对朱益濬和凤凰厅同知张绍焂不予留难，让其出境。

12月31日，朱益濬在道台衙门和城墙上降下龙旗，升起白旗，宣布投降。凤凰城内外张灯结彩，鼓角齐鸣。谭延闿还是给了朱益濬面子，派出兵员以都督名义一路护送其回籍。

1912年1月1日，湘西和平光复，挂上了民国旗帜。全城悬旗鸣炮欢庆，并致电省城报告光复。并经众决议，建立新政权，设“湘西军政分府”，公推周瑞龙为军政长兼管屯政，张胜林管财政，田应全管交际，韩善培管教育，聂仁德为行政厅长，唐世钧为镇标前营都司，田栋臣提升哨弁。

清朝在凤凰厅、乾州厅、永绥厅皆驻扎重兵，号为“三厅兵”。军政虽各不相属，而行政则直隶凤凰道管辖。因此，三厅虽皆称为直隶厅，但乾州、永绥两厅一切行动措施唯凤凰厅马首是瞻。凤凰光复消息传到乾州厅后，协台徐光发、厅同知李谦六约请地方士绅及兵民群众开会，申明愿交出军政权，离厅回籍。经大会决议："协台军职由镇溪避击刘锐（凤凰人）接充；厅同知则电省派员接替。先护送协台徐光发（益阳人）回家。于冬月十五日宣告光复。永绥厅情况大致相同。靖州光复，原在长沙之后、凤凰之先，是由靖州驻防军队领哨兼教练姚忠诚（乾州厅人）率众起义，直电省城宣告光复的，事为朱益溶所知，立即派兵前往镇压，并悬重赏缉拿归案，姚因寡不敌众，离职逃省。其他各县因无兵力，不敢发动。自凤凰光复后，乾州、永绥两厅相继光复；其他兵力薄弱和毫无兵力的各县，一经传檄，都告光复。

自此，辰沅永靖兵道所管辖的三府（辰州、沅州、永顺府）一州（靖州）五厅（凤凰、乾州、永绥、古丈、晃州）十四县，都挂上了共和旗帜。湘西这个清廷堡垒的垮塌，宣告了清朝在大湘西统治的结束和一个新时代的开始。至此，湖南全境光复。

十八

“二次革命”岳麓山人物纪略

　　“二次革命”是孙中山等国民党人于 1913 年发动的讨伐袁世凯的一场战争，又称“癸丑之役”“赣宁之役”。南京临时政府结束后，袁世凯取代孙中山出任临时大总统。1913 年初，国民党在中华民国第一届国会选举中赢得胜利。国民党代理理事长宋教仁准备赴京组织内阁，却于 3 月 20 日晚在上海的火车站内被暗杀。孙中山动员起兵讨袁，“二次革命”全面爆发。由于实力不足，讨袁军仓促上阵，孤立无援，加之民众与国民党的多数人不支持，这场革命很快就遭到挫败。国民党被迫解散，除桂、黔、川、滇四省由地方军阀盘踞外，其他各省都在北洋军阀及其附庸的统治下。这是民国建立后的第一次国内战争。湖南在 7 月 21 日宣布讨袁独立，加入“二次革命”行列，8 月 13 日，被迫取消独立，历时 23 天。国民党的“二次革命”失败对于中华民国的影响是极大的。袁世凯的胜利，加剧了他独裁称帝的野心，使中华民国民主事业受到了致命的打击。

　　辛亥革命把封建皇帝赶跑了，共和国《临时约法》的颁布和袁世凯口头上表示的信守，使得革命党人在一段时间内丧失了警惕。不少革命者醉心于创办实业的活动，期在实行民生主义；又津津乐道政党内阁的经验，以此作为实行和巩固民主共和制度的唯一手段。这样，以建党进而组织政党内阁为目的的国民党，便于 1912 年 8 月下旬在北京由同盟会、统一共和党、国民公党、国民共进会、共和实进会等党派合并而产生。湖南同盟会于 8 月底接到北京国民党总部关于五党重行组织的通知后，于 9 月 8 日正式成立国民党湘支部。

国民党湘支部除了上述党派外，合并进来的还有湖南民社、辛亥俱乐部等原立宪团体。有的党派乃以原立宪派人为主的共和党，虽未集体参加，但其党员都大量转入国民党。1912 年 11 月 5 日，黄兴在共和党湘支部举行的欢迎会上的讲话中极力主张吸收共和党为国民党，更使得脱共和党而加入国民党者异常踊

仇鳌（1879—1970）

跃。国民党湘支部所属各分部成立的方式也仅是择定时间开个成立大会，换取国民党证而已。国民党湖南支部及所属分部的领导机构，由社会名流及合并进来的党派代表组成。湖南都督谭延闿担任国民党湖南支部的支部长。

国民党湖南支部成立后，立即全力投入了省、县议会和国会议员的选举活动。由北京同盟会派回湖南从事组党和选举工作的仇鳌担任国民党湘支部的副支部长，并取代刘人熙任民政司长。由于湖南都督府从都督到下属各司司长已多为国民党人，仇即在都督府内组织了参事厅，任命党员四人为参事，并把各县知事做了一番调整，贯彻各县知事必须是国民党员的原则。又派出得力可靠人员为五个选区的监督：一区龙璋，二区苏鹏，三区唐璧，四区戴展诚，五区黄右昌。经过一系列精心谋划，选举事务便牢牢地掌握在国民党人手里。

从 1912 年 10 月至 1913 年 2 月，全省选举工作完成。从国会、省议会到各县议会，国民党的候选人都是以 90% 以上的比例数当选。湖南选出的 10 名参议员全为国民党员，27 名众议员中除 4 人外，均为国民党员。选举过程中，宋教仁先后于 1912 年 10 月 31 日、1913 年 1 月 17 日来到长沙，并以百分之百的票

数当选为参议员。他不顾利害,对于时政得失,尽情发挥,无所顾忌。他不仅大力宣传"政党责任内阁制",而且还和湖南当局的头面人物商谈了组阁计划。宋教仁和黄兴一起回湖南,大大增强了国民党在湖南的声势。国民党的湖南组党和进行选举的结果,造成了一种现象,国民党湘支部与湖南都督府二位一体,湘省是被国民党实际控制的省份之一。

辛亥革命后,湖南资产阶级掀起了一阵实业热,筹款兴办各种各样的公司和企业。1912 年 10 月,黄兴回到湖南,更使这个实业热趋向新的高潮。《长沙日报》写道:"黄先生此次回湘,意在提倡实业,为湘省开莫大之利源①。"他先后和宋教仁、谭延闿、龙璋、程潜等人发起成立了中华汽船有限公司、洞庭制革股份有限公司、五金矿业公司、富国矿业股份公司等。据统计,从 1912 年 9 月至 1913 年 5 月,不到一年的时间,湖南新办的和正在筹办的银行、工厂、企业公司就有 25 个以上,企业的范围包括轮船、炼铁、开矿、纺纱、织布、缫丝、制革、制茶、造玻璃、畜牧以及土木工程等各个方面②。其中有些企业是指拨官款作为资本的。迅速发展的兴办企业的热潮,一方面反映了民族资产阶级包括其政治上的代表人物发展民族资本主义经济的强烈愿望;同时也反映了以孙中山、黄兴为首的革命党人对于袁世凯的反动本质认识不足。孙中山认为,推翻了清王朝,共和政体已成,"今后吾人之所急宜进行者,即民生主义是"③。黄兴北京之行后,提出了"国民党于今日政府,专取维持主义"。并认为"袁总统经营国事,不辞劳怨,兴在京亲见,实所钦服"④。整个民族资产阶级信心十足地大办企业,对促进中国民族资本主义的发展有很大作用。但是希望"和平"、"秩序"及"喁喁望治"之心,却使他们对于"二次革命"持不支持甚至反对的态度。

湖南国民党人的势力也表现在舆论宣传上。仅长沙一地,湘支部公开的机关报即有《长沙日报》(由醴陵人傅屯艮出任总编辑)和湘阴人任凯南创

---

① 《长沙日报》1912 年 11 月 11 日。
② 李时岳:《辛亥革命时期两湖地区的革命运动》,生活·读书·新知三联书店 1957 年版,第 29—30 页。
③ 孙中山:《孙中山选集》,人民出版社 2011 年版,第 105 页。
④ 湖南省社会科学院编:《黄兴集》,中华书局 1981 年版,第 301 页。

办的国民党中央机关报《国民日报》，持论相当激烈。黄兴回湘时，曾以"振聋发聩"书赠《长沙日报》。当时的湖南政通人和，一片热火朝天、兴旺发达的新气象。但1912年8月，黎元洪伙同袁世凯杀害武昌首义有功人员张振武、方维以后，袁世凯和黎元洪即成为湖南国民党人攻击的对象。《长沙日报》几乎每天都载有强烈谴责黎元洪的文章。一篇以《鄂乱之警闻》为题的文章正告黎"好自为之，勿使我国民血肉拼来之民国，竟坏汝一人之手"。另一篇以《论民国不宜有副总统》为题的论文，直言不讳地写道："黎元洪听了舆论的攻击，还不辞解了都督的职务，要算他脸皮老[①]。"对袁世凯的专制独裁，《长沙日报》更是畅言无忌，公开斥责。有《国会议员与猪羊比较论》的专文，揭露买卖议员竟然成为一种商业行为[②]；又刊有将"善后大借款"斥之为"私借公债，公借私用，袁

1912年11月14日《长沙日报》

傅屯艮（1883—1930）

---

① 《长沙日报》1913年7月4日。
② 《长沙日报》1913年7月4日。

政府欲饱死"①。7月7日，《长沙日报》便明确地指出，袁世凯"只知有家，不知有国，只知有己，不知有民""欲救中国，当速去袁世凯"②。

虽然湖南国民党人的舆论力量锋芒毕露，但是湖南国民党人的军事力量是极其虚弱的。辛亥革命以前，湖南仅有新军第二十五混成协（辖四十九、五十两标），另有五路（前、后、中、左、右）巡防营以及水师、绿营等。长沙光复以后，为着支援武昌首义之区，很多农民、手工业工人、青年知识分子踊跃从军。新军一度扩编为五个师（每师辖两旅），另有独立旅两个，以及炮兵、工程营、辎重兵、马兵、教导团等。1912年4月，临时政府北迁，黄兴就任南京留守后，为节省开支、不借外债，首倡裁兵。湖南于这年8月将五师新军悉数裁撤，仅存原第八师十六旅赵恒惕部作为省城的卫戍部队。后来巡防营改编为省防守备队，共分6区，41个营。6区省防守备队与国民党人素少联系，各司令官大多与国民党人异趣，因此，湖南国民党人手中几乎没有可以直接控制的军事力量。

在1912年12月至1913年2月7日的选举中，国民党在地方以及国会的参众两院中以绝对的优势获得了胜利。这时大有由国民党组成政党内阁，进而剥夺大总统超然地位之势，袁世凯当然不会甘心。

1913年3月20日晚10点，宋教仁匆匆赶往上海北站，要乘夜车去北京。宋氏此去可能入阁拜相，所以送行者甚多。黄兴、廖仲恺、于右任等一大帮国民党要人陪他一起走向检票处。这时，突然有人从背后向宋教仁开了一枪。宋

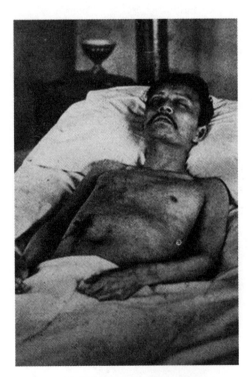

1913年3月22日，宋教仁去世

① 《长沙日报》1913年7月6日。
② 《长沙日报》1913年7月7日。

教仁应声倒地，车站秩序大乱，刺客逃得无影无踪。送行人员旋即将宋急送至沪宁路医院治疗。3月22日凌晨4点，宋教仁因伤势过重去世，终年32岁。弥留之际，宋教仁授意黄兴致电袁世凯，望袁"开诚心，布公道，竭力保障民权"。

宋教仁被刺之际，孙中山正在日本访问，得知消息，立即回国，于3月25日回到上海。当天晚上，大家在黄兴住处召开国民党高层会议，断定元凶是袁世凯，主张举行"二次革命"。孙中山的主张让许多人吃惊，只有戴季陶一人附和，黄兴等大多数领导人都反对。黄兴明确表示："民国已经成立，法律非无效力，对此问题，宜持以冷静态度，而待正当之解决。"经过激烈的讨论与会商后，在孙中山的坚持之下，国民党终于决定了武力讨袁，并派人分头联络，以期一致进行。

5月1日，中华民国自由党、工党等团体在上海举行全国公民大会，声讨袁世凯暗杀宋教仁和大肆借款的罪行，并且通过五条决议：一、要求国会即日提出弹劾袁世凯赵秉钧案，令袁赵即日去职，候法律裁判；二、剥夺袁世凯候选总统资格；三、不承认未经国会通过，私行签押之大借款；四、各省暂行停解中央款项；五、各地不奉行袁世凯所发之军事乱命。

蔡锷对此极为震惊。他联合广西都督陆荣廷、四川都督胡景伊、贵州都督唐继尧致电参众两院和各省都督，认为五条决议"种种谬妄，直陷国家于至危极险之境地，殊堪悲愤"。他认为宋案应该待法院查明真相，法律解决；借款是政府不得已之举，经参议院通过，并不违法。电文用极为严厉的语气说："乃不逞之徒，莫肯念乱，假托全国公民名义，意在借此大题，以为扰乱破坏之计。试问我国现势，弱息仅存，邦人君子方将勠力同心，相与救亡之不暇，岂堪同室操戈，自召分裂！谁为祸首，即属仇雠，务恳程都督、应民政长查究该会主名，按法惩办。"[①]5月5日、5月7日，他又连续致电袁世凯、孙中山、黎元洪及各省都督，一方面声讨暗杀宋教仁者"当此国步艰难，戕贼人才，实无天理"，一方面呼吁各方保持冷静，以法律方式解决问题，切勿轻开战端。他说："遯初（宋教仁）

---

① 曾业英编：《蔡锷集》，湖南人民出版社 2008 年版，第 852-853 页。

1913 年，国民党"二次革命"领导人在上海合影

生前于南北意见极力调和，若令身后惹起南北恶感，恐九泉之下心亦不安。"①

　　"宋案"的发生也使湖南国民党人和民众极为愤慨。一些湘籍国民党人纷纷回省活动，社会上反袁空气大盛。舆论指责袁世凯"处共和时代，欲厉行专制""其一切行为无不与共和相违反，此民国真叛逆也"。对于国民党利用舆论进行的公开挑战，袁世凯于 5 月公开在媒体声称："现在看透孙、黄，除捣乱外无本领。左又是捣乱，右又是捣乱……彼等若敢另行组织政府，我即敢举兵征伐之"②。

　　5 月，湖南国民党人刘崧衡等组织"公民会"，邹代藩等组织"外府联合会"，周召南等组织"公民团"。其后，三团体联合成立了"湖南公民联合会"，一致主张彻查"宋案"，抵制大借款，倡言"我湖南应不受中央命令，暂时脱离关系"。他们还强硬地表示，如果湖南都督谭延闿等贪图个人利禄，敢于违反民意，便将予以"相当之对待"③。

①　曾业英编：《蔡锷集》，湖南人民出版社 2008 年版，第 845 页。
②　《上海时报》1913 年 5 月 24 日。
③　李时岳：《辛亥革命时期两湖地区的革命运动》，生活·读书·新知三联书店 1957 年版，第 121 页。

少数较有见识的湖南国民党人对手中基本上没有军队的情况颇为重视。宋案发生前五天，新任军事厅长的程潜"默察当时局势，认为终必出于一战……抓紧时间，训练军队。计在四、五、六三个月间，成立了三个步兵团与一个炮兵营"[①]。这匆忙新建的三个团，便是湖南国民党人日后讨袁的基本力量。

袁世凯上位后，国家形式上统一了，但南北分野的情况实际存在，其中国民党控制了南方数省，尤其是在江西、安徽和广东3省，根基牢固。于是，袁世凯采取了"削藩逼反"的策略，于6月9日、14日、30日，相继免去江西都督李烈钧、

李烈钧（1882—1946）

广东都督胡汉民、安徽都督柏文蔚的职务。李烈钧被免职后，孙中山曾派人劝说其独立。李烈钧开始并不愿意，理由是："被免了职才起兵讨袁，人将以为恋栈挟嫌，岂能言顺。"结果，他没有武装反袁，而是离开江西去了上海。后来，孙中山、黄兴、陈其美等在上海开会，集中对李烈钧开展思想工作，才说服李烈钧率先举兵讨袁。

李烈钧兴兵讨袁后，南方革命军与北洋军的第一仗是打得很漂亮的。北洋军最先杀到江西的是急先锋张敬尧，当时他还只是个团长。一仗打下来，张敬尧部大败，被俘虏100多人（含一名副营长），而李烈钧的部队只损失了1名士兵，而且不是死只是受了点伤。"二次革命"自李烈钧宣布江西独立开始，各省陆续跟进，颇有"一次革命"（武昌起义）后星火燎原的架势。

在极力策动南方粤赣等六省宣布独立的同时，孙中山任命谢晋（字廊晋，湖

---

① 程潜：《辛亥革命前后回忆片段》，载政协全国委员会文史资料研究委员会编《辛亥革命回忆录》第一集，文史资料出版社1961年版，第91页。

谢晋（1883—1956）

南衡南人）为"幽蓟殄凶团"团长，意图策动京畿拱卫军暴动，希望能牵制住袁世凯派出的南下军事力量，减轻"二次革命"各省的压力。同时，他也继续加速部署南方各省的倒袁活动。后来，由于王昌国（湖南醴陵人，为民国女权领袖，曾在1912年8月的国民党成立大会上，参与"掌掴宋教仁"事件）告密，袁世凯令军机军警执法处处长陆建章搜捕谢晋。此前，谢晋曾在北京出任《世界新闻社》经理，以此作为革命党的据点，袁世凯视谢晋为难得的人才，曾命陆建章不惜一切代价极力拉拢，谁知被谢晋不但严词拒绝，还一顿臭骂。

得到袁世凯亲自下达缉拿谢晋的命令，陆建章也是乐得高兴，终于有机会报得辱骂之仇，于是率队立即出发。当时谢晋正在办公房里查阅资料，只听见传来激烈的推门声，幸得警卫员聂慕云机警报信，谢晋得以翻越围墙逃脱，藏匿于友人段象乾处。同行的革命党人熊企英、王静轩、欧阳知方等人来不及脱逃而壮烈牺牲。警卫员聂慕云被抓后受尽酷刑，誓死不供，使谢晋得以保全并化装逃往天津、之后转道日本长崎再回上海。在袁命令通缉谢晋后，当时报纸刊传有一则假消息："谢晋等八人谋刺袁大总统，被杀。""二次革命"中，由孙中山亲建的"幽蓟殄凶团"也因叛徒的告密，从而未能实现其目的。

这时处于湖南的谭延闿，是四个国民党都督之一，无法拒绝国民党做出的"讨袁"决议。要起兵讨袁，谭延闿也有种种困难。讨袁需要足够的武力，湖南经过裁军之后已经没有多少军队。虽然时任湖南军事厅长的程潜，抓紧时间编练了三个步兵团和一个炮兵营，加上裁军剩下的一个师，总共不到两个师。在谭延闿看来，就用这点儿兵力与袁世凯叫板，简直就是儿戏。所以，他迟迟未响应孙中山的号召。更为重要的是，谭延闿内心不赞成起兵。他一面同力主反袁的国民党人虚与委蛇。一面向袁、黎输诚。6月底，他派人向黎元洪表示，"已准备药水，如湘省独立，即服毒自尽"。黎劝"以徒死无益，不如暂为一时权宜之计，阳为附和，徐图敉平"①。因此，湖南反袁独立呼声虽高，却久不见实行。

7月7日，谭人凤奉派由沪返湘，与谭延闿面商，告以南京将宣布反袁独立，届时湖南应迅速响应。同时，谭人凤与国民党人龙璋、周震鳞、仇鳌、唐蟒等各派的主张产生分歧，因此反袁之事久而不决。

袁世凯知道国民党势力最强的湖南会与他兵戎相见，便来了个釜底抽薪之计。在7月7日这天，他派湘人向瑞琮、唐乾一等携巨款进湘，贿买都督府军装局科员王章耀、司事喻直三、兵目涂远寿，放火焚烧了军装局，使湖南国民党人顿成赤手空拳，失去了与袁世凯叫板的本钱。据报刊新闻记载："损失德国新式枪一万一千余杆，新式子弹每枪配二百四十枚，统计近三十万颗，又机关枪、来复枪、手枪及种种子弹几近数十百万"，称此事为"二千万人民生命所寄"骤失②。

7月12日，李烈钧通电宣布江西独立，誓师讨袁；7月14日，谭延闿还发函电，要求袁"开诚布公"，希望黎和十省都督"排难解纷"，"勿使浔阳一隅，为全国糜烂之起点"。7月15日，黄兴无奈抵达南京，南京宣布独立；7月17日，安徽宣布独立，柏文蔚就任讨袁军总司令；7月18日，陈其美自任上海讨袁军总司令，宣布独立；陈炯明也在广东宣布独立……"二次革命"爆发了。

7月12日，湖口战幕拉开后，长沙的报纸每天都要报道赣军"迭获全胜"的消息，谴责"黎、袁互相狼狈，杀人如草"③，并旗帜鲜明地指出："袁政府对于赣省兴师之对付，与满政府于民军起义之对付，何其如出一辙④。"

7月18日，江西战事爆发后七天，谭延闿召集官绅会商对策。与会者二十余人皆谓此刻以维持现状，保全安宁秩序为第一要事。湖南的官绅惧怕战事蔓延

---

① 《黎大总统政书》，卷26。
② 《长沙日报》1913年7月8日。
③ 《长沙日报》1913年7月16日。
④ 《长沙日报》1913年7月19日。

至湖南，搅乱他们发展实业的美梦。湖南资产阶级是不希望湖南宣布独立的，故黎元洪曾经写道："湘省谋独立亦因不得商会之赞同，故宣布最迟，取消亦最速。"

7月21日，在部分激进国民党人和社会反袁舆论压力之下，湖南才以都督谭延闿的名义通电各地各界，历数袁世凯破坏民主共和、希图帝制自为的罪行，宣布"与袁贼断绝关系""誓灭袁贼，早奠国基"。同日，湖南省议会致电江西、安徽、福建、广东、四川等省都督，宣布："袁贼横暴，罪恶昭彰。赣、粤指戈，用张挞伐。本会连日集议，极表赞同。务恳一意进行，速即讨贼，激扬士气。"[①]至此，湖南终于宣布讨袁独立，加入"二次革命"行列。

湖南的国民党人继而商订了湖南讨袁的军事部署：以谭延闿兼任湖南讨袁军总司令，程子楷任讨袁第一军司令，赵恒惕为副司令，进兵湖北；唐蟒为援赣司令，进兵江西；蒋翊武为鄂豫招抚使；邹永成以湘鄂联军第三军军长名义同程子楷、蒋翊武进驻岳州[②]。任命谭人凤为荆襄招讨使，会同另一部分驻守常德、澧州一带的讨袁军，以湖北荆州为进攻目标，试图在荆州、襄阳一带与四川讨袁军和湖北刘铁率领的讨袁军会师，然后进取武昌。从战略角度来看，这样雄心勃勃的计划是无可非议的。但是，以湖南一省有限的力量，既要北攻武汉，又要东接江西，实行起来是有困难的。袁世凯曾经把湖南预定为攻击目标，但他得知湘省内部不统一的情况和贿烧湖南军装局成功以后，便改以"防制"为主的对湘方针，以北洋集团的黎天才、雷震春部驻湖北荆州、新沟、蔡甸一带，前锋抵蒲沂，监视湖南。

从实际的战斗态势看，当时的湖南本来就兵微将寡，又加上枪弹缺乏，故黎元洪都认定湖南讨袁军"子弹甚少，不堪一击"[③]。进驻岳州的部队基本上采取守势，以舟载石沉江以拒北军，学习洪秀全田家镇铁锁横江的故伎。8月初，一小部湖南讨袁军趁北军懈怠之机，突袭城陵矶，获小胜。北军迅速由新堤增援，集中战舰四艘，兵力万余，击退湖南军。另一部分湖南讨袁军向湖北公安、石首

① 湖南都督府，《湖南政报》第 88 册。
② 邹永成：《邹永成回忆录》，《近代史资料》，1956 年第 3 期。
③ 《黎大总统政书》卷 24。

二县进攻，与北军进行了激烈战斗，但终未得手。援赣司令唐蟒率军经湖南醴陵往江西萍乡、新余，掩护赣军主力集中。但赣军节节败退，渐成瓦解之势。李烈钧、林虎仅率千余人退保赣西。在湖南支援下，李、林二人入湘并转赴日本。

"二次革命"期间，湖南国民党人还对外进行了比较广泛的联系和宣传。蒋翊武任鄂豫招抚使后，驻节岳州，设官委职，并布告鄂豫军人讨袁为"责任所在，义不容辞"，号召他们"联翩奋起，慷慨同仇"。以湖南都督兼讨袁军总司令谭延闿名义发布的讨袁檄文，历数袁世凯祸国殃民的罪行。湖南当局并以"休戚相关"为由，先后要求江西、广东、四川接济枪支弹药。谭人凤、谭延闿、周震鳞等还致电甘肃教育司马振吾，要求马"联合回族，举兵东向，保障共和"。湖南国民党人还罗致与蔡锷有乡谊关系的人致电蔡锷，盛赞蔡"为民国则民国生，驱独夫则独夫死"，希望蔡锷"力维民国，仗义执言，电联黔桂，同声挞伐"。蔡锷与黄兴是多年的好友。因为孙中山坚持武力讨袁，黄兴于6月间派密使请蔡锷帮助讨袁，并且写了"寄字远从千里外，论交深在十年前"一联相赠。可是，蔡锷不为所动，坚决反对起兵。他坚持认为，宋教仁案须待法庭审判，借款应由国会裁决，对总统用兵，不仅师出无名，而且是拿国家的命运做赌注。在7月19日，蔡锷致电湖南都督谭延闿，说内战的爆发是国家的不幸，希望谭都督能够保境安民，维持秩序，要以救国为前提①。

"二次革命"期间，湖南国民党党势甚横，国民党人不容有二党，共和、民主、统一三党支部均封闭，舆论几为国民党独占。《国民日报》7月25日发表《湖南讨袁之宣言》一文，历数袁世凯的二十条罪状。该报记者宁凤丹所撰《计袁横议》一文，声称"以武力推倒万恶政府"，二次革命"名正言顺，无所于嫌疑避忌"，其意义"非惟所以保障共和，抑救亡之道也"②。《长沙日报》《国民日报》还从道义上分析北军必然失败的道理，报道讨袁军取得胜利的消息。这些报刊文章的宣传，对于阐述"二次革命"的意义，鼓舞讨袁军的士气发挥了作用。湖南当时为国民党控制的省份之一，又是黄兴、宋教仁等重要领导人物的家乡，独立和

---

① 曾业英编：《蔡锷集》，湖南人民出版社2008年版，第1073页。
② 《国民日报》1912年7月25日。

讨袁，以谭人凤、蒋翊武、周震鳞、唐蟒等持之最坚，招募军队共5个师，分2路，一路援赣，一路攻鄂。7月21日通电独立已觉迟缓，复又因其部队甚少，弹药缺乏，皆失利，在军事方面亦无重大建树。及至赣、宁军事失利，黄兴从南京出走，闽、粤、皖宣布取消独立，谭延闿亦于8月13日宣布湖南取消独立，并呈请辞职，虽由黎元洪力保而免遭毒手，但自此已不受袁氏信任。随后，革命党人刘崧衡等率众进攻都督府，事败被擒，为首诸人被处死，其余均被迫缴械，湖南"二次革命"的余波至此终止。10月中旬，汤芗铭以湖南查办使的名义在长沙逮捕国民党员16人，其中省财政司长杨德邻、警察局长文经纬、会计检查院长易宗羲、筹饷局长伍任钧等4人遭枪杀。袁世凯在京以北京政府总检察厅名义通缉孙中山、黄兴等"二次革命"首要人物。湖南谭人凤、程潜等16人名列其中。

以孙中山为代表的中国民主革命派发动"二次革命"，是为了维护资产阶级共和制度，推翻企图复辟帝制、实行专制独裁的袁世凯政府。但是，这个目的没有达到，"二次革命"彻底失败了。颇有声势的国会第一大党被打得七零八落，北洋军阀的势力基本上把国民党人原在南方的地盘占据。这次失败的原因是多方面的，其中重要的一点是，刚刚支持了辛亥革命的民族资产阶级（包括多数国民党人）这时正沉湎于实业救国的幻梦，过分相信政党政治的效能，对"二次革命"不理解、不赞助，甚至加以抵制。

湖南独立期间，湖南商业团体董事会便"呈请都督取消独立"。部分商人甚至"特派代表至汉口发电，向政府告急拯救"。8月13日取消独立后，湖南商务总会、农会、工业总会、长沙董事会等工商团体迫不及待地致电黎元洪，表示要尽快派代表赴武汉"筹商以后办法"。孙中山等少数国民党人

汤芗铭（1885—1975）

虽从宋教仁"遇刺"案中惊醒过来，而他们所依靠的民族资产阶级则基于自身的经济利益，正沉湎于实业救国的美梦中，因而背离了自己的政治代表。

政党政治在湖南的直接后果，曾经造成了国民党在湖南的优势。但是国民党湘支部原本就是由上而下合并而成，因而宗派林立，成员复杂，内部极不统一。还在商讨是否宣布独立之时，国民党各派系便"主张分歧，久而不决"。坚决主张独立讨袁的，是谭人凤、周震鳞、唐蟒及蒋翊武等人。省议会中部分激进的国民党员如袁守仁、唐文厦、罗良干（介夫）等，敢于在省议会"先以悖词演说，继以手枪、炸弹迫胁"力主宣布独立。而一部分国民党人即使附和反袁，但到独立取消之时，却要求杀掉那些反袁甚为坚决的人，杨德邻、易宗羲、文经纬等人即因此遇害。谭延闿在讨袁独立问题上所采取的两面手法尤为突出，孙中山后来谴责他"反复于三湘"[1]。谭延闿身任三职，即湖南都督、民政长、国民党湖南支部长；独立后，又兼任湖南讨袁军总司令。湖南宣布独立并分道出师后，蒋翊武任鄂豫招抚使督师岳州，饷、械、人员都得不到保障。对于要求投军讨袁的群众，都督府示以"并无招募新军之必要"。独立期间，都督府及军事厅、警察厅、内务司所颁发的命令、布告，却有不少显针对人民群众的，诸如严禁会党，不准秘密集会，厉行清乡，甚至铁匠铺制造马刀，都须奉军事厅许可。

与谭延闿持类似态度的，是拥有万余兵力的湖南省防守备队。省防守备队下属六区，除第三区司令陈复初外，其余皆没有同国民党人站在一边，而是与袁、黎互通声气。八月初，广西部督陆荣廷派一旅兵力进驻全州，黎元洪特电告陆称："湘省内部颇多明大义军官，又密结为内应，全州与永州接近，该处守备队司令官任定远，仍可结为引导，祈就近设法利用。"[2] 第五区司令官陶忠洵"颇不以湘省独立为然"，黎要贵州都督唐继尧派人与陶联系，以"共图进取"[3]。驻衡州第二区司令官赵春廷多次与黎函电往来，黎称其"震慑上游，茛筹极佩"，并要赵"侦察省垣内部确情"[4]。湘西一隅的主政者田应诏口头表示"誓欲报国"，

① 孙中山：《致黄兴书》，《孙中山选集》，人民出版社 2011 年版，第 109 页。
② 《黎大总统政书》卷 25。
③ 《黎大总统政书》卷 24。
④ 《黎大总统政书》卷 26。

暗地里却"特电北京，表示拥护中央"。8月8日，袁世凯特命赵春廷为湘南镇守使，王正雅为常醴镇守使，田应诏为湘西镇守使，陶忠洵为湘西镇守副使。

1911年辛亥革命时，一方面是清王朝祸国殃民的反动面目已暴露无遗，以清朝皇室、贵族为主的反动统治集团处于极端孤立的地步；另一方面是革命派还较广泛地借助了会党，策动了大部分省的新军反正起义，而且得到大多数城市的民族资本家中上层人士、商会的支持；加上革命党人虽未能做到团结一致，但对推翻清王朝这个大目标是没有分歧的。所以，武昌首义，全国风从，不出两月便有十几个省区宣布反清独立，拥戴共和。"二次革命"却不然，尽管袁世凯祸害民国、阴图复辟的面目尚未完全暴露，不少政界人士包括国民党人对袁世凯还抱有幻想，还期望他能够维持全国的和平统一，以利于发展实业，增殖利润，不愿意出现战争。原先的革命党人在辛亥革命后与会党日益疏远，甚至采取镇压的对策。在湖南，内务司和司法筹备处还通知各县知事，遇镇压会党时，如兵力过单，准即呈明添募小队，加强剿办。更重要的是国民党内异常分歧，如同孙中山事后说的："癸丑之役，文主之最力，所以失败者，非袁氏兵力之强，实同党人心之涣。"①国民党内主张武力反袁的还是少数。由于上述种种原因，所以"二次革命"在势力较强的赣、宁（江西、南京）两地，也只能旋起旋败。至于湖南，更是"宣布最迟，取消亦最速"。

战争结束了，暴乱平息，袁世凯要对有功将士奖励授勋。这时，蔡锷的举动引人注目：他反对嘉奖。他说，奖励授勋，虽是大总统特权，但奖赏不应随意。"通海以后，国情已变，共和开幕，国体尤殊，军重在外，凡非杀敌致果者，均不得荣膺上赏。内国战争，实出于万不得已，应以哀矜悱恻之意出之。同室操戈，兄弟阋墙，相煎太急，隐恨良多。若胜者膺赏，是以国家品器奖励残杀同胞……"②在蔡锷看来，内战是军人的耻辱，即使有功也不能嘉奖，国家不能鼓励残杀同胞。

10月7日，汤芗铭赴长沙会晤谭延闿，10月24日袁世凯发表人事命令，免

①　孙中山：《孙中山选集》，人民出版社2011年版，第109页。
②　曾业英编：《蔡锷集》，湖南人民出版社2008年版，第1083页。

去谭职务，以汤芗铭继任湖南都督，王瑚继任民政长，王未到任前以汤兼署。并命谭延闿即日入京，同时令将师长赵恒惕解往北京听候处分。袁的军队于11月15日入驻长沙。谭下野后，黎元洪打电报给袁说："谭的独立非出自愿，乃系被迫，曾仰药以求解脱，元洪敢力保其无他。"谭延闿是个书生，见到黎元洪为他解脱的电报，立即加以否认，他发出一则通电，大意是说：黎副总统心存爱护，力为解免，难道我不知感激，可是我并未仰药，亦未受迫，我为都督，发号施令俱自己为主，要治罪，一身甘当云云。

"二次革命"各省见形势不利，纷纷取消独立，到处都是对孙中山、黄兴的批判之声，但谭延闿却始终不骂；各都督多诿称独立时系被迫，或被冒名，谭则独任其咎。最终，北京陆军部判谭延闿四等有期徒刑[1]，黎元洪和熊希龄（湖南凤凰人，时任内阁总理兼财政总长）再次出面说情，乃于12月12日下令特赦，仅褫陆军上将衔"以示薄惩"。黎同时又代赵恒惕说情，赵亦因之免难，议处三等有期徒刑四年，褫夺少将衔。之后，赵恒惕得到蔡锷的力保，亦获特赦。湖南的讨袁独立失败后，领导湖南"二次革命"的重要人物谭人凤、周震鳞等纷纷亡命外逃，或赴日本，或赴上海。蒋翊武赴港途经广西全州时，被抓后遇害。袁世凯政府下令解散了省议会，并通缉谭人凤、程潜、程子楷、陈强、唐蟒等人。汤芗铭通令缉拿周震鳞等40余人，实行"抄、押、杀"的屠夫政策。他不分青红皂白，先后杀掉谭延闿任内财政司长杨德邻等16人，并大兴党狱，广为株连，仅有名有籍贯可查的，被杀者有一万六千多人[2]。少数党人一再反抗，终因力量薄弱，很快归于失败。

自此，湖南国民党势力一蹶不振，湘省成为北洋军阀治下的省份。北军在湖南为所欲为，无恶不作，湖南人民陷入了极为痛苦的深渊之中。国民党"二次革命"失败，对于中华民国的影响是极大的。因为袁世凯的胜利，加剧了他独裁称帝的野心，使中华民国民主事业受到了致命的打击。1913年10月，袁世凯当上

---

[1] 1912年的中华民国《暂行新刑律》沿用了大清刑律草案和《大清新刑律》的有期徒刑分等制。规定有期徒刑分五等：一等15年以下16年以上，二等5年以上未满16年，三等3年以上不满5年，四等1年以上不满3年，五等2月以上不满1年。

[2] 涂竹君：《汤芗铭在湘暴行及筹备帝制纪实》，见政协全国委员会文史资料研究委员会编《文史资料选辑》第17卷，中华书局1979年版。

正式大总统。袁世凯下令解散了国民党，撤销了国民党员的议员资格。后来干脆下令解散了国会，又推出新的《约法》，规定总统任期10年，可以无限制地连任，总统继承人由现任总统推荐。袁世凯要把新生的共和国变成家天下的野心逐步暴露出来。

与此同时，孙中山、黄兴、廖仲恺等大批革命志士在起义失败后遭到袁世凯的通缉，只得逃亡日本。为了重振旗鼓，孙中山在东京筑地精养轩谋划重新组织中华革命党。在会场上，孙中山率先发言道："诸位，本党自同盟会始，组织社会各界民众，不惜捐躯流血，推翻了清朝统治，实为一大壮举。民国之后，袁贼窃国称帝，为天下所不容。诸君在各地起事，旨在再造中华。然力量分散，未能成功，诚为憾事。文今集邀各路同人，重组国民党，清除投机、变节和动摇分子，以期早日杀回国内，共图大业，不知诸君意见如何？"说完后，会厅响起一片赞同之声，众人公推孙总理为新党之首。

这时，孙中山又说道："吾虽不才，众望难辞。不过……"他顿了一下，严肃地说："鉴于同盟会之教训，本党自成立之日起，务必精诚团结。凡愿加入吾之新党者，都得打上手印，宣誓效忠于本党，效忠于吾。"说罢他让人取出早就拟好的《中华革命党誓约》，分发给大家。誓约上写着：

立约人：□□□为救中国危亡，拯民生困苦，愿牺牲一己之生命自由权利，服从孙先生再举革命，使政治修明，民生乐利。措国基于巩固，维世界之和平。

特掬谨誓如左：（一）实行宗旨；（二）服从命令；（三）尽忠职务；（四）严守秘密；（五）誓死共生。

从此承守此约，至死不渝，如有二心，甘受极刑。

□□省□□府□□县

立约人□□□（按指模处）

介绍人□□□

孙中山又叫人取出一个朱红印泥碗、一大沓《中华革命党誓约》摆在厅中案头。这一举动使得会场上的气氛骤然紧张起来，只听得汪精卫说"今日袁党称雄，人心涣散，国民革命，如云烟泯灭。若要东山再起，日下恐怕还不是时机。吾以为孙先生打手印之举，委实不甚高明。"在众人心目中，汪精卫是个毫无骨气的人，一开始，他以其三寸不烂之舌、一张动人的面孔，再加上会舞文弄墨写几篇煽动性的文章迷惑了不少人，骗取了一些声望。后来，大家识破他惯于投机取巧、首鼠两端，因此包括孙中山在内的很多人已经很不喜欢他了。

此时，孙中山先生接过汪精卫的话头，冷冷地说："那就去留请便吧！"闻言，汪精卫答："也罢，愿诸君各展鹏程。"随后汪精卫带着京津同盟会旧友李石曾等退出了会场。

林伯渠（1886—1960）

"孙总理，我也有一言欲进！"这时有人发言，大家举目看时，却是黄兴。只听他接着说："国家兴亡，诚然是匹夫有责，而打手印这一套，乃是绿林好汉、江湖会党之辈玩意，我等革命党人做来，未免不太妥当吧！"这真令大家感到意外。追随孙中山南征北战、坚决反袁的黄兴居然也提出了异议。其实只有知道底细的人才知道，在商议筹建"中华革命党"时，大家一直推举孙中山为总理，黄兴为协理。谁知黄兴是个血性意气之士，不同意如盟书所述"服从孙先生"的条款，遂终不肯担此协理，对打手印之事也尤为反感。当时，只有廖仲恺等人始终支持孙中山先生。这时，会场上的气氛十分凝重。孙中山问："依克强兄之见，如何是好？"黄兴一时语塞，答不上话来。人们小声议论着，时而有人悄悄地离开会场。

此刻，很多人的思想都在激烈地斗争着。从同盟会到中华民国成立以后的这十余年间，革命党人经过了很多挫折和失败，其间无数仁人志士为此流尽了鲜血。原本以为，只要推翻帝制，建立共和，中国就会强大起来，然而残酷的现实是，反动势力虽然此起彼伏，但仍然稳固地统治着中国，胜利的到来是那样的遥遥无期。

这时，只见坐在一角的一名年轻人站起身来，他从从容容地说："诸位，我来讲几句！"众人见是素来不怎么在公众场合出头的林伯渠，都微微吃了一惊。只听他带着浓重的湘西北口音斩钉截铁地说："当然，打手印不见得是什么高明的办法！但作为一个革命党人，我们面前明摆着两条路：要么是志同道合，团结一致地去和反动派斗争；要么呢，就是无组织、无纪律，与投机取巧的官僚政客一时结合，那其中不也有一些曾经是同盟会的发起者吗？后来呢？说什么'革命军起，革命党消'，主张解散同盟会，为了争权夺利，竟和立宪党人沆瀣一气，反对孙总理，已经到袁世凯一边去了。我看，既然拿不出比这更好的主张，总不能群龙无首罢！这打手印宣誓，总比乌合之众要强。我愿意跟随孙总理干下去！"说罢，他拿过一页誓约，飞快地写下了"林祖涵"三个字，又将自己的右手食指涂上印泥，"啪"的一下，在自己的名字上打下一个鲜红的手印。林伯渠打完手印，会场上的形势开始发生变化。他的堂兄林修梅紧接着果断地说："我起誓服从孙总理，共图拯救中华之大业！"说罢，也毅然地打上了手印。随后，又有一大批人跟着宣誓，打了手印。这样，由孙中山发起的中华革命党在很短的时间内排除了各种干扰，很快组建成功。正是湖南人林伯渠这种识大体的举措，赢得了孙中山先生的赏识。孙中山对林伯渠、林修梅兄弟给予的支持极为感激，曾对人说："林氏兄弟，一文一武，将来必定大有作为。"此后林伯渠也一直为孙中山先生所倚重，成为孙中山在世前的得力助手。后来，徐特立在林伯渠 60 寿辰时写诗赞曰：

> 辛亥革命后，同盟会崩溃。
> 中华革命党，欧事研究会。
> 伯渠于其间，严格辩泾渭。
> 纪律打手模，黄兴出反对。
> 伯渠重大节，小节无所谓。
> 慷慨打手模，峥嵘山岳碎。
> ……

十九

蔡锷与护国运动

护国运动，是指以 1915 年底以云南首义为发端的反对袁世凯复辟称帝、捍卫中华民国的革命运动。梁启超与蔡锷是这次运动的主要组织者和领导者。1915 年 12 月 25 日，唐继尧、蔡锷、李烈钧等向全国发出通电，宣布云南独立，以唐继尧为都督留守组织护国军后备力量，蔡锷为护国军总司令负责出征，反对帝制，武力讨袁。1916 年 1 月 1 日，蔡锷、唐继尧等发布讨袁檄文，历数袁世凯二十大罪状，号召全国军民共同讨伐袁世凯，保卫共和民国。接着，贵州、广西、广东、浙江、陕西、四川、湖南等省先后宣布独立，通电迫袁退位。北洋系军阀、官僚亦与袁世凯离异，西方各国亦"警告"袁缓称帝。在国内外压力下，袁世凯于 1916 年 3 月 22 日宣布撤销帝制，企图退保总统地位，但遭到各方拒绝。5 月 8 日，军务院在广东肇庆成立，与袁世凯政府对峙。6 月 6 日，袁世凯忧愤而死，由黎元洪任大总统，宣布恢复《临时约法》和国会。7 月 14 日，军务院撤销，护国运动结束。

"二次革命"对国民党来说，可谓得不偿失，不仅没能讨袁成功，连自己的基本地盘都丢了，被袁世凯北洋集团的人马占据。江西由李烈钧换成了李纯，安徽由柏文蔚换成了倪嗣冲，江苏由程德全换成了张勋，上海由陈其美换成了郑汝

蔡锷（1882—1916）

成，湖南由谭延闿换成了汤芗铭，湖北由副总统黎元洪兼任换成了段祺瑞，广东由陈炯明换成了龙济光，福建由孙道仁换成了刘冠雄……之前还算握有半壁江山，这些地方"换血"之后，可谓全军覆没。不过，也有4个省袁世凯没能染指——广西、贵州、云南、四川。这几个省有一个共同特点——地理位置都在西南。这个地方的军阀喜欢偏安，没啥野心，对袁世凯没多大威胁。这4个省之前既不属于袁世凯的地盘，也不属于国民党的势力范围，袁世凯没有理由将其收归北洋集团所有，因此放了一马。所谓百密一疏，袁世凯绝没想到，正是他看不上眼的西南一隅，被蔡锷在这里放了一把火，点燃了护国运动的烽火，最后导致袁世凯身败名裂。

1897年10月，在陈宝箴、黄遵宪、江标等人的努力下，为培养维新人才而设立的湖南时务学堂创办，地址在长沙小东街（今三贵街）。时务学堂以崭新的面貌出现于湘江之畔，吸引着广大的富于进取、追求改革的学子。学堂成立时，熊希龄为提调，谭嗣同为学堂总监，梁启超为中文总教习，李维格为英文总教习，唐才常等分任讲席。

年仅16岁的蔡锷，由湖南学政使徐仁铸推荐，于1897年秋报考时务学堂，其时2000多人报考仅录取40人，蔡锷以第三名的优异成绩被录取，成为时务学堂中年龄较小的学生之一。梁启超在时务学堂时，年仅24岁，风华正茂。蔡锷就是从这时起，与梁启超结下师生之缘。

1912年2月14日，清帝退位，袁世凯当上临时大总统。1912年10月，梁启超结束长达14年的流亡生活，从日本回国。1913年，梁启超组建进步党，奉行改良主义，反对革命，主张通过不流血的和平方式让国家走上健康民主的发展轨道。梁启超寄希望袁世凯帮助他实现这一建国纲领，因此竭力维护袁世凯的中心地位。梁启超的忠心也得到了袁世凯的赏识，在1913年的"第一流人才内阁"中，梁启超任司法总长。梁启超万万没有想到的是，袁世凯并非只是想做一个大总统，而是在做黄袍加身的春秋大梦。他假共和之名，行复辟之实。在"二次革命"中，袁世凯用武力击败国民党之后，紧接着又将梁启超等进步党人士赶出内阁。以梁启超为代表的改良派政治

梁启超（1873—1929）

势力与袁世凯的复辟帝制势力的矛盾日益激化，梁启超从袁政府的赞助者转化为袁政府的坚决反对者。他清楚地意识到，只要不推翻袁世凯政权，其依宪治国的大政方针就永无实现的可能。梁启超对过去"强调改良、反对革命"的进步党宗旨进行了深刻检讨，从改良党转向革命党。

蔡锷是梁启超的学生，当梁启超因戊戌变法流亡日本的时候，蔡锷用袁世凯给他的1000元资助，追随梁启超去日本留学。辛亥革命南北议和后，蔡锷对袁世凯表示了支持。蔡锷与梁启超思想上一致，主张不流血的和平方式，因此反对"二次革命"，他认为"总统如果有谋叛行为，应由参议院弹劾；政治上有过失，则由国务院负责"，否则就是叛乱，是国家公敌。还有一个原因，就是蔡锷自始至终并没有加入同盟会，但参加了梁启超组织的进步党。当他看到袁世凯"假共和之名，行复辟之实"后，决定与梁启超联手反袁。

国民党人被镇压后，蔡锷是少数还存在的非袁系实力派。此时，蔡锷主动到了北京。袁世凯不放心蔡锷，于是召集他来北京以便"控制"。其实蔡锷也不放心袁世凯，他希望在北京多做些有利于共和的事情。尽管不知道袁世凯是否能够

遵循共和，但他要竭力去扶持，既为了私情，也为了公利。但是蔡锷最终没能成功。没有了国民党人的制衡，靠着立宪党人，无法控制袁世凯的野心。袁世凯厌倦了共和制的羁绊，决定复辟帝制。

1915 年 8 月，杨度等人在袁世凯授意下发起"筹安会"，鼓吹帝制，袁世凯称帝的野心昭然若揭。蔡锷多次以看病为借口从北京到天津，在梁启超寓所饮冰室与梁商量讨袁大计。当时，蔡锷已经被袁世凯密切监视，形同软禁。蔡锷后来言道："帝制议兴，九宇晦盲。吾师新会先生（即梁启超，广东新会人）居虎口中直道危言，大声疾呼。于是已死之人心乃振荡而昭苏。先生所言，全国人人所欲言，全国人人所不敢言，抑非先生言之，固不足于动天下也。"随后梁启超撰写《异哉所谓国体问题者》驳斥杨度等人，揭露袁世凯的野心。袁世凯得知消息后，知道文章一旦发表的严重后果，想花数以十万计的重金"买文"，但梁启超毅然拒绝，公开发表。文章如一枚重型炸弹，重创袁氏。

8 月 15 日，蔡锷来天津拜访梁启超，在汤觉顿的寓所密商反袁大计。参会者有梁启超、戴戡、汤觉顿、王伯群、陈国祥、蹇念益等。会议初步拟定了赴云南发动武装起义的战略设想。内容是："云南于袁氏下令称帝后即独立，贵州则越一月后响应，广西则越两月后响应，然后以云贵之力下四川，以广西之力下广东，约三四个月后，可以会师湖北，底定中原①。"这是个符合当时客观实际的颇具胆识的战略构想。

会议决定蔡锷、戴戡、王伯群回昆明、贵阳，组织滇、黔军为基本力量；梁启超、汤觉顿负责在粤组军策应；蹇念益与陈国祥往返于京沪间传递信息，策动冯国璋逼袁退位。分手前，梁启超与蔡锷师生二人相约"成功不争地位，失败不逃外国"，抱定牺牲的决心。

11 月，蹇念益与陈国祥代表梁启超游说冯国璋后，冯秘密捎信给梁启超，希望云南尽快起事，并表示愿意共同逼迫袁世凯放弃帝制。

12 月 12 日，袁世凯竟然宣布复辟封建帝制，申令接受"推戴"为中华帝国皇帝，下令改次年（1916）为"洪宪"元年。

---

① 梁启超：《国体战争躬历谈》，《护国文献》1985 年，第 300 页。

11月，蔡锷秘密离京赴津，旋以治病为名东渡日本，后辗转越南等地，于12月19日抵达昆明。蔡锷抵达昆明后，加速了云南反袁武装起义的爆发。

12月16日，梁启超以赴美就医为名，由天津南下。18日抵上海静安寺寓所。在沪居留两月有余，度过了一生中最为艰难的日子，最终成功筹划了云南、贵州、广西三省之举义和运动南京的冯国璋同情起义，并对蔡锷的军事行动计划有所指导，成为护国战争的军师。云南独立前后，所发至各方面的电文，都是由梁启超预先拟定准备。

12月25日，唐继尧、蔡锷、李烈钧等通电全国，反对帝制，宣布云南独立。唐、蔡、李在各界大会上发表演说，宣布独立的意义，会后高呼口号，有"誓与民国同生死，誓与四万万同胞共生死，拥护共和，反对帝制，中华民国万岁"等。

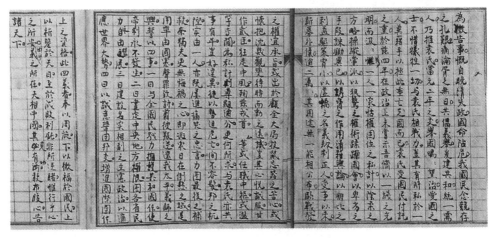

梁启超为护国军起草的讨袁檄文手稿

唐继尧、蔡锷、李烈钧12月27日通电全文如下：

各省将军、巡按使、护军使、都统、镇守使、师长、旅长、团长、各道尹、各知事、各学会、各商会、各学校、各报馆公鉴：天祸中国，元首谋逆，蔑弃《约法》，背食誓言，拂逆舆情，自为帝制，率召外侮，警告迭来，干涉之形既成，保护之局将定。尧等忝列司存，与国休戚，不忍艰难缔造之邦，从此沦胥。更惧绳继神明之胄，夷为皂围。连日致电袁逆，劝戢野心，更要求惩治罪魁，以谢天下。所

唐继尧（1883 —1927）

有原电近经通告，想承鉴察。何图彼昏，曾不悔过，狡拒忠告，益煽逆谋。大总统者民国之总统也，凡百官守，皆民国之官守也。既为背逆民国之罪人，当然丧失元首之资格。尧等身受国恩，义不从贼。今已严拒伪命，奠定滇黔诸地方，为国婴守。并檄四方，声罪致讨，露布之文，别电尘鉴。更有数言涕泣以陈麾下者：阅墙之祸，在家庭为大变，革命之举，在国家为不祥。尧等夙爱平和，岂有乐于兹役。徒以袁逆，内阋吾民，多欺列国，有兹干涉，既濒危亡。非自今永除帝制，确保共和，则内安外攘，两穷于术。尧等今与军民守此信仰，舍命不渝，所望凡食民国之禄，事民国之事者，咸激发天良，申兹大义。若犹观望，或持异同，别事势所趋，亦略可预测。尧等志同填海，力等戴山，力征经营，固非始愿，所在以一敌八，抑亦智者不为。麾下若忍于旁观，尧等亦何能相强。然量麾下之力，亦未必能摧此土之坚，即原麾下之心又岂必欲夺匹夫之志，苟长此相持，迁延岁月，则鹬蚌之利，真归于渔人。而萁豆之煎，空悲于车乐。言念及此，痛哭何云。而尧等则与民国共死生，麾下则犹为独夫作鹰犬，坐此执持，至于亡国，科其罪责，必有所归矣。今若同申义愤，相应鼓桴，所拥护者为固有之民国，匕鬯不惊；所驱除者为叛国之一夫，天人同庆。造福作孽，在一念之微；保国复宗，待举足之轻重。敢布腹心，惟麾下实利图之。唐继尧、蔡锷、李烈钧、任可澄、刘显世、戴戡及军政全体同叩。有印。"

云南宣布独立后，即成立军政府，当时讨论组织都督府时，大家决定仿照辛亥革命时的武昌军政府形式，推举一位都督、一位总司令。辛亥时，黎元洪是都督，黄兴是总司令。而云南护国军政府蔡锷是前云南督军、唐继尧是云南将军，于是唐继尧推蔡锷、蔡锷推唐继尧。在唐来说，蔡是他的学长（蔡是日本士官学校第三期，唐是日本士官学校第六期），又比他长1岁，且一直是他的长官，唐回任滇督也出于蔡的推荐，蔡在国内外都有大名、有号召力，所以唐诚心诚意地推荐蔡出任都督；可是蔡推唐也有理由，护国兴师举义全赖云南，唐是云南人，蔡自己是湖南人，主客之势已成，自己不能喧宾夺主。何况唐督滇已有三年，在云南已有基础，所以蔡也是诚心诚意地推让唐为都督。两位贤者的谦让，成为民国初年政治史上的佳话。最后，蔡锷以严肃的口吻说："我们这次举义，最要紧的是要赢得全国各方的同情，以求得多助。蓂赓（唐继尧号）身为地方大吏，如果率军出征，很容易引起邻省认为是假名侵略之嫌，过去滇军扰川已有猜疑，今若不避嫌，更容易被袁世凯挑拨，中其反间，所以统军出征应由我和协和（李烈钧号）。至于坐镇后方，领导军政府重责，蓂赓万万不可谦让。"蔡锷的这番话非常感动人，他自己也泪随言下。于是与会人士一致鼓掌赞成。

据陶菊隐所著的《政海轶闻》记载，蔡锷在举义前向滇军将校致辞："袁势方盛，吾人以一隅而抗全局，明知无望，然与其屈膝而生，毋宁断头而死。此次举义，所争者非胜利，乃中华民国四万万众之人格也。"可见是否能打倒袁世凯，蔡锷并无把握，但为了四万万同胞人格，不惜拼死一战。

云南都督府成立后，提出四项主张："与全国国民勠力拥护共和国体，使帝制永不发生于中国；划定中央地方权限，俾各省民力能有自由之发展；建设名实相符的立宪政体，以适应世界潮流；以诚意巩固邦交，增进国际团体之致格"。

申誓四点："同人职责，惟在讨袁，天助吾民，幸克有济，举凡建设之事，当让贤能，以明初志，个人权利思想，悉予划除；地无分南北，省无论甲乙，同此领土，同是国民，惟当量材程功，通力合作，决不参以地域观念，自启分裂；倒袁救国，心理大同，但能助我张目，便当引为同志，所有从前党派意见，当然融消，绝无偏倚；五大民族，同此共和，袁氏得罪民国，已成五族公敌，万众一心更无何等种族界限"。

会议中决定唐继尧为云南护国军政府都督，旋即建立云南都督府，以蔡锷为护国军总司令，组织约2万人的讨袁护国军。蔡锷、李烈钧分任第一、第二军总司令，唐继尧任都督府都督兼第三军总司令。计划第一军攻川，第二军入桂、粤，

护国军五将领合影。左起：李日垓、罗佩金、蔡锷、殷承瓛、李烈钧

第三军留守云南，乘机经黔入湘，尔后各军在武汉会师北伐。另由都督府左参赞戴戡率一部兵力入黔策动起义。

自 12 月 25 日云南独立的消息到了北京后，袁的愤怒到了极点，他亦了解云南地理环境特殊，自己称帝后，众叛亲离，这次用兵一定不似"二次革命"时那么容易对付。但他又必须用强硬手段对付，因此于 12 月 29 日下令褫免唐继尧、任可澄、蔡锷的官爵，原令如下：

蔡锷等讨论国体发生之时，曾纠合在京高级军官，首先署名，主张君主立宪，嗣经请假出洋就医，何以潜赴云南，诪张为幻，反复之尤，当不至此。但唐继尧、任可澄既有地方之责，无论此项通电，是否受人胁迫，抑或奸人捏造，究属不能始终维持，咎有应得，开武将军唐继尧、巡按使任可澄，均着即行褫职，并夺去本官及爵位勋章，听候查办！蔡锷行迹诡秘，不知远嫌，应着褫职夺官，并夺去勋位勋章，由该省地方官勒令来京，一并听候查办！此令。

他委派第一师师长张子贞代理将军，第二师师长刘祖武代表巡按使，令他们就近押解蔡、唐等人来京治罪。

1916 年 1 月 5 日袁又有申令各省长官晓谕人民云：

……予昔养疴洹上，无心问世，不幸全国崩解，环球震动，遂毅然以救国救民为己任。支持四载，困苦备尝，真不知尊位之有何乐！无如国民仰望甚切，责备甚严，同为国民，敢自暇逸？责任所在，尽力以为，不惜一身，只知爱国。皇天后土，实鉴此心！明知暴乱之众、狂妄之徒断不可以谋国，然果使中有杰出之才，可以治国保民，为人民所信仰，极愿听其为之，予得释此艰巨之仔肩，讵非幸事！然能安大局，环顾何人？为智愚所共见。人民无罪，未可举全国之重，任人试验，实逼处此，无从诿卸。国民深悉暴民狂徒之心理，终必惨烈相争，倘有墨、卜之变，必为越、韩之续，

冯国璋（1859—1919）

陈宦（1870—1939）

故谋改国体，冀可长治久安，文电交驰，情词迫切，无非出于爱国之真诚。乃有蔡锷之流，权利熏心，造谣煽乱，非不知人民之状况，时局之艰危，但思侥幸一逞，偿其大欲，即涂炭生灵，倾覆祖国，亦所不顾。抑知国之不存，权利何有？此等举动，早为国民所预料，幸而发觉尚早，不难随时消灭。各省官民，佥谓国体既经全国人民代表开会决定，一致赞成君宪，并同戴一尊，根本大计，岂可朝令夕改，断无再事讨论之余地，吁请早登大位，速戡反侧，同深义愤，

万口一词。予以薄德，既受国民之推戴，将吏之尊视，何敢再事游移，贻祸全国。苟为逆首，惟有执法从事，以谢国民。着各省文武长官剀切出示晓谕人民，分别顺逆，各爱身家，勿受煽惑，自贻伊戚。各省长官，皆能力保治安，军人尤深明大义，均任守卫地方之责，务望各以爱国勤勉，克尽厥职，用副予视民如伤，谆谆告诫之至意。此令。

袁世凯命令冯国璋出任征滇军总司令，冯国璋一边推说身体不好不干，一边暗中与各省通气，两次会见云南派来的代表李宗黄。第一次冯国璋说："请转告唐督军，最低限度，我这边决不会跟护国军打仗。"第二次会见云南派来的代表时，又说，请立即复电唐继尧，说冯国璋赞同推翻帝制，恢复共和；他负责保持长江中、下游各部绝对中立，拒绝执行袁世凯任何增援四川、云南的命令；必要时，他将联络长江各部发表通电，请袁世凯取消帝制。

袁世凯对蔡锷在云南独立恨入骨髓，命政事堂通令各部署，凡与蔡有关的人一律予以撤职，在各省中和蔡有关的人，也都撤职，在各省机关的云南籍职员以及是蔡的旧属都受到迫害。袁又命湖南巡按使沈金鉴查抄蔡锷湖南原籍的财产。蔡锷虽然名满天下，却穷无恒产，只有一个兄弟是办木厂的，早已和蔡分家。蔡本人只在杨度的华昌公司有点股份，于是这点股份被没收。

袁一方面如此大张旗鼓，一方面又想用软化的手段走迂回的路线。他找到蔡的老上司李经羲，因为蔡是李一手提拔和最早赏识的人。袁特别赏赐李貂裘一袭，打算在局势许可时派李赴云南宣慰。李经羲接受袁的貂裘后，曾有谢恩折："上赐貂皮外套，光彩非常，裁量恰合，举家惊宠，望阙感惶"等语。1916年1月16日，袁又把已经冷落许久的熊希龄找到北京，留他共进午餐。熊是蔡的好朋友，熊任国务总理时，曾保蔡为湖南都督。袁想请熊南下，去云南说服蔡"悔罪自投"，当可"不究既往"。此外，还想派云南人朱家宝、丁槐等为云南宣慰使，要他们去"诱惑云南军官解甲来归，一律免予治罪"。熊希龄是湖南凤凰人，他组阁时，人称"凤凰内阁"，所以他这次入京，被称"有凤来仪"，是洪宪朝的祥瑞。然而"凤凰"有他的打算。2月8日，熊希龄借口南下疏通，一去不返。

冯国璋拒任征滇军总司令后，袁世凯急令北洋军和川、湘、粤等省军队共约

8万人，组织三路大军，曹锟任第一、第二路总司令，从川、湘、桂三路攻滇，企图一举歼灭云南护国军。

第一路司令马继增率北洋陆军第六、第三、第二十师各一部及部分混成旅，由湘西经贵州从东面攻入云南；第二路司令张敬尧率北洋陆军第七师和第三、第六、第八师各一部，与驻川北洋军和川军会合，由北面进攻云南；第三路为广东陆军第一师师长、云南查办使龙觐光部，由粤经桂入滇，袭扰护国军后方。

1916年1月8日，梁启超致函蔡锷，指出西南责任重大，国家存亡系此一片土地而已，但能助我讨贼，自当一视同仁。

为震慑西南大局，1915年5月1日，袁世凯任命亲信陈宧兼任四川巡按使。6月22日，陈宧被袁世凯任命为成武将军，署理四川军务，同时调原四川总督胡景伊入京，四川总督一职由陈宧接替。陈宧与蔡锷的关系很不错，陈宧赴川时，曾经专门向蔡锷请教西南方略，并且请求向他举荐人才，结果陈宧带往四川的班底里面，竟有将近一半的蔡锷人马。护国战争打响，结果可想而知。刘存厚、雷飙等蔡锷故旧立马加入护国军行列，局势已非陈宧所能掌控。但刘存厚、雷飙等人并未攻击陈宧，只是努力劝陈宧反正，并且帮助陈宧应对北洋势力的威逼。更可贵的是，蔡锷也多次对陈宧晓以大义，通过函电文件，行礼如仪，劝其反正。

16日，蔡锷所部刘云峰梯团抵达滇川接壤之新场。

17日，向川南镇守使伍祥祯部发起进攻。次日，占领四川高县西北之横江。

19日，向叙府（今宜宾）西南之安边进攻。第1支队在正面实施佯动，第2支队利用暗夜迂回至安边侧翼，突然发起攻击，伍部向叙府溃逃，护国军乘胜追击。

21日，占领叙府后，袁军分四路反攻叙府，均被击退。当日，梁启超再次致函蔡锷，对于军事、政治、经济等方面应采取的态度，提出建议。要求前线坚持一个月，得寸则寸，等待响应。

25日，梁启超致函广西都督陆荣廷，劝他反袁，响应云南起义。

27日，祖籍邵阳的贵州护军使刘显世宣布贵州独立，并派出两路黔军协同云南护国军作战。一路由黔军第1团至第3团合编为护国军东路支队，王文华任司令，进击湘西。一路由第5、第6团和戴戡所率滇军合编为滇黔联军右翼军，戴任总司令，向四川綦江、重庆一带进攻。

2月13日，戴部抵川黔边境松坎（属贵州桐梓）。14日，向川军第1师等部发动进攻，至18日，连克綦江以南之东溪、马口垭等地。下旬，袁军陆续增兵向戴部反攻，戴部相继退守东溪、松坎，与敌对峙。

2月初，蔡锷所部赵又新梯团一部与已起义川军刘存厚第二师，联合向四川泸州发起攻击，一度占领泸州外围蓝田坝、月亮岩等要点。北洋军陆续抵泸后，护国军寡不敌众，退守纳溪等地待援。

2月上旬，向来对梁启超甚为仰慕的陆荣廷在接到长信后，派出专使陈协五（祖虞）和唐伯珊（绍慧）赴上海，欢迎梁启超往桂襄助起义。梁欣然接受陆的邀请，决定赴桂，助陆独立。

2月23日，蔡锷根据敌我态势，决定采用两翼包围、正面突破战术，以攻势防御消灭袁军。

2月28日，开始反击，战至3月6日，袁军伤亡惨重，护国军亦因弹药不济、人员疲惫，分路撤出纳溪至叙蓬溪（今护国镇）一带有利地形休整。双方陷于胶着状态。

陆荣廷（1859—1928）

在战事已成僵局的情况下，梁启超内心十分焦急。他后来回忆："自从云南起义后三个多月，除贵州以外，没有一省响应，蔡公军队又围困在泸州，朝不保夕。我们在上海真是急得要死，自己觉着除了以身殉国外没有第二条路了。当时态度最不明了的，就是广西陆荣廷，我们所盼望第三省的响应，也只有这一处。"梁启超的回忆，如实地反映了他本人是如何企盼广西独立的，以及广西独立对整个护国运动所起的作用。陆荣廷是西南军阀的实力派人物，不仅梁启超明白广西独立对整个护国运动的作用，蔡锷也曾派代表多次与陆荣廷联系反袁事宜。在云南宣布独立前夕，黄兴曾致书陆荣廷，劝其"兴讨贼之师""救民保国"。护国军兴后，陆荣廷的老上司岑春煊也致书陆荣廷，劝他参加反袁斗争。革命党人林虎、钮永建两人也二进广西劝说陆荣廷反袁。陆荣廷对袁世凯削弱各地方实力派的势力本来就不满。他出身绿林，为人豪爽，有江湖义气，对各派人物的劝说不会无动于衷，但他要窥测时机。当时他最重视的是袁世凯亲信段祺瑞、冯国璋的态度以及梁启超的进步党动向。当陆了解到帝制图谋已引起段、冯的不满，梁已出京，并在天津秘密策动云、贵起义时，在上海频繁函电各省敦促响应云南反袁后，埋藏于心底的反袁之志终于转变为反袁行动。

3月13日，陆荣廷以他和梁启超两人的名义，给袁世凯发出最后通牒电，劝袁退位，并限24小时内答复。

3月15日，陆荣廷以自己及梁启超、谭浩明、莫荣新等人名义，于柳州和南宁两地同时通电全国，宣布广西独立讨袁，并宣布陆荣廷任广西都督兼广西护国军总司令，梁启超任总参谋。

广西独立缓解了云、贵护国军的压力，扭转了护国运动的不利局面。龙觐光假道广西进攻云南，给云南护国军造成很大压力。护国军既要在川南、湘西与北洋军作战，又要分兵抗击龙觐光军队的进攻，两线作战，形势危急。广西独立不但促成了龙觐光的缴械投降，还极大地鼓舞了护国军的士气，促进了反攻的全面胜利。同时也使滇、黔、桂及川南、湘西联成一片，巩固了护国军后方，为护国运动的进一步发展奠定了基础。

陆荣廷响应云南蔡锷、唐继尧，参加护国军的行列，让全国反袁声势大增，社会舆论一致谴责袁世凯封建复辟。北洋军事集团中的一些将领坐不住了，他们为了寻找政治出路，纷纷向冯国璋靠拢。一时之间，冯国璋成为袁世凯和护国军两大阵营以外第三势力的核心人物了。

在陆荣廷和梁启超宣布广西独立讨袁这一天，蔡锷乘袁军官兵厌战、物资补给极其困难之机，决定集中主要兵力分三路反攻纳溪。

17日，担任主攻的右翼赵又新梯团从纳溪以东之白节滩发起进攻；中路顾品珍梯团在正面牵制敌军；左翼刘存厚部攻占江安，保障主力侧翼安全。

18 日，北洋集团的江苏将军冯国璋、江西将军李纯、浙江将军朱瑞、山东将军靳云鹏、湖南将军汤芗铭等五将军联名密电，要求袁氏取消帝制，惩办祸首。

19 日，蔡锷率领护国军全线突破袁军前沿阵地，歼敌一部。至 3 月底，陆续收回失地，袁军伤亡甚众，无力继续作战。

护国军与袁军鏖战川南。蔡锷、罗佩金、顾品珍、赵又新亲自在前线指挥，蔡锷挥军攻克叙州，激战泸州。第三支队长朱德担任主攻任务，激战川南45昼夜，毫无间歇。叙府得而复失，纳溪三易其手。坚守棉花坡"虽伤亡颇重，昼夜不得安息，风餐露宿，毫不为阻"。护国军在川作战半年之久，以战则克，以守则固，有力地抗击了北洋军主力。

李烈钧部于1916年2月20日由昆明向广西开进。3月初，在滇桂边境之广南、富宁地区与龙觐光部展开激战。第二军张开儒梯团于富宁东面之皈朝地区，击退龙觐光军队第一路司令李文富部多次进攻，双方成僵持状态。第二军方声涛梯团与龙军的第二路司令黄恩锡部在广南地区激战数日，将黄部击退。陆荣廷通电宣布广西独立后，云南护国军趁势向龙军发动反攻。与此同时，由云南前出广西截击龙军的第三军赵钟奇梯团进抵西隆（今广西隆林），与方声涛梯团夹击黄恩锡部，黄部战败后率残部向滇南逃窜。由第三军一部改编的挺进军黄毓成部，此时亦由云南经贵州兴义进抵广西百色，协同桂军包围龙觐光指挥部，并将其全部缴械。李文富见大势已去，率众投降。窜至滇南的龙军第三路和黄恩锡残部，遭第三军刘祖武等部阻击，部分被歼，部分逃离滇境。

贵州王文华率护国黔军于1916年1月下旬进抵黔湘边境后，立即分路向湘西袁军进攻。第 1 团于 2 月 2 日晚乘湖南晃州（今新晃）城中袁军欢度旧年除夕之机发起攻击，袁军不备，次日败逃蜈蚣关（距晃州东约15公里）。黔军进占晃州。4 日，攻克蜈蚣关，歼袁军第 5 混成旅和镇远道守备部队各一部。第 3 团于 2 月 5 日克黔阳。其间，第 2 团攻占麻阳城外围部分据点，曾两次攻城未果。13 日，第 1、第 3 团联合向沅州（今芷江）发起攻击，袁军弃城逃走。14 日，黔军占沅州。王即以第 1 团一部兵力支援第 2 团再攻麻阳城，16 日攻克该地。至 2 月下旬，护国黔军连克洪江、靖县、通道、绥宁等地，击溃袁军约 3 个混成团兵力。3月中旬，袁军向麻阳、黔阳等地发动反攻。护国黔军顽强抗击，牵制湘西袁军向主要方向四川转移兵力。

当云南宣布独立时，程潜由上海经香港、越南转赴云南，得到护国军政府的帮助，被委任为湖南招抚使，并拨给部队一营，程潜自称护国军第一军湖南总司令。1916年2月下旬，这支部队从云南开拔，3月通过贵州，4月5日开抵靖县。这时黔军再度侧击洪江、辰溪，湘西民义社罗赞候，联络洪江会首领李子和占据大庸、澧县，宣布独立，这样湖南便与四川方面的护国军取得了呼应。程潜驻军靖县，实力不足，对于湘西各地起义的守备部队未能实际控制，致不敢进窥邵阳，但是为稍后程潜向省城进军打下了基础。

程潜（1882—1968）

3月22日，袁世凯三路攻滇计划失败，自己多年的亲信纷纷倒戈，加上在广东、山东等地袁军亦遭到打击，外交上又连受挫折，被迫宣布撤销帝制，派陈宧与蔡锷协议停战，图谋但仍居大总统位。5月1日，两广护国军都司令部在肇庆成立，由岑春煊任都司令，梁启超任都参谋。公布宣言，不分党派，一致讨袁。

5月7日，陆荣廷乘湖南零陵镇守使望云亭（汤化龙、汤芗铭旧部）宣布独立之机，亲督陆裕光、马济、林俊廷、汰鸿英等部三十余营入湘北伐，由祁阳进迫衡州（今衡阳市）。为配合陆、望作战，岑春煊命龙济光驻粤北连县、乐昌、阳山等处军队移扎出境，向郴阳、桂阳方面前进。两广护国军数万之众辚辚发动，征尘弥漫，誓灭独夫国贼，豪气万丈！

5月8日，梁启超回到肇庆，为彻底推翻袁的独裁统治，已独立的滇、黔、桂、粤等省在广东肇庆成立对抗北洋政府的军务院。是日，护国军军务院在肇庆成立。唐继尧、岑春煊为正副抚军长，梁启超为政务委员长兼抚军，蔡锷、李烈钧、陆

1916年5月1日，两广护国军都司令部在肇庆成立，军务院主要干部合影。
从左至右：林虎隐、李根源、蒋方震、莫荣兴、谭浩明、岑春煊、梁启超、李烈钧、李耀汉、高尔登

荣廷、龙济光等为抚军，唐绍仪为外交专使，李根源为北伐联合军部参谋，章士钊为秘书长。是日，发出由梁启超拟定的致各国公使等通电，宣布成立军务院，由黎元洪继任大总统。

5月9日，军务院在对外方面进行了一系列外交活动，争取各国在外交上对军务院的承认和支持，逼袁退位。军务院成立时，便通告各国公使、领使"以后除地方商民交涉，照例仍由各该省军民长官，与各国驻近该地各官厅就近办理外，其中央外交事务，一概改由军务院办理"。在举国舆论压力下，在军务院的外交攻势下，帝国主义各列强看到袁逆大势已去，不得不抛弃了袁世凯，美国也停止向袁政府支付借款。各国对帝制态度的变化，对于袁世凯来说是一个沉重的打击。军务院成立后，迫于巨大的政治压力，袁的亲信陕西陈树藩、四川陈宦、湖南汤芗铭等人也宣布独立，独立省份已达八省。未独立各省的护国军讨袁斗争也四处烽起，如奉天有辽东护国军的起义，东北有东三省护国军举义，山东护国军组织都督府。

5月11日，军务院发出由梁启超拟定的第一号布告，宣布军务院成立目的是拥护国法，为独立各省之政府机关。俟国务院依法成立时，军务院立即撤销。

军务院发出由梁启超拟定的第二号布告：讨袁、拥护国法，通告各省国会议员，速筹召开国会。附逆议员不得参加。

5月21日，为了与冯国璋等势力协调反袁运动，梁启超抵达上海，旋赴南京。冯等乃在南京举行会议，谋劝袁退位。袁已陷于四面楚歌之中。

5月24日，梁启超在上海给岑春煊写了一封感情真挚的信。信件实质为一封表明辞职意图的信。梁启超被举为政务委员长及抚军之后，时论或有梁启超钻营官位、怙权贪位之传言，沪上人士颇多攻击者，梁遂写此信向岑春煊表达反袁决心。意思就是，不管我是什么样的人，你们怎么看待我都行。梁启超在信中表态，等护国战争一旦胜利，自己即辞去全部职务。

6月6日，袁世凯忧病而死。

6月7日，黎元洪就任大总统。

6月29日，黎元洪正式宣布遵行《中华民国临时约法》，恢复国会，任命段祺瑞为国务总理。

7月14日，唐继尧、岑春煊、梁启超等13人联名通电全国，正式宣布撤销中华民国军务院和两广都司令部，护国战争宣告结束。

7月1日，程潜所率护国军从道林进迫省城长沙，在道林与汤芗铭的模范营一经接触，汤部全体倒戈。各路护国军也一齐挺进，驻省湘军又将联合桂军进攻督军公署，汤芗铭闻讯大为惶恐，4日晚，即行仓皇遁走。

7月6日，北京政府发布命令，各省将军和巡按使改名为督军和省长，并任命陈宧为湖南督军兼署省长，遭湘人坚决抵触未果。同日，湖南军政各界举行联合会议，一度推举地方绅士刘人熙为临时都督，龙璋为民政长。

1916年7月18日，23岁的毛泽东对于当年汤芗铭遁走，表示了极大的遗憾，对被湖南人称为"汤屠户"的汤督做过与众不同的评价。他给同学萧子升的信中说："湖南问题，弟向持汤督不可去，其被逐也，颇为冤之，今现象益紊矣，何以云其冤也？汤在此三年，以严刑峻法为治，一洗以前嚣张暴戾之气，而镇静辑睦之，秩序整肃，几复承平之旧。其治军也，严而有纪，虽袁氏厄之，而能暗计扩张，及于独立，数在万五千以外，用能内固省城，外御岳鄂，旁顾各县，而属之镇守使者不与焉，非甚明干，能至是乎？任张树勋为警察长，长沙一埠，道不拾遗，鸡犬无惊，布政之饬，冠于各省，询之武汉来者，皆言不及湖南百一也。"

汤芗铭 1904 年 21 岁被保送出洋，留学法国、英国，1905 年在巴黎见孙中山并加入兴中会，1909 年归国，不久成为海军舰长，次年升任为清海军统制萨镇冰的代参谋长，武昌起义爆发后海军奉命镇压义军，途中起义。1912 年，孙中山的中华民国临时政府在南京成立，27 岁的汤芗铭被任命为海军次长，后又任北伐军海军总司令。1913 年，袁世凯委任汤芗铭率军舰入湖南镇压"二次革命"，

护国运动形势图

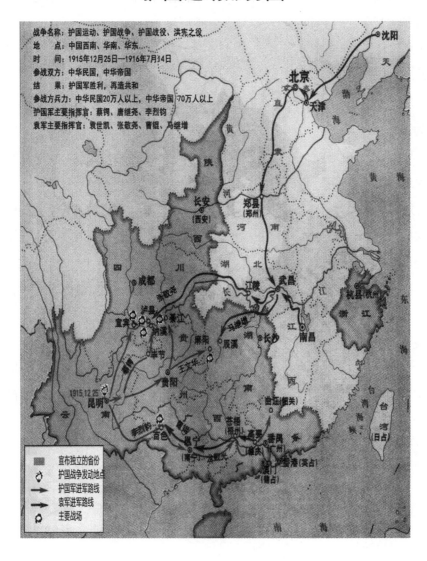

事后任命其为湖南都督。1915 年，袁世凯帝制自为，汤芗铭带头劝进，袁称帝后封汤为"一等侯"，而袁世凯嫡系大将曹锟才被封为"一等伯"。然而，讨袁护国战争爆发后，汤芗铭的立场发生了 180° 大转变，在其兄汤化龙（清末立宪派首领人物）的劝说及形势逼迫下，汤芗铭宣布反袁独立。袁世凯万万没有想到汤芗铭会背叛自己，据说袁得知这个消息后哀叹"人心已变，大事无可为"，不得不取消帝制，不久病死。时人认为袁世凯是服用了"二陈汤"送命的，"二陈"指陈宦、陈树藩、"汤"指汤芗铭，三人都是袁的亲信。

汤芗铭的经历非常复杂，从清朝到民国，他与孙中山、袁世凯、黎元洪、汪精卫、蒋介石等人物都有交集，经历了大动乱、大更替，尽管毁多于誉，却始终安然无恙。他既是反动军阀、官僚，抗战时又出任过伪职，最后于 1975 年 92 岁高龄善终，实在令人惊讶。

7 月 19 日，北京政府任命刘人熙暂代湖南督军。

23 日，刘人熙取消独立，召开省议会临时会，追认湖南省政府组织大纲，欲实行军民分治，并电请北京政府任命龙璋为代理省长。25 日，北京政府又任命刘人熙兼代湖南省长。与此同时，湘省军政各界公推黄兴为湖南督军，但黄无意于此，乃推荐谭延闿代替。8 月 4 日，黎元洪命令特任谭延闿仍为湖南省长兼督军，20 日谭延闿即再度回到长沙正式视事，此乃他第二次督湘。不得不说，谭延闿督湘期间，对湖南教育体制改革和事业兴起，以及对湖南教育的近代化建设贡献是极大的。督湘次年，因北洋政府调整师范布局，湖南高等师范学堂停办，杨昌济偕高师教授朱剑凡、易培基及高师校长刘宗向、教务长杨树达，联络明德学校校长胡元倓等教育界名流，呈请省政府就高师校址改设省立大学预科，得到了谭延闿的大力支持，这就是"湖南大学"的起由。

当护国战争临近结束时，蔡锷一而再、再而三地表示功成身退，决不食言。档案中留下了他多次请辞职务，并恳请尽快补发士兵欠饷的数封函电。1916 年 7 月 19 日，他在给唐继尧等人的电文中说："所谓善后问题者，俱易解决。惟关于个人之权利加减问题，最易为梗。今侪辈中果有三数人身先引退，飘然远鹜，实足对于近日号称伟人志士英雄豪杰一流，直接下一针砭，为后来留榜样，未始非善。而锷处地位，纯系带兵官，战事既了，即可捧身而退"。6 月 29 日，蔡锷在给梁启超的密电中也表示，无意再问政事，并劝梁启超不可脱然引避，"锷初意，决拟大局略定，即行引退，加以喉病加剧，亟须静养，对于政局意兴索然，殊不欲多所论列"。

蔡锷是真正为了矢志不渝的民主共和理想，"为四万万国民争人格"而战。护国胜利后，1922年12月25日，梁启超在南京学界发表《护国之役回顾谈》的演讲，回忆起蔡锷当年面对袁世凯复辟帝制时所说的话："眼看着不久便是盈千累万的人颂王莽功德，上劝进表，袁世凯便安然登其大宝，叫世界看着中国人是什么东西呢？国内怀着义愤的人，虽然很多，但没有凭借，或者地位不宜，也难发手。我们明知力量有限，未必抗他得过，但为四万万人争人格起见，非拼着命去干这一回不可。"这番话反映出蔡锷为反对袁世凯称帝复辟而宁愿牺牲一切的坚强决心。

在袁世凯复辟帝制活动公开化以后，打倒袁世凯成为举国一致的目标，并逐渐形成反袁联合阵线。反袁联合阵线包含了多方面的政治力量和政治派别。首先是孙中山为代表的中华革命党。此外，还有以黄兴为代表的旧国民党人和欧事研究会；以梁启超为代表的资产阶级改良派及其进步党；以唐继尧为代表的西南地方实力派；以蔡锷为代表的民初军政界知名人士等派别[1]。在护国运动中主要起领导作用的不是中华革命党，而是梁启超等进步党人[2]。

护国运动是中国近代史上一次伟大的革命，具有"辛亥革命，民国建立；护国讨袁，共和再现"的历史地位。护国运动延缓了中国半殖民地化加深的过程，避免了历史的大倒退，昭示了历史的潮流不可阻挡。护国运动促进了云南的社会发展，唤醒了广大民众的思想觉悟，推动了全国范围逐步兴起的革命高潮，是中国革命发展的又一重要标志[3]。

---

① 谢本书：《蔡锷》，团结出版社2011年版，第119页。
② 胡绳：《胡绳全书》，人民出版社1995年版，第399页。
③ 赵惠昆：《护国运动百年的启示》，载《云南社会主义学院学报》2015年第4期。

二十

❧ 黄兴、蔡锷国葬纪略 ❧

黄兴、蔡锷去世后，中华民国政府加紧制定了中国近代史上第一部《国葬法》，为他们开创了民国国葬先例，并将他们的遗体埋葬在家乡湖南的岳麓山上。国葬时，长沙百姓倾城出动、举城同悲，在东长街、南正街以及大西门码头前，到处是送行的身影，他们一起护送两位革命元勋的灵柩走向岳麓山。之后，国民政府在送行走过的街道上留下纪念——东长街改为蔡锷中路，南正街更名黄兴南路，给长沙赋予了新的地名坐标。岳麓山因岳麓书院办学千年，成就湖湘文脉。近代以来，继陈天华、蒋翊武、焦达峰等人之后，黄兴、蔡锷两位中国近代民主革命先驱入葬岳麓山，为这座名山增添了文化厚度，散发出精神的光芒。

黄兴、蔡锷是中国近代史上影响巨大的人物，前者为中华民国的缔造者，后者为中华民国的再造者。黄兴于 1916 年 10 月 31 日病逝于上海，终年 42 岁；蔡锷于 1916 年 11 月 8 日病逝于日本，终年 34 岁。

蔡锷、黄兴相继国葬于湖南省会长沙，一是因为他们在旧民主主义革命时期地位声名显赫，功劳巨大；二是因为他们都是湖南人；三是因为他们之间有着深厚的战友之情。

在岳麓山风景区南大门两旁，有当代女书法家周昭怡撰写的巨幅对联"学正朱张一代文风光大麓；勋高黄蔡千秋浩气壮名山"，就是指宋儒朱熹、张栻曾在书院讲学，山上还建有近现代革命志士黄兴、蔡锷的陵墓。

蔡锷与黄兴早年同时留学日本，为维护中华民族的独立奔走于异国。1907年，他们共同秘密计划镇南关起义。1913年蔡锷任云南都督时，黄兴曾致信言及当年事，有"寄字远从千里外，论交深在十年前"之句。当蔡锷在四川病重，黄兴几次去电催蔡出川就医。1916年8月28日蔡锷抵达上海时，黄兴派儿子黄一欧到码头迎接，并以重病之身前去探望，谁知这次在沪的见面竟成永诀。9月，北京国务院颁布了授勋令，对有勋劳于国家或社会者授予勋位。勋位分一等大勋位、二等勋一位、三等勋二位、四等勋三位、五等勋四位。孙中山被授予大勋位，黄兴、蔡锷等人被授予勋一位。1916年10月31日，黄兴因胃溃疡病发而逝。蔡锷闻讯后在病床上当即撰写了挽黄兴的祭文、电文、挽联各一，并函托上海的朋友代表他前往祭奠。其中挽联为："以勇健开国，而宁静持身，贯彻实行，是能创作一生者；曾送我海上，忽哭君天涯，惊起挥泪，难为卧病九州人。"据说，这是蔡锷的绝笔。

当黄、蔡逝世的噩耗传出后，全国上下深为悲痛。民国大总统黎元洪对二人去世表示惋惜，作联道"正倚济时唐郭李；竟嗟无命汉关张"，对黄、蔡一生给予极高的评价。同时，以黎元洪为首的北京政府对两公逝世十分重视，除派专人到当地协助料理后事外，经国会议决，为黄兴、蔡锷举行国葬，明令孙中山、唐绍仪、李烈钧、蔡元培等为主丧人。谭延闿督湘时的湖南省议会决定拨付16万元为营葬经费和铸铜像建设公园。成立两公国葬筹备处，下设黄兴、蔡锷营葬事务所，对出殡规模、经过路线、码头选择、船只调配进行了充分的准备工作。为了使两公灵柩顺利抵达墓地，组织人员对河西乡村大路和上山道路进行加宽。同时，派出工程队对两公墓地按设计日夜施工，力保如期完成。岳麓山上山古道原经爱晚亭攀清风峡，峡谷峻险难上，行人视为畏途。1917年春，决定黄、蔡国葬岳麓山后，始筑马路绕出峡外，后迭经加修，更为平坦。其实，1917年4月黄兴蔡锷国葬在岳麓山上，改变了岳麓山的一些地貌。比如，当年修岳麓山大马路时，把响鼓岭挖平了一些；麓山寺后原为一片溪流纵横的洼地，修蔡锷墓时移山填谷，将这片谷地抬高，筑起壮观的蔡锷墓。

蔡锷是 1911 年辛亥革命的一位年轻都督，又是 1915 年反袁称帝的护国名将。1915 年冬，他离北京赴昆明举兵反袁之前，已患喉症。在川南作战半年来，因军务繁忙，病状日益严重。反袁战争结束后，经北京政府批准给假，于 1916 年 9 月东渡日本，住入九州福冈医科大学医院治疗。10月 31 日，其同乡好友黄兴在沪病逝，蔡锷骤闻噩耗，"哀悼竟日"，病情急剧恶化；延至 11 月 8 日，竟以喉癌不治而与世长辞，年仅 34 岁。临终前，他口述遗愿四款：一、愿我人民、政府协力一心，采取有希望之积极政策。

蔡公松坡遗像

二、现在各派意见多乖，竞争权力，望为民望者以道德爱国。三、此次在川阵亡及出力人员，恳给罗佩金、戴戡核实呈请恤奖，以昭公允。四、锷以短命，未能尽力民国，应为薄葬。弥留之际，他所想到的仍是祖国的前途以及为护国而献身的官兵，而毫不顾及个人。

蔡锷的不幸逝世，是民国的一大损失。正如其同乡李剑农 1943 年 7 月在为《蔡松坡先生遗集》所撰序言中所指出的："袁以僭帝不成死，公亦以劳瘁殒其身……岂公之不幸耶，亦民国之大不幸也！"蔡锷病逝的噩耗传至国内，举国一致悼念。对他深为赏识的老师梁启超悲恸欲绝，在挽联中这样写道："国民赖公有人格，英雄无命亦天心！"在他逝世的最初数日，北京众议院及广西省议会等休会一日志哀，大总统黎元洪下令给银治丧，梁启超、唐继尧、刘显世、罗佩金、吕公望、朱庆澜、任可澄及倪嗣冲、赵倜、曹锟、李纯等南北军政要员先后敦促副总统冯国璋领衔联名电请中央从优给恤。为了表彰蔡锷创建与捍卫共和的伟大业绩，被袁世凯非法取缔的国会复会后，决定以国葬仪式安葬蔡锷。

11 月 10 日，谭延闿致电各省，首先提出为蔡锷举行国葬，以表示崇敬。其电云："溯自辛亥以来，此公义旗首拔，艰险备尝，缔造共和，厥功最伟……国家追念元勋，自应赐予国葬，并于立功省份特建专祠暨择地立铜像，遗族从优议恤，庶足以示尊崇而昭激劝。"

11月12日，梁启超致电冯国璋及西南各省，赞成赐予国葬："松坡之殁，全为积劳，真所谓尽瘁国事，死而后已。综其生平德性及数载勋劳，求诸史乘，实罕伦比。谭督军拟为请国葬，此公实当之无愧……仍乞采诸公提议，再挚衔联各省长吁请，赐予国葬，并于京师及立功省份建祠铸铜像。"另外，吕公望、刘显世、陆荣廷、唐继尧、罗佩金、陈树藩、任可澄、朱庆澜等人也先后电请中央赐予国葬，并建祠铸像，以垂永久。

11月16日，唐继尧电告梁启超，已派代表缪延之赴日接灵，并致奠仪五千元，"聊表哀悼微忱"。

11月19日，黎元洪复电，以众望所归，表示将为蔡锷举行国葬。略谓："蔡松坡民国良将，共和殊勋，积劳病故，理宜隆以国葬，以示崇报……史馆立传，自属当然。并建祠铸像各节，一并交院议办矣。"次日（11月20日），国务院也声称："国葬条例已提交国会核议，国葬问题即将获得解决。"

1916年12月，中国驻日大使馆公祭蔡锷

11月24日，蔡松坡治丧事务所致电各省，即派海容舰赴日接灵。

在蔡锷灵柩运回国内之前，全国各地陆续举行追悼大会，寄托哀思。

11月16日，黄、蔡二公追悼大会筹备事务所通电各省，由各界联合发起的追悼大会，定于12月1日在北京中央公园举行。并敦请各省也仿此办理，以慰死者英灵。

21、22两日，云南在昆明忠烈祠开追悼会，各机关、街道店铺均悬旗志哀，唐继尧亲临致祭，并献祭文。同时，西南川、黔、桂等省也先后举行追悼活动。

12月1日，北京中央公园的追悼大会如期隆重举行，中央及地方军政官员，各界知名人士如李大钊等均前往致祭并敬献了挽联和祭文。蔡锷的灵柩尚待自日本运回国内安葬。

12月4日，大总统又以蔡锷"功在国家，宜隆飨食"，令派淞沪护军使杨善德于灵柩抵沪时前往致祭，以示优崇。

12月5日上午10时，蔡锷灵柩抵达上海。

蔡锷灵柩从日本到达上海码头起棺上岸

蔡锷灵柩经过上海市区

上海市民悼念蔡锷

　　蔡锷灵柩经过上海，街道两旁市民伫立、挽联林立，气氛庄严肃穆。蔡锷灵柩到达上海后，暂厝于蜀寓公所。

　　13、14 两日，蔡松坡治丧事务所在沪设灵致祭。梁启超、蔡锷师生情深非同一般，梁在会上所致祭文悲悼至极、催人泪下，又有挽联云："知所恶有甚于死者，非夫人之恸而谁为！"同时，谭延闿指派岳森、曾继梧总治丧事，赴沪迎榇回湘。至选择墓地一事，梁启超早于12月1日即致电有关方面征求意见称："松榇约支（4）日到沪。此事似不能瞒太夫人，望专人往告，并就商墓地。同人意主岳麓，公等谓何如？"

12月6日，孙中山、蔡元培也就墓地事宜致电各省，谓"松公葬地……经本日会议议决，仍主安葬湖南"。

12月17日，蔡锷灵柩在军舰护送下，由利川轮启运回湘。

12月18日，民国时期第一部《国葬法》正式公布。11月中旬以前，北京政府将国葬条例提交国会讨论后，于当日公布。《国葬法》计八条，对于享受国葬者的资格、国葬的经费及仪式等均做了具体规定。其主要内容为：凡中华民国人民有殊勋于国家者，身故后，经大总统咨请国会同意或国会之议决，准予举行国葬典礼；国葬经费五千元，由国库支出；国葬墓地由国家于首都择定相当地址建筑公墓，或于各地方择定相当地址修筑专墓，或由死者遗族自行择定茔地安葬，均由国家建立碑铭，以表彰之；关于葬仪及修墓一切事宜，由内务部派员办理；予国葬典礼者，由大总统亲往或派员致祭；举行国葬之日，所在地之官吏均往与祭；殡葬时所在地及经过地方之官署及公共团体，均下半旗，并由国家派遣军队军乐护送。

12月22日，黎元洪大总统正式下令国葬蔡锷与黄兴。其令曰："国会议决，故勋一位陆军上将黄兴、蔡锷，应予举行国葬典礼，着内务部查照国葬法办理。"

12月23日，内务部致电孙中山、谭延闿、梁启超等，探询墓址，"先在首都公墓，抑在地方专墓，或由其家属自择茔地？并请于征求确切意见后电复，以便筹办。"1917年1月1日，蔡锷灵柩安抵长沙，次日由湖南陆军第一师师长赵恒惕、督军署政务厅长范治焕主持，隆重迎入城内，暂停厝于陆军测量局蔡锷营葬事务所内，后移停于营葬事务所，并由该所筹备一切。

1月6日，谭延闿电答各省："业经官绅议决，并征遗族同意，觅定城西岳麓万寿寺后山修筑专墓，并择定三月中旬为葬期。"

蔡锷灵柩运抵长沙后不久，北京政府按照《国葬法》为之举行国葬。据《国葬法》第四条规定，关于葬仪及修墓一切事宜，应由内务部派员办理。该部鉴于

"国葬大典，事属创行，前代赐葬之礼等级区分，似不适用"，乃由礼制馆函知外交部，转令各驻外公使，分别调查其所在国的国葬制度，以资参考借鉴。

1月18日，内务部总长范源濂亲自致函驻日公馆章宗祥，请其代为调查日本国葬制度。其函云："此事（指国葬）系属创举，所有一切规制毫无，简陋则恐贻讥，铺张又难集事。东瀛国葬制度，迭经举行，祭礼葬仪，必足以资参考。务祈饬员详细调查，汇为图说。如有印行书籍，可备参考者，亦请赐置数册，寄交本部。"不久，有关国葬的祭礼葬仪，经由内务部参考中外情形拟定具体办法，并提交国务会议议决，已如上述。

内务部经呈请大总统批准，为蔡锷举行国葬时，京师由本部择地设位，通知各官署、团体派员与祭。并经礼俗司拟定致祭应行事宜：规定遥祭在先农坛举行；在坛内设事务所，由礼俗司派员办理一切事宜；设位处所应支搭彩花祭台一座、彩牌楼二座；届时应请内务总长主祭，并由部具祭文两道；各官署所派致祭各官，文职者着大礼服或两种常服，军警者着军警大礼服或军警常服。

3月10日，国葬办法既定，负责蔡锷丧事的谭延闿遂通知各省，蔡锷国葬典礼定于4月12日举行。

湖南省政府还以省会警察厅名义，向全市发出两公"出殡通告"，规定出殡日全市人民悼念的方式：（一）各居民店铺住室于十二、十五两日均应一律下半旗；（二）各居民于十二、十五两日停止嫁娶；（三）各戏团于十二、十五两日停演戏剧；（四）各经过街道于十二、十五两日禁止人力车及轿车通行；（五）各酒馆于十二、十五两日停止宴会；（六）各妓户于十二、十五两日禁止弦歌。

3月21日，内务部电告各省军政长官，举行蔡锷国葬时，各省省会也应由行政长官派人设位致祭。云南、四川等省，均按该部要求如期举行。北京政府还要求，在长沙为蔡锷举行国葬典礼的同时在北京及各省省会设位致祭，以相呼应。

如云南于4月12日在昆明的两湖会馆设奠；规定军界少校以上，政界科长以上，学界校长以上，随同致祭。唐继尧亲临主祭并献祭文。蔡、唐长期共事，情谊不谓不厚，故祭文沉痛之情，跃然于纸上："天不欲兴中国，何以生公？天苟欲兴中国，何以死公……尧之与公，同心同德，如车有轮，如鸟有翼。今成孤掌，欲鸣不得……非公无寿，乃国无福。四万万众，同声一哭。"

4月11日晚7时，长沙隆重举行蔡锷追悼大会，大总统黎元洪特派代表谭延闿，副总统冯国璋特派代表陈调元，国务总理段祺瑞特派代表温寿泉，参众两院、中央各部、各省督军省长特派代表，蔡锷生前友好李鸿祥、郭人漳、蒋百里、章士钊、胡瑛、季雨霖、石陶钧、谭人凤、孙道仁、程子楷、刘揆一、覃振、周道腴、欧阳振声等及梁启超、熊希龄、王芝祥、孙洪伊等人所派代表，湖南军政负责人并各机关、各道、各界代表参加大会。在哀乐声中，全体与会人员先向蔡锷遗像一鞠躬，接着谭延闿代表大总统黎元洪恭致花圈于灵前，行三鞠躬。谭延闿奉政府之命前往致祭，并由大总统府秘书厅为大总统撰拟碑铭一道。现场庄严肃穆，遗像两旁摆放着数以百计的花圈和挽联。其中最引人注目的是孙中山、梁启超等所敬献的挽联。孙中山的挽联"平生慷慨班都护，万里间关马伏波"给蔡锷以高度的评价。梁启超的挽联表现了生者对于死者的无限哀悼之情："吾见子之出而不见其入也，天未丧斯文而忍丧斯人哉。"黎元洪、谭延闿、范源濂等均各备有祭文。谭延闿的祭文充分肯定了蔡锷领导辛亥云南光复及乙卯护国反袁的历史功绩："奋翼滇池，蜚声腾越。专制铲除，共和建设……微服出境，重莅昆明。义旗高举，公为主盟……赤县重安，神州再奠……千秋万代，邈若山河。"另有唐继尧、谭延闿等所撰纪念墓碑铭别具一格。谭延闿在碑铭上写道："并世吾安仰，微公人尽非，作诔者谁，后有千秋视此词。"

随后，副总统冯国璋代表陈调元、国务总理段祺瑞代表温寿泉、贵州督军刘显世代表雷世魁逐一恭致花圈于灵前，行三鞠躬，并宣读祭文。追悼大会至深夜方结束。

4月12日为蔡锷国葬日。是日，苍天垂泪，松涛啜泣，长沙"全城各乐户戏院一律停止开弦，民间停止婚嫁，无论何人均不许宴会，全城下半旗三日以示哀悼"。湖南《大公报》刊登总编李抱一撰写的时评《悼蔡公松坡》：

维民国六年四月十二日，元勋蔡公松坡国葬于岳麓山之阳，四方会葬者数千人。元首以次，国事鞅掌，不能行，亦各驰一介使来。薤歌相闻，素车属道；市民空巷观礼，亦相与欷歔。呜呼，盛矣！

虽然，国人报公者，即谓此已至乎。公只手挽定共和，还诸国人，谓国人当就就业业，永保康宁也，垂死，犹以立国至计相敦勖，则公所责报于国人者可知己。今朝野陞杌，国事日不堪问，国人负公，且滋深，曾谓是戈戈小节，即足报公耶。呜呼，国人曷自省也！

上午 8 时起，长沙城内大雨如注，狂风怒号，人们纷传今日风雨太大，出殡将会改期。然而，9 时，炮声隆然，接连 5 响，蔡锷出殡如期举行。大总统黎元洪特派代表、湖南省长兼督军谭延闿率文武官员与中央特派员、各省各处代表及来宾俱躬亲执绋，经大西门向湘江码头步行送葬。此外，各国驻湘领事及军、警、绅、商、学各界参与送葬者在五六千人以上。中华民国正、副大总统，北京政府的陆军部、海军部、内务部、教育部、财政部、司法部、农商部、外交部、交通部，以及广东、广西、陕西、山西、云南、贵州、四川、福建、湖北、吉林、热河等省，岳州、衡阳、宝庆湘省各道，全国参议院，美洲国民党，粤汉铁路局，宪法研究会，中国大学等单位，都派出了会葬代表送葬。国民党知名人士谭人凤、刘揆一等，也以私人身份参加了葬礼。街道上送葬的人太多，伞具无法撑开，所有人都淋得一身湿透。

上午 9 时，在鞭炮声和哀乐声中，出殡队伍组成 28 个队列启行，走在前边的为军乐队、军队和警队，次为 150 余学校组成的学生队，学生队后面是花圈、遗物、遗像队伍，接着是工界、农界、商界、绅界、报界、学界、政界、军界、各团体、外宾、省外各代表组成的队伍，然后是蔡公灵柩及亲友、遗族队伍，最后为二连军队殿后护卫。

出殡队伍从藩后街出发，经东长街、贡院东街、贡院西街、督军署、小东街（这里是蔡锷生前就读过的时务学堂所在地），沿福胜街、西长街出大西门，至中华汽船码头，然后分别从新码头、汽船码头、金家码头、义码头乘船过江。蔡公灵柩由南咸号轮拖运，沿江上驶，绕道水陆洲再由小河转下二里许，在岳麓书院附近码头上岸。

虽然大雨如注、泥淖没踝，但送葬队伍全然不顾，毫无倦容，秩序井然，沿途观者如堵。中午时分，送葬队伍行至渡江码头，河岸上早已白布扎成一坊，前书"英雄逝水"四个大字，后书"天柱双倾"四个大字；联云："旧事重提，伯仲勋名怀击楫；万方多难，苍茫风雨泣同舟。"

岸边停泊多艘军舰及各种小船，均为载运会葬官绅所预备，另有一艘经精心安排、运载蔡锷灵柩的大船，也已由白布围绕，上悬一额曰"若济巨川"，联云："四方来者，于此观礼；九原可作，知者是谁"。

由于风雨交加，江水汹涌，为安全起见，蔡锷营葬事务所只得临时通知原定运载送葬人员过江的小船一律停开，中央特派员、各省各处代表及长沙各机关主管长官乘军舰渡江，恭送蔡锷灵柩上山。其余参加送葬的各界人士只得临江而返。

蔡锷国葬此后的盛况，当时有记者作了较为详细的报道：

……

移时，谭兼督至，即用南咸船拖载柩船，放炮多响，解缆齐发，绕道上水陆洲，再由小河转下二里许，于岳麓书院对河冒雨上岸，先由一二师拨派军队数连沿途弹压，上岸布置，仍如原状。谭兼督披雨衣、着皮靴，率同外宾、各界代表徒步先遗族、灵柩而行，左右前后皆分布军队随护。二时许，灵榇抵墓地，由曾总办指挥妥厝墓内，设祭案、陈祭品如仪，旋由大总统特派官谭延闿率同各会祭

蔡锷墓

官员计二十余人致祭，派范治焕为赞礼官，袁家普为读祭文官，曾总办率各军官立于案左，美领事詹森率同驻湘美国官绅四五人立于案右，鸣葬炮十七发，奏军乐，如仪行礼，礼毕，退位仍各乘原船而归。时已钟鸣五下矣。

蔡锷是辛亥革命以来国葬第一人，故史称"民国之有国葬，实自松坡始"。

蔡锷墓于 2006 年 5 月被公布为全国重点文物保护单位。墓地外围为麻石挡土护坡，辅以石砌围栏，周围筑有围墙。墓的正下方是花岗岩圆形墓座，墓座上面立有棱形墓塔，正面嵌以"蔡公松坡之墓"碑。围栏上刻有湖北、湖南、吉林、新疆、陕西、福建、贵州、热河等各省省长、督军献赠铭文及 1917 年（民国六年）4 月 26 日建墓亭志文，墓区空旷，庄严肃穆。

1916 年 10 月 31 日凌晨 4 时，黄兴突发胃出血，救治无效，病逝于上海寓所，时年 42 岁。孙中山闻之大为哀痛，亲自领衔主持丧事，并留挽黄兴联云："常恨随陆无武，绛灌无文，纵九等论交到古人，此才不易；试问夷惠谁贤，彭殇谁寿，只十载同盟有今日，后死何堪。"章太炎也写下一副著名的挽联："无公则无民国，有史必有斯人。"于右任作挽联："谤满天下，泪满天下；创造共和，再造共和。"杨度虽与黄兴政见不同，但通过挽联对黄兴给予了客观评价："公谊不妨私，平日政见分驰，肝胆至今推挚友；一身能敌万，可惜霸才无命，死生自古困英雄。"

临终之际，黄兴仍不急不慢交代后事。留下来的临终遗言里面，他想到的都是别人。

第一是国事。他说，国会要抓紧健全立法，中国的道路要靠制度来解决，靠人是不可靠的，国会要立法。法立而后政治才能上轨道，行政才能有秩序，不纷乱。

第二是亲密战友。宋教仁是黄兴的战友和死党，虽然遇刺身亡，但陵墓建设等后续工作还没有完成。他说："宋教仁的墓，谭人凤在负责，还没有修好，你们要帮助把这件事做完。"

第三是昔日故友。胡瑛是黄兴早期的同志、兄弟，后来成为支持袁世凯称帝的"筹安六君子"之一，少年英雄堕落成了袁世凯的吹鼓手。最后洪宪帝制失败了，胡瑛被众人所弃，穷困潦倒。但黄兴临终之际，想到昔日故友，他交代："你们要照顾他，他现在快要饿死了。饭还是要给他解决。"

这是他留下的最后三句遗言。

1917 年 4 月 15 日，是黄兴国葬出殡日，组织形式与蔡锷同，唯因雨停转阴，故送葬者较蔡锷为多。省外会葬代表与蔡锷相同。华侨也派了代表前来会葬。

上午 9 时，黄兴出殡队伍由学院街出发，经南正街、走马楼、南阳街、府正街、福星街、西长街出大西门至中华汽船公司码头，送葬队伍分别从几个码头乘轮过江。黄兴灵柩仍由南咸轮拖运，船上行绕水陆洲后，再进小河下行二里许，在岳麓书院附近码头依次上岸，计

黄公克强遗像

渡河送葬者达 6000 人以上。英、美、日三国官绅大多数送葬上山。下午，灵柩安全运抵岳麓山顶黄兴墓地，以谭延闿首领主祭，各部、各省、各处代表及外国来宾陪祭。礼毕，鸣炮 17 响，哀乐声起，黄兴灵柩徐徐降下墓内，予以安葬。

当年参加黄兴葬礼的日本友人宫崎寅藏撰文记述了葬礼的悲壮场景：

15 日早晨，雨过天晴，碧空如洗，都认为是不冷不热的理想天气了。上午 9 时，灵柩如时起运，按军乐队、军队、警察、学生、各机关团体、省外代表、外宾的顺序出发，接着就是生前好友执绋，灵柩后面是遗族，在灵柩旁边护卫的是军队的高级将领和旧日部下随从等。大家在狭窄的街道中缓缓行走，拥挤不堪，迟迟不能前进，距河岸不足 1 公里的行程，费时达两小时之久，到达河岸后，由接待员引导到指定的码头乘船渡河。十艘小火轮，有六七艘都挂着各自的军旗，搭载官兵，慢慢地引导，最后的小火轮悬挂青白布，载运灵柩，乐队在后面奏着哀曲，实在悲壮极了。灵柩到达河西岸时，礼炮声大作，和以鞭炮声，更显得悲壮。由此往岳麓黄公墓地，不到 3.5 公里，先行者已到了半山，队尾还未启动。直到午后 3 时灵柩才到达墓地，安放在 5.45 米、上面堆积约 1.21 米的水泥土的

国葬黄兴时，国内外不少名人来到长沙，登上岳麓山。在黄兴出殡时，外宾中最悲伤的是黄兴的日本友人宫崎寅藏。黄兴在日本时，他收留了黄兴的儿子黄一欧，以免黄兴有后顾之忧，他自己虽然穷得吃豆腐渣，却总是给黄兴一家张罗米饭。黄兴写下"儒侠者流"条幅，至今仍然保存在宫崎寅藏的故居。宫崎寅藏也是孙中山的好朋友，曾参加孙中山的中华民国临时大总统就职典礼，为中国人民所熟悉。在黄兴下葬前后，宫崎寅藏甚至在长沙停留了3个月。湖南省立第一师范学生毛泽东、萧植藩（即萧三）联名致函宫崎寅藏，信中称："久钦高谊，觌面无缘；远道闻风，令人兴起。先生之于黄公，生以精神助之，死以涕泪吊之。今将葬矣，波涛万里，又复临穴送棺。高谊贯于日月，精诚动乎鬼神，此天下所希闻，古今所未有也。植藩、泽东，湘之学生，尝读诗书，颇立志气。今者愿一望见丰采，聆听宏教，惟先生实赐容接，幸甚幸甚！"

三年前，黄兴曾回过一次家乡。那是1912年10月31日，曾受到各界群众数万人欢迎。1912年10月11日，已为民国大总统的袁世凯电告黄兴，授予勋一位。黄兴复电辞拒不受，指出："民国肇造，烈士堪悲。国庆纪念，弥增感痛。兴历年奔走，幸保余生。分所应为，何勋可纪？"黄兴决计回湘考察实业，10月23日自上海乘楚同舰启程返湘。25日为黄兴39岁初度，他在船上积感成七律一首：

> 卅九年知四十非，大风歌好不如归。惊人事业随流水，爱我园林想落晖。
>
> 入夜鱼龙都寂寂，故山猿鹤正依依。苍茫独立无端感，时有清风振我衣。

据《民立报》驻湘记者报道："十月三十一日，黄克强先生抵湘。午前八时，谭都督、王军统及各司长、军警商学会团人员齐集黄兴门①外义渡码头趸船。当时观者如堵，不下七八万人。一时三十分，黄先生抵岸，舢板升炮二十一响以表欢迎，都督登船略叙寒暄数语，先生登岸……与谭都督并辔入城，径赴行辕，休

---

① 当时，湖南各界为纪念黄兴开国勋绩，特改德润门为黄兴门、坡子街为黄兴街，后因叶德辉等守旧人士极力反对而作罢。

息片刻。各界欢迎先生者皆在教育会场等候，先生即往教育会场。首由仇君鳌略致欢迎词……继由先生演说，略谓：余去湘已八年，今日承父老兄弟之欢迎，予心滋愧。但予尚有许多话与父老兄弟一谈，今日为时过迟，又地大不能听之明晰，余居湘尚久，俟异日徐徐谈论，今日道谢而已。"

在长沙，黄兴出席了国民党湘支部、湖南军警界、湖南圣公会、湖南政界、共和党湘支部、旅湘湖北同乡会、湖南学界、省会提倡国货会、湖南烈士遗族、明德学校、湖南商务总会、湖南光复同志会等欢迎会，均发表演说。又与郭人漳等发起成立湖南五金矿业股份有限公司，与谭延闿等发起成立洞庭制革股份有限公司，与龙璋等发起成立中华汽船有限公司。

11月14日至21日，黄兴偕陈嘉会等赴湘潭、醴陵、萍乡、安源等地考察矿务。12月上旬回凉塘故居小住几日后，于16日离湘赴汉。黄兴在长沙期间还创办了湖南贫儿院，专收烈士遗孤和赤贫儿童入学，以忠孝、仁爱、信义、和平为训育原则。1950年贫儿院由长沙市政府接管，其遗址为位于今长沙市天心区回龙山的黄兴小学。

1988年1月13日，黄兴墓被公布为第三批全国重点文物保护单位。墓区中建有四棱形墓塔，高10余米，由整块花岗石雕琢而成，状如一柄浩气纵横的丹心碧剑，东面的中央嵌有"黄公克强之墓"的紫铜墓碑。墓制仿照华盛顿总统墓葬规格，墓碑四周建有护栏。墓地地势高峻，安睡的英灵和醒着的墓碑，正好遥对古城长沙。1948年程潜主湘时，将当年黄兴出殡经过的主干道南正路延伸修至先锋厅，命名为黄兴路。2004年，黄兴诞辰130周年之际，黄兴墓得到修缮，恢复了原有的各省省长督军吟咏黄公的诗文碑刻。

黄兴墓里面，只有三样东西：一是他曾经用过的一把指挥刀，那代表他戎马生涯所有的光荣和梦想；二是儿子送给他的纪念品，南京之战时缴获的一个炮弹筒；三是生前用过的笔筒。黄兴就带着这三样东西下葬在岳麓山。

正是黄兴、蔡锷辛亥一代革命先行者以前仆后继、不屈不挠的英勇奋斗推翻了统治中国260多年的清王朝，结束了延续2000多年的封建君主专制制度，在神州大地石破天惊地创立起民主共和国。尽管后来袁世凯北洋军阀集团窃取国家政权，"中华民国"名不副实，但是有这个名和没有这个名却大不一样。正如参加过辛亥革命的林伯渠同志所说："有了这个名，就是民主主义成了正统。过去专制主义是正统，神圣不可侵犯，侵犯了就要杀头。现在民主主义成了正统，同样取得了神圣不可侵犯的地位，侵犯了这个神圣固然未必就要杀头，但为人民所抛弃是没有疑问的。"[①]从辛亥首义、民国建立起，民主共和逐渐得到全国人民的公认，任何反动势力实行专制独裁，都会遭到社会舆论的谴责和人民群众的反抗。中华民族在政治上和思想上第一次自觉地实现了争取独立、民主、自由的腾飞。

关于黄兴有以下纪念地：

1. 黄兴墓。

位于长沙岳麓山云麓峰左小月亮坪。黄兴墓的设计建造是在民国《国葬法》颁布之后（1916年），此前中国并无真正意义上的国葬。建成后的黄兴墓，其方尖形墓碑如宝剑刺穿，这一形式从外观上迥异于中国旧有的碑坊、石碑、塔等形式，19世纪时曾被美国国父乔治·华盛顿的纪念碑所采纳，似能寓意黄兴推翻清朝旧政权、首创共和新政体的革命经历。这一新的形式还适合从四面观看，

黄兴墓

---

① 林伯渠在孙中山先生诞辰九十周年纪念大会上的讲话，1956年11月11日。

武汉武昌公园黄兴铜像

上海黄兴公园黄兴铜像

长沙黄兴路黄兴铜像

广东孙中山纪念馆黄兴铜像

符合民国时期新的纪念物教育参观者的要求。

2. 黄兴铜像

目前国内有四处。第一处位于武汉武昌公园蛇山顶，1932 年筹建，1933 年完成，是近代武汉继武昌、汉口孙中山像之后的第三尊城市雕像，也是中国城市早期的纪念雕塑尝试之一。另三处分别位于上海黄兴公园和长沙黄兴南路步行商业街北街口，以及广东孙中山纪念馆内。

3. 黄兴纪念碑

位于武汉市武昌阅马广场南端的"拜将台"纪念碑。1911 年 11 月 3 日，湖北军政府都督黎元洪在此任命黄兴为战时总司令。原台系木板临时搭建，1928 年于旧址附近建筑一座八角形木亭。1948 年因亭毁，辛亥首义同志会正式建亭立碑。1955 年武昌区人民政府改建时仅存碑。

4. 黄兴故居、黄兴公园

黄兴故居位于长沙县黄兴镇杨坨村凉塘，1988 年与黄兴墓一起被列为全国重点文物保护单位。2001 年，上海黄兴公园建成，2004 年黄兴诞辰 130 周年，

武汉"拜将台"纪念碑

上海黄兴公园举行了黄兴铜像揭幕仪式。

5. 黄兴路

上海、武汉、长沙都有。1947年，长沙将1933年竣工的南正路向北延至先锋厅，并改名"黄兴路"。工程于1948年底竣工。2002年建成黄兴南路步行商业街。

长沙县黄兴故居

上海黄兴公园

二十一

"护法运动"岳麓山人物纪略

护法运动,又称"护法战争"。所谓"护法"指的是护卫《中华民国临时约法》,打倒北洋军阀专政的虚假共和,重新建立新生共和的民主法统。1917年7月到1918年5月21日,以孙中山为首的资产阶级革命党人为维护临时约法、恢复国会,联合西南军阀共同进行了反对北洋军阀独裁统治的斗争。护法战争各战役主要地点在湖南、湖北、四川。由于军政府内部对元首制与合议制政府的组成形式有分歧,当军政府由元首制改为合议制时,孙中山离职出走。护法运动以失败告终。

1917年2月,在第一次世界大战是否对德国宣战的问题抉择上,大总统黎元洪与总理段祺瑞发生了"府(总统府)院(国务院)之争"。随后,黎元洪免去段祺瑞的国务总理职务,段退避天津从事倒黎活动。黎元洪由于实力不足,请张勋率辫子军"进京"调停争端,未料张勋另有所谋。

1917年7月初,张勋拥清废帝溥仪复辟,孙中山极为愤怒,偕廖仲恺、朱执信、何香凝、章太炎等人乘"海琛号"军舰从上海南下,准备在南方组织武力讨伐。孙中山尚未到达广州,复辟丑剧即告结束。这场复辟将民国以来的两大统治权力体系统统彻底打翻,直接导致段祺瑞的复出和皖系、直系两大军阀集团的崛起,是中华民国历史上一个极为重要的转折点。重新掌握北京政府大权的段祺瑞，在梁启超、汤化龙、林长民、汪大燮等宪法研究会成员的鼓噪下，态度十分顽固，拒绝恢复《中华民国临时约法》和召集国会。在这种情况下，孙中山便将斗争矛头直指以段祺瑞为代表的北洋军阀。7月17日，孙中山抵达广州，当晚发表演说，明确提出"护法"的宗旨是打倒假共和、建设新共和，并呼吁各界奋起为护法而斗争。

最早响应孙中山护法号召的是海军总长程璧光，率第一舰队共十艘军舰，于8月5日到达黄埔，同行者有唐绍仪、汪精卫等。当时控制滇、黔两省的滇系军阀唐继尧也为对抗段祺瑞，保存地盘并向四川扩充势力，于8月11日通电加入护法行列。旧国会议员响应孙中山择地另开国会的号召，纷纷南下赴粤。至8月中旬，到达广州的国会议员已达150余人。

8月18日，南下议员在广州商讨召开国会会议。

25日，国会非常会议（即非常国会）正式开幕，31日通过《中华民国军政府组织大纲》，决定成立中华民国军政府。

9月1日，非常国会选举孙中山为海陆军大元帅，陆荣廷和唐继尧为元帅。

10日，孙中山宣誓就职。同日，非常国会通过了军政府各部总长名单，外交：伍廷芳，财政：唐绍仪，陆军：张开儒，海军：程璧光，内政：孙洪伊，交通：

1917年8月25日，国会非常会议开幕

段祺瑞（1865—1936）

胡汉民，军政府参谋总长：李烈钧，大元帅府秘书长：章太炎。

军政府的人事安排，体现了中华革命党人主动与西南实力派以及国民党稳健派合组护法军政府的愿望。但是陆荣廷与唐继尧等追求的，是建立护国战争时期军务院那样的合议制政府，按各方实力排定座次，实现他们称霸西南的野心。而军政府却采取了元首制，树立了孙中山在护法政权中的领导地位，他们反而成了配角。所以陆荣廷与唐继尧对军政府的组织原则及选举结果都非常不满，均不肯就元帅职。伍廷芳、唐绍仪、程璧光、李烈钧等国民党稳健派人士为求得与西南实力派的合作，也赞成合议制，故这四人也不肯就职。于是孙中山任命了一批中华革命党的骨干和原同盟会或国民党的激进分子代理各项工作。这样，军政府实际上成为中华革命党力图领导护法运动的资产阶级政府，从而决定了它必遭西南军阀的反对而难以长期存在下去的命运。

军政府的成立，标志着护法运动高潮的到来，也标志着南北对峙局面的形成。段祺瑞继承袁世凯武力统一中国的衣钵，决心以北洋武力镇压西南护法，挑起第二次南北战争。其军事战略有两个重点：一是对湖南用兵以制两广；一是对四川用兵以制滇、黔。

段祺瑞鉴于湖南地位的重要和谭延闿的骑墙态度，于8月6日胁迫冯国璋任命傅良佐为湖南督军，仍着谭延闿留任省长。

谭延闿趁原任零陵镇守使望云亭请假赴京，急派刘建藩前往任署理这一职务。因为刘建藩积极主张反段，而零陵有十二营军队，其中上级军官均为刘的旧属和学生。谭延闿下这一着棋子，目的在假手于人，抗拒属于段派的傅良佐。

9月5日，傅良佐到达长沙，省内原驻北军除山西混成旅商震部及安武军一部外，北军第八师师长王汝贤、第二十师师长范国璋也开入省境。此时湘军正规军有两个师的兵力，第一师师长赵恒惕丁忧回籍，由第一旅旅长李佑文暂行代理，驻扎长沙、湘潭、衡山一带；第二师师长陈复初，驻扎长沙、宝庆一带。谭延闿在交付督军印信后，借故回籍扫墓，实则离开湖南，到上海去了。

9月9日，傅良佐率北洋军到湘就职后，下令免除原同盟会会员、零陵镇守使刘建藩和驻衡阳湘军旅长林修梅的职务。

傅良佐（1873—1924）

17日，傅良佐就职，保举新任财政厅长周擎祥升任湖南省长。他发表谈话，认为只要实施"三字诀"——"清、慎、勤"，就可在一年之内把湖南治安搞好；又谓自己生平办事向来"我行我素"，对于人民群众或新闻记者前来求见，"一概不予接见"，上任伊始就显露了他的专横。

18日，刘建藩（号崑涛）和湘军第一师第二旅旅长林修梅（号浴凡）突然联名通电，宣布衡、永独立，两处起义军迅速控制了湘南二十四个县，并通电全国，揭露段祺瑞的罪行，公开宣布与段祺瑞政府脱离关系，与海军、两广、云南各省一致行动，"保持正义、与国存亡"，由此揭开第二次南北战争（护法运动）的序幕。此举本已弄得傅良佐非常被动，这时孙中山得知刘、林起义护法，无比兴奋，于当天发来电报，表示支持。孙中山电文中称"重奠共和，大局实利赖之"，并派林伯渠（与林修梅系堂兄弟）回湖南前线慰问起义将士，随后又密派程潜自广东来到湖南边境，运动护法力量。刘、林本身也希望获得护法军政府的援助，于是推举程潜为湖南护法军总司令，谢晋为秘书长，宣布湖南独立。同时，护法军大肆宣传两广即有大军开到，以便鼓舞军心，防范傅良佐的反攻。西南护法各省将湘督易人看作北洋派进军西南的信号。

10月3日，孙中山正式下令讨伐段祺瑞等民国叛逆。湘省护法军组成以程潜为首的湘南总司令部，粤、桂、湘三省护法军的总目标是会攻长沙。其实这时护法军尚未部署妥当，力量极为单薄。

此时，段祺瑞也向北洋军下达了讨伐令，傅良佐任命第八师师长王汝贤为湘南司令、第二十师师长范国璋为副司令，分三路讨伐湘南。分由湘潭（正面）、湘乡（右路）、攸县（左路），三路向衡阳进击，同时并以重金收买湘军第一师第一旅旅长李佑文，率领所部充当北军先锋，在湘乡界岭、湘潭西倪铺之间，与林修梅所部接触。李佑文所部团长宋鹤庚、廖家栋在领到傅良佐拨发的巨额军饷后，立刻投归护法军。护法军新增两团兵力，方才站定了脚跟。

10月6日，北洋军和湘南护法军在湘潭西倪铺接战，护法战争正式爆发。程潜在零陵一面致电广州护法军政府及两广当局请援，一面也分衡山（中路）、湘乡（左路）、攸县（右路），三路出师应战。南北两军在宝、衡之间遭遇。北军猛攻，护法军首战不利，向后退却，情势危急。然而省城方面也谣言极多，传说界岭北军伤亡很大，或说西倪铺失守了，或说陆荣廷所部桂军又开到零陵了，而湘西方面张学济所部也传闻已经宣布独立。

傅良佐一面宣布省城戒严，一方布告安民说：刘林称兵肇乱，纠集乌合横行。大军分途进剿，交绥迭报捷音。界岭夺得要地，西倪击走敌人。密探永州附近，并无桂军来侵。衡宝均经得手，指日可告肃清。属于湘西方面，一律镇静安宁。省城戒备严密，商民勿得相惊。

傅良佐履任伊始，各方风吹草动，虽然前方暂时打了胜仗，但心里不知如何是好。

衡宝战事发生后；湘军纷纷退却。程潜眼见目前局面就要分崩瓦解，只得冒险亲赴前方，收容溃兵。

10月11日，他行至萱洲河，遇到第一师一个整团狼狈向南逃奔。这支队伍并未上阵，且无任何损失。程潜严令停驻本地候令，并集合官兵讲演护法意旨，重申军纪，不许无令后撤。萱洲河一带山地，左倚南岳，右临湘江，丘陵起伏，形势险阻，是个绝好的要隘。于是，他决定就地构筑临时堡垒，抵抗北军。

护法军军心既定，莫不严阵以待。北军王汝勤、范国璋占领衡山以后乘势南进，不意赶到萱洲河附近，受到护法军顽强阻击，乃逐渐向左右延伸，战线长至30余里。两军激战八昼夜，短兵肉搏拼杀。

10月13日，北军终为护法军所败，尸横山谷，锐气顿挫，此役以后，北军同样构筑堡垒，双方每三四日发动一次冲锋突击，均未得逞，逐渐形成胶着局面。

程潜将萱洲河的胜利报告护法军政府和两广当局，请求援兵。陆荣廷虽然有野心，想要占领湖南地盘，初见湘南举事，力量单薄，不能冷眼旁观，及至接得捷报，于是决定出兵援湘。经与湘、粤两省往返电商，乃令广西督军谭浩明为护法军联军总司令，粤、桂同时出军，于是南军形成大联合，一律皆称"护法军"。

萱洲河两军坑壕对抗，反复冲杀，旷日持久，未决胜负。护法军攸县方面原归刘建藩担任防务，江道区司令黄岱素称骁勇善战，组织游击队渡河扰乱北军后方，不幸遇伏阵亡。

10月20日，粤军邱昌渭部、武卫军马济部和桂军贲克昭一部开赴前线，湘军获得支援，士气更加振奋。消息传到北京，段棋瑞感到事变日亟，电促湘乡右路部队进攻邵阳。

10月28日，自江西开来的晋军商震一旅和安武军一部占领了邵阳。

10月30日，林修梅率领所部并得到桂军韦荣昌部配合，冒雨奇袭，一鼓作气，将邵阳收复。晋、皖两军不明对方实力，且战且走，林、韦跟踪追击，在永丰、湘乡间连日展开激战。安武军大部逃出重围，商震旅完全缴械。

11月上旬，王汝贤、范国璋听到友军败报，惶惶不安。自10月以后，湘中、湘南一带天气陡变，秋雨滂沱，护法军是本地人，习于气候，依壕守望，无所痛苦。北军感染潮湿，疫病流行，因此军心动摇，人有怨言，逐渐丧失了作战的信念和战斗力。

傅良佐主要依靠王汝贤、范国璋的力量支持其统治地位，但王汝贤又别有野心，长期逗留在长沙，不上前线，只派他的兄弟王汝勤一旅参与前线作战，主力却屯驻湘潭，并经常假造电报，夸大战事危机，想逼使傅良佐让出都督之职，改由他担任。

王汝贤获悉前方情况后，立刻下令王汝勤转移株洲阵地，范国璋势单力孤，也不得不随同后撤。护法军闻北军退去，下令各路各团无分昼夜，追奔逐北，很快即追到湘潭、株洲一带，包围了王、范两师。北军措手不及，被俘虏二万余人，丢失枪炮、子弹、军需、粮食无数，护法军终于取得了一次大的胜利。

11月14日，傅良佐以败变出于意外，同周肇祥自长沙星夜逃走。王汝贤通电停战，并组织"湖南维持军民两政办公处"维持秩序，不想恋战下去；同时，推定地方绅士多人前往湘潭，致函谭浩明、程潜，请求暂缓前进；又以"两政办公处"名义布告安民说：南北议和，大局将平。共和幸福，定将有成。湖南各界，出面调停。王范司令，担任安宁。军民两政，公议施行。军警巡缉，安慰人心。放火抢劫，格杀弗论。特此布告，勿怖勿惊。

但是，前方北军一批一批退到长沙，每来一批，无不公开抢劫一次，暗中又勒索一次。而程潜率领刘、林两军，前锋已经直抵长沙城沿。王汝贤等人只好在次日也退出省城了。

11月16日，程潜抵达省城，地方各界开会推举他担任湖南省长，正欲通电就职，不意驻在衡阳的谭浩明复电表示反对。声言：督军、省长没有"中央"（指陆荣廷的护法军政府）明令，不得自举，程潜只好敦促谭浩明来省主持。

谭浩明到了长沙，擅自取消湖南省制，以联军总司令名义兼摄湖南军民两政，改行"军务""财政""民政"三厅之制。

程潜为实力所限，又鉴于大敌当前，不置可否，只好率军出驻湘阴新市。

护法军声威所播，使段祺瑞受到各方舆论的责难，不得不引咎辞去总理职务。然而护法军内部湘军与桂军之间，却发生了裂缝。

谭浩明（（1871—1925）

长沙既经护法军收复，岳州尚在北军掌握中，当湘南战斗之时，北洋政府早已派遣第十一师师长李奎元进驻岳州，及至王、范两师覆灭，又电令湖北督军王占元派王金镜第二师（缺一部）前往增援。

程潜在新市整理湘军的创伤，补充军需。他认为岳州地处要冲，临湖带江，攻守两难，如果岳州一日不复，全局未可乐观；更探得李奎元、王金镜两部军心涣散，不难一举而破。因而决定以桂军韦荣昌任左翼指挥，沿黄沙河铁道线向新墙出击；刘建藩率领所部配合粤军一部及武卫军马济任右翼指挥，扼守平江，担负湖北边境的警戒。程潜自领第一、第二两师居中央，规划进取岳州的要害白湖荡（湘阴县白湖乡），以期直捣岳州。

1918年1月22日，部署初定，便下令前进，首先在白湖荡与李奎元、王金镜主力遭遇。程潜洞察了北军指挥迟钝、行阵迂缓的传统缺点，急速冲锋陷阵，经过四昼夜战斗，北军势渐不支，全师退往湖北境内。

湘军克复岳州，左翼韦荣昌乘胜驱逐新墙河南岸敌人，挺进至河边北岸。那里的北军也仓皇逃遁，遗弃一个野炮营，桂军亦获得全胜。这次战役自1月22日起至26日结束，护法军速战速决，打败了北军，但是护法军本身也不免受了损伤。

岳州易手之前，段祺瑞与日本商妥贷得第二批借款，复经双方政客拉拢，宜、皖两系的权利争夺暂趋和缓，冯、段合作的声浪喧嚣内外。

3月23日，段祺瑞乃东山再起，重任国务总理，开始第三次组阁。南北战事方面，岳州失守，冯、段经过一番协商和整理，拼凑两系所属力量，决定由冯国璋下令讨伐谭浩明、程潜。计分五路进攻湖南：一路以曹锟为两湖宣抚使，直辖直军吴佩孚第三师和五个混成旅，统筹全局，策应各方；一路以张敬尧为前敌总司令，统率皖系第七师，正面进攻岳州；一路以张怀芝为湘赣检阅使，率领山东施从滨一师、奉军孙烈臣一师、张宗昌一部、安武军一部，由江西铜鼓和萍乡进攻湘东；一路以长江上游总司令吴光新率领直军卢金山一师、冯玉祥一旅，由湖北沙市渡江进攻湘西。以上五路北军前后方官兵按照编制不下50万人，这是北军的大联合。段祺瑞利用新得的日本借款优先购买装备补给，于是兵强马壮，各路大军由驻守点分乘京汉、津浦两路火车和长江轮船，集中在湖南与湖北、江西两省边境，浩浩荡荡杀奔湖南而来。

在广州护法军政府方面，孙中山受到掣肘。而陆荣廷态度始终暧昧，他准备随时在有利时机和北京政府议和，因而假称足疾严重，隐居南宁，实际指使莫荣新、陈炳焜控制两广，谭浩明"坐镇"长沙，仿佛天下已经太平无事了。

当时湖南方面情况有所不同，政治上虽行三厅之制，而财政由林伯渠主持，民政由易象负责，比前几届确实廉明，有一定程度的革新气氛，所以程潜出驻岳州，调度作战仍能指挥自若。

当时湘、粤、桂护法军力量，计备湘军陆军和巡防营约 23000 人，桂军巡防营约 6000 人，粤军巡防营及武卫军一部约 3000 人，总计不过 32000 人，仅北军的 1/12 强。而战线左起长江右岸，经羊楼司和平江边境，伸延到浏、醴边境，绵亘千余里。程潜以敌军压境，战机一触即发，不得不以湘军主力担任羊楼司正面防务，韦荣昌率桂军担任桃林方面防务，刘建藩和粤、桂军一部担任浏、醴边境的警戒。

3 月 1 日，湘、鄂边境的羊楼司前方开始接触，曹锟所部第三师师长吴佩孚

张敬尧（1881—1933）

和五个混成旅逐次铺开，双方相互冲杀，每一个小小据点无不经过三番五次的你争我夺，羊楼司一带的山头阵地此进彼退，苦战旬余，死伤枕藉，血染山林，附近居民壁徒一空，洞庭湖上的交通也随着战争而完全断绝。当时民间流传一首歌谣："不得归，不得归，北风何事向南吹？洞庭青草都成碧，堪叹群生性命危！"湘军终以兵力单薄，轮番应战，无以为继。

3 月 13 日，护法军势渐不支，羊楼司阵地乃为直军所夺；同时平江、浏阳、醴陵一齐告急，桃林失守。程潜下令湘军撤退羊楼司正面阵地，转移至云溪附

近，虽抽调得力部队作为后卫，相机逆击，而张敬尧忽然间道占领平江，桂军溃不成军，岳州亦告失守。桂军、粤军互不合作，武卫军司令马济暴戾无比，责难程潜不应放弃主要阵地，声色俱厉，几至内讧，程潜只得向长沙方面退却。

谭浩明自从据守长沙，利用湘军挡头阵，自己却与北洋政府信使往还，希望达成和议，巩固已经取得的地盘。他听得岳州失守、湘阴也危急万分，吓慌了手脚。

3月17日，谭浩明布告安民说："岳阳小挫，兵事之常。本帅坐镇，自有主张。渝尔百姓，各安厥常。造谣生事，立正刑章！"

20日，湘阴陷于敌，前线败兵陆续退来长沙，谭浩明仓皇无计，只好咨请英、日、美三国军舰移泊长沙关江面，防止湘军沿河进城。事实上，城内秩序已经紊乱，商肆关门闭户，居民惶惶不安。

25日凌晨4时，谭浩明纵容所部桂军在南正街、坡子街、药王街一带勒索抢劫一番，就先行撤走了。

程潜回到省城，欲待恢复市面，布置尚未就绪，北军已跟踪逼近了长沙，他也只好急忙乘轮船沿江而上。这一次退兵，湘军自岳州至湘潭沿途落队散兵三五成群，竟放枪示众，肆行抢劫。是晚八时，北军追击进城，公开抢劫更甚。

4月3日，张敬尧到了长沙，就职做了湖南督军兼省长，吴佩孚会办军务。吴佩孚部原是直军主力，自恃功高，看到张敬尧坐收渔人之利，心有不甘，即以追击湘军为名，匆忙往湘南开拔而去。

谭浩明率领桂军狼狈向广西退却，湘军全部集结潭、衡道上。程潜、刘建藩、林修梅、赵恒惕在衡山举行紧急会议，分析战况，认为今后如要确保湘南，必须选择北军薄弱的一环予以惩创，方能立足。正面张、吴兵力雄厚，难与争锋，只有张怀芝所部比较复杂，初入湘境，不难一举而破。赵恒惕因与吴佩孚已经取得联络，也前来参加，意欲利用刘建藩，以为日后和议准备条件，并与刘建藩共同担负袭击任务。程潜和林修梅则扼守衡阳。刘建藩奉令渡江，就各团区成立先锋营发动攻势。

4月3日，在醴陵泗汾、渌口等地与施从滨、张宗昌所部遭遇，激战三昼夜，将施、张及安武军一部击溃。刘建藩①身先士卒，乘胜追敌至株洲，因阻遏张、吴分兵求援，仓皇竞渡白石港，不意进军过速，落水阵亡。湘军遽失大将，赵恒惕畏缩不敢接应，折往攸县转茶陵、永兴退避。衡阳正面林修梅率领败退余部，被吴佩孚追击，节节抵御，节节失败。

4月5日，程潜被迫撤至耒阳，未及三日，耒阳又告危急，只好退保郴、桂。

北军方面，自从吴佩孚占领衡阳，即不愿为张敬尧效力，便停止前进，称雄一方。张敬尧第七师盘踞长沙，命其弟张敬汤为湖南第一混成旅旅长，扩编为师，与吴新田分守湘中各县；又派他的义子张继忠驻扎新化。冯玉祥原是直军一个旅长升为师长，留在常德，扩张兵力，成为北军在湘西的一个重点。北军内部，各怀猜忌，互不统属，大规模杀伐虽然过去了，小规模摩擦，仍在随时随地发生。湖南仍然是一个四分五裂的局面。

6月15日，直系与桂系代表签订停战协定，息战言和。

此番战争，湘军将领中以程潜、林修梅、刘建藩等打仗最为英勇，当湘军进攻岳阳时，士兵臂膀上戴着白布袖章，上面的口号为"夺得岳阳，湖南必生，不夺岳阳，湖南必死。敌人胜战，则中国亡，我胜敌人，则中国存"。

湘军将领林修梅②在护法运动结束后，曾回顾说："当段祺瑞专制时代，国会被他解散了，把神圣庄严的约法，看得一钱不值。南方各省军人，就张着护法

---

① 刘建藩（1887—1918），字崑涛，湖南醴陵人，护法军湘粤军总参谋长，陆军中将。先后就读湖北武备普通学堂、保定军官学校骑兵科，在校加入中国同盟会，1910年毕业后分配到广西新军学兵营任骑兵队队长。1911年任骑兵营管带。同年10月率部响应武昌起义，广西宣布独立。1912年4月，南北和议告成，任桂军第八师骑兵团团长。1913年7月参加二次革命，失败后避走日本，入早稻田大学研习法政。1916年返国，任湖南护国军第一军第三梯团团长、湘军第一师第一旅旅长。刘建藩牺牲后，护法军政府为纪念他的功勋，追赠他为陆军中将，国葬于长沙岳麓山，墓门题"护国元勋"。
② 林修梅（1880—1921），湖南安福（今临澧县）人，1903年考入长沙陆军武备学堂，毕业后任湖南新军炮兵营长。1906年入日本陆军士官学校。先后加入孙中山先生领导的中国同盟会、中华革命党，1921年5月任孙中山大总统府代理参军长，积极协助孙中山组织北伐军，不幸患牙痛病，误于庸医，10月15日在广州中法韬美医院病逝，年仅41岁。讣告中称："林公从戎廿载，为国勤劳，辛亥、丙辰，覆满讨袁，屡建奇绩。六年护法之役，首义衡阳，身经百战，尤著殊勋，尽瘁国家，染疾遽终，同深痛悼。"并追赠他为陆军上将。经国会非常会议决议，为林修梅举行国葬。1928年10月，他灵柩经上海运抵长沙，葬于岳麓山。有林伯渠编印的《林修梅遗著》存世。

的旗帜，先后起兵讨贼。那时段氏抱着武力平南的政策，拼命出师，首先打湖南。我想两军交战的时候，北方军人一定说，我是服从长官命令；南方军人也一定说，我是服从长官命令。这两方军人的服从，孰是孰非，若就形式上说，实在难得判明。""军队本是人民的，现在政府好像都变成特别阶级的人的护符，或因阶级关系，惹起国内战争。政府还借维持秩序的名义，欺骗军人服从，好去压迫人民①。"湘军当时由广州护法军政府指挥，孙中山实际无法过问，其命运掌握在桂系军人手中。

至于护法军进攻的对象北军，在曹锟指挥下，统以"靖乱"为名。吴佩孚、张敬尧颁布的《军人守则》首项标榜为"亲爱人民"，并谓"此次兴师，原期救人民于水火"。这样，在南北两军杀伐之下，每次无不是"南军先去，北军踵来，南军既掠而过，北军且掠、且淫、且杀而后"。

护法战争爆发后，湖南成为南北军争逐的主战场。护法战争作为民国前期最为激烈的战事之一，中国红十字会和湖南的红十字分会立即行动，迅速展开了战争救护。中国红十字会发动各界踊跃捐款或直接参与救护，在1918年7月《申报》报道称："湘民不幸罹此鞠凶，醴陵、株洲已若无人之境，宁乡、永宝几为绝粒之乡，妇女投缳，苟全名节，老稚觅死，尽赴洪流。深望四方善士，中外仁人，存己饥己溺之怀，宏物与民胞之量，慷慨解囊。"

护法战争期间，战火几乎蔓延湖南全省，以致遍地疮痍，其中尤以醴陵、株洲、宝庆受灾最重。

醴陵地处湘东要冲，南北两军掳掠烧杀，暴不可言。1918年夏，北军既将醴陵、株洲次第攻克，所至之处，店铺房屋纵火焚烧，劫掠财货，逢人便杀，热闹商场顿成焦土。据时人所辑《醴陵兵燹纪略》载：1918年4月27日，北兵在醴陵"纵兵大掠，城中财货劫索一空"，又放火烧街，"繁盛之区，一烧而尽"。

1918年四五月间，南北军阀在株洲激烈搏杀，以致株、醴一带焚杀最惨，数十里无人烟。"株洲地区较小，仅湘潭县属一、三都及长沙县属篙山镇一隅之地，纵横不过四十方里，六日之间……被北军惨杀株洲无辜百姓竟达一千二百余

---

① 林祖涵辑：《林修梅遗著》，23页。

刘建藩（崑涛）墓

人之众。"①

在战事进行中，焚毁之惨，以醴陵、株洲为最厉。醴陵第二次大火更为惨酷，由城市延烧到乡村，火势半月不熄，"环其地百余里，不见人迹者二十余日"，渌江大桥亦被北军炸毁。株洲原已渐趋繁盛，数经巷战，残破到没有一户人家，自株洲到萍乡老关，铁路线上"积尸成山，火车无法通过"。岳阳南关外一带，北军纵火焚烧民居一千数百家。其他凡为北军驻军的地方，所有门窗、板壁、梁桷、椽栋无不拆毁。宝庆亦然，据载：大抵北军每到一地，先必放枪，吓走居民，进行抄掠，然后以清水遍泼地面，见有松散吸水处所，断定必有埋藏，随意挖掘，民户无一幸免。南军大多借护法为名，沿途征募路费，如不满数，然后鸣枪抢掠。人民痛恨南军，不应以本省之人抢本省之人；又痛恨北军谓不应以国军而有扰民之事……遂致对南北军之恶感益深，政府之威信全失②。

1917年5月，"南北军阀混战，宝庆城东门一带因战事纷争，所有民宅被烧成灰烬，乱军打死无辜百姓1000余人"。10至12月，宝庆红十字会在"城内设立医院三处，综合救护受伤军官、兵民及掩埋引渡共逾千人"。1918年夏，救护枪伤难民数百人，并收埋无名死尸1000余具③。

① 叶镜吾：《戊午株洲兵祸记》，《株洲文史资料》第2辑，1982年版，第1—2页。
② 湖南善后协会编纂：《湘灾纪略》，中华书局2007年版，第112页。
③ 邵阳市地方志编纂委员会编：《邵阳市志》，湖南人民出版社1997年版，第647页。

护法战争期间，从 1917 年 11 月至 1918 年 1 月，长沙红十字会所救北伤兵有 1427 名，又 3 月 25 日起至 4 月底止救疗北伤兵 1549 名、南伤兵 717 名，总共救疗伤兵 2266 名[①]。

在护法军内部，对元首制与合议制政府的组成形式有分歧，存在不同意见。1918 年 1 月，由桂系军阀发起，成立护法各省联合会议，成为与军政府抗衡的另一政权机关。2 月，又由国民党稳健派人士出面，正式提出改组军政府的主张，并拟定《中华民国军政府组织大纲修正案》七条，其中心用意在于改大元帅单独首领制为若干总裁合议制。4 月 10 日，唐继尧率先通电西南各省，支持这一主张，提出护法各省现宜遥戴黎元洪或冯国璋为大总统，推岑春煊为国务总理，至于孙中山"则宜游历各国，办理外交"。5 月 4 日，在政学系及益友社操纵下，非常国会强行通过了《修正军政府组织法案》。当日孙中山即向非常国会提出辞呈，并发表大元帅辞职通电。他在电文中回顾护法以来的艰难历程，愤然指出："顾吾国之大患，莫大于武人之争雄，南与北如一丘之貉。虽号称护法之省，亦莫肯俯首于法律及民意之下……"

5 月 20 日，非常国会选举唐绍仪、唐继尧、孙中山、伍廷芳、林葆怿、陆荣廷、岑春煊七人为政务总裁，以岑春煊为主席总裁。改组后的军政府完全由桂、滇军阀及其附庸政学会所控制，护法成为空名。

5 月 21 日，孙中山看透了西南实力派名为护法、实为争夺地盘的面目，认识到依靠军阀不可能达到护法救国的目的，遂于当日离开广州，前往上海，护法运动宣告失败。

这次护法战争，护法军湘粤军总参谋长、陆军中将刘建藩阵亡。战争结束后谭延闿将其国葬于岳麓山，亲题"护法元勋"以彰其功绩，并在临近崑涛墓附近建有一座"崑涛亭"。民国女作家谢冰莹（原名谢鸣岗，字凤宝，出生于湖南省新化县）曾陪护二哥养病，以 7 个银元的年租，住在岳麓山附近居民家中，她一边尽心尽力侍候二哥养病，一边读她喜爱的书，有时也到山上去觅古访幽，其中"崑涛亭"是她去得最多的地方。但貌似历史上的"崑涛亭"不止岳麓山这一处，

---

① 毛双：《护法战争期间湖南红十字运动的兵灾救护》，《黑龙江史志》2014 年第 17 期。

谢晋有日记记载:

民国七年三月（1918），湘军破北虏于攸醴。零陵镇使刘崑涛（建藩）阵殁。湘人悼崑涛之殂丧，乃建亭于城之北端，勒石纪事。垂示来兹。八年秋（1919），余重来零陵，偕友人数辈登眺其上。归途赋此，以志未忘。并作《崑涛亭》诗："孤阁崔嵬镇秀峦，提携朋旧费跻攀。南天象变星辰陨，化鹤秋深涕泪殷。入世功名已尘土，中年庙貌认刀环。丰碑读罢征青史，迟日悲风凛素颜。

护法战争从 1917 年 7 月开始到 1918 年 5 月 21 日结束。不到一年时间，湖南的督军竟然换了四次。从谭延闿到傅良佐再到谭浩明，护法运动的失败，使湖南处于皖系军阀张敬尧统治之下。

张敬尧为湖南督军兼署省长，其残酷野蛮，更甚于汤芗铭。唯以搜刮民脂民膏、饱其私人欲望为事。他干脆撕毁了资产阶级革命党人所标榜的"民主""自由"等口号，向人表示说："敬尧以一介武夫，不欲假窃文明术语，欺世盗名，唯知实心治事。湘中父老昆弟，皆我子民，知我罪我，俱不具论①。"当时湖南人民称他为"张毒"，并以"朝避猛虎，夕避长蛇，磨牙吮血，杀人如麻"形容这一时期的黑暗横暴的统治。张敬尧督湘后，肆无忌惮地鲸吞湖南人民的财富，实行残暴统治，引起公愤。一位湖南人写了副对联"堂堂呼张，尧舜禹汤；一二三四，虎豹豺狼"，生动地形容了张氏兄弟在湖南称霸一方、大发横财的丑恶面目。张氏兄弟将在湖南搜刮到的民脂民膏，在安徽霍邱马店、龙潭寺一带买田几万亩，又在老家桑郓子大兴土木，修建极其华丽的督军府，并在天津置了不少房屋和地产。

1919 年 11 月，发生了日本人在福州殴伤中国学生事件，湖南学联立即发起了声援闽事惨案运动，抵制日货。12 月 1 日，长沙学生、纠察队和店员工人在火车站查出大批日货。第二天，学联联合各界在教育坪举行焚毁日货示威大会，张敬尧派出弟弟张敬汤带兵驱赶，打伤了很多示威群众。民众一腔爱国之心遭到

---

① 　张敬尧：《告全省父老昆弟书》，《湖南日报》1917 年 1 月 7 日。

冰桶浇水般从上至下的冷遇，湖南人民被彻底激怒，毛泽东与学联商议后，迅速发动起了一次大规模的"驱张运动"。

12月6日，湖南学联发动了长沙73所学校13000多名学生罢课，1200多名教职工罢教！毛泽东联合湖南在京学生、议员、名流学者和绅士联名"驱张"，并带领代表到新华门"总理"靳云鹏私宅前，向其请愿示威，撰写的《湖南各界公民向北京府院控张敬尧十大罪呈文》刊登在全国各大媒体上。湖南"驱张团"还多次到吴佩孚处，要求吴大将军出兵撵走张敬尧。吴佩孚当然不会放过这机会，立马给了个顺水人情，还趁机通电各方并致电张敬尧向其施压。1920年初，直皖两系军阀冲突进入白热化，驻湖南的直系部队急欲北上统一力量，驱逐皖军。1920年三四月间，驻湘直军的第三师、第十一师、第二十师、第十六旅，直隶各旅、奉军等，由吴佩孚领衔，以全体官兵名义，连续通电全国，控告张敬尧的搜刮政策，加重米、盐捐税，使北军供给也受到损失，害及军人的种种罪恶[1]。

1920年6月11日，张敬尧被赶出了湖南。之后，张敬尧先后投靠张作霖、吴佩孚、张宗昌，担任师长、军长和"安国军"第二方面军团副司令。1932年他又投靠伪满政府，充当日本和伪满的暗探。1933年，张敬尧被委任为伪平津第二集团军总司令，获活动经费700万元。当日军进兵唐山、天津之际，他受命潜入北平，化名"常石谷"，住在北平六国饭店，策动内部并勾结流氓做日军攻城的内应。此举被国民党情报机关侦悉。张敬尧和日特勾结，对国民党政府构成了威胁，南京国民政府军委会特务处报告了蒋介石。蒋介石正为华北局势头疼，得此消息后，立即指示特务处处长戴笠制裁张敬尧。

戴笠领命后，立即电令特务处的副处长兼华北特区区长郑介民从北平速赴南京总部商量刺张事宜。郑介民与戴笠进行了几天策划，决定由会讲广东官话和马来亚土话的郑介民化装成回国做人参生意的南洋华侨巨商，也住进北平六国饭店，先侦悉张敬尧的行动规律，再指挥特务实施暗杀。

1933年4月底的一天，郑介民打扮得西装笔挺，满身洋气，随携着10多只大皮箱，气宇轩昂地住进了六国饭店。郑介民住进饭店后出手大方，很快就与茶

---

① 李锐：《毛泽东峥嵘岁月（1893—1923）》，北京联合出版公司2013年版，第332页。

房混熟，了解到张敬尧住的房间号与位置。郑介民以散步与工作为由，多次到张敬尧的房间附近侦查，了解到张敬尧每天起得很早，洗脸、修面花的时间很长。这时客人们多未起床，人少便于行动，而且张敬尧此刻疏于防备，故是实施暗杀的大好时机。郑介民通知王天木行动，且指定北平站行动员、年轻力壮的白世维为暗杀的主要执行人，并研究了进入饭店的方法与动手后的逃走路线。另外派人在楼梯口、饭店门口掩护刺客撤退，还安排了一辆小轿车来接应。

1933 年 5 月 7 日凌晨，张敬尧像往常一样早早起身。正当他洗脸时，白世维出现在洗脸间的门口。张敬尧发觉动静猛扭转头，白世维看清了此人即张敬尧，飞速地抬手连开三枪，子弹准确地射穿了张的脑袋，张立即倒地毙命。当饭店的茶房与客人们惊醒时，王天木与白世维等人已狂奔出饭店，钻进小轿车逃走了。

第二天北平各报上刊登了"巨商常石谷，在东交民巷六国饭店中遭刺殒命"。不久后，国民党北平机关报证实"常石谷"即张敬尧，并说张敬尧是汉奸，潜入北平阴谋策动叛乱，被"锄奸救国团"击毙。至此，这位在"护法战争"中殃祸湖南的一代枭雄，最终以凄惨结局落幕。

附录

岳麓山辛亥革命人物墓葬一览表

序号	姓名	生卒年代	简　介
1	陈天华	1875—1905	中国近代民主革命家，湖南新化人，华兴会创始人之一，中国同盟会会员，清末的革命烈士。1896年入新化资江书院，1898年入新化实业学堂。1903年留学日本，参与组织"拒俄义勇队"和"军国民教育会"。次年回国参与组织"华兴会"，筹备发动长沙起义。1905年，在东京与宋教仁创办《二十世纪之支那》杂志；辅佐孙中山筹组同盟会，起草《革命方略》；《民报》创刊后任编辑，所著《猛回头》和《警世钟》成为当时宣传革命的号角和警钟。为抗议日本政府颁布的《清国留学生取缔规则》，在日本东京大森海湾愤而蹈海殉国，时年30岁。1906年春，其灵柩运回长沙，公葬于岳麓山。
	姚宏业	1881—1906	中国近代民主革命家，湖南益阳人。1904年赴日留学，设路矿学校，首倡保护路矿主权，1905年加入中国同盟会，1905年因与陈天华抗议日本文部省颁布的旨在禁止中国留学生活动的《清国留学生取缔规则》而回国。陈天华蹈海后，姚宏业在上海与秋瑾、于右任租屋开学，创办中国公学，开民间自办新学之先河。因遭官绅阻扼，加上诽谤流言，于1906年3月27日悲愤投黄浦江而殁。1906年5月23日，烈士遗骸运抵长沙，公葬于岳麓山。
2	刘道一	1884—1906	中国近代民主革命家，湖南湘潭人。1903年受革命潮流影响，加入华兴会。1904年赴日本留学，1905年加入中国同盟会。1906年，受黄兴委任为萍浏醴起义领导人。到达长沙后，刘道一将核心同志召到水陆洲船上秘密开会，商定了起义的具体计划，在执行计划从衡山返长沙途中被清军逮捕。1906年12月31日，在长沙浏阳门外从容就义，年仅22岁。刘道一是留日学生中因反清革命被杀害的第一人，也是中国同盟会会员中为革命流血牺牲的第一个烈士。1912年3月，南京临时政府成立后，孙中山以临时大总统名义发布了《命黄兴优恤刘道一令》，葬刘道一于长沙岳麓山清风峡，黄兴亲笔题写"烈士刘道一墓"，后其妻曹庄与之合葬。

序号	姓名	生卒年代	简 介
3	禹之谟	1866—1907	中国近代民主革命家，湖南双峰人。曾以幕友身份随湘军参加甲午战争，因运送粮弹有功，经两江总督、钦差大臣刘坤一保奏，准赏五品翎顶，以县主簿候选。但他痛感朝廷腐败、国力衰弱，无心仕途，力辞不受。后去上海研究实业，与著名维新派人士谭嗣同、自立会首领唐才常、哥老会首领毕永年等接触，对办矿务、造机械、兴学堂、倡报刊、办船务等新政措施极感兴趣，主张变法维新。1904年加入华兴会，1905年加入中国同盟会，为湖南分会首任会长，积极从事革命活动。5月上旬，倡建湖南学生自治会，被推为干事长。5月23日，陈天华、姚宏业烈士灵柩抵长，禹之谟等不顾当局禁令，发动广大学界公葬陈姚。同年8月10日在长沙湘利黔织布局被捕入狱，秘密解往湘西靖州，备受酷刑，坚贞不屈。12月4日，同盟会刘道一、蔡绍南领导的萍浏醴起义爆发，清廷恐于禹之谟在社会上的极高威望，急欲除之后快。1907年2月6日，被杀害于靖州东门外，时年41岁。民国元年公葬于岳麓山。孙中山追赠禹之谟为"陆军左将军"。
4	杨卓林	1876—1907	中国近代民主革命家，湖南省醴陵人，又名恢，字公仆。1893年投入两江总督刘坤一之江南福字营当目兵，甲午战争时随军北上抗击倭寇。1905年秋东渡日本，先后入铁道学校与神田区等警监学校。常至横滨，随李植生研制炸弹，后由黄兴介绍加入中国同盟会。陈天华在日本投海殉国后，杨卓林迁居横滨，继续研习制造各种炸弹及使用方法。1906年萍浏醴起义爆发，杨卓林在南京运动军队和会党响应。起义失败后，杨卓林策划暗杀两江总督端方，事泄被捕，1907年3月20日，杨卓林在南京英勇就义，年仅31岁。辛亥革命成功后，黄兴派人护送杨卓林的灵榇回湘，安葬于长沙岳麓山（现五轮塔旁）。

序号	姓名	生卒年代	简　介
5	葛谦	1884—1908	中国近代民主革命家，湖南湘乡人。早年肄业于长沙农业学校，旋入湖南弁目学堂。与陈作龙等组织湘省光复会，密谋革命。毕业后留学日本，与同志组织光复会，后改名光华会。1904年归国，拟参加黄兴等组织的长沙起义，至上海时，事已败。乃参与万福华暗杀前广西巡抚王之春事件，未克，避走武汉。1906年参加萍浏醴起义，失败后赴广州，决定在广州虎门等处组织中国同盟会通信机关，并亲赴香港与中国同盟会分会长冯自由商定联络党员及处置盟书的方法。是年夏赴钦州，准备暗袭钦州府城。事泄，与谭馥逃回广州，协助谭馥创办保亚会。1908年，与朱执信、赵声、邹鲁、姚碧楼等谋在广州发动起义，散发保亚票，以资联络。后因保亚票遗落，导致事泄被捕，在珠江天字码头从容就义，年仅24岁，葬于广州红花岗。中华民国成立后，迁葬于湖南长沙岳麓山。
6	谭馥	1878—1909	中国近代民主革命家，湖南湘乡人。早年加入哥老会。1906年参加萍浏醴起义，事败赴广州，在清军巡防营中设立保亚会，加入同盟会。1907年与葛谦等赴钦州，运动清防营统领郭人漳部士兵反正，响应钦廉防城起义。事泄再逃广州，继续在清军中进行活动。次年11月，光绪帝与慈禧太后相继死亡，他与邹鲁、赵声、朱执信等拟趁机发动起义，并用发保亚票以资联络。事败，避走郴州。1909年被捕，押回广州，遭刑讯80余次，坚不吐实，于这年7月壮烈牺牲，终年31岁，葬于广州市黄花岗。民国成立后，谭延闿秉承舆情，于1912年将烈士遗骸迁葬岳麓山。

序号	姓名	生卒年代	简　介
7	阎松年	1883—1911	中国近代民主革命家，湖南长沙人，又名阎鸿蒿，与阎鸿飞是兄弟，曾任湖南陆军第四镇统制、代理军政部长、湖南都督府护卫队副队长、湖南都督府参议员。曾与同盟会员组织革命团体体育社、南熏社。1911年10月22日，长沙武装起义胜利，革命党人成立了中华民国军政府湖南都督府，推举焦达峰为都督、陈作新为副都督、谭延闿为民政部长、阎鸿飞为军政部长（由阎鸿蒿代理）。成立湖南陆军四镇时，任第四镇统制。1911年10月31日，与陈作新一起在处理和丰洋火局挤兑风波时，在文昌阁附近被早已经埋伏好的梅馨军官集团叛兵杀害，后安葬于长沙岳麓山。
8	陈作新	1870—1911	中国近代民主革命家，湖南浏阳人。1899年随唐才常在湖南联络会党，准备举事。1903年入湖南弁目学堂学习军事，毕业后任新军第二十五混成协炮兵营左队排长，旋改任步兵四十九标排长，因倡言革命被撤职。1905年加入中国同盟会。1909年该协创办随营特别班和测绘班，兼任教官。1910年春，长沙发生抢米风潮，拒绝参与镇压，拟乘机起义，再次被革职，仍留长沙，在新军中进行革命活动。武昌起义成功后，积极筹划响应。10月22日新军攻占长沙，成立军政府，被推为副都督。10月31日新军管带梅馨发动兵变，陈作新被刺牺牲。中华民国临时政府成立后，追赠陈作新为"开国陆军上将"，并将其遗体归葬于长沙岳麓山。
9	焦达峰	1886—1911	中国近代民主革命家，湖南浏阳人，原名大鹏，字鞠荪。1903年进长沙高等学堂预备科。1906年赴日习军事，加入同盟会，任调查部长。1909年回国与孙武等在汉口设共进会。1911年图谋响应广州起义，事败避居汉口，与湖北党人共谋湘鄂同时举事。武昌起义爆发后，与陈作新等组织湖南会党及新军响应，10月率军光复长沙，被举为湖南军政府都督。同月兵变被害。中华民国临时政府成立后，为缅怀革命元勋，追赠焦达峰为"开国陆军上将"。1916年，刘人熙督湘，感于焦达峰死之悲壮，在长沙岳麓山其墓前特立"浏水坠泪之碑"。

序号	姓名	生卒年代	简 介
10	余昭常	1868—1911	中国近代民主革命家，湖南浏阳人。幼年读书勤奋，深受老师的称许。1890年，受谭嗣同之父湖北巡抚谭继洵的委派在武昌、汉口一带查核税厘。1908年8月，余昭常来到长沙结识了革命党人焦达峰。两人一见如故，谈得十分投机，焦达峰当即介绍余昭常加入同盟会，余昭常慨然将家资数千金捐作革命经费。1911年10月22日，长沙新军宣布起义，余昭常率兵随焦达峰攻城，他奋勇当先，占领荷花池军装局。10月27日下午，杨任、余昭常和随行人员100余人，前往常德运作起义。清军西路巡防营统领陈斌生系黄忠浩拜把兄弟，以为黄报仇为名，用剖心祭奠的极其残忍手段将杨任、余昭常等13人杀害。民国南京临时政府成立后，为了表彰余昭常的功绩，将余昭常遗骸移葬于岳麓山，并追赠"陆军少将"。
11	童健吾	1884—1911	中国近代民主革命家，湖南岳阳人。清末，岳阳速成师范学堂毕业。在岳阳城乡小学堂教课。他不论上任何课，均结合革命、排满的理论，平日结交革命人士。为开阔视野，获取更广泛的知识，后他辞职去日本留学。在日本他接触了西方先进思想，于1908年在东京加入同盟会。回国后，他在巴陵县城关小学堂任教，与同乡李纯荪、彭承念、周四维等同盟会员秘密联系，以教书为掩护，图谋起义。1911年10月拥焦达峰、陈作新起义。1911年11月10日遭兵变而被误杀，遇难时年仅27岁。1913年孙中山、黎元洪为其昭雪，遗体迁往岳麓山举行公葬。
12	彭遂良	1879—1911	中国近代民主革命家，湖南宜章人。1905年至长沙，入禹之谟所办惟一学堂。次年夏，随禹发动公葬陈天华、姚宏业于岳麓山，被放逐回乡。1907年冬，在族叔彭邦栋策动下，与李国柱等合组东兴造纸公司于嘉禾、临武边境，为革命交通机关。事泄，复于湘粤边境山区潭源洞组织"土著垦牧团"，进行秘密活动。1911年11月初，与彭邦栋等在宜章发动起义，率部入城，遭防兵袭击殉难，时年32岁。民国元年，彭遂良被追为陆军上校。后遗骨迁葬长沙岳麓山。

序号	姓名	生卒年代	简　介
	彭昭	1884—1911	彭昭，彭遂良弟，曾随兄至长沙惟一学堂就读，后回乡参加革命活动。1911年与兄同时殉难，年仅27岁。民国元年，中华民国临时政府追赠彭昭为陆军中校，中央国史馆为两位烈士立传。民国二年（1913）2月，湖南省政府将彭昭的遗骨迁葬长沙岳麓山禹之谟墓旁。
13	易本羲	1887—1911	辛亥革命志士，湖南湘乡人。是辛亥革命时期华兴会、科学补习所最早的成员之一。1903年入长沙武备学堂，1904年华兴会成立后，17岁的易本羲便跟随黄兴、刘揆一、宋教仁等革命，加入华兴会。后因在学堂组织义勇队，被清廷通缉，乃避走武昌，遁迹行伍之内。1905年7月东渡日本，入早稻田大学，9月加入同盟会。1906年专程赴长沙介绍禹之谟加入同盟会。由于年轻气盛、锋芒太露，遭到清政府缉捕，旋赴南洋任教，编撰了教科书《国语读本》。1911年春，为响应广州起义，易本羲归国与同盟会湖南分会负责人曾杰秘密联系，得悉黄花岗起义失败后，易本羲忧愤交加，于1911年5月19日在长沙病逝，年仅24岁，民国初年，湖南都督府将其易葬于岳麓山。
14	辛亥援鄂汉阳阵亡将士公墓	?—1911	1911年10月10日，辛亥革命武昌起义爆发，10月22日革命党人焦达峰、陈作新率先响应，光复长沙，并派出湘军北上援鄂，参加汉阳保卫战。1912年，中华民国成立后，国民政府将在汉阳牺牲的湘军烈士遗骸运归故土，公葬于岳麓山。1944年重建。该墓坐西朝东，占地约200平方米。墓围由花岗片石砌成，阵亡将士分三排并列安葬，现存22冢，每墓冢前均立有花岗石墓碑，刊墓主人姓名、祖籍或公葬年月等铭文。旁立一大型墓碑，刻"汉阳阵亡将士公墓"碑文，墓群前有花岗石护栏。公葬烈士名录如下：贺汉云、李国卿、王炳初、石玉亭、刘冤生、彭德安、文光斗、严少全、罗清云、曾宽之、冯以义、冯润臣、王贵卿、左永兴、杨义胜、邓皇桂，另有无名烈士2人。辛亥援鄂汉阳阵亡将士公墓为湖南辛亥革命援鄂的历史见证。

序号	姓名	生卒年代	简　介
15	蒋翊武	1884—1913	中国近代民主革命家，湖南澧县人，被孙中山誉为中华民国"开国元勋"。1903年，入澧州高等小学堂，第二年又以第一名的成绩考入湖南西路师范学堂。1904年秋，华兴会联合武昌的科学补习所准备发动起义，蒋翊武协助宋教仁集结革命力量，谋划响应长沙起义。起义失败，避回老家。1906年，入中国同盟会。1909年春参加湖北新军，加入革命团体组织群治学社，并在1910年9月改组为振武学社，次年1月30日，振武学社改名"文学社"。3月，蒋翊武被推为社长，9月24日，文学社与湖北另一个革命团体共进会的领导骨干在武昌胭脂巷举行联席会议。会上，推举蒋翊武任湖北革命军临时总指挥，共进会领导人刘公任军政府总理，共进会另一领导人孙武为参谋长，共同领导武昌起义。1911年12月6日，因清政府与革命军停战，蒋辞去总司令，仍以招抚使名义驻汉口。1913年，蒋翊武领导"二次革命"在广西进行反袁活动时，被亲袁的广西军阀逮捕并杀害。1916年，归葬长沙岳麓山。
16	黄兴	1874—1916	中国近代民主革命家，湖南长沙人。1893年入长沙城南书院读书。1896年考中秀才。1898年保送到武昌两湖书院。1903年，创立华兴会，任会长。1905年黄兴在日本结识孙中山，大力支持孙筹组革命组织同盟会，成为会中仅次于孙的领袖。1911年10月10日，武昌起义爆发，黄兴作为革命军战时总司令，率民军在汉阳前线与清军奋战二十余日。南京临时政府成立，任陆军总长。黄兴是中华民国的创建者之一。1916年10月31日，黄兴病故于上海。1917年移柩长沙。同年4月15日，国葬于湖南长沙岳麓山。

序号	姓名	生卒年代	简 介
17	蔡锷	1882—1916	中华民国初年的杰出军事领袖，湖南邵阳人。幼年在私塾读书。12 岁考中秀才。16 岁考入长沙时务学堂，师从梁启超、谭嗣同，后入上海南洋公学，1899 年赴日本，就读于东京大同高等学校、横滨东亚商业学校。1900 年随唐才常回国参加自立军起义。失败后改名"锷"，复去日本入陆军士官学校，学习军事，曾参与组织"拒俄义勇队"。1902 年 11 月，又考入东京陆军士官学校。1911 年 10 月 30 日在昆明领导新军响应武昌起义，被推为临时革命总司令。云南军政府成立，任都督。袁世凯死后，黎元洪继任为民国大总统，1916 年 7 月 6 日任命蔡锷为四川督军兼省长。这时蔡锷的病情恶化，于 9 月东渡日本治喉癌。1916 年 11 月 8 日上午，终因医治无效，病逝于日本福冈，年仅 34 岁。1917 年 4 月 12 日，北洋政府在长沙岳麓山为他举行国葬，蔡锷也成为民国历史上的"国葬第一人"。
18	刘志高	？—1917	籍贯不明。曾参加辛亥革命，于 1917 年在护法运动中牺牲。刘志高墓位于岳麓山麓山寺西北侧，墓坐西朝东，平面布局呈圆形，占地面积约 10 平方米，由墓围、墓碑、墓冢等三部分组成。墓葬为花岗石结构，腰椎形墓围由赭红色花岗石片垒砌，正中立石碑一通，阴刻"烈士刘志高墓"。其墓位于岳麓山麓山寺西北侧。

序号	姓名	生卒年代	简介
19	刘崑涛	1887—1918	名建藩，字崑涛。湖南醴陵人，少时入学湖南师范馆附属小学堂，保定陆军速成学堂毕业。1910年8月同盟会广西支部成立，被推举为学兵营分部长。先后任广西新军学兵营骑兵队队长、混成协骑兵营管带。武昌起义后，随赵恒惕出师援鄂，后赴南京，任第八师骑兵团长。1913年参与"二次革命"，失败后随黄兴去日本，入早稻田大学学习政治经济，与程潜、李根源、章士钊等发起欧事研究会。1916年回国，任湖南护国军第一军第三梯团长，改湘军第一师第一旅旅长。1917年署理零陵镇守使，拥护孙中山"护法"主张，与林修梅宣布衡永独立，揭开护法战争序幕。后转战湘东、湘北，屡败北洋军。1918年5月，在株洲齐家桥中伏，坠水牺牲，年仅31岁。1920年10月17日，谭延闿三次督湘时，将刘崑涛遗体自株洲迁葬于岳麓山，以国葬礼安葬之。护法军政府追赠为陆军中将，并颁授其"护法元勋"称号。
20	黎尚雯	1868—1918	中国近代民主革命家，湖南浏阳人。自幼聪颖，深受祖父教育熏陶。1900年，当唐才常组建自立军准备起义时，黎尚雯闻讯，往来于长沙武汉之间，与唐才常交往甚密。1903年，受胡元倓聘，到长沙任经正、明德学校管理员。1905年，参加同盟会，不久，协助禹之谟创办惟一学堂。1907年，从北京回湖南，重组同盟会湘支部。1909年，全国各省创立谘议局，当选为议员；10月，又当选省谘议局候补常驻议员及中央资政院议员。1910年，任湖南高等实业学校教务长，1912年，湖南高等实业学堂更名为湖南高等工业学校（湖南大学前身），出任校长。在武汉被大家推为江汉大学监督，于校内设革命机关"铁血团"，欲为被袁世凯暗杀的宋教仁复仇。事泄，江汉大学被袁世凯下令撤销。1918年3月，在长沙病故，时年51岁，公葬于岳麓山。

序号	姓名	生卒年代	简介
21	李仲麟	1886—1920	湖南醴陵人，1886年出生于湖南长沙县金井一个普通农家。早年投入湖南新军第二十五混成协第四十九标充正目，后入第四十九标、五十标随营学校读书，毕业后加入中国同盟会。长沙光复，返湘任督署卫队营长。1912年，赴日本留学，研习政治，1913年回国后从事讨袁，任湘军总司令部副官长。1915年12月，蔡锷发动护国运动。1916年1月27日，李仲麟抵昆明。2月初，程潜出任湖南招抚使，李仲麟任招抚使署总务处长。1920年6月，湘军驱逐张敬尧出湖南后，谭延闿出任湖南督军兼省长，李仲麟任第六区司令。1920年12月25日凌晨2时，李仲麟被张辉瓒、叶开鑫部营长赵茂林枪杀于浏阳门外，头被割下来挂在柑子园多福寺门口的电线杆上示众。李仲麟牺牲后，程潜报请国民政府追赠陆军中将。1928年5月，李仲麟享国葬礼，隆重安葬于岳麓山上。
22	林修梅	1880—1921	名祖埏，字浴凡，中国近代民主革命家，湖南临澧人。1903年考入湖南陆军武备学堂，毕业后任湖南新军炮兵营长。1906年公费入日本陆军士官学校。先后加入孙中山先生领导的中国同盟会、中华革命党，长期进行反对清政府和北洋军阀的革命斗争。历任护国军湖南总司令部参谋长、湘军旅长、代理零陵镇守使、湘军第二纵队中将司令、湘西靖国军总司令、广州军政府顾问、国民议会参议员、孙中山大总统府代理参军长等职。他在20多年的戎马生涯中写下了《西藏游记》等著作，和堂弟林伯渠一起介绍马克思主义，传播共产主义思想。1921年因病逝世。1928年10月被国葬于岳麓山。

序号	姓名	生卒年代	简 介
23	张国威	1891/1892—1927	字剑欧，又名声传，湖南醴陵人。毕业于保定军官学校。1918年随何键在醴陵组织游击队，任副司令。后入宋鹤庚、李品仙部，1926年随唐生智北伐，任团长，参与攻打汀泗桥等战役，升任第八军第一师师长。后调任长沙警备司令、粤汉铁路警备司令（驻长沙）。1927年率部到汉口，程潜任其为第八军军长，尚未到职。因其与程潜联系，遭到唐生智猜忌，加之何键从中作梗，旋在武汉唐公馆被设伏勒杀。尔后灵柩被运到长沙，程潜亲自主祭，葬于岳麓山白鹤泉南侧山坡下。南京国民政府追认他为上将第八军军长。其墓无墓碑，墓园已毁，只有残塔立于土堆上。塔碑左下方立一方形石华表，字迹已损毁。
24	杨岂山	1894—1928	又名杨特，湖南长沙人。1909年公费考入湖南陆军小学堂。1911年考入武昌陆军第三中学。1911年10月武昌起义爆发后，加入学生军，驻守蛇山，参加汉阳保卫战。后赴南京担任临时总统府警卫工作。1913年参加"二次革命"。1914年8月，考入保定陆军军官学校第三期炮兵科第一连学习。1918年夏毕业后，被分配在湖南陆军第一师见习，期满后历任该师副连长、团副、参谋兼炮兵队长等职。1925年10月任护湘军前敌总指挥部独立炮兵营营长。1926年9月，参加北伐，任独立第二师炮兵团团长，率部参加攻克九江的战斗。1927年任第四十师炮兵团团长，教导师代师长。1928年3月，任国民革命军第一集团军第三军团第四十军独立炮兵团团长，率总参加冀鲁等省北伐作战，进驻济南。1928年5月3日"济南惨案"发生，被日本扫射流弹击中腿部，混乱中误入日本人的医院，随后被害。一年后，日军撤离济南，第四十军经多方寻找。1929年夏，杨岂山胞弟在医院发现杨岂山及其卫兵三人遗骸，遂装殓入柩，护送回湘。同年，由湖南省政府主持，公葬于岳麓山。1943年5月3日，国民政府追认其为烈士，授少将军衔。

序号	姓名	生卒年代	简 介
25	罗介夫	1880—1938	原名罗良干，湖南浏阳人，1880年出生。幼时好学，就读于举人李迪人门下，后就读于岳麓书院。1899年县试中秀才。1904年官费派往日本留学，入京都大学攻读经济学。1905年秋加入同盟会。1905年初冬归国，在禹之谟创办的惟一学堂任教，和黎尚雯共同协助禹之谟工作，同时暗中从事反清活动。1906年8月10日，禹之谟被官府逮捕，惟一学堂被迫关停，在罗介夫等人努力下改名为"广益中学堂"。湖南光复之后，罗介夫先是致力于教育事业发展，后因反袁逃亡日本。1927年马日事变后，临危受命出任湖南私立广益中学董事长。1931年出任南京国民政府监察院监察委员。1937年何键调任国民政府内政部长离湘，与宾步程、方克刚等人在各报刊登启事，准备调查何键贪腐行为，遭到忌恨。1938年，在干杉岭惨遭暗杀，时年58岁。事后，湖南省主席张治中亲自主持追悼大会，予以隆重礼葬，并下令查办凶手。至程潜任省主席时，将其遗骸迁葬于岳麓山（凤凰山）附近。
26	胡元倓	1872—1940	字子靖，号耐庵，著名教育家，湖南湘潭人。1902年留学日本东京弘文学院速成师范科。同年12月返国。1903年2月，在长沙创办明德学堂，聘黄兴、陈天华等人为教师，明德学堂成为革命志士的联络点，为陈天华代印并发行其所著《猛回头》《警世钟》，华兴会成立大会就在其西园龙宅经正学堂举行。1904年，黄兴在长沙筹划反清起义事泄，遭到清政府的搜捕，他挺身而出，竭力救助其脱险。1911年赴日就任留日学生监督。辛亥革命爆发返国，继续致力于教育事业。1913年创办明德大学于北京，1916年学校停办。曾两辞北京政府教育总长一职。1929年任湖南大学校长。抗战时期，任国民参政会参政员。1940年冬，犯高血压症猝逝于重庆，享年68岁。国民政府于12月10日发出褒扬令。1948年归葬岳麓山。

序号	姓名	生卒年代	简 介
27	覃理鸣	1885—1947	中国近代民主革命家，名振，又名道让，湖南桃源人。1902年入漳江书院，1904年留学日本弘文学院。在弘文学院，覃振结识了黄兴。后经宋教仁介绍加入华兴会。1905年，覃振以华兴会骨干身份参与同盟会的革命活动、被推为评议员。1906年覃振受黄兴指派再次回国。后因与禹之谟等组织策划公葬陈天华、姚宏业活动，因势利导，鼓动造反，被官府缉捕。覃振逃往日本，进入早稻田大学，就读法律系。1908年回国进行革命活动，在长沙被捕入狱。1911年10月长沙起义胜利后获释，任湘桂联军督战队队长。抵武昌，任湖北军政府秘书。不久被黎元洪派赴南京任军事代表，当选临时参议员。"二次革命"时，与蒋翊武回湖南策动讨袁，败后亡走日本。1914年加入中华革命党，任湘支部长，回国发动湖南独立。反袁胜利后，又参与护法运动，历任湖南检阅使、总统府参议兼法制委员。1924年支持孙中山改组国民党，被选为中央执行委员。次年参加西山会议。历任南京政府立法院副院长、司法院副院长兼中央公务员惩戒委员会委员长。抗日战争爆发，积极主张抗日。1947年病逝于上海。1948年灵枢迁回岳麓山安葬。

序号	姓名	生卒年代	简　介
28	任凯南	1884—1949	著名经济学家，湖南湘阴（今汨罗市）人。青年时期聪明好学，曾考取秀才，以品学兼优补廪生（第一等秀才），后考入清末兴办的湖南高等实业学堂，毕业后考取官费留学，进入日本早稻田大学深造。留日期间结识黄兴并加入同盟会。1911年辛亥革命胜利后回国，与皮宗石、周鲠生、杨端六、李剑农等创办国民党中央机关报《民国日报》，反对袁世凯称帝。《民国日报》被查封后，东渡日本，绕道前往西欧，考入英国伦敦大学，攻读经济学6年，1921年取得经济学博士学位。他笃信教育可以救国。1922年主持创办湖南商业专门学校。1927年8月，聘为国立武汉大学筹备委员会委员、经济学教授。1937年7月，湖南大学改为国立，应邀回湖大任教务长。1940年任大麓中学校长。抗战胜利后，辞去校长职务，仍回湖南大学任经济系主任。他学识渊博，在经济学方面造诣尤深。在伦敦大学时已学名赫赫，至武汉大学执教时，在经济学界已被誉为"南任北马（马寅初）"两大家之一。1949年7月16日，因积劳猝逝，享年65岁。湖南省府特拨银洋500元治丧，安葬于岳麓山。
29	杜心武	1869—1953	又名星武，字慎愧，号儒侠，道号"斗米观"居士，享有"中华第一保镖""南北大侠"之美誉，湖南慈利人。1905年加入同盟会，先后任宋教仁、孙中山的保镖。辛亥革命前回国，主办北京农业讲习所，曾任北洋政府农林部佥事。1928年，在杭州举行的第一届全国武术考试时，聘为评判员。1936年拒绝日寇组织的"筹安协会"的要求。抗日战争全面爆发后，赴重庆担任全国抗日群众动员委员会主任委员。中华人民共和国成立后，任中南军政委员会参事室参事、湖南军政委员会顾问。其墓位于岳麓山风景名胜区的天马山景区凤凰山上，系与其夫人的合葬墓。该墓占地约40平方米，墓冢造型简约朴素，显露出中华武术自然门流派遗风。墓前两侧立青石碑两通，一镌杜心武生平，一镌"自然门武术"源流及弟子名录。

序号	姓名	生卒年代	简 介
30	谢晋	1883—1956	中国近代民主革命家，湖南衡南人。1902 年，考入湖南衡州国民高等小学堂，不久离开家乡，到省城长沙岳麓书院读书。1906 年，中国同盟会领导的萍、浏、醴反清武装起义爆发，谢晋听到消息，立即与友人谭芷馨赶赴江西安源参加反清武装起义。1907 年在上海加入同盟会，并参与皖浙起义。湖南光复后，任都督府参议、筹饷局局长。 1913 年，孙中山发起二次革命，南方六省纷纷宣布独立，孙中山命谢晋为"幽蓟殄凶团"团长，策动军队暴动，由于叛徒出卖，事败。 1915 年，袁世凯阴谋称帝，谢晋等潜入广州建立机关，谋划反袁。1916 年，谢晋回到长沙，集结约 200 党人袭击湖南汤芗铭都督府。1917 年，孙中山在广州成立军政府，号召两院议员南下护法。谢晋立即响应，联合刘建藩、林修梅等在衡阳组建护法军，推程潜为总司令，谢晋任秘书长，宣布湖南独立。历任国民革命军总司令部党务处处长、广州国民政府参事、武汉国民政府预算决算委员会主席等职。1926 年北伐时，利用自身影响推荐李富春等共产党人在国民革命军第二军任职。南昌起义前夕，向贺龙、刘伯承等部拨出重金军饷，使得起义顺利实施。大革命失败后，赴苏联治病。后因与组织失去联络，遂隐居衡阳农村，过着清贫的生活。湖南和平解放前夕，在家乡组建湘赣南区人民自卫军开展地下武装斗争，为湖南和平解放起了积极作用。中华人民共和国成立后赴京，受到毛泽东主席、周恩来总理的热情接待，被誉为"湖南的一面旗帜"。1950 年，谢晋按照毛主席的建议，由李济深、朱蕴山介绍加入民革，先后任民革中央委员、湖南省政协副主席、民革湖南省主委、湖南省政府委员，并当选为第一届全国人大代表。1956 年 8 月 4 日在长沙病逝，终年 74 岁。中共湖南省委、省政府举办了隆重的追悼仪式，并将其葬于岳麓山。

序号	姓名	生卒年代	简 介
31	中山纪念林碑		为纪念辛亥革命先驱孙中山先生，在长沙岳麓山上，有一块"中山纪念林碑"。该碑正面为"中山纪念林碑"六个大字，碑座上镌有"湖南省政府建"字样，碑背刻"民国十九年三月十二日"日期。石碑南北两侧分别镌有《总理遗训》。"有了森林，天气中的雨量便可以调和，便可以常常下雨。1930年2月，国民政府规定，自3月9日至15日一周间为"造林运动宣传周"，于3月12日孙中山先生逝世纪念日举行植树仪式。3月12日因长沙当日天气不好，渡河不便，故仪式改在13日举行。1930年3月13日，长沙各机关、学校、团体共两万余人，从长沙河东经灵官渡过河登山，在岳麓山崑涛亭侧进行植树典礼。1930年这次植树节，竖立中山纪念林石碑。

岳麓山辛亥革命人物墓葬图

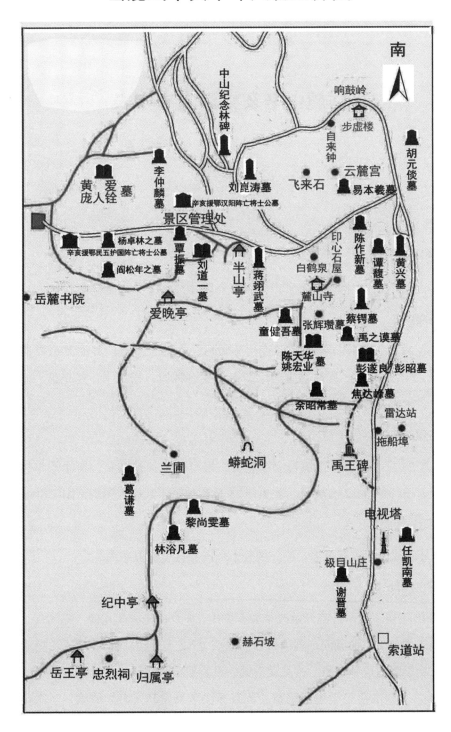

岳麓山辛亥史话大事年表

1894 年

11 月 24 日，中国第一个资产阶级革命团体"兴中会"在檀香山成立。

1898 年

9 月 28 日，谭嗣同参加戊戌变法失败后，在北京宣武门外的菜市口刑场英勇就义，年仅 33 岁。同时被害的维新人士还有林旭、杨深秀、刘光第、杨锐、康广仁，六人并称"戊戌六君子"。

1900 年

7 月 27 日，唐才常组织自立军起义，汉口总机关被破获，唐才常与林圭、傅慈祥、田邦璇等 12 人被捕，于 7 月 28 日夜被杀于武昌大朝街紫阳湖畔。

1901 年

9 月 7 日，清政府与德、英、俄等十一国签订《辛丑条约》。

1902 年

1902 年初，湖南抚院开始改革教育制度，8 月，先派胡元倓、陈润霖、周家纯（即朱剑凡）、俞蕃同、刘佐楫、俞诰庆等 12 人（实际成行 11 人）留学日本东京弘文学院速成师范班，这是湖南第一批官费留学生。

11 月，湖南留日学生杨毓麟、黄兴等在东京发刊《游学译编》。次年，各省留日学生创办的《湖北学生界》《直说》《浙江潮》《江苏》等相继出刊。同年，留日学生在东京成立清国留学生会馆。

1903 年

5 月，邹容著《革命军》一书由上海大同书局出版。

6 月 29 日，清政府勾结上海租界工部局查封《苏报》和爱国学社，章炳麟、邹容等相继被捕入狱，"《苏报》案"发生。

重阳节，谭人凤组织湖南各地会党负责人与代表齐聚一堂，举行重九节岳麓山"游山会"。

11 月 4 日，黄兴在长沙邀约章士钊、刘揆一、宋教仁等十余人集会，在长沙筹设革命团体"华兴会"。

同年，陈天华著《猛回头》《警世钟》两书相继出版。

1904 年

2 月 15 日，以黄兴为会长的"华兴会"在长沙正式成立。

10 月 23 日，黄兴、马福益等谋长沙起义，事泄失败。

1905 年

6 月 3 日，田桐、白逾桓、宋教仁、陈天华等在东京创办《二十世纪之支那》杂志。

7 月 30 日，孙中山、黄兴等约集各省倾向革命的留学生及华侨七十余人，在东京举行成立中国同盟会的筹备会，确定以孙中山提出的"驱除鞑虏，恢复中华，创立民国，平均地权"为宗旨。

8 月 20 日，中国同盟会在东京召开正式成立大会，通过了同盟会章程草案，举孙中山为总理。

11 月 26 日，同盟会机关刊物——《民报》在东京创刊。孙中山在发刊词中首次提出"民族""民权""民生"三大主义。

12 月 8 日，陈天华于东京大森海湾投海自尽。

1906 年

3 月 27 日，陈天华灵柩抵达上海之后，姚宏业悲痛失望之余，仰天大叫说：

"我以死来感动国人吧，但愿我死之后，公学能摆脱困境，我生既于事无补，我死也就不足为惜！"于是大哭一场，留下遗书，投黄浦江而死。

5月，禹之谟等革命党人领导长沙广大爱国学生，举行了一场声势浩大的公葬湘籍英烈陈天华、姚宏业的斗争。

秋冬间，孙中山、黄兴、章炳麟等共同制定《中国同盟会革命方略》。

12月4日，萍浏醴起义爆发，是月下旬失败。

12月31日，刘道一等牺牲。

1907 年

2月6日，禹之谟被杀害于靖州城西门外。

7月，皖浙起义爆发。6日，徐锡麟发动安庆起义，事败被捕杀害；14日清军包围绍兴大通学堂，秋瑾被捕，15日英勇就义。

8月，张百祥、焦达峰等在东京成立共进会。

9月，在杨度发动下，湖南绅士熊范舆等上书政府，请愿召开国会。

1908 年

3月27日，黄兴发动钦廉上思起义，坚持战斗40余日。

12月，湖北群治学社成立。

1909 年

4月，孙武等在汉口租界设立共进会的总机关。

1910 年

3月，孙中山向黄兴提议再次发动广州起义。

4月，长沙发生抢米暴动。

9月18日，湖北革命党人改群治学社为振武学社。

11月13日，孙中山在槟榔屿召集黄兴、赵声、胡汉民等人，部署广州起义。

1911 年

1月30日，振武学社更名文学社，举蒋翊武为社长。

同月，同盟会在香港成立统筹部，负责筹划和组织广州起义。

4月27日，黄兴发动广州起义（即黄花岗起义）。

5月14日，湖南各团体10000余人在长沙教育总会集会，反对举借外债，当场议定保路办法15条。

16日，湘路公司长株铁路段工人停工进城，号召"商须罢市，学须停课，一般人民须抗租税"。绅、学、商、民各界人士前往抚署请愿，斗争一直延续到6月8日，在湖南掀起了保路运动高潮。

6月17日，四川保路同志会在成都正式成立。

7月31日，宋教仁、谭人凤等在上海成立中国同盟会中部总会。

8月，四川保路同志会在成都及附近各州县发动罢市、罢课。

9月7日，四川总督赵尔丰诱捕蒲殿俊、罗伦等，枪杀请愿群众，制造了骇人听闻的"成都血案"。

24日，文学社和共进会联合大会在武昌召开，讨论通过"起义计划"。

10月9日，孙武等在汉口俄租界宝善里调配炸药，不慎引爆。蒋翊武等在武昌小朝街85号机关部决定当夜起义。

10日凌晨，彭楚藩、刘复基、杨洪胜就义。是日晚，武昌起义爆发，经过一夜激战，起义军队占领武昌全城。

12日，湖北军政府成立，举清军协统黎元洪为都督。分别于10月11日夜、10月12日光复汉阳、汉口。

12日，清廷谕令陆军大臣荫昌、海军大臣萨镇冰率水陆两军赴鄂镇压起义。

同日，孙中山在美国获悉武昌起义，"决意先从外交方面致力"，而后归国。

14日，清廷下诏起用袁世凯为湖广总督，督办对武昌起义的"剿抚事宜"。

18日，驻汉口各外国领事馆宣告"严守中立"。到同月22日，驶抵武汉江面的英、德、美等国军舰达20艘。

18日，民军进攻汉口刘家庙。阳夏战争开始。

22日，长沙起义，成立湖南军政府，举焦达峰、陈作新为正、副都督。

同日，西安起义，27日成立秦陇复汉军政府，以张凤翙为大统领。

23日，九江起义，次日成立九江军政分府。

28 日，黄兴、宋教仁等由上海乘轮抵武昌，黄旋赴汉口前线督战。

同日，湘军第一协王隆中部乘轮首途援鄂。王部于 11 月 4 日开抵武昌。后另有甘兴典等部湘军援鄂。

31 日，湖南发生兵变，焦达峰、陈作新被杀，谭延闿继任总督。

11 月 1 日，清军攻占汉口，民军退守汉阳、武昌。

同日，皇族内阁辞职，清廷命袁世凯为内阁总理大臣。

3 日，湖北军政府在武昌举行拜将台仪式，都督黎元洪任黄兴为战时总司令。黄兴等随即往汉阳设战时总司令部。

15 日，浙江、江苏、镇江、福建、山东、湖南，上海七处代表在沪集会，成立各省都督代表联合会。

16 日，黄兴指挥民军自汉阳反攻汉口，次日败退汉阳。

30 日，各省代表会在汉口英租界顺昌洋行开第一次会议，议决临时政府成立以前，由鄂军政府代中央军政府职权。

12 月 1 日，湖北军政府与袁世凯签订停战协议。

2 日，江浙联军攻克南京。

3 日，各省代表会正式通过《中华民国临时政府组织大纲》。

4 日，各省代表会议决临时政府设于南京。

同日，各省留沪代表开共和联合会大会，举黄兴为大元帅，黎元洪为副元帅，并推大元帅负责组织临时政府。

12 日，十四省代表齐集南京开会。

17 日，各省代表会改举黎元洪为大元帅，黄兴为副元帅。

25 日，孙中山归国抵上海。

29 日，十七省代表会在南京开正式选举临时大总统会，选举孙中山为中华民国临时大总统。

1912 年

1 月 1 日，中华民国诞生，孙中山在南京就任临时大总统。

3 日，南京临时政府正式成立。

20 日，南京临时政府向袁世凯正式提出清帝退位优待条件。

2 月 12 日，溥仪颁布退位诏书，宣告退位。

13 日，孙中山向临时参议院提出辞职咨文，推荐袁世凯继任临时大总统。

15 日，南京临时参议院选举袁世凯为临时大总统。20 日举黎元洪为副总统。

3 月 3 日，同盟会本部在南京召开大会，宣布改组为公开的革命团体，发布政纲九条，举孙中山为总理，黄兴、黎元洪为协理。

6 日，南京临时参议院议决统一政府组织办法六条，允袁世凯在北京受职。

10 日，袁世凯在北京就任中华民国临时大总统。

11 日，南京临时政府颁布《中华民国临时约法》。

4 月 1 日，孙中山公布《参议院法》，解除临时大总统职务。

5 日，参议院议决临时政府迁北京。

8 月 25 日，同盟会改组为国民党，举孙中山为理事长，黄兴、宋教仁为理事，设总部于北京。

1913 年

3 月 20 日，宋教仁在上海火车站被刺。22 日，不治身亡。

26 日，孙中山获悉宋教仁遇刺后由日本返国。是日抵上海，当晚与黄兴等共商讨袁事宜。

4 月 26 日，袁世凯政府与英、法、德、俄、日五国银行团签订二千五百万英镑"善后大借款"。

7 月 12 日，李烈钧在江西湖口成立讨袁军司令部，正式宣布江西独立，"二次革命"爆发。

7 月 21 日，湖南宣布讨袁独立，加入"二次革命"行列。

8 月 13 日，谭延闿宣布湖南取消独立。

9 月 9 日，蒋翊武在桂林丽泽门外刑场英勇就义。

9 月 20 日，南京陷落，江苏讨袁军溃败。

12 日，熊克武放弃重庆。"二次革命"失败。

10 月 10 日，袁世凯就任大总统职。

1914 年

1月10日，袁世凯宣布停止参、众两院议员职务。

5月1日，袁世凯废除《临时约法》，公布《中华民国约法》。

9月1日，孙中山发表中华革命党宣言。

1915 年

5月9日，袁世凯正式接受日本政府提出的《二十一条》。

夏末，中华革命党决定组织中华革命军，筹设东南、东北、西南、西北四军。

8月23日，杨度等发起组织的筹安会在北京正式成立。

12月12日，袁世凯接受帝位，次日在居仁堂接受文武百官朝贺。

25日，唐继尧、蔡锷、李烈钧等在昆明联名通电全国，宣布云南独立，组织护国军。反袁卫国战争爆发。

31日，袁世凯申令改明年为洪宪元年。

1916 年

5月29日，湖南宣布独立。

6月6日，袁世凯死。

7日，黎元洪依法就大总统职。

10月31日，黄兴在上海病逝。

11月8日，蔡锷在日本福冈病逝。

1917 年

4月12日、15日，蔡锷、黄兴两位旧民主主义革命时期的领袖，相继国葬于岳麓山。

7月1日，张勋拥废帝溥仪复辟。

8月25日，国会非常会议在广州开幕。

31日，非常国会通过《中华民国军政府组织大纲》。

9月1日，国会非常会议选举孙中山为中华民国军政府海陆军大元帅。10日，孙中山宣誓就职。

1918 年

4 月 10 日，非常国会通过《中华民国军政府组织大纲修正案》，决定改组军政府，将大元帅制改为总裁合议制。

5 月 4 日，孙中山向非常国会提出辞职。

20 日，非常国会悍然改组军政府，选举唐绍仪、唐继尧、孙中山、伍廷芳、林葆怿、陆荣廷、岑春煊七人为政务总裁，废除大元帅制。

21 日，孙中山离开广州，前往上海，护法运动失败。

护法战争从 1917 年 7 月开始到 1918 年 5 月 21 日结束。不到一年时间，湖南的督军竟然换了四次。从谭延闿到傅良佐，再到谭浩明，护法运动的失败，使湖南处于皖系军阀张敬尧统治之下。

参考文献

1. 张敬尧：《告全省父老昆弟书》，《湖南日报》1917 年 1 月 7 日

2. 危道丰：《平斋五十自述》，长沙洞庭印务馆 1934 年版

3. 梁启超：《国体战争躬历谈》，《护国文献》，中华书局 1985 年版

4. 徐特立：《辛亥革命之始末》，载《解放日版》，1942 年 10 月 11 日

5. 邹永成：《邹永成回忆录》，载《近代史资料》1956 年第 3 期

6. 中国科学院历史研究所第三所：《近代史资料》第 3 期，科学出版社 1956 年版

7. 李时岳：《辛亥革命时期两湖地区的革命运动》，生活·读书·新知三联书店 1957 年版

8. 《湖南文史资料》第一期，湖南人民出版社 1959 年版

9. 邹鲁：《中国国民党史稿》第五册，中华书局 1960 年版

10. 政协文史资料研究委员会编：《辛亥革命回忆录》第一集，文史资料出版社 1961 年版

11. 文史资料研究委员会编：《辛亥革命回忆录》第二集，中华书局 1963 年版

12. 黄季陆主编：《二次革命史料》，载《革命文献》第 44 期，台北，中国国民党中央委员会党史史料编纂委员会，1969 年

13. 文史资料研究委员会：《湖南文史资料选辑》第十集，湖南人民出版社

1978 年版

14. 杨玉如：《辛亥革命先着记》，文化资料供应社，1978 年

15. 涂竹君：《汤芗铭在湘暴行及筹备帝制纪实》，《文史资料选辑》第 17 卷，中华书局 1979 年版

16. 上海社科院历史所编：《辛亥革命在上海史料选辑》，上海人民出版社 1981 年版

17. 粟戡时等：《湖南反正追记》，湖南人民出版社 1981 年版

18. 子虚子：《湘事记》卷一，《湖南反正追记》，湖南人民出版社 1981 年版

19. 武汉大学历史系中国近代史教研室编：《辛亥革命在湖北史料选辑》，湖北人民出版社 1981 年版

20. 黄兴：《黄兴集》，中华书局 1981 年版

21. 杨世骥：《辛亥革命前后湖南史事》，湖南人民出版社 1982 年版

22. 湖南省委员会文史资料研究委员会：《湖南文史资料选辑》第二集，湖南人民出版社 1982 年版

23. 刘心田：《武昌起义前的 24 小时》，《辛亥风云》，中国展望出版社 1982 年版

24. 龙绂瑞：《黄克强先生甲辰避西园事略》，《湖南文史资料选辑》第 4 辑，湖南人民出版社 1982 年版

25. 叶镜吾：《戊午株洲兵祸记》，《株洲文史资料》第 2 辑，1982 年

26. 张玉田等编著：《中国近代军事史》，辽宁人民出版社 1983 年版

27. 石芳勤编：《谭人凤集》，湖南人民出版社 1985 年版

28. 罗福惠、萧怡编：《居正文集》，华中师范大学出版社 1989 年版

29. 陈锡祺主编：《孙中山年谱长编》，中华书局 1991 年版

30. 饶怀民：《论辛亥革命时期湖南会党的特征》，《湖南师大社会科学学报》1993 年第 4 期

31. 胡绳：《胡绳全书》，人民出版社 1995 年版

32. 邵阳市地方志编纂委员会编：《邵阳市志》，湖南人民出版社 1997 年版

33. 田伏隆主编：《辛亥革命在湖南》，岳麓书社 2001 年版

34. 湖南善后协会编纂：《湘灾纪略》，中华书局 2007 年版

35. 黎东方：《黎东方讲史：细说民国创立》，上海人民出版社 2007 年版

36. 郭汉民编：《宋教仁集》第 1 册，湖南人民出版社 2008 年版

37. 曾业英编：《蔡锷集》，湖南人民出版社 2008 年版

38. 王文、黄坚、姜婷：《麓山四墓揭秘"阎公墓"墓主后人道出革命往事》，《三湘都市报》2010 年 3 月 14 日

39. 冯自由：《中华民国开国前革命史》，广西师范大学出版社 2011 年版

40. 冯天瑜、张笃勤：《辛亥首义史》，湖北人民出版社 2011 年版

41. 孙中山：《孙中山选集》，人民出版社 2011 年版

42. 谢本书：《辛亥著名人物传记丛书·蔡锷》，团结出版社 2011 年版

43. 刘剑：《辛亥革命中的黄孝战役》，《团结报》2011 年 9 月 22 日

44. 中国国民党革命委员会湖南省委员会编：《湖南与辛亥革命》，湖南人民出版社 2011 年版

45. 李锐：《毛泽东峥嵘岁月（1893—1923）》，北京联合出版公司 2013 年版

46. 毛双：《护法战争期间湖南红十字运动的兵灾救护》，《黑龙江史志》2014 年第 17 期

47. 赵惠昆：《护国运动百年的启示》，《云南社会主义学院学报》2015 年第 4 期

48. 蒋祖烜主编：《人民公仆林伯渠》，湖南人民出版社 2019 年版

49. 焦复楚：《焦达峰传》，团结出版社 2013 年 10 月版

50. 郑坚：《岳麓山辛亥英烈墓》，湖南大学出版社 2011 年版

后　记

100 多年前，以孙中山先生为代表的革命党人发动了震惊世界的辛亥革命，推翻了清朝政府，结束了在中国延续几千年的封建君主专制制度，近代以来中国发生的深刻社会变革由此拉开了序幕。这是中国人民和中国先进分子为实现民族独立、人民解放进行的一次伟大而艰辛探索。辛亥革命拉开了中国完全意义上的近代民族民主革命的序幕，极大促进了中华民族的思想解放，传播了民主共和的理念，打开了中国进步潮流的闸门，撼动了反动统治秩序的根基，在中华大地上建立起亚洲第一个共和制国家，以巨大的震撼力和深刻的影响力推动了中国社会变革，为实现中华民族伟大复兴探索了道路。辛亥革命先驱为中华民族建立的历史功绩彪炳千秋！在辛亥革命中英勇奋斗和壮烈牺牲的志士们名垂青史！辛亥革命是中华民族伟大复兴征程上一座永远巍然屹立的里程碑！

辛亥革命之后，在这场革命中接受洗礼的中国人民和中国先进分子继续探寻救国救民道路。十月革命一声炮响，给中国送来了马克思列宁主义，促进了中国人民的伟大觉醒，在马克思列宁主义同中国工人运动的紧密结合中，中国共产党应时而生。中国共产党一经诞生，就把为中国人民谋幸福、为中华民族谋复兴确立为自己的初心和使命，点亮了实现中华民族伟大复兴的灯塔。在湖南这片革命的热土上，涌现了毛泽东、刘少奇、蔡和森、向警予、杨开慧、任弼时、彭德怀、贺龙、罗荣桓、粟裕、陈赓、萧劲光等一大批共产党人，他们参与领导的新民主主义革命斗争和建设新中国大业，正是对辛亥革命未竟之业的全面推进，他们以革命理想高于天的信念、敢教日月换新天的精神，谱写了感天动地的英雄壮歌。

一座岳麓山，半部近代史。岳麓山与辛亥革命的渊源之深厚、联系之紧密，在全国风景名胜区中是独一无二的。在岳麓山的历史文化长卷中，辛亥篇章不是首篇，也不是尾页，但它绝对是浓墨重彩的一笔。本书从构思酝酿到收集资料和写作，前后有十多年，现在总算尘埃落定。全书记录了从 1898 年戊戌变法到 1918 年护法运动 20 年间湖南仁人志士参加革命的事迹，比较全面地反映了与岳麓山有关的辛亥革命人物、事件历史，是中国辛亥革命历史的一个缩影。希望这本书，能够让到过岳麓山的人或读过它的人有些收获。

本书由罗军强和刘赞合作完成。罗军强曾在岳麓山公园工作 13 年，对这座名山有了一定的了解，乃萌发了对岳麓山人文历史探索和研究的初心，完成了本书的初稿。刘赞系岳麓山风景管理处分管文物的一名在职青年学者，在岳麓山工作 20 余年，对岳麓山的历史和人文有深入的理解。两人在初稿的基础上，根据专家学者的意见，进行了大量的修改和补充工作，使本书得以更加完善。在此，我们对促成本书出版的专家学者一并致谢，并恳请专家对本书的不足之处予以指正。

作　者

2024 年 5 月

图书在版编目（CIP）数据

岳麓山辛亥史话 / 罗军强，刘赞著. —— 长沙：湖南人民出版社，2024.11.

ISBN 978-7-5561-3503-5

Ⅰ. K257.06

中国国家版本馆CIP数据核字第2024DX4072号

YUELU SHAN XINHAI SHIHUA

岳麓山辛亥史话

著　　者　罗军强　刘　赞
责任编辑　杨　纯
装帧设计　谢俊平　刘阁辉
封面供图　易衡卫
责任印制　肖　晖
责任校对　黄梦帆

出版发行　湖南人民出版社［http://www.hnppp.com］
地　　址　长沙市营盘东路3号
邮　　编　410005
经　　销　湖南省新华书店

印　　刷　长沙鸿发印务实业有限公司
版　　次　2024年11月第1版
印　　次　2024年11月第1次印刷
开　　本　710 mm × 1000 mm　1/16
印　　张　24.75
字　　数　400千字
书　　号　ISBN 978-7-5561-3503-5
定　　价　75.00 元

营销电话：0731-82221529　（如发现印装质量问题请与出版社调换）